ENCYCLOPÉDIE

DES

JUGES DE PAIX.

ENCYCLOPÉDIE
DES
JUGES DE PAIX,

OU

Traités, par ordre alphabétique,

SUR TOUTES LES MATIÈRES QUI ENTRENT DANS LEURS ATTRIBUTIONS;

PAR M. VICTOR AUGIER,
Avocat à la Cour royale de Paris, membre de la Société Philotechnique

TOME DEUXIÈME.

PARIS.
AU BUREAU DU JOURNAL *LE JUGE DE PAIX*,
RUE DE VAUGIRARD, N° 15.

1834.

ENCYCLOPÉDIE

DES

JUGES DE PAIX.

CABARETS ET CAFÉS. Voy. *Lieux publics.*

CALAMITÉS. Voy. *Sécours, Incendie.*

CALOMNIE. Voy. *Injure.*

CAMPAGNE. L'art. 9, tit. 2, de la loi sur la police rurale, porte : « Les officiers municipaux veilleront généralement à la tranquillité, à la salubrité et à la sûreté des campagnes. Ils seront tenus particulièrement de faire, au moins une fois par an, la visite des fours et cheminées de toutes maisons et de tous bâtiments, éloignés de moins de cent toises d'autres habitations. Ces visites seront préalablement annoncées huit jours d'avance.

» Après la visite, ils ordonneront la réparation ou la démolition des fours et des cheminées qui se trouveront dans un état de délabrement qui pourrait occasioner un incendie ou d'autres accidents. Il pourra y avoir lieu à une amende au moins de six francs et au plus de vingt-quatre francs. »

II. La cour de cassation avait jugé avec raison, le 21 thermidor an 12, que la peine portée en cet article ne pouvait être appliquée que par les tribunaux correctionnels. Mais l'art. 471, n° 1, du Code pénal, ayant prononcé une peine de simple police contre ceux qui négligent d'entretenir, réparer ou nettoyer les fours, cheminées ou usines où l'on fait usage du feu, la contravention prévue par la loi du 6 octobre 1791 doit être punie maintenant par le juge de paix.

CANAL. Voy. *Eau.*

CANTONNEMENT. En termes d'eaux et forêts, c'est une portion de bois donnée en propriété à des usagers, pour leur tenir lieu du droit d'usage qu'ils avaient dans certains bois.

CAPACITÉ. C'est, en général, l'aptitude ou la disposition à quelque chose ; mais, dans le langage des lois, on entend par capacité la faculté de contracter, de disposer, de donner ou de recevoir, etc. Ainsi l'art. 1124 du Code civil porte : « Les incapables de contracter sont 1° les mineurs, 2° les interdits, 3° les femmes mariées, dans les cas exprimés par la loi ; et généralement tous ceux à qui la loi a interdit certains contrats. »

CAPITAINE DE NAVIRE. Le Code de Commerce désigne sous ce titre, les capitaines, maîtres ou patrons chargés de la conduite d'un navire ou d'un autre bâtiment destiné au commerce.

I. Les rapports des capitaines de navire avec les juges de paix seront indiqués à l'article *Commerce*. (Voy. aussi *Acte de francisation*.)

CAPITAL. C'est le principal d'une créance qui produit des intérêts.

On appelle *capitaux ruraux*, les animaux attachés à la culture et à la garde des héritages, ceux que le propriétaire y réunit et élève, les ustensiles aratoires, les semences, les pailles, les engrais, et généralement tout ce qui est attaché au service d'une ferme, ou destiné à en accroître les productions.

CARENCE (*Procès-verbal de*). On appelle ainsi l'acte par lequel un juge de paix ou un huissier constate qu'il ne s'est trouvé, dans une maison, aucun effet mobilier susceptible d'être mis sous le scellé, inventorié ou saisi.

I. L'art. 10 du décret du 6 mars 1793 attribuait exclusivement aux notaires la confection des inventaires, des procès-verbaux de description et des procès-verbaux de carence, même dans les lieux où elle avait été jusqu'alors attribuée aux juges et aux greffiers. Mais, comme a dit le tribun Gillet, « si cette disposition avait l'avantage d'établir plus d'uniformité dans les opérations, elle avait, d'un autre côté, cet inconvénient, que dans les successions, *même les plus pauvres*, toutes les fois qu'il y avait des héritiers absents ou mineurs, il fallait appeler en même temps le juge de paix et le notaire, l'un pour constater qu'il n'y avait pas lieu à apposer le scellé, l'autre pour constater la carence ou faire la description. De cette duplicité de ministère, il résultait des frais disproportionnés avec les forces de l'hérédité. »

Le Code de Procédure civile a obvié à cet inconvénient par la disposition de l'art. 924 : « S'il n'y a aucun effet mobilier, le juge de paix dressera un procès-verbal de carence ; s'il y a des effets mobiliers qui soient nécessaires à l'usage des personnes qui restent dans la maison, ou sur lesquels le scellé ne puisse être mis, le juge de paix fera un procès-verbal contenant description sommaire desdits effets. » Ainsi, le ministère du notaire n'est plus exigé pour les formalités de ce genre. « Il est d'usage de laisser à ceux qui ont coutume de vivre dans la maison, comme le survivant des deux conjoints ou les enfants, les effets qui sont à leur usage, et une partie du linge de lit et de table, de l'argenterie et même des deniers comptants qui s'y trouvent. S'il s'élevait à cet égard quelque difficulté, le juge de paix pourrait statuer provisoirement. » (*Levasseur*, n° 252.)

II. De ce que l'art. 924 n'impose pas, comme l'art. 914, à ceux qui demeurent dans le lieu, l'obligation de prêter serment qu'ils n'ont rien détourné, vu, ni su qu'il ait été rien détourné directement ni indirectement, faut-il conclure que le procès-verbal de carence ne doit pas faire mention de ce serment?

MM. Pigeau, Carré, Favard de Langlade et Rolland de Villargues, s'accordent pour la négative, et nous partageons leur opinion. En effet, puisque le procès-verbal de carence tient lieu tout à la fois du procès-verbal de scellé et de l'inventaire, pour lesquels le serment est exigé, le même motif doit commander la même précaution.

III. « A entendre rigoureusement la première disposition de l'art. 924, dit M. Bousquet, il n'y aurait jamais lieu à procès-verbal de carence, parce que, pour si pauvre que soit une personne, elle laisse après elle sa défroque, quelque effet mobilier, ne fût-ce que quelques vieilles hardes, un grabat, etc. Aussi pensons-nous qu'il y a lieu à procès-verbal de carence toutes les fois que les effets délaissés n'ont aucune ou presque aucune valeur, comme, par exemple, si elle n'excède pas 30 francs. »

IV. Quelques jurisconsultes ont pensé qu'en spécifiant deux cas où le juge de paix pouvait décrire sommairement les effets mobiliers de la succession, le législateur avait interdit, pour tous les autres, cette manière économique de procéder. Mais, comme observe Carré après M. Bousquet, prêter à la loi un sens déraisonnable, ce serait faire injure à la sagacité et à la justice de ses auteurs. Or, les procès-verbaux de description sommaire *avec prisée*, se confondent naturellement avec les procès-verbaux de carence. Les uns et les autres ont pour résultat le soulagement de la classe pauvre. Il y aura seulement cette différence entre eux, que les uns, les procès-verbaux de carence, s'appliqueront aux successions tout-à-fait indigentes, comme celles dont il est question dans le paragraphe qui précède, tandis que les autres pourront être dressés lorsque le défunt aura laissé quelques effets excédant le plus strict nécessaire, mais dont les frais de scellé, d'inventaire avec prisée et de vente, absorberaient la modique valeur.

V. Si le juge de paix trouve quelques papiers qui puissent être utiles aux héritiers du défunt, il les décrira dans le procès-verbal, et les laissera en dépôt à son greffier. Dans le cas où ces papiers seraient cachetés, il agirait comme lorsqu'il y a lieu à apposition de scellé, et les frais seraient à la charge de ceux que ces papiers pourraient intéresser. (Voy. *Scellé.*)

VI. Une instruction du ministre de la guerre, en date du 15 novembre 1809, approuvée par décret, porte, art. 123 du tit. 3 : « Lorsqu'un militaire appartenant à un corps viendra à décéder sur le territoire français, le juge de paix de l'arrondissement en sera aussitôt prévenu. Il mettra le scellé sur les effets du décédé. Le scellé sera levé dans le plus bref délai, en présence d'un officier chargé par le conseil d'administration d'y assister, et de signer *le procès-verbal de désignation des effets.* La vente en sera faite avec les formalités requises par les lois, et le produit, déduction faite des frais constatés, remis au conseil d'administration, qui le déposera dans la caisse du corps. » Il résulte clairement de cette disposition, que le juge de paix fait seul la *désignation* ou la *description* des effets sur lesquels le scellé a été mis, et cette description tient lieu d'inventaire.

VII. D'après les décisions ministérielles des 20 fructidor an 10 et 1er prairial an 13, les greffiers peuvent faire viser pour timbre en *débet,* et faire enregistrer aussi en *débet*, les procès-verbaux d'apposition et de levée de scellé, lorsque ces opérations ont été faites d'office par les juges de paix, après l'ouverture de successions échues à des héritiers *absents et non représentés, ou à des mineurs qui n'ont ni tuteurs ni curateurs.* Cette disposition s'applique à plus forte raison aux procès-verbaux de carence, qui remplacent ceux d'apposition de scellé. Si néanmoins l'apposition du scellé n'avait pas été faite d'office, mais sur la réquisition d'une partie intéressée, les droits de timbre et d'enregistrement seraient exigibles, et le paiement de ces droits serait à la charge du requérant.

Procès-verbal de carence.

L'an , le , heure de , nous, juge de paix, assisté de notre greffier, nous sommes, sur la réquisition de (*ou* d'office) transporté rue , n° , en la maison occupée par le sieur P...., (*profession*) où étant, est comparu le sieur , lequel nous a dit que le sieur P... vient de décéder, et qu'il nous requiert de constater que ledit sieur P... ne laisse aucun effet, papier ni argent (*ou* que les effets et papiers que ledit sieur P... laisse, sont de trop peu de valeur pour nécessiter l'apposition du scellé, et a signé (ou *a déclaré ne savoir signer, de ce enquis.*)

Sur quoi, nous juge susdit, avons donné acte audit sieur de sa réquisition, et étant entré, toujours assisté de notre greffier, dans une chambre au étage, avons trouvé le corps dudit P...... (1)

(1) Cette énonciation n'est nécessaire que lorsque le corps est pré-

gisant sur un lit; et, perquisition faite, n'avons rien trouvé *ou* n'avons trouvé que les effets suivants, savoir: six chaises en bois blanc, estimées par notre greffier à la somme de, etc. Ces effets étant d'une trop faible importance pour qu'on puisse en faire l'objet d'une apposition, d'une levée de scellé et d'un inventaire, nous nous sommes borné à la description ci-dessus, et nous les avons laissés à la garde dudit sieur , lequel a affirmé devant nous qu'il n'a rien détourné, vu ni su qu'il ait été rien détourné directement ou indirectement, et a promis de les représenter quand et à qui il appartiendra; et a signé avec nous et notre greffier.

CARRIÈRE. Voy. *Fouilles et Mines.*

CAS FORTUITS. Ce sont des événements imprévus, et indépendants de la volonté de celui à qui ils arrivent. Pour leurs conséquences légales, voy. *Engagement.*

CAS REDHIBITOIRES. Voy. *Vices redhibitoires.*

CASSATION. C'est le droit conféré à la cour de cassation, telle qu'elle a été créée par la constitution du 22 frimaire an 8, par la loi du 27 ventôse de la même année et par l'ordonnance royale du 15 février 1815, de casser toutes les décisions judiciaires *rendues en dernier ressort*, et qui, dans la forme ou sur le fond, ont violé les lois ou méconnu les règles de la compétence, ou qui sont viciées d'un excès de pouvoir.

Comme il entre dans le plan de notre ouvrage de ne nous occuper que de ce qui a trait aux justices de paix, nous allons examiner quelles sont les sentences émanées de cette juridiction qui peuvent être attaquées en cassation, quels sont les délais et les formes qui doivent être observés.

Nous diviserons ce travail en deux sections:

La première traitera des pourvois en matière civile;

La seconde, des pourvois en matière de police.

SECTION Ire. *Pourvois en matière civile.*

§ Ier. *Des jugements qui peuvent être attaqués par la voie du recours en cassation, et des causes qui y donnent ouverture.*

I. Les jugements des juges de paix *en dernier ressort*, rendus en matière ordinaire ou en matière d'actions possessoires, ne sont susceptibles d'être attaqués par la voie de cassation, que dans le cas d'excès de pouvoir seulement. L'incompé-

sent; elle a pour but de constater que l'apposition du scellé a été faite avant l'inhumation, cas où le juge de paix n'est point obligé de constater le moment où il a été requis, ni les causes qui ont retardé la réquisition ou l'apposition, comme il est obligé de le faire après l'inhumation. (*Pigeau*, t. 2, p. 627, édition de 1828.)

tence, et moins encore la violation de la loi ou le mal jugé, ne donnent point ouverture à cassation.

C'est ce qui résulte des lois de la matière et de la jurisprudence de la cour de cassation. (*Arg. de l'art.* 454 *du Code de Proc. civile; Cour de cass.,* 28 *janvier* 1824, *et* 21 *avril* 1813.)

C'est donc à tort que plusieurs auteurs, et notamment M. Lonchampt, dans son *Dictionnaire des Justices de Paix*, vº *Cassation*, ont dit que la voie de cassation est ouverte contre les jugements en dernier ressort des juges de paix, aussi bien pour cause d'excès de pouvoir, que pour *cause d'incompétence.*

M. Godard de Saponay, dans son excellent ouvrage intitulé : *Manuel de la Cour de Cassation*, page 39, a très-bien posé et résolu la question. Voici comment il s'exprime :

« Du principe que ne peuvent être portés devant la cour de cassation, *que des recours contre des décisions en dernier ressort*, les jugements des juges de paix rendus en dernier ressort ne peuvent être attaqués devant elle, que dans le seul cas d'excès de pouvoir. Cette exception, limitative à l'excès de pouvoir, demande elle-même une explication.

» La loi du 1er août 1790, art. 4, déclarait que les jugements rendus en dernier ressort par les juges de paix, n'étaient pas susceptibles d'être attaqués par le recours en cassation. Plus tard, on sentit la nécessité d'admettre le pourvoi contre des sentences rendues par des juges qui n'étaient pas soumis aux épreuves d'une capacité légale, et pouvaient, dans une infinité de circonstances, sortir des limites de leurs attributions.

» En conséquence, la loi du 27 ventôse an 8 (art. 77) déclara qu'il n'y aurait ouverture en cassation contre les jugements en dernier ressort des juges de paix, si ce n'est pour cause d'*incompétence* et d'*excès de pouvoir*. Plus tard, l'article 454 du Code de Procédure civile ayant posé le principe que, dans le cas d'incompétence, l'appel était recevable, *encore que le jugement ait été qualifié en dernier ressort*, l'art. 77 de la loi du 27 ventôse an 8 fut abrogé pour l'ouverture en cassation fondée sur l'incompétence, et ne resta en vigueur que pour l'ouverture fondée sur l'excès de pouvoir.

» Il y a, en effet, cette différence entre l'incompétence et l'excès de pouvoir, que la première est toujours elle-même un excès de pouvoir, mais que l'excès de pouvoir peut se trouver fondé sur un autre motif que sur l'incompétence. L'incompétence est à l'excès de pouvoir, ce que l'espèce est au genre. »

A l'appui de ce raisonnement, qui nous paraît complétement justifier la disposition de l'art. 454 du Code de Procédure civile, M. Godard de Saponay invoque les arrêts que nous avons indiqués ci-dessus.

II. En règle générale, le recours en cassation n'est point admis contre un jugement interlocutoire en dernier ressort, avant le jugement définitif. Cependant, la cour de cassation a distingué entre le cas où le préjugé résultant d'un interlocutoire est réparable en définitive, et celui où il ne l'est pas.

Dans le premier cas, il n'est pas susceptible d'être attaqué par la voie de cassation. (*Arrêts du* 12 *avril* 1810 *et du* 13 *janvier* 1818.)

Dans le second cas, le pourvoi en cassation est recevable. Ainsi jugé par arrêts des 9 mars 1809, 16 mai 1809, 17 mai 1810, 25 novembre 1817, 28 décembre 1818, 15 avril 1828.

Ces règles sont applicables aux sentences interlocutoires rendues par les juges de paix, pourvu qu'elles soient attaquées pour excès de pouvoir, seul cas qui, nous l'avons déjà dit, donne ouverture à cassation contre les jugements en dernier ressort des juges de paix.

III. Quand un juge de paix commet-il un excès de pouvoir?

Le juge de paix commet un excès de pouvoir, lorsqu'il franchit les bornes de l'autorité que la loi lui a confiée; lorsqu'il fait un acte de cette autorité hors des limites de sa juridiction; lorsqu'il rend un jugement sans l'assistance du greffier; lorsqu'il trouble la puissance législative et le pouvoir exécutif dans leurs opérations et qu'il s'immisce dans l'exercice des fonctions qui leur appartiennent.

IV. En matière d'actions possessoires, le juge de paix qui cumule le possessoire et le pétitoire ne commet pas seulement une violation de loi, il commet un excès de pouvoir, et, sous ce rapport, son jugement, s'il est rendu en dernier ressort, peut être attaqué par la voie de cassation.

V. Un jugement rendu par un juge de paix et vicié d'un excès de pouvoir, doit être attaqué par recours en cassation, alors même qu'il serait mal à propos qualifié *en premier ressort*. (*Argum. de l'art.* 453 *du Code de Proc. civile.*)

§ II. *Des délais et des formes dans lesquels doivent avoir lieu les pourvois contre les jugements des juges de paix.*

I. Ces délais et ces formes sont les mêmes que pour les arrêts et jugements rendus par les cours et tribunaux ordinaires.

II. Le délai est de trois mois à dater du jour de la signification du jugement à personne ou à domicile, pour tous ceux qui habitent en France, sans aucune distinction. (*Lois des* 1er *décembre* 1790, *art.* 14, *et* 2 *brumaire an* 4, *art.* 15.)

Ceux qui sont absents de la France pour cause d'utilité publique, ont, pour se pourvoir en cassation, le délai d'un an, à compter du jour de la signification à leur dernier domicile. (*Art.* 2, *tit.* 4, 1re *partie, du réglem. du* 22 *juin* 1738.)

Ceux qui demeurent hors la France continentale, ont six mois pour se pourvoir, à compter de la signification faite à personne ou domicile. (*Art.* 13 *du même titre du réglem. ; loi du* 11 *février* 1793.)

Ceux qui demeurent aux Indes occidentales, ont le délai d'un an, et ceux qui habitent les colonies, au-delà du cap de Bonne-Espérance, le délai de deux ans, aussi à compter de la signification à personne ou domicile. (*Même titre du réglement, art.* 12.)

A l'égard des gens de mer absents du territoire français, en Europe, pour cause de navigation, sans avoir acquis ou fixé leur domicile, soit dans les colonies françaises, soit en pays étranger, ils ont trois mois, à compter de leur retour en France, pour se pourvoir en cassation des jugements rendus contre eux pendant leur absence. (*Lois des* 2 *septembre* 1793, *et* 6 *brumaire an* 5.)

III. Le jour de la signification ni celui de l'échéance ne sont pas compris dans le délai.

IV. Si le jugement est par défaut, le délai ne court que du jour où l'opposition n'est plus recevable. (*Sirey*, tom. 13, 1re partie, pag. 96.)

V. Dès que le délai court, *sans aucune distinction*, il court contre les mineurs, les communes et le domaine de l'état : c'est une dérogation au réglement du 28 juin 1738 (1). (Favard de Langlade, *Répertoire de la nouvelle Législation*, v° *Cassation* (*cour de*), *sect. IV ; — cour de cass.*, 5 *juin* 1832 ; *Dalloz*, année 1832, 1, 213.)

VI. Si la partie condamnée meurt dans le délai, sans s'être pourvue en cassation, le délai est suspendu ; il ne recommence à courir qu'à compter de la signification faite à ses héritiers ou ayants-cause, *à personne ou à domicile*, et ce n'est pas seulement le surplus du délai qui leur est accordé, c'est un nouveau délai tout entier. (*Art.* 14 *du tit.* 4 *de la* 1re *partie du réglement de* 1738.)

(1) L'exécution de ce réglement a été virtuellement ordonnée par la loi du 27 ventôse an 8, et par l'art. 7 de l'ordonnance en date du 15 février 1815, qui donna l'institution royale à la cour de cassation.

VII. Le pourvoi doit nécessairement être formé au nom des héritiers ; s'il l'était au nom de la partie décédée, il serait radicalement nul. (*Cour de cass.*, 8 *mai* 1820 ; Sirey, *tom.* 20, 1, 305.)

VIII. Il peut arriver que la partie condamnée, ayant adressé la décision à attaquer à un avocat de la cour de cassation pour se pourvoir, et venant à décéder dans l'intervalle, le pourvoi soit fait en son nom. Dans ce cas, il est nécessaire que les héritiers donnent connaissance du décès à l'avocat, afin que celui-ci puisse, par requête nouvelle, formuler le pourvoi en leur nom. S'ils négligeaient de le faire, et si, la décision leur étant signifiée, ils laissaient expirer les trois mois, le pourvoi originairement fait au nom de la partie décédée, serait déclaré non recevable.

IX. En ce qui touche la forme, ce n'est point par la voie de l'assignation, mais par la voie du dépôt au greffe de la cour de cassation d'une requête signée par un avocat exerçant près cette cour, que le pourvoi doit être fait.

A la requête doivent être jointes 1° la copie signifiée de la décision attaquée ; 2° la quittance de consignation de l'amende de 150 francs, si le pourvoi est formé contre un jugement contradictoire, et de 75 francs, s'il s'agit d'un jugement rendu par défaut. (*Réglem. de* 1738, *partie* 1re, *tit.* 4, *art.* 4 *et* 5 ; *loi du* 2 *brumaire an* 4, *art.* 17.)

X. Sont dispensés de l'amende, les indigents qui joignent à leur demande 1° un extrait du rôle des contributions, constatant qu'ils paient moins de 6 francs, ou un certificat du percepteur de la commune portant qu'ils ne sont pas imposés ; 2° un certificat d'indigence à eux délivré par le maire de leur commune ou son adjoint, visé, *à peine de déchéance*, par le sous-préfet, et approuvé par le préfet. (*Loi du* 14 *brumaire an* 5 ; *argum. de l'art.* 420 *du Code d'Instr. crim. ; cour de cass.*, 11 *octobre* 1827 ; *Sirey*, *t.* 28, 1, 66.)

XI. Les indigents ne sont dispensés que de la consignation de l'amende : s'ils succombent dans leur pourvoi, ils sont condamnés à l'amende vis-à-vis de l'état, comme les autres. (*Cour de cass.*, 28 *décembre* 1812 ; *Sirey*, *t.* 13, 1, 184.)

XII. Il n'est dû qu'une seule amende, quand même le pourvoi serait dirigé contre plusieurs jugements, si ces jugements dépendent les uns des autres et sont relatifs à la même contestation.

Il en est de même du cas où plusieurs parties, ayant le même intérêt, forment ensemble un seul pourvoi contre le même jugement. (*Cour de cass.*, 20 *novembre* 1816.)

§ III. *Des effets du pourvoi en matière civile.*

I. Le pourvoi, en matière civile, n'est pas suspensif de l'exécution du jugement attaqué. Dans aucun cas, et sous aucun prétexte, il ne peut être accordé de surséance. C'est là une dérogation au réglement de 1738. (*Art.* 16 *de la loi du* 27 *novembre* 1790.)

II. L'effet virtuel de l'arrêt de cassation est de remettre les parties au même état qu'auparavant.

III. De ce principe résulte :

Que l'amende est restituée sans délai (1); que toutes les sommes payées en vertu du jugement attaqué doivent être restituées; que toute inscription prise est non avenue; que tout acte d'exécution est rétracté de droit; en un mot, que tout ce qui a été la suite de la décision cassée est également annulé, quand même l'arrêt de cassation ne le dirait pas.

Sect. II. *Pourvois en matière de police.*

§ Ier. *Des jugements qui en sont susceptibles, et des causes qui y donnent lieu.*

I. Nous avons dit, en règle générale, que le recours en cassation ne peut être admis que contre les décisions rendues *en dernier ressort*. L'art. 172 du Code d'Instruction criminelle enseigne quels sont les jugements qui, en matière de police, doivent être réputés rendus en dernier ressort. Ce sont ceux qui ne prononcent pas la peine de l'emprisonnement, ou dans lesquels les amendes, restitutions ou autres réparations civiles, n'excèdent pas la somme de 5 fr., outre les dépens.

II. Nous avons dit encore que le recours doit être dirigé contre l'arrêt ou le jugement définitif.

Sur ce dernier point, voyons plus spécialement quelles sont les règles en matière criminelle, correctionnelle et de simple police.

Le pourvoi contre les arrêts ou préparatoires ou d'instruction ou les jugements en dernier ressort de cette qualité, n'est ouvert qu'après le jugement définitif, sans que l'exécution volontaire de ces arrêts ou jugements puisse jamais être opposée comme fin de non recevoir. (*Art.* 416 *du Code d'Instr. criminelle.*)

(1) Par une ordonnance de M. de Villèle, les amendes ne sont restituées que sur mandement du ministre. Il résulte de cette mesure de fort longs retards, contraires à la loi.

III. Il n'en est pas de même des arrêts ou jugements qui statuent sur la question de compétence. Une décision sur ce point pouvant préjuger le fond, est susceptible d'un recours direct que la loi autorise à former sur-le-champ. (*Même art.*)

IV. Un jugement, en matière de simple police, peut être attaqué par la voie du recours en cassation,

1° S'il a été incompétemment rendu (*art.* 408, 413 *et* 416 *du Code d'Instr. crim.*);

2° Pour excès de pouvoir, et notamment s'il a prononcé une condamnation pour un fait que la loi n'a pas mis au nombre des contraventions;

3° S'il y a eu violation des formes;

4° S'il y a eu fausse application de la loi pénale.

V. Les formes dont l'inobservation entraîne l'annulation du jugement, sont de deux espèces :

1° Constitutives de la régularité de la procédure; les unes prescrites à peine de nullité; les autres, considérées comme essentielles dans l'intérêt de la défense;

2° Constitutives de la régularité des jugements. (*Argum. de l'art.* 7 *de la loi du* 20 *avril* 1810.)

VI. On a douté, pendant quelque temps, si, dans les matières correctionnelles et de police, la cassation pouvait être ordonnée pour fausse application de la loi pénale. Voici ce que dit, à ce sujet, M. Legraverend, dans son *Traité de la Législation criminelle*, t. 2, p. 440 :

« Le doute naissait de ce que l'art. 413 du Code d'Instruction criminelle déclare communes aux matières de police et de police correctionnelle les voies d'annulation exprimées en l'art. 408; de ce que cet art. 408 ne parle point de la fausse application de la loi pénale, ni de l'omission de prononcer la peine ordonnée par la loi, et de ce que ces deux cas sont l'objet de l'art. 410, qui en fait des moyens de cassation dans les matières criminelles, et qui ne déclare pas explicitement que ces moyens sont communs aux matières de police ou de police correctionnelle.

» Mais la question a été résolue affirmativement par la cour de cassation, et cela ne pouvait souffrir de difficulté sérieuse. (*Voir notamment un arrêt du* 27 *juin* 1811, *qui a fixé la jurisprudence à cet égard.*)

» En effet, l'art. 414 porte que la disposition de l'art. 411 est applicable aux arrêts et jugements en dernier ressort en matière correctionnelle et de police. Cet article dit que « lorsque » la peine prononcée sera la même que celle portée par la loi » qui s'applique au crime, nul ne pourra demander l'annula-

»tion de l'arrêt sous le prétexte qu'il y aurait erreur dans la »citation du texte de la loi. »

»En étendant cet article aux matières de police et de police correctionnelle, l'art. 414 a implicitement et nécessairement aussi étendu à ces matières l'art. 410, puisque l'art. 411 n'est qu'une explication, ou plutôt une modification dudit art. 410.

»Au reste, ce qui tranche toute difficulté, c'est une disposition de la loi du 20 avril 1810 (art. 7), qui déclare d'une manière générale et pour toutes les matières, *qu'il y a lieu à cassation pour contravention expresse à la loi* (1). »

VII. Un tribunal de simple police ne peut se dispenser de punir une contravention dont l'existence est reconnue, sous prétexte que *cette contravention peut être rangée dans la classe des fautes que la loi pardonne;* en d'autres termes, en matière de simple police, comme en matière de crimes et de délits, aucune excuse ne peut être admise que dans le cas où la loi déclare le fait excusable : un jugement qui déciderait le contraire serait essentiellement attaquable par la voie de cassation. (*Cour de cass.*, 23 *septembre* 1826.)

VIII. Il n'en est pas, en matière criminelle, correctionnelle ou de police, comme en matière civile, où l'appréciation du fait, sauf les exceptions admises par la jurisprudence, ne donne pas ouverture à cassation. Ainsi, il a été jugé qu'il entre dans les attributions de la cour de cassation de décider si un jugement, portant condamnation pour *injures*, a contrevenu à la loi, en qualifiant *injures* ce qui n'en aurait pas le caractère. (*Cour de cass.*, 27 *août* 1825; *Sirey*, t. 26, 1, 181 et 250.)

(1) L'art. 7 de la loi du 20 avril 1810 est ainsi conçu :

« La justice est rendue souverainement par les cours impériales; leurs »arrêts, quand ils sont revêtus des formes prescrites à peine de nullité, »ne peuvent être cassés *que pour une contravention expresse à la loi.* »

S'il était vrai, ainsi que le dit M. Legraverend, que cette disposition législative fût générale et dût s'appliquer *à toutes les matières*, il pourrait en résulter que ce que nous avons dit au chapitre des pourvois en matière civile, que les jugements des juges de paix en dernier ressort ne peuvent être attaqués que pour excès de pouvoir, n'est point exact, et que ces jugements peuvent, comme tous les autres, devenir l'objet d'un recours en cassation *pour une contravention expresse à la loi.* Or, jusqu'à présent, il n'est venu dans l'idée de personne de soulever une pareille difficulté. Il ne faut donc considérer la loi de 1810 comme étant générale que pour les matières où il n'existe pas une loi spéciale, non abrogée, telle que la loi du 27 ventôse an 8, qui, sauf la modification qui y a été introduite par argumentation de l'art. 454 du Code de Procédure civile, n'admet le recours contre les jugements des juges de paix en matière civile, que pour cause d'excès de pouvoir ou d'incompétence.

§ II. *Du délai et des formes dans lesquels les pourvois en matière de police doivent avoir lieu.*

I. On ne trouve, relativement au délai dans lequel on peut se pourvoir contre les jugements de police correctionnelle et de simple police, aucune disposition textuelle dans le Code d'Instruction criminelle. Toutefois il est constant que les pourvois en cette matière doivent être faits *dans les trois jours de la prononciation du jugement.*

L'art. 177 du Code d'Instruction criminelle dispose que le recours en cassation, en cette matière, aura lieu dans les formes et dans les délais *prescrits.*

Par quelle loi? Ce n'est sans doute pas par la loi civile, qui accorde trois mois à la partie condamnée; ce ne peut être que par la loi qui régit les matières criminelles.

Or, on lit dans le Code d'Instruction criminelle (art 373), que le condamné a trois jours francs après celui où son arrêt lui aura été prononcé pour se pourvoir; que le ministère public et la partie civile auront la même faculté.

Le délai de trois jours, comme le fait observer M. Legraverend dans son ouvrage déjà cité, n'ayant point été restreint, *pour aucun cas,* au préjudice du condamné, il faut en conclure que c'est le délai prescrit par l'art. 373 qui doit être observé pour les pourvois en matière de police correctionnelle et de simple police; et cela, avec d'autant plus de raison, que toutes les règles, à très-peu d'exceptions près, suivies pour les pourvois en matière criminelle, s'appliquent aux pourvois en matière de police correctionnelle et de simple police.

C'est ainsi que l'a jugé la cour de cassation. (*Voir notamment un arrêt du 2 août* 1828.)

II. Dans le cas où le jugement est rendu par défaut, le pourvoi doit être formé dans les trois jours à dater de celui où l'opposition a cessé d'être recevable.

III. La déclaration du recours doit être faite par la partie condamnée, au greffier du tribunal qui a prononcé le jugement, et signée d'elle et du greffier. Elle peut l'être par un fondé de pouvoir spécial. Dans ce dernier cas, le pouvoir demeure annexé à la déclaration.

Cette déclaration est inscrite sur un registre à ce destiné; ce registre est public, et toute personne a droit de s'en faire délivrer des extraits (*art.* 417 *du Code d'Instruction criminelle*). Il n'est pas nécessaire que la déclaration contienne les moyens sur lesquels le pourvoi est fondé.

IV. Si le greffier du tribunal refusait, par un motif quelconque, de recevoir la déclaration, le condamné devrait faire constater ce refus par un officier ministériel. (*Cour de cass.*, 27 *janvier* 1824.)

A défaut d'un huissier, la partie condamnée peut faire recevoir sa déclaration par un notaire.

V. Dans l'un et l'autre cas, aucune déchéance ne saurait être applicable.

VI. Lorsque le recours en cassation contre un jugement en dernier ressort rendu en matière de police, sera exercé, soit par la partie civile, s'il y en a une, soit par le ministère public, ce recours, outre l'inscription énoncée dans l'art. 417, devra être notifié à la partie contre laquelle il sera dirigé, dans le délai de trois jours. (*Art.* 418 *du Code d'Inst. crim.*)

L'omission de cette dernière formalité n'entraînerait pas la peine de nullité. Si la cour de cassation s'aperçoit qu'elle a été omise, elle peut ordonner que l'omission sera réparée.

VII. Si le défendeur ne comparaît pas, et que le jugement soit cassé par un arrêt par défaut, il a le droit d'y former opposition. (Godard de Saponay, *Manuel de la cour de cass.*, page 107.)

VIII. Le demandeur en cassation, à partir de sa déclaration de pourvoi, a dix jours pour déposer au greffe sa requête contenant les moyens de cassation ; et, dans ce cas, elle est transmise directement, avec les autres pièces du procès, par le ministère public au ministre de la justice, qui, dans les vingt-quatre heures, adresse les pièces à la cour de cassation, et donne avis de cet envoi au magistrat qui les lui a transmises. (*Code d'Instruction criminelle, art.* 422, 423, 424.)

IX. Tout demandeur en cassation doit, comme formalité essentielle, déclarer son pourvoi dans la forme voulue par la loi ; mais, suivant l'usage établi, au lieu de déposer sa requête au greffe où il a formé son pourvoi, il adresse les pièces à un avocat à la cour de cassation, qui prend alors communication du dossier à son arrivée au greffe, et produit ensuite la défense de la partie.

X. En matière correctionnelle ou de police, suivant les réglements de la cour de cassation, les parties ne peuvent être représentées devant elle que par le ministère d'un avocat attaché à cette cour.

XI. Le pourvoi serait déclaré non recevable, si le demandeur n'avait pas consigné une amende de 150 fr., plus le dixième, ou de la moitié de cette somme, si le jugement est rendu par défaut. (*Code d'Instruction criminelle, art.* 419.)

La partie civile est également soumise à la consignation d'amende.

Il n'est pas de rigueur que cette consignation ait lieu avant la déclaration du pourvoi ; il suffit que la quittance constatant la consignation soit produite avant le jugement de l'affaire ; mais si la cour rendait arrêt déclarant le pourvoi non recevable, à défaut de consignation d'amende, il serait inutile de justifier plus tard que la consignation avait été faite. (*Arrêt de rejet du* 24 *décembre* 1824 ; *Sirey*, 1825, 1, 184 ; *Dalloz*, 1825, 1, 54.)

XII. En cas de désistement du pourvoi de la part du demandeur avant cette consignation, la jurisprudence de la chambre criminelle de la cour de cassation est de déclarer le pourvoi comme non avenu, ou, si l'amende a été consignée, d'en ordonner la restitution, et dès lors l'amende n'est point acquise à l'état. Mais si le demandeur, au lieu de se désister, laissait la cour rejeter son pourvoi faute de consignation d'amende, dans ce cas, la condamnation en serait prononcée contre lui.

Ce qui a été dit au chapitre des pourvois en matière civile, n° 10, relativement à la dispense de l'amende, s'applique aux pourvois en matière criminelle, correctionnelle et de police.

XIII. Lorsque la cour de cassation annule un jugement de police, elle renvoie le procès et les parties devant un autre tribunal de police (*art.* 427). Si l'annulation est prononcée, parce que le fait qui a motivé la condamnation se trouve n'être pas une contravention, aucun renvoi n'est prononcé. (*Art.* 429.)

XIV. Le Code ne dit rien sur la manière dont doivent procéder les tribunaux devant lesquels les procès sont renvoyés après l'annulation des jugements en matière correctionnelle ou de police ; mais les règles fixées pour la procédure après l'annulation en matière criminelle sont nécessairement applicables à ces matières, et les cours ou tribunaux nouvellement saisis doivent s'y conformer exactement dans le cercle de leurs attributions respectives. (*Legraverend*, p. 457.)

XV. Si l'arrêt prononçant cassation est rendu par défaut, le défendeur peut y former opposition.

Le délai ne doit pas être réglé, dans ce cas, par l'art. 533 du Code d'Instruction criminelle, dont l'objet spécial est pour les réglements de juges : il doit l'être par les dispositions générales du même Code sur les jugements par défaut.

Ainsi, en matière de police, le délai doit être de trois jours à compter de la signification de l'arrêt de cassation. (*Art.* 151.)

XVI. L'opposition doit être formée par déclaration faite au greffe du tribunal dont le jugement a été cassé. Le demandeur en opposition peut s'en faire délivrer une expédition, et transmettre cette expédition, avec les pièces, à un avocat à la cour de cassation, qui la réitère par le mémoire qu'il dépose à la cour.

XVII. La partie qui succombe est condamnée, outre les frais, à une indemnité de 150 fr. envers le défendeur. (*Code d'Inst. crim., art.* 436.)

XVIII. Si, depuis la déclaration d'un pourvoi en matière de police, il s'était écoulé plus d'un an sans que la cour de cassation eût été saisie, la péremption du pourvoi devrait être prononcée. (*Arg. de l'art.* 640 *du Code d'Inst. crim.; arrêt du* 7 *mai* 1830, *sect. crim.*)

§ III. *Des effets du pourvoi en matière de police.*

Le pourvoi en matière de police est suspensif : il n'appartiendrait pas à un tribunal quelconque de passer outre, sous le prétexte que le pourvoi ne serait point régulièrement formé. (*Code d'Inst. crim., art.* 373, 177 *et* 216.)

AD. CRÉMIEUX, *avocat aux conseils du roi et à la cour de cassation.*

CAUSE. Ce mot est quelquefois synonyme *d'action.* C'est ainsi que la loi du 24 août 1790 attribue aux juges de paix la connaissance de toutes les *causes* purement personnelles et mobilières, etc.

Il se dit aussi du procès, de l'instance elle-même : *cause sommaire, cause d'appel, état de cause.*

CAUSE DES OBLIGATIONS. Voy. *Obligation.*

CAUTION. On appelle *caution* ou *fidé-jusseur,* la personne qui répond de l'exécution d'un engagement contracté par une ou plusieurs autres.

I. Il y a trois espèces de cautionnement : le cautionnement *volontaire,* le cautionnement *nécessaire,* et le cautionnement *judiciaire.*

Le cautionnement *nécessaire* est celui qu'exige la loi en certaines circonstances, comme lorsqu'un étranger veut intenter une action. On le désigne, dans ce cas, sous le nom de *caution judicatum solvi* (voy. *l'article suivant*). Le cautionnement fourni par quelques fonctionnaires publics, pour garantie de leur gestion, appartient à la même classe. (Voy. *Cautionnement.*)

On trouve un exemple du cautionnement *judiciaire* dans l'art. 17 du Code de Procédure, qui porte : « Les juges de paix pourront (lorsque la condamnation excédera 300 fr.), ordonner l'exécution provisoire de leurs jugements, mais à la charge de donner caution. » (Voy. *Exécution de jugement.*)

II. Nous nous occuperons seulement ici du cautionnement *volontaire*, qui, n'ayant ordinairement d'autre cause que le désir d'obliger la personne dont on se rend garant, entre, par cette raison, dans la classe des *contrats de bienfaisance.*

III. Tous ceux qui ont le pouvoir de s'obliger, peuvent se rendre caution. Cependant le cautionnement d'un mineur émancipé serait nul, parce que l'émancipation donne seulement le droit d'administrer ses biens, et un cautionnement pour autrui n'est point un acte d'administration. (Merlin, *Répert.*, v°. *Caution*, § 11.)

IV. On peut se rendre caution sans ordre de celui pour lequel on s'oblige, et même à son insu. (*Code civil, art.* 2014.)

V. Le cautionnement ne saurait exister que sur une obligation valable. On peut néanmoins cautionner une obligation, encore qu'elle pût être annulée par une exception purement personnelle à l'obligé, par exemple, dans le cas de minorité (*Code civil, art.* 2012). Merlin, Dalloz et Toullier enseignent que l'obligation d'une femme non autorisée, peut être valablement cautionnée. C'est aussi ce qu'a décidé la cour royale de Paris, par un arrêt du 24 juillet 1819. Les motifs sont que la prohibition imposée à la femme mariée de contracter sans autorisation, est fondée sur son intérêt, sur celui de son mari et de leurs héritiers; qu'eux seuls peuvent opposer la nullité résultant de ce défaut de capacité; que, par conséquent, cette exception est purement personnelle, et que la caution ne saurait s'en prévaloir.

VI. Le cautionnement ne se présume point : il doit être exprès, et on ne peut pas l'étendre au-delà des limites dans lesquelles il a été contracté (*Code civil, art.* 2015). Mais aucune forme sacramentelle n'est imposée à ce genre d'obligation. On peut se rendre caution par acte authentique ou sous signature privée, par correspondance et même verbalement. Aussi, avons-nous résolu affirmativement dans le *Juge de Paix*, t. 2, p. 187, la question de savoir si un cautionnement peut être prouvé par témoins, lorsqu'il n'excède pas la somme de 150 fr.

VII. Le cautionnement ne peut excéder ce qui est dû par le débiteur, ni être contracté sous des conditions plus onéreuses; il peut être contracté pour une partie de la dette seulement, et sous des conditions moins onéreuses.

Le cautionnement qui excède la dette, ou qui est contracté sous des conditions plus onéreuses, n'est point nul : il est seulement réductible à la mesure de l'obligation principale. (*Code civil, art.* 2013.)

VIII. Le cautionnement indéfini d'une obligation principale s'étend à tous les accessoires de la dette, même aux frais de la première demande, et à tous ceux postérieurs à la dénonciation qui en est faite à la caution. (*Code civil, art.* 2016.)

IX. Les engagements des cautions passent à leurs héritiers, à l'exception de la contrainte par corps, si l'engagement était tel que la caution y fût obligée. (*Code civil, art.* 2017.)

X. L'effet du cautionnement est d'obliger celui qui l'a contracté à payer la dette du débiteur principal, lorsque celui-ci ne l'acquitte point. Mais comme, dans l'intention des parties et dans la nature même de ce contrat, l'objet du cautionnement est de ne payer que dans le cas où le principal débiteur serait dans l'impuissance de le faire, l'art. 2021 du Code civil accorde à la caution un bénéfice qu'on appelle *de discussion*, et qui consiste à exiger que le créancier, avant de la contraindre, discute la solvabilité du débiteur. Ce bénéfice cesse lorsque la caution y a renoncé, ou s'est obligée solidairement, ou bien encore, lorsque l'on a cautionné un incapable, comme une femme ou un mineur, parce que, l'obligation de l'incapable étant nulle, peu importe sa solvabilité. Dans tous les cas, le créancier n'est obligé de discuter le débiteur principal, que lorsque la caution le requiert, sur les premières poursuites dirigées contre elle. (*Code civil, art.* 2022.)

XI. Si plusieurs personnes se sont rendues caution d'un même débiteur pour une même dette, elles sont obligées chacune à toute la dette (*Code civil, art.* 2025). Néanmoins chacune d'elles peut, à moins qu'elle n'ait renoncé au bénéfice de division, exiger que le créancier divise préalablement son action, et la réduise à la part et portion de chaque caution. Lorsque, dans le temps où une des cautions a fait prononcer la division, il y en avait d'insolvables, cette caution est tenue proportionnellement de ces insolvabilités; mais elle ne peut plus être recherchée à raison des insolvabilités survenues depuis la division. (*Art.* 2026.)

Si le créancier divise lui-même, et volontairement, son action, il ne peut revenir contre cette division, quoiqu'il y eût, même antérieurement au temps où il l'a ainsi consentie, des cautions insolvables. (*Art.* 2027.)

XII. La caution qui a payé a son recours contre le débiteur principal, soit que le cautionnement ait été donné au su ou à l'insu du débiteur. Ce recours a lieu tant pour le principal que pour les intérêts et les frais. Néanmoins, la caution n'a de recours que pour les frais par elle faits depuis qu'elle a dénoncé au débiteur principal les poursuites dirigées contre elle. Elle a aussi recours pour les dommages-intérêts, s'il y a lieu. (*Art.* 2028.)

XIII. La caution qui a payé la dette est subrogée à tous les droits qu'avait le créancier contre le débiteur. Lorsqu'il y avait plusieurs débiteurs principaux solidaires d'une même dette, la caution qui les a tous cautionnés a, contre chacun d'eux, le recours pour la répétition du total de ce qu'elle a payé. (*Art.* 2029 *et* 2030.)

XIV. Lorsque la caution aura payé sans être poursuivie et sans avoir averti le débiteur principal, elle n'aura point de recours contre lui dans le cas où, au moment du paiement, ce débiteur aurait eu des moyens pour faire déclarer la dette éteinte, sauf son action en répétition contre le créancier. (*Art.* 2031.)

XV. La caution, même avant d'avoir payé, peut agir contre le débiteur, pour être par lui indemnisée, 1° lorsqu'elle est poursuivie en justice pour le paiement; 2° lorsque le débiteur a fait faillite, ou est en déconfiture; 3° lorsque le débiteur s'est obligé de lui rapporter sa décharge dans un certain temps; 4° lorsque la dette est devenue exigible par l'échéance du terme sous lequel elle avait été contractée; 5° au bout de dix années, lorsque l'obligation principale n'a point de terme fixe d'échéance, etc. (*Art.* 2032.)

XVI. Le § 4 de cet article, et la disposition de l'art. 2039 qui porte : « La simple prorogation de terme, accordée par le créancier au débiteur principal, ne décharge pas la caution, qui peut, en ce cas, poursuivre le débiteur pour le forcer au paiement, » résolvent affirmativement une question sur laquelle l'équité semblerait appeler une solution contraire. C'est celle de savoir si le créancier peut, sans perdre son recours contre la caution, accorder, à l'insu de celle-ci, de nouveaux délais au débiteur pour le paiement de l'obligation cautionnée. (Voy. *le Juge de Paix,* t. 2, p. 90.)

XVII. L'obligation qui résulte du cautionnement, s'éteint par les mêmes causes que les autres obligations, c'est-à-dire, par le paiement, par la compensation, par la novation, par la remise de la dette, par la prescription. Il est même à remarquer, comme le dit M. Merlin, que l'aveu fait par le débiteur principal, que la dette n'a point été payée, ne préjudicierait point à la caution, parce qu'il est à présumer que celle-ci n'a point entendu que son obligation se prolongeât au-delà du temps fixé pour l'exercice de l'action principale. Au moment où la fin de non recevoir a été acquise, la caution a dû penser que le créancier était payé, et ne plus s'inquiéter de la solvabilité du débiteur.

XVIII. La confusion qui s'opère dans la personne du débiteur principal et de sa caution, lorsqu'ils deviennent héritiers l'un de l'autre, n'éteint point l'action du créancier contre celui qui s'est rendu caution de la caution. (*Art.* 2035.)

XIX. La caution peut opposer au créancier toutes les exceptions qui appartiennent au débiteur principal, et qui sont inhérentes à la dette, telles que la violence, le dol, l'erreur, la prescription. Mais si l'exception est personnelle au débiteur, par exemple, s'il la tire de sa minorité, la caution ne saurait en profiter. Dans ce cas, l'obligation accessoire subsiste, quoique l'obligation principale soit annulée. (*Article* 2036.).

XX. La caution est déchargée lorsque la subrogation aux droits, hypothèques et priviléges du créancier, ne peut plus, par le fait de ce créancier, s'opérer en faveur de la caution (*art.* 2037). La caution, en effet, qui paie la dette d'un tiers, doit avoir contre lui toutes les sûretés qu'avait le créancier lui-même. Si le créancier a renoncé à ces sûretés, s'il les a rendues illusoires par son fait, s'il ne peut enfin transmettre à la caution les mêmes droits et garanties qu'il avait contre le débiteur principal, à l'époque où le cautionnement a été contracté, il est juste que la perte rejaillisse sur le créancier, et non pas sur la caution.

XXI. Le cautionnement est encore éteint par l'acceptation volontaire que le créancier a faite d'un immeuble ou d'un effet quelconque, en paiement de la dette principale, alors même qu'il viendrait à en être évincé dans la suite (*article* 2038). La raison en est que l'obligation principale ayant été éteinte par l'acceptation du créancier, celle de la caution, qui n'était qu'accessoire, a dû suivre le même sort.

CAUTION JURATOIRE. Elle consiste dans le serment fait en justice, d'accomplir ce qui est ordonné par un jugement ou par la loi, comme de représenter certaines choses, d'administrer fidèlement, etc.

CAUTION JUDICATUM SOLVI. En toutes matières autres que celles de commerce, l'étranger demandeur est tenu de donner caution pour le paiement des frais et dommages-intérêts résultant du procès, à moins qu'il ne possède en France des immeubles d'une valeur suffisante pour assurer ce paiement (*Code civil, art.* 16). Cette disposition est renouvelée dans l'art. 166 du Code de Procédure civile : « Tous étrangers, demandeurs principaux ou intervenants, seront tenus, *si le défendeur le requiert avant toute exception*, de fournir caution de payer les frais et dommages-intérêts auxquels ils pourraient être condamnés. »

II. Nous pensons, avec MM. Lepage et Carré, que l'obligation de fournir caution est imposée à l'étranger demandeur en justice de paix, comme devant les tribunaux civils et criminels. Une seule exception a été introduite, en faveur du commerce, à cette mesure d'équité, et l'on doit appliquer ici la règle *qui de uno dicit, de altero negat.*

III. Mais on remarquera que l'art. 166 n'exigeant une caution que de l'étranger, *demandeur principal ou intervenant*, on ne pourrait y soumettre celui qui, dans le cours d'une instance dirigée contre lui, formerait une demande incidente, qui serait une simple défense à l'action principale. (*Nouveau Denisart*, v° *Caution judicatum solvi.*)

IV. Aucun étranger, quels que soient son rang et sa dignité, fût-il même ambassadeur près la cour de France, n'est dispensé de fournir caution. Les termes de l'art. 166 ne permettent pas d'exception. *Tous étrangers*, etc.

V. La caution peut être exigée par tout défendeur, même quand il serait étranger comme le demandeur. (Lepage, Carré, *Lois de la Procédure civile*, t. 1, n° 702.)

VI. Elle peut l'être même contre une femme française qui a épousé un étranger, ou contre le Français qui a perdu cette qualité par une des causes mentionnées en l'art. 17 du Code civil. (Merlin, *Rép.*, v° *Caution judicatum solvi;* Carré, *ibid.*)

VII. L'exception *judicatum solvi* ne peut être suppléée par le juge; il faut que le défendeur la propose, et qu'il la propose avant toute autre exception, sous peine de n'être plus recevable. A plus forte raison, la caution ne pourrait plus être requise, lorsque la contestation est déjà engagée au fond.

VIII. Le jugement qui ordonne la caution, doit fixer la somme jusqu'à concurrence de laquelle elle sera fournie. Le demandeur qui consignera cette somme, ou qui justifiera que ses immeubles situés en France sont suffisants pour en répondre, sera dispensé de fournir caution. (*Code de Procéd., art.* 167.)

IX. Il devrait en être également dispensé, s'il était prouvé, par l'aveu du défendeur, ou autrement, que celui-ci lui doit une somme suffisante pour répondre des frais et des dommages-intérêts. (Carré, *ibid.*, n° 707.)

CAUTIONNEMENT DES GREFFIERS ET HUISSIERS DE JUSTICE DE PAIX. L'art. 88 de la loi du 28 avril 1816 a fixé de la manière suivante le cautionnement à verser par les greffiers de justice de paix :

A Paris.	10,000 fr.
A Bordeaux, Lyon et Marseille.	6,000
Dans les comm. de 50,000 à 100,000 habit.	4,000
Dans celles de 30 à 50,000.	3,000
Dans celles de 10 à 30,000.	2,400
Dans celles de 3 à 10,000.	1,800
Dans celles de 3,000 et au-dessous.	1,200

II. Cette loi n'avait soumis les greffiers des tribunaux de simple police à aucun supplément de cautionnement; mais une ordonnance royale du 9 octobre 1816 leur impose un supplément supérieur du quart à celui que doivent fournir les greffiers des justices de paix de leur résidence. C'est la même proportion qu'avait établie la loi du 28 floréal an 10, art. 14, par rapport aux cautionnements des uns et des autres.

III. Le cautionnement des huissiers est, d'après la même loi :

A Paris, de.	3,000 fr.
Dans les ressorts où le tribunal a dix juges, de	1,600
Dans ceux où il y a sept juges, de.	1,200
Dans ceux de quatre juges, de.	900
Dans ceux de trois juges, de.	600

IV. Ce cautionnement doit être fait en numéraire et versé en une seule fois, soit au trésor, soit dans les caisses des receveurs généraux ou des receveurs particuliers. Le cautionnement du titulaire qui se retire ne pourrait servir à son successeur, même quand il existerait un transfert authentique.

V. On ne peut être admis au serment ni installé dans les fonctions sans justifier que le cautionnement a été versé.

VI. Les intérêts des cautionnements, fixés à cinq pour cent par les lois qui les ont créés, ont été postérieurement réduits à quatre.

VII. Les cautionnements fournis par les agents de change, les courtiers de commerce, les avoués, greffiers, huissiers et les commissaires-priseurs, sont, comme ceux des notaires, affectés, par premier privilége, à la garantie des condamnations qui pourraient être prononcées contre eux par suite de l'exercice de leurs fonctions; par second privilége, au remboursement des fonds qui leur avaient été prêtés pour tout ou partie de leur cautionnement; et subsidiairement, dans l'ordre ordinaire, au paiement des créances particulières qui seraient exigibles sur eux. (*Loi du 25 nivôse an 13, art. 1er.*)

VIII. Les réclamants, aux termes de l'article précédent, seront admis à faire, sur ces cautionnements, des oppositions motivées, soit directement à la caisse d'amortissement, soit au greffe des tribunaux dans le ressort desquels les titulaires exercent leurs fonctions; savoir, pour les notaires, commissaires-priseurs, avoués, greffiers et huissiers, au greffe des tribunaux civils; et pour les agents de change et courtiers, au greffe des tribunaux de commerce. (*Art.* 2.)

L'original des oppositions faites à la caisse d'amortissement ou au greffe des tribunaux, y restera déposé pendant vingt-quatre heures, pour être visé. (*Art.* 3.)

IX. Les individus qui ont obtenu une condamnation contre un des fonctionnaires ci-dessus désignés, pour faits relatifs à ses fonctions, peuvent saisir le capital de son cautionnement et se le faire adjuger en tout ou en partie, même pendant qu'il exerce, et avant sa démission ou son décès (*Cour de cass.*, 26 *mars* 1811, 4 *février* 1822). Dans ce cas, le titulaire est obligé de compléter son cautionnement, sous peine de suspension et même d'interdiction. (*Art.* 95 *de la loi du* 28 *avril* 1816.)

Quant aux créanciers ordinaires, c'est seulement à la cessation des fonctions de leur débiteur qu'ils peuvent être payés sur les fonds du cautionnement. (*Cour royale de Grenoble*, 15 *février* 1823.)

X. La déclaration au profit des prêteurs des fonds de cautionnement, faite à la caisse d'amortissement, à l'époque de la prestation, tient lieu d'opposition pour leur assurer l'effet du privilége de second ordre. (*Loi du* 25 *nivôse an* 13, *art.* 4.)

XI. D'après le décret impérial du 22 décembre 1812, les déclarations à faire à l'avenir par les titulaires de cautionnements en faveur de leurs bailleurs de fonds, pour leur faire acquérir le privilége de second ordre, doivent être conformes au modèle ci-après, passées devant notaire, et légalisées par le président du tribunal de l'arrondissement. (*Art.* 1er.)

Modèle de déclaration notariée.

Pardevant, etc., fut présent (*Mettre les noms, qualité et demeure*), lequel a, par ces présentes, déclaré que la somme de , que le comparant a versée à la caisse de pour la totalité (*ou* partie) du cautionnement auquel il est assujetti en ladite qualité, appartient en capital et intérêts à (*mettre les noms, qualité et demeure*) ou à N. et P., savoir à N. jusqu'à la concurrence de la somme de et à P. jusqu'à la concurrence de la somme de . Pourquoi il requiert et consent que la présente déclaration soit inscrite sur les registres de la caisse d'amortissement, afin que ledit (*ou* lesdits) ait et acquière le privilége de second ordre sur ledit cautionnement, conformément aux dispositions de la loi du 25 nivôse an 13 et du décret impérial du 28 août 1808.

Dont acte, etc.

Le droit d'enregistrement de cette déclaration est fixé à 1 fr. (*Art. 3 du même décret.*)

XII. Dans le cas où le versement à la caisse d'amortissement est antérieur de plus de huit jours à la date de la déclaration, elle doit être accompagnée du certificat de non opposition délivré par le greffier du tribunal du domicile des parties, et il en est fait mention dans ladite déclaration, laquelle, au surplus, n'est admissible à la caisse d'amortissement, s'il y a des oppositions à cette caisse, que sous la réserve de ces oppositions. (*Id., art.* 2.)

XIII. Les notaires, avoués, greffiers et huissiers près les tribunaux, ainsi que les commissaires-priseurs, sont tenus, avant de pouvoir réclamer leur cautionnement à la caisse d'amortissement, de déclarer au greffe du tribunal dans le ressort duquel ils exercent, qu'ils cessent leurs fonctions. Cette déclaration est affichée dans le lieu des séances du tribunal pendant trois mois. Après ce délai, et après la levée des oppositions directement faites à la caisse d'amortissement, s'il en était survenu, leur cautionnement leur sera remboursé par cette caisse, sur la présentation et le dépôt d'un certificat du greffier, visé par le président du tribunal, qui constate que la déclaration prescrite a été affichée dans le délai fixé; que, pendant cet intervalle, il n'a été prononcé contre eux aucune condamnation, pour faits relatifs à leurs fonctions, et qu'il n'existe au greffe du tribunal aucune opposition à la délivrance du certificat, ou que les oppositions survenues ont été levées. (*Art.* 5 *de la loi du* 25 *nivôse an* 13.)

Il doit être joint à ces pièces 1° le certificat d'inscription, ou le récépissé définitif délivré par la caisse d'amortissement; et à défaut, une déclaration faite sur papier timbré et dûment légalisée, constatant que ce titre s'est adiré, que l'on renonce à s'en prévaloir, et que l'on s'engage à le renvoyer à l'administration des cautionnements dans le cas où il viendrait à se retrouver;

2° Les quittances délivrées au titulaire (s'il n'y a pas eu de certificat d'inscription ou de récépissé définitif), pour constater la nature et l'époque de ces versements; plus, les obligations qui en ont fait partie, si le versement n'a pas été effectué totalement en numéraire. Ces pièces peuvent être remplacées par un certificat du receveur-général du département, qui constate le montant et la date des paiements, ou par une déclaration, dûment légalisée, du titulaire ou ayant-cause, dans laquelle il est affirmé que les obligations ont été acquittées, et par un certificat du receveur-général, constatant qu'il n'a pas eu connaissance que ces obligations soient revenues protestées, et qu'elles ne sont pas restées en dépôt à la recette générale. (*Décret du 7 mai 1808.*)

XIV. Les commissaires-priseurs et les huissiers qui réclament le remboursement de leur cautionnement, doivent fournir, indépendamment des autres pièces requises, un certificat de *quitus* du produit des ventes dont ils ont pu être chargés. Ce certificat leur est délivré par leur chambre, sur le vu des quittances du produit de toutes les ventes qu'ils ont faites, ou du récépissé de consignation des fonds restés entre leurs mains; et il doit être visé par le président ou le procureur du roi près le tribunal dans le ressort duquel ils exercent. (*Décret du 24 mars 1809.*)

S'ils sont dans l'impossibilité de produire les pièces nécessaires pour obtenir leur certificat de *quitus*, ils peuvent y suppléer en faisant constater cette impossibilité par une délibération motivée de leur chambre de discipline, visée par le procureur du roi. (*Ordonnance royale du 22 août 1821.*)

Lorsqu'il n'y a pas de chambre de discipline établie près le tribunal d'arrondissement, le certificat de *quitus* doit être délivré par les huissiers-audienciers de ce tribunal, qui y feront mention de la non-existence de la chambre. Ce certificat est visé par le président ou le procureur du roi. (*Décision du ministre des finances, du 12 mai 1809.*)

Modèle.

Nous soussignés, huissiers-audienciers près le tribunal civil de , département de , certifions que, jusqu'à présent, il n'a pas été établi de chambre de discipline pour les huissiers du ressort dudit tribunal;

Certifions, en outre, que le sieur , huissier démissionnaire (*ou* la succession du sieur , huissier, décédé le) est entièrement libéré du produit de toutes les ventes mobilières dont il a été chargé, d'après la vérification que nous en avons faite, conformément au décret du 24 mars 1809.

Ou bien : Certifions, en outre, que le sieur , huissier démissionnaire (*ou* décédé le), n'a fait aucune vente mobilière, d'après la vérification que nous en avons faite, conformément au décret du 24 mars 1809.

En foi de quoi nous avons délivré le présent certificat, à , le .

XV. Quant aux formalités à remplir pour le remboursement des cautionnements des titulaires décédés ou interdits, *voyez* t. 1er, p. 43.

CAVE. On ne peut creuser une cave près de la propriété d'autrui, sans observer les mesures de sûreté prescrites pour le creusement d'un puits. (Voy. *Puits.*)

CÉDULE. C'est un acte délivré par le juge de paix, non-seulement dans le cas de l'art. 6 du Code de Procédure, pour appeler une partie à bref délai, mais encore pour ordonner l'exécution d'un préparatoire urgent, d'un interlocutoire, ou enfin pour faire d'office quelques notifications. (*Biret.*)

I. La loi du 18 octobre 1790 voulait, art. 2, que dans les matières civiles de la compétence du juge de paix, les parties ne pussent être citées devant lui qu'en vertu de cédules qu'il délivrait sur la réquisition du demandeur; et l'art. 4 de la loi du 26 ventôse an 4 prescrivait la même chose pour les citations en conciliation. Mais cette inutile formalité a été abolie par le Code de Procédure. (*Exposé des motifs*, p. 16 et 17.)

II. La cédule doit contenir tout ce que contient la citation, et notamment les motifs qui y donnent lieu, *rationes petendi*. Elle est faite au nom du juge qui, sur l'exposé du requérant, cite les parties, les témoins, et ordonne ce qu'il convient pour les jour et heure fixés. Cette cédule, qui est une espèce d'ordonnance, est notifiée aux personnes qu'elle concerne par un exploit que dresse, au bas, soit l'huissier du juge de paix, soit tout autre par lui commis.

III. L'art. 146 du Code d'Instruction criminelle autorise le juge de paix, dans les cas urgents, à délivrer une cédule pour obliger les parties à comparaître même dans le jour, à une heure indiquée, devant le tribunal de simple police.

IV. On remarquera que lorsque le juge de paix a cru devoir abréger les délais, le jugement peut être prononcé avant l'enregistrement de la citation; mais alors l'enregistrement doit avoir lieu dans les quatre jours. (*Décision du ministre des finances, du* 13 *juin* 1809.)

V. C'est le juge de paix compétent pour statuer sur la contestation qui doit délivrer la cédule, puisque les motifs de la demande en abréviation de délai prennent naissance dans la nature de cette contestation. Il serait donc illégal de s'adresser au juge dans le ressort duquel la citation doit être donnée. Malgré cette irrégularité, l'instance serait néanmoins valablement liée devant le juge compétent; mais il dépendrait de lui de remettre la cause à une autre audience, si ses occupations ne lui permettaient pas de l'instruire ou de la juger au jour fixé par la cédule de son collègue. (Carré, *Droit français*, t. 4, n° 2685.)

VI. Aucune loi n'impose, d'ailleurs, au juge de paix l'obligation d'écrire lui-même la cédule qu'il accorde. Il n'est astreint qu'à la signer, et il suffit, pour sa validité, qu'elle remplisse l'objet pour lequel la loi en autorise la délivrance, fût-elle écrite par le greffier, ou même par la partie qui l'aurait requise. (Carré, *Ibid.*, n° 2686.)

Modèle de cédule.

Nous, juge de paix du canton de , sur la demande qui nous a été faite par le sieur (*nom*, *prénoms*, *profession et domicile du demandeur*), tendant à obtenir l'autorisation de faire citer à bref délai, devant nous, le sieur (*nom*, *prénoms*, *profession et domicile du défendeur*), pour voir dire qu'il sera condamné à (*énoncer ici les conclusions du demandeur*);

Attendu que l'urgence est suffisamment justifiée par le fait que (*exposer le motif*);

Mandons et ordonnons à , huissier près , de citer ledit sieur (*nom du défendeur*) à la requête dudit sieur (*nom du demandeur*) à comparaître devant nous le , à heures de

Donné à le

Notification de la cédule.

A la requête du sieur (*nom, prénoms et domicile du demandeur*), la cédule ci-dessus (*et sur la copie, en tête de laquelle on a transcrit la cédule : la présente copie*) a été notifiée audit sieur (*nom, prénoms, profession et domicile du défendeur*) en sa demeure, parlant à le 183 , par moi soussigné (*nom et prénoms*), huissier près le , etc. En foi de quoi.

Cédule pour faire citer des témoins.

Nous, juge de paix du canton de , vu le jugement par nous rendu cejourd'hui (*ou* le) entre le sieur et le sieur , par lequel nous avons admis ledit sieur à faire preuve de différents faits par lui articulés, sur la réquisition dudit sieur , mandons à huissier près de citer les sieurs (*noms, prénoms, profession et domicile des témoins*) à comparaître le , à heures de , dans le lieu ordinaire de nos audiences (ou *tel autre lieu*), pour faire leur déposition sur les faits qui leur seront exposés.

Donné à , le

Cédule pour commettre un huissier en cas d'empêchement de l'huissier ordinaire.

Nous, etc., sur la demande qui nous a été faite par le sieur de commettre un huissier pour citer devant nous le sieur , attendu l'empêchement du sieur (*ou* des sieurs), notre (*ou* nos) huissier ordinaire, résultant de (*motif de l'empêchement*);

Commettons l'huissier à l'effet de notifier ladite citation.

Fait à le

Cédule pour faire commettre un huissier dans un autre canton.

Nous, etc., sur ce qui nous a été exposé par le sieur , qu'il est dans l'intention de faire citer devant nous le sieur , domicilié à , canton de , pour procéder sur l'action qu'il veut diriger contre lui, fondée sur ;

Attendu que notre huissier ordinaire n'a pas qualité pour instrumenter dans ledit canton,

Ordonnons que par tel huissier qu'il plaira à M. le juge de paix du canton de (*celui du domicile du défendeur*), ledit sieur sera cité à comparaître pardevant nous, à notre audience du , heures de , pour répondre et voir statuer sur ladite action.

Donné à le

CÉLÉRITÉ. Dans les affaires de police, le juge de paix peut, avant le jour de l'audience, sur la réquisition du ministère public ou de la partie civile, estimer ou faire estimer les dommages, dresser ou faire dresser des procès-verbaux, faire ou ordonner tous actes requérant célérité. (*Code d'Inst. crim., art.* 148.)

CÉRÉMONIES PUBLIQUES. D'après l'art. 8 du décret du 24 messidor an 12, les autorités appelées aux cérémonies publiques, doivent marcher dans l'ordre suivant :

1° Les membres des cours d'appel;
2° Les officiers de l'état-major de la division;
3° Les membres des cours criminelles;
4° Les conseillers de préfecture;
5° Les membres des tribunaux de première instance;
6° Le corps municipal;
7° Les officiers de l'état-major de la place;
8° Les membres du tribunal de commerce;
9° Les juges de paix;
10° Les commissaires de police.

Le juge de paix est précédé de ses huissiers et suivi de son greffier. (Voy. *Costume.*)

II. La loi du 24 août 1790, tit. 2, art. 3, confie à l'autorité municipale le maintien du bon ordre dans les réjouissances et cérémonies publiques. Ainsi les réglements de police faits à ce sujet sont obligatoires pour les citoyens, et les tribunaux doivent punir ceux qui y contreviennent. Cependant un maire ne peut ordonner ni de tapisser le devant des maisons, ni d'arborer certains signes ou emblêmes le jour d'une cérémonie publique. (*Voy.* t. 1er, p. 211.)

CERTIFICAT. Indépendamment des actes de notoriété dont nous avons indiqué les différentes espèces (voy. *ce mot*), les juges de paix peuvent délivrer des certificats sur des faits qui sont à leur connaissance personnelle, ou qui leur sont attestés par des personnes dignes de foi. Ces actes sont de pure faculté, et le juge de paix est libre de les accorder ou de les refuser, selon l'inspiration de sa conscience.

II. Mais lorsqu'il s'agit de constater un fait, et que cette constatation est nécessaire pour l'exercice d'un droit, le ministère du magistrat n'est plus facultatif, il est d'obligation. Nous citerons pour exemple la loi du 15 germinal an 5, qui porte, art. 6 : « Toutes les pensions de 200 fr. et au-dessous (des pensionnaires et invalides de la marine), ainsi que les demi-soldes, continueront d'être payées sans autre formalité que celle d'un simple certificat de vie non sujet à l'enregistrement, qui sera délivré *gratis* par les juges de paix ou par les municipalités. »

Ce certificat doit contenir les noms de baptême et de famille du pensionnaire, ses qualités, profession et domicile, avec la mention qu'il s'est présenté le même jour devant le juge de paix. Il faut, autant que possible, que le certificat soit signé par le pensionnaire ; mais nous ne pensons pas que la signature du greffier soit exigée pour aucun des actes dont il est question dans cet article.

CERTIFICAT D'HYPOTHÈQUE. Voy. *Conservateur des hypothèques.*

CERTIFICAT D'INDIGENCE. Voy. *Action civile*, sect. 4, n° 14 ; et *Cassation*, sect. 1re, § 2, nos 9 et 10.

CESSION. Voy. *Actions litigieuses.*

CHAMPART. Ce mot, qui vient du latin *campi pars* ou *campi partus*, désigne le droit de partager avec le propriétaire, dans une proportion convenue, les fruits d'un héritage. On nomme aussi ce droit *terrage* ou *agrier*, ou bien *quart*, *cinquain*, *vingtain*, selon que ce droit s'exerce sur le quart, la cinquième ou la vingtième partie des fruits. Appliqué aux vignes, le *campi pars* est plus particulièrement connu sous la dénomination de *Complant.*

II. Sous l'ancienne législation, le champart était *seigneurial* ou *foncier.* La loi du 17 juillet 1793 a supprimé les champarts seigneuriaux ou mélangés de féodalité, et a maintenu ceux qui étaient purement fonciers, en les laissant assujettis à la faculté perpétuelle de rachat, conformément aux lois des 4 août 1789 et 18 décembre 1790.

III. Une question importante, qui peut se présenter fréquemment devant la justice de paix, est celle de savoir si, lorsque le propriétaire d'un héritage grevé du droit de champart refuse d'en continuer le paiement, celui qui l'a perçu pendant les années précédentes, peut, par la voie de la complainte possessoire, demander à être maintenu dans sa possession.

Henrion de Pansey, chap. 43, § 2, prétend que l'affirmative est hors de doute, et il s'appuie sur deux arrêts du parlement de Paris, en date des 15 mars 1718 et 27 janvier 1737.

Dans l'espèce de ces arrêts, le défendeur soutenait que la complainte possessoire n'étant autre chose qu'un combat de possession entre deux personnes qui élèvent des prétentions sur le même objet, sur le même droit, ne pouvait avoir lieu entre un créancier qui demande et un débiteur qui refuse, et qu'à l'instant où le droit était contesté au fond, il n'y avait plus rien de réel, plus rien d'existant qui pût donner lieu à la maintenue provisoire.

On répondait pour le demandeur : La complainte n'est pas seulement un combat de possession entre deux personnes qui prétendent ou le même droit, ou le même héritage; c'est une action que les lois, les ordonnances et les coutumes accordent à toute personne qui est troublée dans la possession d'un héritage ou d'un *droit réel*. Or, la dénégation du débiteur ne constitue pas moins le trouble que la possession d'un tiers.

Les deux arrêts admirent ce dernier système, et maintinrent les demandeurs dans la perception du champart.

» Cette doctrine, dit M. Carré, *Droit français*, t. 2, n° 1561, ne peut être contestée sous l'empire de la loi nouvelle qui ouvre l'action possessoire pour le trouble apporté à l'exercice d'un droit réel, susceptible de s'acquérir par prescription. Or les champarts, soit qu'ils s'étendent à une perception de fruits de toute espèce, soit qu'ils ne portent, comme le complant, que sur une seule, sont évidemment des droits réels; et c'est aussi le caractère que notre savant Duparc-Poullain leur attribue de la manière la plus formelle. Nous appliquerons donc à ces droits tout ce que nous avons dit de l'usufruit et de l'usage, dont ils ne diffèrent que parce qu'ils sont moins étendus que le premier, tandis qu'ils le sont plus que le second. Mais nous rappelons que l'action possessoire ne peut porter que sur le droit de champart, et que le jugement à intervenir n'a d'autre effet que d'opérer la présomption légale de la propriété de ce droit, sans pouvoir, en aucune manière, influer sur celle du fonds qui en est grevé. »

Malgré ces deux autorités fort respectables, nous n'hésitons pas à refuser l'action possessoire au créancier du champart, lorsqu'il y a refus de paiement.

Et d'abord, même sous l'empire de la jurisprudence antérieure à la loi du 17 juillet 1793, on faisait une distinction entre le cas où le débiteur d'une rente foncière (et le champart appartenait à cette classe), *convenant la devoir*, la contestation s'élevait entre deux contendants qui s'en disputaient la propriété et la jouissance, et le cas où la question s'agitait entre celui qui se prétendait créancier d'une rente foncière et le prétendu débiteur *qui niait la devoir*. Au premier cas, la complainte était admise, parce que l'existence de la rente ne laissant aucun doute sur une possession quelconque, il ne s'agissait plus que de savoir qui avait possédé, et il était juste de maintenir provisoirement le possesseur annal.

Mais lorsqu'il s'agissait de l'existence de la rente elle-même, réclamée par l'un et contestée par l'autre, la question n'était plus de savoir à qui la possession devait en être adjugée : il fallait juger d'abord si la rente était due par le défendeur au demandeur. Or, la différence entre ces deux cas est facile à saisir.

Au reste, la cour de cassation a été appelée plusieurs fois à statuer sur cette difficulté, et toujours elle s'est prononcée contre l'opinion de MM. Henrion de Pansey et Carré. Voici deux de ses arrêts.

«Attendu que le tribunal de Fontenay-le-Comte a jugé que la prestation réclamée par le demandeur n'était point un droit réel, d'où il a justement conclu que cette prestation ne pouvait être poursuivie par l'action possessoire, action qui n'appartient qu'à celui qui est troublé dans la jouissance d'un droit réel; et attendu que le demandeur n'indique aucune loi qui donne la qualité de *droit réel* à la prestation par lui réclamée à titre de *complant;* d'où il suit que le jugement attaqué n'a contrevenu à aucune loi; rejette. » (16 *janvier* 1826.)

« Vu les art. 529 et 530 du Code civil; attendu que les rentes et redevances de toute nature ont été déclarées rachetables par les lois de 1790, 1792 et 1793, et par l'art. 530 du Code civil; que le § 2 de l'art. 529 du même Code les a réputées meubles par la détermination de la loi; que, dans l'espèce, il s'agissait d'une redevance purement foncière, établie par suite d'une transmission de propriété, et non d'un simple bail passé à quelque titre que ce soit; qu'il serait, dès lors, constant dans la cause que la redevance dont il s'agit aurait été de la nature du *complant* dans son origine, et qu'elle aurait eu, sous l'ancienne législation, le caractère d'un droit immobilier; qu'elle aurait perdu ce caractère par la nouvelle;

»Qu'ayant pris celui de *meuble*, le refus de paiement de la part du débiteur ne pouvait être poursuivi que par les voies ordinaires, et non par celle de la complainte possessoire, qui n'est autorisée qu'en cas de trouble apporté à la jouissance d'un droit *immobilier ;* que cependant le tribunal de Fontenay-le-Comte, qui a rendu le jugement attaqué, a déclaré recevable l'action possessoire intentée par le défendeur, dans la supposition que la redevance en question avait constitué, sous l'ancienne législation, un droit immobilier; ce qu'il n'a pu faire sans violer ouvertement les dispositions des lois citées; par ces motifs, casse. » (9 *août* 1831. Voy. *le Juge de Paix*, t. 1, p. 289, et t. 3, p. 154; et l'*Encyclopédie*, t. 1. p. 92.)

CHAMPS ENSEMENCÉS OU PRÉPARÉS. Voy. *Délits ruraux*, et *Bêtes de trait.*

CHANSONS. Voy. *Injure.*

CHANVRE. L'autorité municipale a le droit de défendre aux habitants de faire sécher du lin ou du chanvre dans les fours et cheminées, de brûler les chenevotes en provenant, dans l'intérieur des maisons ou bâtiments, et de faire rouir du lin ou du chanvre dans les rivières, canaux et ruisseaux. Les contraventions aux réglements sur cette matière sont prévues par l'art. 471 du Code pénal, n° 15.

II. Lorsque défense a été faite par l'autorité municipale, de tiller du chanvre ou du lin dans l'intérieur des communes, avant ou après une heure déterminée, les contrevenants sont passibles de la peine portée par l'art. 479, contre les auteurs ou complices de bruits ou tapages injurieux ou nocturnes, troublant la tranquillité des habitants. (*Cour de cass.*, 12 *novembre* 1812.)

CHARGE. Voy. *Office.*

CHARGEMENT. Voy. *Voitures.*

CHARITÉ (*Conseil de*). Les juges de paix en sont membres de droit. Cependant, lorsqu'il y a plusieurs juges de paix dans une commune, c'est le plus ancien qui jouit seul de cette prérogative. (*Art.* 3 *de l'ordonnance du* 31 *octobre* 1821.)

II. Pour être de droit membre d'un conseil de charité, il faut que le juge de paix ait son domicile réel dans la commune, et que cette commune soit le siége de ses fonctions judiciaires. Ainsi lorsqu'un juge de paix ne réside pas au chef-lieu de son canton, il n'est membre de droit ni du conseil de charité de la commune où il réside, ni de celui du chef-lieu de canton. (*Décision ministérielle.*)

CHARIVARI. Voy. *Bruits ou Tapages.*

CHARRETIER. Voy. *Voitures.*

CHARRUE. Voy. *Instruments d'agriculture.*

CHASSE. Les délits de chasse sont de la compétence exclusive des tribunaux correctionnels; mais si le chasseur a commis quelque dégât dans la propriété d'autrui, il peut être cité en réparation devant le juge de paix siégeant en matière civile, d'après la disposition de la loi de 1790 qui attribue aux juges de paix, à quelque valeur que la demande puisse monter, la connaissance, en premier ressort, des actions pour dommages aux champs, fruits et récoltes.

II. Le même fait, considéré comme délit rural, peut servir de base à une action civile devant le tribunal de police.

III. L'usufruitier, qui jouit de tous les droits du propriétaire (*Code civil, art.* 578), a la faculté de chasser dans les bois et sur les fonds soumis à l'usufruit; mais cette faculté est refusée au simple usager, dont les droits sur les fruits d'un fonds sont restreints à ses besoins et à ceux de sa famille (*article* 14 *de la loi du* 30 *avril* 1790). Elle est également refusée au fermier, à moins de stipulation expresse. (*Cour d'appel de Paris*, 19 *mars* 1812).

IV. M. Longchampt prétend, dans son *Dictionnaire*, v° *Actions possessoires*, n° 33, que si un droit de chasse ne peut être possédé comme servitude, il peut être acquis comme droit d'usage. « Dans ce cas, dit-il, il forme véritablement un droit réel, réputé immeuble, puisqu'il résulte d'une modification dans la propriété d'un bien fonds. La complainte peut donc être exercée pour trouble dans sa possession. »

Il nous semble que cette opinion ne peut soutenir le plus léger examen.

C'est un principe incontesté que les droits réels ne peuvent être l'objet d'une action possessoire qu'autant qu'ils sont susceptibles de s'acquérir par prescription, à moins qu'ils ne soient fondés sur un titre.

Or le droit de chasse, pas plus que le droit de passage, n'est susceptible de prescription, parce qu'il ne s'exerce pas d'une manière continue. Bien plus, un avis du conseil-d'état, approuvé par l'empereur le 19 octobre 1811, dont Merlin fait avec raison l'application au droit de chasse, a décidé que le droit de pêche dans les rivières non navigables, ne pouvait être aliéné. Or, on ne saurait prescrire ce qui n'est pas dans le commerce.

Il est vrai que la législation actuelle ne défendant pas, comme l'ancienne, d'affermer le droit de chasse, un propriétaire est libre d'accorder à un tiers, soit gratuitement, soit pour un prix convenu, le droit de chasser dans ses fonds. Mais c'est là une espèce de bail dont l'inexécution, de la part de l'une ou de l'autre des parties, ne saurait donner lieu à l'action possessoire. Pour exercer cette action, en effet, il faut, aux termes de l'art. 23 du Code de Procédure, posséder à *titre non précaire*, et telle ne serait pas la position de celui à qui on aurait affermé le droit dont il s'agit.

V. L'autorité municipale a le droit, même après l'ouverture de la chasse, d'en interdire l'exercice pendant le temps des vendanges, pour prévenir les accidents que peut occasioner l'usage des armes à feu dans des vignes remplies de monde, ou dans les environs. Est donc passible de cassation le jugement qui ne punit pas les contraventions à un arrêté de ce genre. (*Cour de cass.*, *27 novembre* 1823.)

CHEMINÉES. L'art. 471 du Code pénal prononce une amende d'un franc à cinq inclusivement contre ceux qui ont négligé d'entretenir, réparer ou nettoyer les fours, cheminées ou usines où l'on fait usage du feu.

II. Cette peine est encourue par la simple négligence d'entretien, de réparation ou de nettoyage, même lorsque le contrevenant n'a point été mis en demeure par l'autorité, c'est-à-dire, même lorsqu'il n'a reçu aucune sommation.

III. S'il était résulté, de la contravention ci-dessus, l'incendie des propriétés mobilières ou immobilières d'autrui, la peine serait d'une amende de cinquante francs au moins, et de cinq cents francs au plus (*Code pénal*, *art.* 458). Elle excéderait donc la compétence du tribunal de police, qui devrait renvoyer le prévenu devant le tribunal correctionnel.

IV. Sur les obligations des maires, relativement aux cheminées des édifices ruraux, *voy.* t. 1, p. 201, et t. 2, p. 1.

V. Celui qui veut construire, près d'un mur mitoyen ou non, cheminée ou âtre, forge, four ou fourneau, est obligé à laisser la distance prescrite par les réglements et usages particuliers sur ces objets, ou à faire les ouvrages prescrits par les mêmes réglements et usages, pour éviter de nuire au voisin. (*Code civil*, *art.* 674)

Si quelque construction de ce genre était faite sans les précautions indiquées dans cet article, elle donnerait lieu à l'action possessoire, anciennement connue sous le titre de *dénonciation de nouvel œuvre*, car ce serait un trouble apporté à la tranquille possession du propriétaire du mur.

VI. Les réparations des âtres et contre-cœurs des cheminées sont locatives, attendu qu'elles sont occasionées par l'activité du feu et par le choc des bûches qu'on jette souvent sur les âtres.

VII. Le ramonage des cheminées est également une réparation locative; et si le feu prend dans une cheminée assez fortement pour en faire crever le tuyau, le locataire doit le faire rétablir, pourvu, dit Goupy, qu'il ne s'y trouve aucun bois qui ait pu être la cause de l'incendie.

VIII. Il est encore d'usage, selon Desgodets, que les chambranles, les tablettes et les corniches des cheminées qui viennent à être écornés ou cassés, soient à la charge des locataires, parce que ces ornements, étant fragiles, exigent des précautions particulières de leur part.

CHEMINS. En cette matière, la compétence du juge de paix embrasse le jugement des actions possessoires et la répression des contraventions.

Ses attributions comme juge civil et comme juge de police, feront l'objet de notre examen dans les deux sections suivantes :

SECTION Ire. *Du jugement des actions possessoires.*

On distingue diverses sortes de chemins, et chacune d'elles exige des observations spéciales. Nous nous occuperons donc :

1° Des routes royales et départementales ;
2° des chemins de halage ;
3° des chemins vicinaux et communaux ;
4° des chemins privés.

§ Ier. *Des routes royales et départementales.*

I. On comprend, sous la dénomination de grandes routes, ou routes royales, celles qui traversent la France entière, ou qui servent de communication entre la capitale et les points les plus importants du pays. Elles sont rangées en trois classes. Les routes départementales sont celles qui sont affectées plus spécialement au service de chaque département. La classification des routes est réglée, s'il s'agit de routes nouvelles, par l'acte administratif qui ordonne leur établissement, et s'il s'agit de routes anciennes, par l'état annexé au décret du 16 décembre 1811, lequel, en cette matière, forme l'état présent de la législation. C'est encore aux actes et plans administratifs qu'il faut se reporter, pour connaître les diverses largeurs que doivent avoir les routes. Elles sont la propriété de l'état, sans distinction entre celles dites royales, et celles dites départementales. C'est par conséquent aux préfets dont elles traversent les départements, à suivre en justice, s'il y a lieu, les actions que leur conservation ou leur établissement peut rendre nécessaires. Nous n'avons à traiter ici que des actions possessoires, les autres étant étrangères à la compétence des juges de paix.

II. L'action peut être intentée, ou par les particuliers contre l'état, ou par celui-ci contre les particuliers, ou par les particuliers entre eux. Suivons-la dans ces diverses hypothèses.

III. L'administration, en ordonnant, soit l'ouverture d'une route nouvelle, soit l'élargissement d'une route ancienne, ne préjuge rien quant aux questions de possession qui pourraient s'élever. La solution de ces questions est exclusivement du ressort des tribunaux de paix et de première instance; mais comme l'administration a seule le droit de déclarer l'utilité publique, c'est à elle seule que les particuliers, se prétendant blessés par ses actes, doivent s'adresser pour en obtenir le rapport ou la réformation. Les juges de paix, en statuant sur des questions de possession, doivent par conséquent se bien garder d'insérer dans le dispositif de leurs sentences rien qui puisse contrarier l'exécution des arrêtés administratifs. Tout ce qu'ils ont à faire, c'est de constater les droits des parties, et ces droits se résolvent, non en une maintenue possessoire avec réparation du préjudice causé, mais en une indemnité à régler avec l'état, dans la forme voulue par les lois. Ces principes ne sont que le résumé de la jurisprudence constante et unanime des cours royales, de la cour de cassation et du conseil-d'état.

IV. Pour que des particuliers puissent ainsi, en matière de routes, agir sans difficulté au possessoire, il faut, bien entendu, que les faits de possession invoqués soient antérieurs aux droits de l'état; autrement il s'élèverait une question grave, celle de savoir si la possession a pu être utile, et cette question recevrait une solution bien différente, selon que telles ou telles circonstances se présenteraient.

V. Les actions possessoires ne sont recevables qu'à l'égard des immeubles et droits réels susceptibles d'être acquis par la prescription.

VI. Le terrain des routes est-il prescriptible?

Quoique déjà, à l'article des *Actions possessoires*, nous ayons examiné cette question relativement aux chemins vicinaux, nous croyons devoir entrer ici dans quelques explications nouvelles.

En règle générale, tout ce qui n'est pas déclaré imprescriptible par la loi, peut être acquis au moyen de la prescription. Or, nous ne connaissons, en fait de routes, que deux dispositions de loi qui fassent exception à la règle; l'art. 356 de l'ordonnance de Blois, et l'art. 2226 du Code civil.

« *Les chemins*, porte la première de ces lois, seront réduits à leur largeur ancienne, nonobstant les usurpations, par quelque laps de temps qu'elles puissent avoir été faites. »

« On ne peut, dit l'art. 2226 du Code civil, prescrire le domaine des choses qui ne sont pas dans le commerce. »

L'ordonnance de Blois, dont la disposition n'a été ni formellement ni tacitement abrogée par les lois nouvelles, ne statue que pour le cas de rétrécissement de la route. La disposition de l'art. 2226 atteint les usurpations totales; mais l'une et l'autre de ces lois n'ont évidemment pour effet d'empêcher la prescription, qu'autant que la route reste affectée à un usage public.

S'il était prouvé que la destination du terrain servant originairement de route a changé, il serait alors considéré comme étant rentré dans le commerce, et par conséquent susceptible d'être acquis par prescription.

VII. Comment sera faite cette preuve d'abandon de la route? Sera-t-il nécessaire de rapporter un acte administratif qui ordonne la suppression de cette route? M. Isambert, dans son *Traité de la Voirie*, soutient l'affirmative, et cette opinion, contraire à celle professée par M. Vazeille, *Traité des Prescriptions*, n° 89, est combattue par M. Garnier, dans son excellent ouvrage sur les chemins, 3e édition, p. 24 et suivantes. C'est à l'avis de ces derniers auteurs que nous nous rangeons. La raison de décider, suivant nous, c'est qu'aucune loi n'a déterminé les caractères du changement de destination des choses servant à un usage public, et qu'on ne peut étendre l'exception d'imprescriptibilité en créant à son appui une condition extralégale. Toutes les circonstances de fait qui seront de nature à faire présumer l'abandon du chemin, pourront donc déterminer le juge dans l'appréciation de la possession invoquée devant lui. Cette doctrine a été consacrée par un arrêt de la cour de Rouen, à la date du 11 février 1825. Dans l'espèce jugée par cet arrêt, il s'agissait à la vérité d'un chemin vicinal; mais il y a pour les grandes routes même motif de décision.

« Attendu, porte l'arrêt, que la prescription commence, » pour les places de guerre, dès qu'elles cessent d'être considérées comme telles; qu'il en est de même pour les chemins » qui, tant qu'ils sont chemins, ne peuvent être prescrits, mais » qui deviennent soumis à la prescription lorsqu'ils ne servent » plus à l'usage pour lequel ils étaient originairement destinés; » que la possession dispense les époux Divrac de représenter » l'acte qui, dans des temps éloignés, aurait prononcé la suppression du chemin, etc. »

VIII. Il est impossible de signaler tous les faits qui seraient de nature à prouver le changement de destination d'une route. Les circonstances modifient ces faits à l'infini, et les exceptions seraient trop nombreuses pour que nous puissions déterminer une règle quelconque.

IX. Les limites d'une route ne sont pas toujours fixées d'une manière certaine. Des contestations peuvent naître sur ce point entre l'état et les riverains. Dans ce cas, une double question se présente, l'une administrative, car l'intérêt général exige que les limites de la route soient bien établies; l'autre judiciaire, car le droit de propriété, qu'il soit privé ou public, réclame protection.

La solution de la question administrative est nécessairement préjudicielle. En effet, selon que l'administration déclarera que le terrain litigieux fait partie de la route, ou qu'il doit en être séparé, il y aura lieu pour le juge saisi du possessoire, soit à constater seulement la possession du riverain, sauf l'action de ce dernier à fin d'indemnité, soit à ordonner la maintenue possessoire avec dommages-intérêts, s'ils sont dus. Le juge, dans ces circonstances, devra donc, non se déclarer incompétent, mais surseoir à statuer jusques après la décision de l'autorité administrative.

Ces principes nous paraissent résulter de deux décisions du conseil-d'état, rendues à la date des 28 août 1827 et 30 juillet 1828.

X. L'intérêt de l'état à suivre une action possessoire contre le riverain qui aurait empiété, n'est pas bien évident pour nous. L'état trouve, en effet, dans les mesures administratives, une répression plus prompte et plus certaine; et après s'être fait ainsi maintenir en jouissance, son rôle devant le juge de paix est tout naturellement celui de défendeur. Toutefois, s'il lui convenait de prendre l'initiative de l'action, pour faire résoudre en sa faveur une question de possession civile, et par là éviter le paiement d'une indemnité, sa demande serait recevable.

XI. Un particulier, troublé par un autre dans la jouissance d'une route, serait, *en général*, fondé à exercer l'action possessoire; nous disons *en général*, car il existe plusieurs exceptions qu'il est important de signaler. C'est ce que nous ferons sous le paragraphe relatif aux chemins vicinaux. Les règles sont les mêmes, et la jurisprudence que nous aurons à citer s'applique plus spécialement aux chemins communaux.

§ II. *Chemins de halage.*

I. On nomme chemin de halage l'espace de terrain que

les propriétaires riverains d'un fleuve, d'une rivière, d'un cours d'eau navigable ou flottable, sont obligés de laisser libre pour le passage des hommes et chevaux employés à la navigation.

II. D'après l'ordonnance de 1669, dont les dispositions ont été remises en vigueur par un arrêté du directoire, du 13 nivôse an 5, et par un décret du 22 janvier 1808, la largeur du chemin de halage doit être, du côté où se tirent les bateaux, de vingt-quatre pieds, et de dix pieds du côté opposé. L'art. 3 de l'arrêté du 13 nivôse an 5 ajoute aux dispositions de l'ordonnance de 1669, en ce qu'il prescrit aux propriétaires d'héritages aboutissants aux rivières et ruisseaux flottables à bûches perdues, de laisser le long des bords quatre pieds pour le passage des employés à la conduite des flots. L'administration peut, aux termes de l'art. 4 du décret de 1808, modifier les dispositions qui précèdent, lorsque les circonstances l'exigent.

III. Il n'entre pas dans notre plan de nous étendre davantage sur les règles purement administratives qui seraient applicables aux chemins de halage. Nous ne devons nous attacher ici qu'à faire ressortir un principe qui, au possessoire, différencie essentiellement les chemins de halage des chemins publics; c'est que le terrain compris dans les premiers ne cesse pas d'être la propriété des riverains, que seulement cette propriété est grevée d'une servitude de passage dans un intérêt public, celui de la navigation.

C'est ce que démontrent les termes mêmes des anciennes ordonnances, et surtout ceux de plusieurs dispositions du Code civil.

Un édit de François Ier, du mois de mai 1520, porte : « Ordonnons que chacun, sur son héritage, souffre, fasse ou maintienne convenablement ledit chemin de vingt-quatre pieds de largeur pour le trait des chevaux, etc. »

L'art. 7, tit. 28, de l'ordonnance de 1669, oblige tous les propriétaires d'*héritages aboutissants aux rivières navigables*, à laisser, le long des bords, un espace de terrain pour chemin royal et trait de chevaux.

Le Code civil est encore plus formel.

L'art 556 est ainsi conçu : « L'alluvion profite au propriétaire riverain, soit qu'il s'agisse d'un fleuve ou d'une rivière navigable, flottable ou non, *à la charge, dans le premier cas, de laisser le marchepied ou chemin de halage*, conformément aux réglements. »

Art. 649. « *Les servitudes* établies par la loi ont pour objet l'utilité publique ou communale, ou l'utilité des particuliers. »

Art. 650. « Celles établies pour l'utilité publique ou communale ont pour objet *le marchepied le long des rivières navigables ou flottables*, etc. »

La jurisprudence du conseil-d'état et des cours n'est pas moins positive.

Deux ordonnances en date des 26 août 1818, et 22 janvier 1823 portent, entre autres motifs, « que l'obligation consacrée par l'ordonnance de 1669 et par le Code civil, de laisser sur le bord des rivières navigables un chemin pour le halage des bateaux, *impose une servitude, et ne caractérise pas une expropriation.* »

Enfin, deux arrêts, l'un de la cour de cassation, du 14 mai 1823, l'autre de la cour de Toulouse, du 19 janvier 1825, ont statué dans le même sens.

Il y a donc, comme le dit M. Garnier, cette différence entre les routes et les chemins de halage, que les premières appartiennent de plein droit à l'état, et les autres demeurent de plein droit la propriété des riverains jusqu'à preuve contraire.

IV. Une conséquence de ce droit de propriété des riverains, c'est qu'ils peuvent faire, sur le terrain compris dans le chemin de halage, tous les actes de jouissance qui sont compatibles avec l'exercice des droits de la navigation.

V. Alors même qu'ils ne justifieraient pas de faits de possession particulièrement applicables au sol du chemin, il nous semble que leurs droits au possessoire ne sauraient être compromis. En fait de possession, aussi bien qu'en fait de propriété, l'accessoire suit le sort du principal. Le terrain laissé libre pour les besoins de la navigation, n'en est pas moins une dépendance des propriétés riveraines, et comme tel, il participe à la possession commune. Il n'est pas besoin d'ajouter qu'il en serait tout autrement, si un tiers eût exercé sur le chemin des actes de possession ayant le caractère et la durée voulus pour attribuer la saisine.

VI. L'administration serait seule compétente pour statuer sur toutes les questions qui se rattacheraient au maintien ou au mode d'exercice de la servitude de halage; mais il peut s'élever, soit entre l'état et des riverains, soit entre des riverains et des particuliers, des questions de possession tout-à-fait étrangères à la jouissance du chemin considérée comme servitude d'utilité publique. Dans ce dernier cas, le juge de paix sera compétent pour statuer, et sa sentence devra présenter l'application des principes que nous venons d'établir. Ainsi, que l'état fasse sur le sol du chemin des actes de possession, qui, même d'après sa prétention, ne rentreraient pas dans l'exercice de son droit de servitude légale ; ou bien encore, et toujours avec la distinction précédemment faite, qu'il s'oppose à la jouissance du riverain, l'action possessoire sera valablement portée devant le juge de paix. L'état, s'il ne justifie sa possession que par l'usage auquel le terrain aura été soumis pour les besoins de la navigation, devra succomber. Ce ne sera pas, en effet, sa possession à titre de servitude qui sera contestée, ce sera sa possession à titre de propriété.

VII. Mais la décision devra être toute différente, si l'état produit un titre qui lui attribue la propriété du terrain.

Les faits de possession qui, sans cette circonstance, auraient été considérés comme étant uniquement la conséquence de la servitude légale de halage, prendront alors le caractère d'une jouissance effectuée dans un esprit de propriété, *animo domini*.

VIII. Le juge aurait à observer les mêmes règles dans le cas où, par suite d'attérissements, le chemin de halage ayant été reporté au-delà de son ancienne limite, la possession du terrain qui formait l'ancien chemin serait l'objet d'un litige possessoire entre l'état et le riverain.

IX. Ce que nous disons à l'égard de l'état serait également vrai vis-à-vis des particuliers. Que, par exemple, un tiers prétende être en droit de passer sur un chemin de halage pour l'exploitation de ses terres, d'y déposer des matériaux, du fumier ; la complainte formée par le riverain devra être accueillie, car la propriété de ce dernier, sauf l'exercice de la servitude légale de halage, doit être libre.

X. Le propriétaire d'un terrain aboutissant d'un côté à un chemin de halage, et entouré des trois autres côtés par des propriétés particulières, passe depuis plus d'un an, pour arriver à la voie publique, sur l'une des propriétés voisines. Il est cité par voie de complainte devant le juge de paix. L'action n'est pas recevable, car il y a exercice d'une servitude fondée en titre. Ce titre, c'est la loi qui autorise le propriétaire enclavé à passer sur le fonds d'autrui, et l'existence du chemin de halage, *propriété privée*, ne fait pas disparaître l'enclave.

XI. Nous terminerons ce paragraphe en rapportant, d'après M. Garnier, l'espèce jugée par la cour de Toulouse le 19 janvier 1825.

Un sieur Grossons est propriétaire d'une vigne bornée d'un côté par un chemin de halage, et dans toutes les autres parties par des héritages privés. Il passait précédemment, pour l'exploitation de sa vigne, sur l'un de ces héritages; mais ce passage lui ayant été ensuite refusé, il le réclama comme enclavé. Le tribunal de première instance lui accorda le passage par un autre motif; mais, en appel, la cause fut réduite à la question de savoir si l'héritage du sieur Grossons était enclavé. Celui-ci soutenait l'affirmative, parce que le chemin de halage étant uniquement consacré à la navigation, il ne lui était pas permis d'y passer; l'autre prétendait que le chemin était public, et qu'il était libre à chacun de s'en servir.

Mais l'arrêt décida que la vigne était enclavée, parce que la servitude de halage ne pouvait être étendue au-delà des besoins de la navigation. En conséquence, il condamna l'opposant à fournir passage, moyennant indemnité.

§ III. *Chemins vicinaux et communaux.*

I. Les chemins communaux sont tous ceux qui appartiennent à une commune, soit qu'elle en use comme propriétaire du sol sur lequel ils sont établis, soit qu'elle en jouisse à titre de servitude.

II. Les chemins vicinaux sont ceux qui sont nécessaires aux communications d'une ou plusieurs communes, et qui ont été reconnus pour tels par l'administration. Nous n'avons pas à déterminer ici les caractères auxquels on doit reconnaître la vicinalité d'un chemin; la loi ne les indique nulle part, et, d'ailleurs, c'est à l'autorité administrative, c'est-à-dire aux préfets, qu'appartient le droit exclusif de les constater.

M. Garnier (page 299) cite plusieurs arrêts du conseil qui, dans les premiers temps de l'institution du comité du contentieux, ont renvoyé aux tribunaux la question de savoir si un chemin devait être considéré comme vicinal ou seulement comme sentier privé. Ces arrêts sont rapportés dans la jurisprudence du conseil par M. Sirey, t. 1, p. 65, 255, 247, 446, et t. 2, p. 286. Mais, ainsi que le fait observer le même auteur, le conseil est revenu sur sa première jurisprudence. Il cite, en preuve, des ordonnances ou arrêts en date des 4, 24 mars, 2 juin 1819, 19 mars et 11 février 1820, 18 juillet 1821.

III. Lorsque l'administration déclare qu'un chemin est vicinal, elle ne fait que reconnaître et proclamer un état de choses préexistant; ses actes sont, non pas constitutifs, mais seulement récognitifs de l'état de vicinalité, et leurs effets remontent par conséquent au jour où le chemin a commencé d'être fréquenté par le public.

Ce principe peut être dans la pratique d'une application assez fréquente. En effet, comme nous le verrons plus loin, la règle d'imprescriptibilité des chemins publics ne concerne, parmi les chemins appartenant aux communes, que ceux qui ont été ou qui peuvent être classés comme vicinaux. Lorsque, devant le juge de paix, s'élève entre une commune et des riverains un débat possessoire au sujet d'un chemin, si les circonstances ne sont pas de nature à faire présumer l'abandon de ce chemin, il devient important, en cas de contestation sur la vicinalité, de savoir à quoi s'en tenir à cet égard. Si, en effet, le chemin est vicinal, il est imprescriptible, et l'action possessoire n'est pas recevable. Dans le cas contraire, l'action doit être admise, car le chemin est susceptible, comme toute autre propriété communale, d'être acquis à l'aide de la prescription.

Le juge de paix devra donc surseoir à statuer jusqu'après la décision de l'autorité administrative sur la vicinalité.

Si le chemin est reconnu vicinal, quoique les faits de possession invoqués soient antérieurs à la déclaration administrative, celle-ci rétroagissant jusqu'à l'époque où le chemin aura commencé d'être affecté au service du public, la commune obtiendra gain de cause, pourvu, toutefois, que la possession du riverain soit postérieure à la sienne. Autrement, c'est-à-dire si le riverain prouvait avoir possédé le sol du chemin avant le passage du public, la commune n'en ayant point d'ailleurs acquis, depuis, la propriété par une jouissance suffisante, le riverain devrait être maintenu, car il s'agirait pour lui, non de prescrire contre la commune, mais bien de conserver sa propriété.

IV. L'acte administratif par lequel un préfet reconnaît la vicinalité d'un chemin, ne préjuge en rien les questions de propriété ou de possession qui pourraient s'élever relativement au sol compris dans le chemin. Cependant, il faut en convenir, pour les personnes peu versées dans la connaissance des principes du droit administratif, le contraire paraîtrait résulter des termes de l'art. 6 de la loi du 9 ventôse an 13, lequel est ainsi conçu :

« L'administration publique fera rechercher et reconnaître les anciennes limites des chemins vicinaux, et fixera, d'après cette reconnaissance, leur largeur, suivant les localités, etc. »

Cette disposition semble donner à l'administration le mandat de réintégrer les communes dans la propriété de chemins qui leur auraient autrefois appartenu, et qui auraient été usurpés contre elles en tout ou en partie; mais il n'en est rien. Dans un chemin vicinal, il faut, en effet, distinguer deux choses : la propriété communale ou particulière et la vicinalité. Celle-ci consiste uniquement dans l'utilité du chemin pour le public. Or, il n'appartient qu'à l'administration de déclarer l'utilité publique. Quant aux questions de propriété ou de possession, elles sont entièrement indépendantes de la question d'utilité, et rentrent dans le domaine exclusif des tribunaux. Cette délimitation des pouvoirs administratif et judiciaire, relativement aux chemins vicinaux, ne saurait plus être méconnue aujourd'hui, car elle est consacrée par une foule de décisions et d'arrêts.

« L'arrêté d'un préfet qui déclare un chemin vicinal, porte un arrêt du conseil du 16 octobre 1813, ne fait pas obstacle à ce que la question concernant la propriété du terrain soit soumise aux tribunaux; car tout ce qui résulte de l'arrêté, c'est que le chemin est reconnu nécessaire, et doit être maintenu, sauf à indemniser le tiers qui serait judiciairement reconnu propriétaire du terrain. »

Les mêmes principes ont encore été appliqués par deux ordonnances royales des 24 mars 1819, et 19 mars 1820, dans lesquelles on lit : « Considérant que l'arrêté qui déclare un chemin vicinal ne fait pas obstacle à ce que la question de propriété du terrain soit soumise aux tribunaux, sauf à indemniser les tiers qui seraient judiciairement reconnus propriétaires du terrain, etc. » (*Garnier*, p. 437.)

C'est encore dans le même sens qu'une ordonnance du 2 février 1825 porte « que, lorsque le chemin est déclaré vicinal, la question devant les tribunaux se borne à faire juger si le prix de l'emplacement du chemin est ou n'est pas dû au propriétaire riverain. (Cormenin, *Questions de Droit administratif*, t. 1, p. 285.)

La jurisprudence des cours n'est pas moins positive. Ainsi, le 23 janvier 1830, la cour de Paris a décidé que lorsqu'un chemin avait été déclaré vicinal par l'autorité administrative, les tribunaux étaient compétents pour statuer sur la demande d'un particulier se prétendant propriétaire du terrain sur lequel passait ce chemin, encore que l'objet de la demande eût été, en outre, d'être maintenu dans la possession et jouissance du terrain, et que l'arrêté de l'autorité administrative touchant la vicinalité n'eût pas été réformé.

Ainsi encore, d'après un arrêt de la cour d'Agen, du 16 février 1832 (J. P., t. 3, 1832, p. 558), la décision par laquelle l'administration a déclaré public un chemin, et en a fixé la largeur, est irrévocable quant à la qualité du chemin et à sa largeur, et l'autorité judiciaire est incompétente pour statuer sur les contestations qui peuvent s'élever à cet égard; mais cette décision administrative ne peut influer sur la question de savoir si le terrain déterminé pour l'établissement du chemin est en tout ou en partie la propriété de la commune, ou du propriétaire riverain qui le conteste.

Jugé de même que, malgré le pouvoir déféré à l'autorité administrative de reconnaître et rechercher les anciennes limites des chemins vicinaux, les parties intéressées ont toujours le droit de porter devant les tribunaux les questions de propriété qui peuvent en résulter, et par suite celles d'indemnité qui en seraient la conséquence. (*Cour de cass.*, 30 *mars* 1829, 15 *novembre* 1831.)

V. Ces principes s'appliquent également aux questions de possession, car jusqu'à la preuve du droit de propriété, ou à défaut de cette preuve de la part de l'adversaire du possesseur annal, celui-ci est réputé propriétaire. L'action possessoire peut donc être valablement portée devant le juge de paix, malgré l'acte administratif qui a déclaré vicinal le chemin qui fait l'objet de la contestation. Mais en statuant sur cette action, les juges de paix doivent s'abstenir de rien prescrire qui puisse contrarier l'exécution de l'arrêté administratif. Il leur est interdit de maintenir, ou de réintégrer en sa possession le riverain complaignant, dont ils doivent seulement constater les droits, afin de le mettre en mesure de réclamer une indemnité. (*Arrêts du conseil des* 18 *juillet* 1821, 22 *janvier* 1824, *et* 14 *décembre* 1825. *Voir* M. Garnier, p. 462.)

VI. La doctrine que nous émettons ici, loin d'être contrariée par un arrêt de la cour de cassation, du 8 juillet 1829, puise dans les motifs de cette décision une confirmation nouvelle.

Une contestation s'engage, au possessoire, entre plusieurs habitants de la commune de Bourg-Saint-Léonard. Le demandeur se plaint d'anticipation et voies de fait commises par les défendeurs sur un chemin d'exploitation. Ceux-ci excipent de la vicinalité du chemin. Sentence du juge de paix qui déclare le demandeur non recevable, par le double motif que sa possession n'est pas suffisamment établie, et que le chemin, objet du procès, est imprescriptible. Pendant l'instance d'appel, arrêté du préfet de l'Orne, qui met le chemin en litige au nombre des chemins vicinaux de la commune de Bourg-Saint-Léonard. Enfin, jugement du tribunal d'Argentan, qui, réformant la sentence du juge de paix, déclare que l'appelant a la possession plus qu'annale, et le maintient dans cette possession.

Pourvoi en cassation pour violation de l'art. 6 de la loi du 9 ventôse an 13, de l'art. 13, tit. 2, de celle du 24 août 1790, et de la loi du 16 fructidor an 3. Le jugement attaqué, disaient les demandeurs, en maintenant ou réintégrant le complaignant dans sa possession, malgré l'arrêté du préfet qui avait précédemment déclaré vicinal le chemin litigieux, a méconnu les règles de compétence déterminées par les lois précitées, et empiété sur les attributions de l'autorité administrative.

Sur ce moyen, arrêt de rejet de la section civile, ainsi conçu :

« Attendu que, dans l'espèce, le jugement attaqué ne contrarie point les dispositions de l'arrêté qui déclare le chemin vicinal, car il se borne à maintenir François Bunouf dans sa possession à *l'égard des demandeurs en cassation*, et que, ce jugement, dans lequel *la commune n'a pas été partie*, ne sera pas un obstacle à ce que l'autorité administrative donne au chemin vicinal la largeur qu'il doit avoir, sauf indemnité envers François Bunouf dans le cas où il serait reconnu propriétaire de quelques portions du terrain nécessaire pour ce chemin, etc. »

Il résulte évidemment des termes de cet arrêt, que si la commune eût été partie dans l'instance possessoire, le demandeur en complainte n'aurait pas dû être maintenu dans sa possession.

VII. On a agité la question de savoir qui, des communes ou de l'état, était propriétaire des chemins vicinaux. M. Garnier, pages 307 et suivantes, établit très-bien que les chemins appartiennent aux communes, et cette opinion a unanimement prévalu. Ce droit de propriété des communes *vis-à-vis de l'état*, laisse entières, bien entendu, les questions de propriété ou de possession qui, relativement au sol des chemins, pourraient s'élever entre les communes et les particuliers.

VIII. Les chemins vicinaux et communaux ont cela d'analogue, que tous ils sont également la propriété des communes, et sous ce point de vue les mêmes règles leur sont applicables. Mais ce qui les différencie essentiellement, c'est que les premiers peuvent seuls, suivant nous, être considérés comme chemins publics. En effet, la publicité légale d'un chemin ne résulte pas seulement du fait de sa fréquentation par un nombre plus ou moins grand d'individus : elle a sa base principale dans l'utilité, la destination publique de ce chemin. Une commune a, comme tout autre propriétaire, le droit d'employer sa chose à l'usage qui lui convient. Elle peut rendre un terrain à la culture, ou le conserver comme chemin ; mais c'est à l'administration seule à déclarer que tel chemin est utile au service du public, et que cette destination doit lui être donnée. De là cette conséquence, que les chemins appartenant aux communes, qui ne sont pas classés comme vicinaux, et que l'administration, sur la réclamation à elle adressée, a refusé de reconnaître pour tels, doivent être considérés comme *propriété privée*, et régis en matière possessoire par les règles du droit commun. Le principe d'imprescriptibilité des chemins ne s'applique donc qu'à ceux qui ont été ou peuvent être reconnus comme vicinaux. Telle paraît être l'opinion de M. Garnier. Il s'exprime ainsi, page 278.

« Il résulte de là que, tant que les chemins n'ont pas été déclarés vicinaux dans la forme prescrite, ils doivent être considérés, non comme une chose destinée à un usage public, mais comme une *propriété ordinaire* appartenant à une commune ou à des particuliers, en observant toutefois que la déclaration rétroagit à l'époque à laquelle il est reconnu qu'ils ont commencé à être consacrés à l'usage du public. »

Nous citerons encore l'opinion de M. le conseiller de Broé, rapporteur dans une affaire jugée par la cour de cassation le 15 novembre 1831. « Quelle était, disait ce magistrat, la nature du chemin que toutes les pièces nomment chemin de Beyre à Gémaux? C'était un chemin *non classé*, et par conséquent étranger aux effets du classement; vicinal peut-être dans le sens de la conversation, il ne l'était pas dans le sens de la loi. Ainsi, son entretien n'était pas obligatoire comme celui des chemins classés; ainsi, le mode d'entretien fixé par la loi pour les chemins vicinaux ne lui était pas applicable; ainsi, il ne constituait qu'une *propriété communale susceptible de prescription*, et dont la consistance, comme celle des propriétés ordinaires, ne pourrait être déterminée que par les tribunaux. C'est encore un point que la jurisprudence du conseil-d'état et celle de la cour de cassation ont unanimement reconnu. »

IX. Il nous reste à passer en revue les principales difficultés qui peuvent s'élever lorsque l'action possessoire est, dans la matière qui nous occupe, exercée par les communes contre les particuliers, par ceux-ci contre les communes, et par les particuliers entre eux.

X. La commune, qu'elle soit demanderesse, qu'elle soit défenderesse au possessoire, allègue ou une possession à titre de servitude, ou une possession à titre de propriété. Elle est, dans l'un et l'autre cas, soumise aux règles du droit commun.

XI. Si, pour établir sa possession à titre de servitude, elle se fonde uniquement sur des faits de passage, elle doit être déclarée non recevable, aux termes des art. 23 du Code de Procédure et 691 du Code civil. Mais, dans ce cas même, son action serait admise, si elle produisait un titre qui lui conférât le droit de passage, ou si elle justifiait d'un fait d'enclave. Outre les arrêts déjà cités au mot *Actions possessoires*, lesquels sont applicables aux communes aussi bien qu'aux particuliers, il existe un arrêt de la cour royale de Lyon, à la date du 18 janvier 1827, qui décide spécialement qu'un simple fait de passage pratiqué de temps immémorial ne saurait faire acquérir aucun droit à une commune; et un arrêt de la cour de Pau, du 14 mars 1831, qui autorise l'action d'une commune en cas d'enclave.

XII. La commune pourrait exercer l'action possessoire, même sans titre ni enclave, pour un simple droit de passage, si la prescription lui en eût été acquise antérieurement au Code, sous l'empire d'une coutume qui autorisât ce mode d'acquisition pour les servitudes discontinues. (*Voir les arrêts cités au mot* Actions possessoires, p. 95, n° 19.)

XIII. Il ne suffirait pas à la commune, pour éluder la prohibition de l'art. 691, de prétendre qu'elle a usé du chemin comme propriétaire : autrement, la disposition précitée ne recevrait jamais d'application. A défaut de titres, les circonstances indiqueraient au juge le véritable caractère des faits de passage. C'est ce qu'établit très-bien M. Pardessus, *Traité des Servitudes*, n° 216. « Nous ne croyons pas devoir entrer dans le développement des principes à l'aide desquels devrait être jugée une question de cette nature, parce qu'ils sont étrangers à l'objet de notre travail; il suffit d'observer que le fait qu'un grand nombre de propriétaires ou de particuliers voisins auraient passé dans un chemin, ne serait pas une preuve que ce chemin appartient au public. La preuve qui serait la véritable et la plus essentielle, serait que les seigneurs ou la police locale exerçaient des actes de surveillance et de voirie sur ce chemin, qu'ils l'entretenaient ou le réparaient conformément aux lois ou usages sur cette matière. Ces actes sont positifs et excluent toute propriété privée. Il n'en est pas de même du passage, quelque ancien qu'il soit. Puisqu'il ne peut jamais, hors du cas prévu n° 218 (celui d'enclave), être acquis sans titre, il ne peut pas faire titre à cent, à mille individus qui n'ont pas d'autre titre à invoquer. (*Arrêt du parlement de Paris* du 10 juillet 1782. *Gazette des tribunaux*, t. 14, p. 292. *Arrêt de la Cour de cassation* du 3 messidor an 5, (21 juin 1797). *Bulletin officiel*, n° 11.)

« Les actes entre particuliers peuvent souvent, dans ce cas, donner des renseignements précieux, et fournir des preuves positives. L'indication que les propriétaires auraient faite de ce chemin comme leur limite ou leur séparation, militerait en faveur de la commune, qui souvent peut éprouver de grandes difficultés à faire une preuve testimoniale; car les principes paraissent s'opposer à ce qu'on entende, comme témoins, les habitants de la commune intéressée; et comme le plus fréquemment cet intérêt s'étend à une commune voisine, la difficulté de trouver des témoins serait encore plus grande. »

XIV. La jurisprudence n'a pas consacré cette dernière opinion de M. Pardessus. Par arrêt du 30 mai 1825 (*J. P.* t. 73, p. 551) la cour de cassation a jugé que dans les procès qui intéressent une commune, les habitants ne pouvaient pas être considérés individuellement comme parties, et que les parents au degré prohibé de ces habitants pouvaient être entendus comme témoins. (Voy. *le Juge de Paix*, t. 1, p. 182.)

Mais c'est aux juges à avoir tel égard que de raison aux dépositions de cette nature, et à ne les accueillir qu'avec une réserve extrême. (Voy. *Témoins*.)

XV. M. Garnier, après avoir signalé, comme circonstances propres à établir la possession utile de la commune, l'absence totale d'usage, de la part des riverains, du sol du chemin, l'entretien et réparation de ce chemin effectués par les soins et aux frais de la commune, ajoute, p. 321 :

« A notre avis, on ne peut donner comme absolue la règle que l'entretien par la commune constitue une possession suffisante. La loi veut que la possession soit continue, non équivoque, et à titre de propriétaire; et il est des cas où l'entretien peut n'être considéré que comme une simple charge de la jouissance du passage; par exemple, s'il existe des plantations sur le chemin, et que les particuliers aient constamment profité des élagages et des arbres morts. C'est donc aux tribunaux à déterminer le caractère et la nature de la possession, d'après les circonstances particulières dont l'appréciation leur est abandonnée. »

La cour de cassation a fait une application remarquable de ces principes dans un arrêt à la date du 2 juin 1830, rapporté au *Journal du Palais*, t. 3 de 1830, p. 317. En voici les termes :

« Attendu qu'il a été reconnu en fait, par l'arrêt attaqué, que les ci-devant seigneurs de Bressey ont substitué à l'ancien chemin, devenu en partie impraticable, le chemin en question; que cette substitution a été consentie par les communes limitrophes; qu'elle a même été approuvée par l'autorité administrative, qui a rangé le chemin en question dans la classe des chemins publics et vicinaux; que tel était l'état des choses lors de la publication des lois des 26 juillet 1790 et 28 septembre 1791, par lesquelles les justices seigneuriales ayant été abolies, les chemins publics sont devenus propriétés communales, et leur entretien a été mis à la charge des communes; que c'est à la requête de Montillet lui-même que le chemin en question a été considéré comme public et vicinal, et son entretien mis encore à la charge des communes de Bressey et de Remilly ; qu'enfin ces mêmes communes ont joui de ce chemin par une possession plus que trentenaire, continue, publique, paisible, et à titre de propriétaires; que dans ces circonstances, en déclarant Montillet, à l'égard des communes de Bressey et de Remilly, sans droit à la propriété du terrain dont il s'agit au procès, l'arrêt attaqué ne s'est mis en contradiction avec aucune loi, etc. »

XVI. L'action exercée par les particuliers contre les communes pour la possession du sol d'un chemin purement *communal*, est soumise aux règles ordinaires; mais si elle a pour objet un chemin reconnu comme vicinal par l'autorité compétente avant ou pendant le litige possessoire, il faut, selon nous, distinguer le cas où il s'agit de la totalité du chemin, de celui où il n'est question que de sa largeur plus ou moins grande.

Dans la première hypothèse, nous nous en référons aux principes que nous avons exposés sur la prescriptibilité des chemins, au mot *Actions possessoires*, et sous le paragraphe relatif aux *routes*. Nous croyons seulement devoir faire observer qu'il ne faudrait pas entendre dans un sens absolu cette proposition par nous exprimée, page 94 du premier volume; *que si les faits de possession étaient tels qu'ils entraînassent nécessairement la suppression du chemin, si, par exemple, le terrain avait été converti en terre labourable, cette circonstance seule nous semblerait de nature à faire présumer l'abandon, et après l'expiration de l'année, autoriserait la complainte.*

En effet, il peut arriver que le public ait cessé temporairement, même pendant plus d'une année, de fréquenter le chemin par suite de circonstances indépendantes de la mise en culture d'une partie de ce chemin. Ainsi, les mauvais temps ont rendu impraticable un chemin vicinal; il n'a point été immédiatement réparé, et le public a pris une autre direction. Profitant de cet état d'abandon provisoire, un particulier a labouré une partie de ce chemin, et, depuis, sa jouissance a continué pendant plus d'un an. Comme dans cette hypothèse, et dans d'autres semblables, l'obstacle à l'usage du public viendrait, non pas précisément de la mise en culture du chemin, mais bien de son impraticabilité, on devrait présumer que l'indue possession du particulier n'a été soufferte par la commune que momentanément, et jusqu'à ce que la voie publique ait été rendue praticable. Les juges de paix ne sauraient, au surplus, apporter trop de mesure et de circonspection dans l'appréciation des faits tendant à établir l'abandon ou le changement de destination d'un chemin public.

Si le débat possessoire ne roule que sur une largeur plus ou moins grande du chemin, nous pensons que l'action du particulier contre la commune n'est pas recevable, pourvu toutefois que le public ait continué de passer sur la partie du chemin restée libre. L'art. 356 de l'ordonnance de Blois n'est applicable, nous le savons, qu'au sol des grandes routes. Aussi n'est-ce pas dans cette disposition législative que nous cherchons des motifs de décision ; nous les puisons dans la nature même des choses, dans la saine intelligence de l'article 2226 du Code civil.

Si, lorsqu'un riverain a réuni à sa propriété une partie du sol d'un chemin, il a pu en devenir ainsi propriétaire ou possesseur, alors même que le public n'a pas cessé d'user du surplus de ce chemin, il faut dire qu'il n'existe, pour cette espèce de biens, aucune exception aux règles du droit commun sur la prescription; il faut rayer du Code civil la disposition de l'art. 2226. La prescriptibilité d'un chemin public ne peut résulter que du fait de son changement de destination. Comment donc, tant que cette destination subsiste, une partie quelconque du chemin pourrait-elle devenir l'objet d'une possession légitime ?

L'arrêt de la cour de Rouen précédemment rapporté a statué, qu'on veuille bien le remarquer, dans une espèce où il s'agissait de la possession *intégrale* d'un chemin ; mais le 16 février 1832, la cour d'Agen a tranché la question dans notre sens en décidant « que l'*empiètement* d'un chemin, à quelque époque qu'il remonte, dès qu'il est reconnu, ne peut former un titre au possesseur, parce qu'en matière de choses publiques, il ne peut y avoir de prescription. »

XVII. Un chemin vicinal est la propriété de la commune dans laquelle il est situé ; mais en même temps il est consacré à l'usage de tous. De là cette double conséquence que chacun est, en général, fondé à agir au possessoire contre celui qui le trouble dans la jouissance d'un chemin public, classé ou non comme vicinal, et que l'exercice de cette action est subordonné à la non-dénégation par le défendeur du droit de la commune. Si ce droit était contesté, la commune seule, représentée par ses mandataires légaux, pourrait le faire valoir ou en exciper. Dans ce dernier cas cependant, l'action individuelle serait recevable, si le complaignant fondait sa demande sur des faits de possession à lui personnels.

Telle est, dans son expression la plus précise, la jurisprudence applicable aux actions qui sont intentées de particulier à particulier, relativement à la jouissance des chemins publics.

Arrêtons-nous aux espèces les plus remarquables. Le sieur Naude Marracou assigne le sieur Bataille, pour voir dire que celui-ci sera tenu de laisser libre un terrain qualifié par le demandeur de chemin public à l'usage de telle commune.

Bataille répond que le prétendu chemin public est sa propriété, que d'ailleurs Marracou n'a pas qualité pour agir au nom de la commune. Jugement et arrêt qui accueillent ce dernier moyen. Pourvoi en cassation, et, le 16 juillet 1822, arrêt ainsi conçu : « Attendu, en droit, que dans les contestations qui s'élèvent sur les propriétés et droits prétendus communaux, il faut distinguer le cas où le fond du droit étant reconnu et avoué, on n'en refuse l'exercice qu'à tel ou tel autre parmi les habitants de la commune; que si dans ce second cas, s'agissant d'un droit particulier et individuel de ces habitants, ils peuvent agir individuellement en leur privé nom et de leur propre chef, *uti singuli*, il n'en est pas de même dans le premier cas, où s'agissant d'un intérêt général appartenant au corps moral tout entier, c'est à ce même corps moral tout entier de le faire valoir par le ministère de ses représentants, et les habitants ne peuvent agir qu'*uti universi;* et que, l'ayant ainsi jugé, l'arrêt attaqué n'a fait qu'une juste application des lois de la matière. »

Jugé de même et par la même cour, le 23 février 1825,

« Que les droits appartenant à une collection d'habitants ou à une commune ne peuvent être exercés par quelques-uns des communiers, *jure singulari*, mais doivent être réclamés par les officiers municipaux des communes dûment autorisées. »

La cour avait d'abord pris soin de constater en fait « que devant le tribunal de première instance et la cour royale, l'action des demandeurs avait eu pour but de faire cesser l'entreprise du défendeur sur une voie qu'ils avaient qualifiée *publique*, à *l'usage des habitants d'Anseaumeville*, et dont ils demandaient le rétablissement. »

Deux arrêts analogues ont été rendus par la même cour à la date des 6 mars et 11 juillet 1826. Par le premier de ces arrêts la cour décide « que l'exception de vicinalité ne peut » être opposée que par la commune ou par les habitants, *ut* » *universi*, et non par un ou quelques-uns, *ut singuli*, puis- » qu'il ne saurait appartenir à un ou plusieurs de compromet- » tre les droits de tous. »

XVIII. Mais, comme nous l'avons dit plus haut, l'action

individuelle est recevable, lors même qu'elle a pour objet la jouissance d'un chemin prétendu public, si le complaignant se fonde sur des faits de possession à lui personnels.

Ainsi, la cour de cassation a jugé, le 2 février 1820, « que le droit de passage en question étant présenté comme appartenant aux habitants de la commune de Sauvernay, *ut singuli*, et non pas *ut universi*, il pouvait être individuellement défendu par chacun d'eux. » (*Mêmes décisions de la même cour, le* 24 *juillet* 1827 *et le* 15 *juin* 1829.)

« Attendu, porte ce dernier arrêt, que devant la cour royale, le défendeur éventuel a clairement énoncé dans ses conclusions, qu'il réclamait un *droit particulier* sur une rue reconnue publique; que dès lors son action était indépendante des droits qui peuvent appartenir à la commune sur la rue dont s'agit, et qu'en rejetant la fin de non recevoir qu'opposait le demandeur, l'arrêt attaqué n'a violé aucune loi. »

C'est à tort que certains arrêtistes ont vu une décision contraire à ces principes dans un arrêt de la cour d'Agen à la date du 30 mars 1824. Un examen attentif des faits et moyens présentés devant cette cour, leur aurait démontré qu'il s'agissait de faits de passage personnels au demandeur, et d'une réclamation tout individuelle.

« Attendu, dit la cour, que chacun a le droit de réclamer l'usage d'un chemin public; que si ce droit appartenait exclusivement au fonctionnaire chargé de l'administration de la commune, il s'ensuivrait que celui qui aboutirait à un chemin public pourrait être enclavé dans sa propriété par le fait de son voisin, sans avoir une action directe pour faire réprimer une semblable entreprise, ce qui est évidemment contraire au droit inviolable et sacré de la jouissance de la propriété. »

Il n'y a rien dans ces motifs qui s'écarte des règles précédemment posées.

Elles ont été confirmées de nouveau par un arrêt de la cour royale de Bordeaux, à la date du 11 janvier 1831, dont nous rapporterons le texte entier, parce que ses motifs, tant sur la fin de non recevoir que sur le fond, peuvent offrir aux juges de paix des préceptes fort utiles.

« Attendu que les intimés, dans leur citation au bureau de paix qui sert de fondement à leur action, ont exposé que, tant par eux que par leurs auteurs, ils étaient propriétaires, depuis un temps immémorial, du droit de passer et repasser, soit à pied, soit à cheval, avec bœufs et charrettes, et autrement, sur le chemin de servitude destiné aux habitants du hameau de Laporte, pour aller à leurs propriétés respectives; qu'ils ont demandé à être conciliés sur l'action qu'ils se proposaient de former contre Massonneau, pour le faire condamner à enlever et à faire disparaître la clôture et la barrière qu'il avait fait établir, et à leur laisser le passage libre; — Que, dans leur exploit du 8 avril 1828, ils ont assigné Jean Massonneau pour leur voir adjuger les mêmes conclusions; qu'ils les ont réitérées dans les écrits signifiés au procès, notamment dans les requêtes des 8 décembre 1821, 25 juillet 1829, et ensuite devant le tribunal de Barbezieux, ainsi que cela est constaté par le jugement du 17 août 1829; — Attendu qu'en intentant cette action, Jean Girard et consorts n'ont réclamé qu'un droit personnel, et qu'ils ont agi dans leur seul intérêt; que dès lors on ne peut pas dire qu'ils agissent, soit comme membres d'une commune ou d'une section de commune, soit pour faire déclarer communal le passage en litige; que par conséquent le tribunal civil était compétent à raison de la matière, et qu'ils sont eux-mêmes recevables en leur nom personnel;

» Attendu qu'indépendamment des titres qu'ils invoquent, ils offrent de prouver que, de temps immémorial, ils ont joui du passage en question; qu'ils ont passé sur les lieux contentieux à pied, à cheval, et avec bœufs et charrettes; — Attendu que le droit qu'ils réclament constitue une servitude discontinue, qui, suivant l'ancienne jurisprudence du parlement de Bordeaux, pouvait être prescrite par une possession immémoriale; — Sans s'arrêter ni à l'exception d'incompétence, ni à la fin de non recevoir prise du défaut de qualité proposées par l'appelant, et dans lesquelles il est déclaré mal fondé, ordonne, avant faire droit, que dans le délai d'un mois de la signification du présent arrêt, les intimés prouveront par témoins que, de temps immémorial, eux et leurs auteurs sont en possession de passer à pied et à cheval, avec bœufs et charrettes, sur les lieux en litige, soit pour puiser de l'eau au puits du hameau de Laporte, soit pour faire abreuver leurs bestiaux, et enfin pour le service et l'exploitation de leurs propriétés, la preuve contraire réservée. »

§ IV. *Chemins privés.*

I. Les règles à suivre en cette matière varient selon que le complaignant agit en qualité de propriétaire du chemin, ou comme ayant seulement droit à une servitude de passage. Il ne faudrait pas conclure de là qu'il dépend d'un particulier de faire considérer son action comme tendant à le faire maintenir dans un droit de propriété, plutôt que dans un droit de servitude, et d'écarter ainsi l'application de certaines règles.

Les circonstances seules doivent guider le juge dans l'appréciation de la possession. C'est ce que nous allons démontrer en entrant dans quelques détails.

II. Si le complaignant, à l'appui de faits de passage, produit un titre de propriété applicable au sol du chemin, sa possession est sans contredit suffisante, car elle a eu lieu *animo domini.* Il a usé de son terrain d'après le mode qu'il a trouvé convenable : il en a usé en *propriétaire.*

III. A défaut de titre, le fait seul de passage suffirait encore, il nous semble, si, de la disposition des lieux, résultait une forte présomption de propriété du terrain en faveur du demandeur; si, par exemple, celui-ci possédait une maison ayant ses vues et son entrée immédiates sur le chemin litigieux. C'est par un motif basé sur la disposition des lieux, constatée par un jugement contre lequel on s'était pourvu devant elle, que le 29 octobre 1814, la cour de cassation a rejeté le pourvoi, en déclarant que, dès qu'il s'agissait d'un sentier d'exploitation commun à plusieurs propriétés, c'était moins une servitude discontinue que l'exécution d'une convention supposée entre les propriétaires voisins. (*Même arrêt dans une espèce identique, le* 19 *novembre* 1828.)

IV. A plus forte raison, la complainte est-elle recevable et fondée, lorsqu'au fait du passage et à la disposition des lieux, viennent se joindre des actes de possession qui n'ont pu émaner que du propriétaire seul.

Les sieur et dame Fleury étaient propriétaires d'un champ traversé par une avenue qui conduisait d'un chemin public au château du sieur de Radepont.

Prétendant que le sol sur lequel était établie cette avenue devait faire partie de leur acquisition, ils entravèrent le passage de l'avenue, et abattirent plusieurs des arbres qui la bordaient. Complainte devant le juge de paix par le sieur de Radepont. Il demande à être maintenu dans sa possession annale à *titre de propriétaire*, tant des arbres que de l'avenue. Sentence qui fait droit à ces conclusions; mais, sur l'appel, jugement du tribunal des Andelys qui confirme, quant aux arbres, mais qui réforme en ce qui touche la possession du chemin, par le motif « que, s'agissant de chemin ou passage, la possession même immémoriale ne saurait être d'aucune considération. »

Pourvoi en cassation par le sieur de Radepont, et le 26 août 1829, arrêt ainsi conçu :

« Vu les art. 3 et 23 du Code de Procédure; vu aussi l'article 691 du Code civil;

» Considérant que, dans l'espèce, l'action exercée par le

demandeur était une action en complainte pour trouble dans sa possession d'un chemin privé dont il soutenait être propriétaire, et non pas la réclamation d'un droit de servitude discontinue ou de simple passage sur ce chemin; — Considérant qu'un chemin particulier, établi par un propriétaire sur son terrain, ne cesse pas d'être sa propriété, et qu'il est susceptible d'être réclamé par voie de complainte, quand il y a trouble dans la possession du sol sur lequel ce chemin est établi;

»Considérant que le tribunal des Andelys a confondu une réclamation de possession d'un chemin, exercée par le propriétaire, avec la prétention d'un droit de passage, qui est une servitude discontinue, et n'est pas susceptible d'être acquise sans titre, même par possession immémoriale; que par suite, et en déclarant que le juge de paix avait été incompétent pour statuer sur l'action intentée par le demandeur, il a violé les art. 3 et 23 du Code de Procédure, et faussement appliqué l'art. 691 du Code civil; casse. »

Le jugement du tribunal des Andelys ne pouvait se soutenir, car il s'était déterminé par ce motif absolu, que, s'agissant de chemin ou passage, la possession même immémoriale ne pouvait être invoquée. Mais on peut être propriétaire d'un terrain, et ne s'en servir qu'en y passant. Il fallait donc apprécier les circonstances qu'invoquait le sieur de Radepont pour prouver que la jouissance du chemin était celle d'un propriétaire. Or, ce fait résultait et de la disposition des lieux (l'avenue étant évidemment destinée à conduire au château, dont elle était ainsi une dépendance), et de la possession des arbres plantés de chaque côté du chemin. Dans la décision attaquée il n'y avait donc pas seulement *mal jugé*, il y avait encore violation et fausse application des lois précitées, en ce que le tribunal des Andelys, sans même examiner les faits qui démontraient une possession à titre de propriétaire, avait déclaré le juge incompétent et l'action non recevable, par ce motif *unique* qu'il s'agissait de chemin ou passage.

Nous avons cru devoir insister sur les circonstances de l'espèce jugée par la cour, et sur les motifs de son arrêt, afin que des esprits peu attentifs ne soient pas induits à conclure, des termes de cette décision suprême, qu'une action possessoire, relative à la jouissance d'un chemin, est recevable par cela seul que le demandeur *allègue* qu'il a possédé comme propriétaire.

V. En l'absence d'un titre et d'une possession mieux caractérisée de la part du défendeur, la complainte pourrait être admise lors même qu'elle ne s'appuierait que sur des faits de passage. C'est moins en eux-mêmes que d'une manière relative qu'il faut apprécier les faits de possession respectivement invoqués. Certains actes qui, devant un titre ou une possession contraire plus étendue, seraient considérés comme le résultat de la tolérance, prennent un caractère de possession plus efficace, quand on les oppose à des faits, ou moins concluants, ou de même nature.

VI. Mais la production d'un titre par le défendeur donnerait au juge les moyens d'apprécier la possession du demandeur, et l'autoriserait à ne voir dans les faits de passage que l'exercice d'une servitude discontinue, non susceptible d'être acquise par prescription, et par conséquent de faire l'objet d'une maintenue possessoire. Il en serait de même dans le cas où le défendeur justifierait de faits de possession autres que ceux de simple passage.

VII. Si le complaignant demande à être maintenu dans l'exercice d'une servitude de passage, son action, en général, n'est pas recevable, car, aux termes de l'art. 688 du Code civil, la servitude de passage est discontinue, et d'après la disposition de l'art. 691, les servitudes de cette nature ne peuvent s'acquérir par la possession même immémoriale. Quelque incontestable que soit cette doctrine, elle n'a pourtant pas été d'abord unanimement acceptée. C'est ce que prouvent plusieurs arrêts de la cour de cassation intervenus pour la faire prévaloir. (*Voir entre autres un arrêt du* 2 *février* 1820, *Journal du Palais*, t. 57, p. 187.)

VIII. Mais la présomption de tolérance qui rend inefficace la possession d'une servitude de passage, cède devant la preuve contraire résultant d'un titre, et le juge de paix, compétent dans ce cas pour apprécier la possession à l'aide du titre, peut maintenir le demandeur. (*Arrêts de cass. des* 24 *juillet* 1810, 6 *juillet* 1812, *et* 17 *mai* 1820.)

IX. Le principe qu'une servitude de passage ne peut faire l'objet d'une action possessoire reçoit encore exception dans deux autres cas. L'un est prévu par la disposition finale de l'art. 691, l'autre par l'art. 682 du Code civil.

Aux termes de la première de ces dispositions, les servitudes discontinues, déjà acquises par la possession lors de la promulgation du titre *des servitudes* (10 *février* 1804), dans les pays où ce mode d'acquisition était légal, doivent être maintenues.

X. Des difficultés sérieuses se sont élevées dans l'application de cette loi aux actions possessoires.

Une jouissance annale prouvée, soit avant, soit depuis le Code, autorisait-elle la complainte dans un pays où les servitudes discontinues pouvaient s'acquérir par prescription, et lorsque, d'ailleurs, le complaignant alléguait une possession immémoriale?

On disait, pour l'affirmative, que la possession annale faisait présumer l'exercice d'un droit, alors surtout que ce droit, établi par la coutume ou la jurisprudence locale, avait été conservé par le Code; que cette proposition, vraie pour le cas d'une saisine depuis la loi nouvelle, l'était à plus forte raison pour celui d'une saisine antérieurement acquise; que puisqu'on avait maintenu les droits acquis au pétitoire, on n'avait pu vouloir porter atteinte à ceux résultant de la possession, lesquels n'étaient que la conséquence des premiers.

Cette doctrine, admise par plusieurs sentences de juges de paix et jugements de première instance, a été, avec raison, réprouvée par la cour de cassation. (*Arrêts des* 10 *février* 1812; 17 *février* 1813; 3 *octobre* 1814, *et* 2 *juillet* 1823.)

En effet, la possession annale qui fait présumer, en faveur de celui qui l'invoque, l'exercice d'un droit, est celle-là seulement qui, prolongée pendant le temps nécessaire pour prescrire, serait de nature à faire acquérir un droit. Or, sous ce rapport, la jouissance depuis le Code est inefficace aux termes de l'art. 691, et celle antérieure au Code n'est utile que pour le cas où la prescription aurait été acquise.

« Considérant, porte l'arrêt du 10 février 1812, que les demandeurs ont prétendu devant le juge de paix la possession d'un droit de passage; que ce droit se trouve rangé par l'article 688 du Code dans la classe des servitudes discontinues; que, suivant la disposition de l'art. 691 du même Code, les servitudes de cette nature ne peuvent s'établir que par titres; qu'ainsi la possession de ces servitudes ne peut jamais faire présumer ni naître la propriété, sauf le cas prévu par le même art. 691; que, dans ce cas, il ne s'agit plus de la possession, mais de la propriété acquise déjà par une possession alors suffisante avant l'introduction du Code Napoléon; que, hors ce cas, la prétendue possession de servitudes discontinues ne peut jamais être utile; qu'elle n'est donc jamais une véritable possession aux yeux de la loi, et conséquemment ne peut, dans aucun cas, fonder ni l'action possessoire, ni la compétence du juge de paix. »

L'arrêt du 2 juillet 1823 reproduit sous une autre forme les mêmes motifs :

« Attendu que la possession ne donne lieu à l'action possessoire qu'autant qu'elle est capable de faire acquérir la propriété par la prescription; que les servitudes discontinues ne peuvent s'acquérir par la prescription, ni par conséquent leur possession donner lieu à la complainte ; qu'on ne peut juger le contraire sous prétexte qu'elles se trouveraient acquises avant le Code par la prescription d'après l'usage local, et qu'on ne peut attaquer celles déjà acquises avant cette loi par la possession, dans les pays où elles pouvaient s'acquérir de cette manière, parce que cette prescription, étant incertaine et en contestation, ne peut donner lieu qu'à l'action pétitoire, et que le juge de paix, n'étant compétent que pour adjuger le possessoire, ne peut la vérifier et constater, pour en faire l'application au possessoire, sans excéder sa compétence en préjugeant le pétitoire. »

XI. On conçoit bien que le juge de paix ne peut pas procéder à une enquête à l'effet de s'éclairer sur le point de savoir si la possession a duré assez de temps avant le Code pour faire acquérir un droit de passage. La disposition de l'art. 24 du Code de Procédure lui interdit expressément de faire porter l'enquête sur le fond du droit. Mais la preuve de la possession immémoriale ou trentenaire avant le Code peut résulter d'anciens plans, titres ou documents écrits, et dans ce cas il nous semble que le juge de paix a la faculté de consulter ces renseignements pour apprécier la possession, et non pour statuer sur le droit en lui-même. Pourvu qu'il rapporte son examen uniquement à la possession, il est autorisé à interroger les titres, la disposition des lieux, à vérifier un fait d'enclave : pourquoi lui refuserait-on cette faculté lorsqu'il a sous les yeux des actes patents, irrécusables, qui lui démontrent une possession immémoriale ?

Cette hypothèse, assez fréquente dans la pratique, et celle, bien rare sans doute, de la reconnaissance par le défendeur de l'ancienne possession du complaignant, nous paraissent être les seules où le juge de paix puisse statuer au possessoire dans les termes de l'exception portée en l'art. 691.

XII. La possession annale d'une servitude de passage peut encore être utilement invoquée dans le cas prévu par l'article 682, celui d'enclave. Il n'est pas besoin d'avoir, préalablement à la possession, converti en un titre amiable ou judiciaire le droit dérivant de l'art. 682. La disposition de l'article 691, qui exige un *titre privé* pour les servitudes discontinues, n'est point applicable aux servitudes légales. Le titre de celles-ci est dans la loi qui les autorise, et dans la nécessité sur laquelle cette loi est fondée. (*Arrêts de cass. des* 7 *mai* 1829 ; 16 *mars* 1830, *et* 21 *mars* 1831.)

Il suit de là que le juge de paix, ayant la faculté de consulter les titres pour éclairer la possession, peut aussi vérifier le fait d'enclave. C'est ce que décident formellement les arrêts des 7 mai 1829 et 16 mars 1830 ci-dessus indiqués.

« Attendu, porte le premier arrêt, qu'il est de maxime consacrée par la jurisprudence des arrêts et l'opinion des auteurs les plus graves, que le juge d'une action possessoire doit nécessairement vérifier le caractère de la possession alléguée, et à cet effet s'enquérir du titre *non tam ad cumulandum petitorium quàm ad colorandum et corroborandum possessorium* (Faber, lib. 8, tit. 4); que, dans l'espèce, l'application de cette maxime était d'autant plus indispensable, qu'il s'agissait d'une servitude prétendue pour cause d'enclave, dont la possession annale ne pouvait être légalement maintenue que par la vérification de l'enclave; qu'ainsi le grief relatif au cumul du possessoire et du pétitoire n'est pas justifié. » (Voy. *le Juge de Paix*, t. 1, p. 47.)

XIII. Le juge de paix n'a à s'enquérir ni de la largeur ni de la direction qu'il serait convenable de donner au passage. A cet égard la possession est sa règle unique. Vainement le propriétaire du fonds asservi prétendrait-il que la servitude n'a point été exercée conformément aux conditions voulues par les art. 683 et 684 du Code civil, que par conséquent la possession alléguée, étant en dehors du titre légal, doit être considérée comme inutile. Le complaignant répondrait avec avantage qu'il n'en est pas de la servitude légale de passage comme de celle qui reposerait sur une convention; que celle-ci ne pourrait à la vérité être exercée d'après un mode autre que celui tracé par le titre; mais que la première n'étant pas, quant à son exercice, soumise *nécessairement* par la loi à telles ou telles conditions, on doit présumer que le passage a été originairement fixé dans les limites et la direction qu'il a eues pendant l'année antérieure au trouble. (*Arrêts de cass. du* 10 *juillet* 1821; *de la Cour d'Amiens*, *du* 19 *mars* 1824, *et de celle de Lyon, du* 12 *juin même année.*)

XIV. Le propriétaire d'un bâtiment enclavé aurait droit au passage sur le fonds voisin. La disposition de l'art. 682 n'est pas restreinte aux *fonds de terre;* elle est conçue en termes généraux, et d'ailleurs il y a pour les bâtiments même nécessité, par conséquent même raison de décider. La cour de Pau a jugé, le 14 mars 1831, qu'en cas d'enclave, le passage pouvait être exigé par une commune pour aller puiser de l'eau à une fontaine.

XV. Faut-il, pour qu'il y ait enclave, qu'un fonds soit entouré exactement de tous côtés par d'autres propriétés particulières?

Malgré les termes de l'art. 682, qui ne répute enclavé que

le fonds *sans aucune issue* sur la voie publique, nous pensons qu'il est des cas où le fonds aboutissant à cette voie peut être considéré comme enclavé, si, par exemple, le chemin est impraticable, s'il y a danger imminent à s'en servir, ou même encore si les difficultés sont telles que la mise en valeur du fonds compenserait à peine, par ses produits, les sacrifices qu'elle entraînerait. La servitude légale de passage en cas d'enclave ne repose pas seulement sur l'intérêt privé; elle a aussi pour cause l'intérêt public, qui veut qu'on puisse tirer parti de toutes les ressources du sol. Or, il est évident que si la valeur des produits n'était pas, à cause des difficultés du passage, supérieure aux frais d'exploitation, le fonds demeurerait inculte.

Le 26 mars 1816, la cour de Colmar a jugé qu'il y avait enclave dans les circonstances suivantes :

« Attendu que la seconde portion des prairies d'Antoine Weber aboutit en effet sur un champ qui lui appartient, et qui est borné par un chemin ; mais que la fenaison précède de beaucoup la récolte du champ, le terrain productif à traverser est trois fois plus long, et le dommage par conséquent serait trois fois plus considérable; le champ est très-élevé au-dessus du niveau de la prairie, et au-delà est un chemin creux, étroit et presque impraticable, qu'il faut parcourir jusqu'à Oberhasslach, pour ensuite rétrograder jusqu'à Niderhasslach, qu'habitent toutes les parties. »

Le seul motif qui nous touche dans cet arrêt, c'est le dernier, et encore, selon nous, la cour de Colmar ne s'est point assez expliquée sur les conséquences que pouvait avoir la presque impraticabilité du chemin.

XVI. La même cour a jugé avec raison, le 26 mai 1831, que lorsqu'il n'était besoin, pour donner issue à une propriété sur la voie publique, que de travaux peu dispendieux et faciles à exécuter, il n'y avait pas lieu à l'application de l'article 682. Mais peut-être est-elle allée trop loin si, dans une espèce où l'issue sur la voie publique nécessitait des travaux très-dispendieux, elle a refusé le passage par ce motif *absolu, comme le prétend l'arrêtiste,* qu'on ne devait admettre d'autre exception dans l'application du droit d'enclave, que le cas d'une impossibilité physique ou d'un danger imminent dans l'usage d'un chemin voisin. (*Arrêt du* 10 *mai* 1831.)

XVII. Dès qu'on est forcé de reconnaître que l'art. 682 ne doit pas être appliqué d'après ses termes pris à la rigueur, et que l'enclave existe même pour le fonds ayant issue sur la voie publique, si cette voie est impraticable ou d'un usage dangereux, nous ne voyons pas pourquoi on n'admettrait pas la troisième exception que nous avons indiquée, puisqu'elle repose sur l'un des motifs qui ont dicté la disposition précitée.

Les tribunaux peuvent seuls juger, dit M. Pardessus, *Traité des Servitudes*, p. 335, dans quel cas une impossibilité morale, celle, par exemple, de passer sans construire un pont ou *autres ouvrages d'une excessive dépense*, équivaudrait à une impossibilité physique. »

Cette opinion est la nôtre. Nous ne saurions donc approuver dans *ses motifs*, cet arrêt de Potiers, à la date du 21 août 1823, qui porte que « pour pouvoir réclamer un passage sur le fonds d'autrui, il faut être réellement enclavé, et n'avoir *aucun moyen possible* d'arriver à la voie publique ; que s'il existe pour celui qui réclame un passage quelconque plus ou moins détérioré, plus ou moins difficile, cette circonstance *suffit* pour faire écarter sa demande. »

XVIII. La cour de Rouen a jugé, le 16 février 1821, qu'un fonds bordé par une rivière navigable devait être considéré comme enclavé, parce qu'il y aurait extrême difficulté et même danger à ce que l'exploitation se fît par la rivière. (M. *Garnier*, p. 523.)

Cette décision rentre dans l'exception admise par la cour de Colmar.

XIX. A vrai dire, l'art. 682, sainement entendu, renferme tous les cas que nous avons présentés comme exceptions. Quand le législateur parle d'un fonds ayant issue sur la voie publique, il entend une issue praticable, une voie dont l'usage ne présente pas de danger ou n'entraîne pas des frais et des difficultés telles que l'exploitation du fonds contigu n'offrirait aucun avantage.

XX. Le droit résultant de l'art. 682 cesse avec la nécessité sur laquelle il est fondé. Lors donc qu'après la cessation de l'enclave le fait du passage a continué, si le propriétaire du fonds asservi s'oppose à l'exercice du passage, sa prétention doit prévaloir devant le juge de paix, car la possession de son adversaire est celle d'une servitude discontinue *et sans titre*. L'action qui pourrait appartenir au propriétaire du fonds jadis enclavé, afin d'obtenir une remise partielle de l'indemnité par lui payée, rentrerait dans le domaine des juges du pétitoire.

XXI. Aux termes de l'art. 41 de la loi du 28 septembre-6 octobre 1791, tout *voyageur* peut déclore un champ pour se faire un passage dans sa route, sans être tenu à aucune amende et indemnité, si le juge de paix du canton décide que le chemin public était impraticable. Dans ce cas, l'indemnité et les frais de clôture sont à la charge de la commune. On conçoit qu'un passage de cette nature étant nécessairement accidentel, et n'étant pas susceptible, *en fait*, de constituer une possession continue d'une année, ne donnerait pas lieu à une action possessoire de la part de celui qui serait empêché dans sa jouissance. Le particulier sur le fonds duquel le passage serait pris, ne serait pas non plus fondé à se plaindre par voie de complainte, car on ne peut considérer comme trouble le fait qui n'est que l'exercice d'un droit.

XXII. Ceux qui, pour l'exploitation de leurs propriétés, se servaient habituellement du chemin devenu momentanément impraticable, pourraient-ils se prévaloir du droit établi par la disposition précitée, pour se faire maintenir dans leur possession annale d'un passage sur le fonds riverain? S'ils étaient enclavés, ils devraient être maintenus, non en vertu de la disposition de la loi de 1791, mais en vertu de celle de l'article 682 du Code civil. S'ils n'étaient pas enclavés, c'est-à-dire, si, outre le chemin impraticable, ils avaient issue sur une autre voie publique, leur prétendue possession serait inutile. La disposition de l'art. 41 de la loi de 1791 doit être restreinte au cas qu'elle prévoit.

XXIII. La servitude légale, connue dans l'ancien droit sous le nom de *tour d'échelle*, ne pourrait aujourd'hui donner lieu à l'action possessoire. Il est évident qu'elle n'a point été maintenue par le Code, et lors même que sous l'empire d'une coutume qui autorisait l'acquisition des servitudes discontinues, par la possession, elle aurait été exercée pendant le temps nécessaire pour prescrire, elle ne saurait être maintenue depuis le Code. Sa possession n'aurait été, en effet, que la conséquence de l'obéissance forcée du propriétaire du fonds asservi, à la disposition de la coutume. (*Arrêts de la cour de cass. des* 31 *décembre* 1810 *et* 21 *avril* 1813; Merlin, *Répert.*, v° *Voisinage*, § 4.)

Il en serait autrement si le titre de la servitude était, non dans une disposition spéciale de la coutume, mais seulement dans une possession qui, antérieure au Code civil, rentrerait dans le cas prévu par la disposition finale de l'art. 691.

Sect. II. *De la juridiction des juges de paix comme juges de police, en matière de chemins.*

I. Il ne faut pas confondre les *voies publiques* avec les *chemins publics*. Par voie publique, on doit entendre les rues, places et carrefours des villes et villages. Les chemins publics sont les communications plus ou moins importantes, suivant la classe à laquelle elles appartiennent, qui conduisent de ville en ville ou qui servent dans le territoire des communes, hors de leur enceinte, à l'exploitation des propriétés rurales. (*Arrêt de la chambre criminelle de cass., du 15 février* 1828.)

II. On peut dire cependant que l'expression *voie publique* est plus générale, et celle de *chemin public* plus restreinte. L'une représente l'espèce, l'autre le genre. La conséquence légale qui, suivant nous, dérive de cette distinction, c'est que la législation applicable aux chemins publics ne peut pas être étendue aux voies publiques, tandis que la loi qui régit ces dernières doit être appliquée aux premiers, en l'absence d'une disposition qui les concerne spécialement.

Nous ne traitons ici que des chemins. Nous n'aurons donc à nous occuper des dispositions de loi relatives aux voies publiques, qu'autant qu'elles nous paraîtraient devoir régir également les chemins, parmi lesquels nous ne comprenons pas les routes royales et départementales, dont la police appartient exclusivement à l'autorité administrative.

III. Avant la loi du 28 avril 1832, modificative du Code pénal de 1810, ceux qui avaient dégradé ou détérioré les chemins publics ou usurpé sur leur largeur, étaient justiciables, non du tribunal de simple police, mais du tribunal correctionnel, en ce qu'ils devaient être condamnés à une amende de 3 livres au moins et 24 livres au plus, en vertu de l'art. 40, tit. 2, de la loi du 28 septembre — 6 octobre 1791, sur la police rurale. Il en était de même, aux termes de l'art. 44 de la loi précitée, quant à ceux qui, sans autorisation du directoire du département, enlevaient les gazons, les terres, ou les pierres des chemins publics. Pour fixer à cet égard la compétence des tribunaux correctionnels, la cour de cassation a rendu plusieurs arrêts motivés sur les dispositions du Code d'Instruction criminelle et du Code pénal, qui ne permettent pas au juge de police d'appliquer de peine pécuniaire au-dessus de 15 fr. Or, le maximum établi par la loi de 1791 était de 24 livres. Cette jurisprudence n'a plus aujourd'hui d'objet.

L'art. 479, n°s 11 et 12, du Code pénal modifié, porte : « Seront punis d'une amende de 11 à 15 fr. inclusivement :

» 11°. Ceux qui auront dégradé ou détérioré, de quelque manière que ce soit, les chemins publics, ou usurpé sur leur largeur ;

» 12° Ceux qui, sans y être dûment autorisés, auront enlevé des chemins publics les gazons, terres ou pierres, etc. »

C'est donc au juge de police, et non au tribunal correctionnel, qu'il appartient de statuer désormais sur ces sortes de contraventions.

IV. L'art. 471 punit d'une amende de 1 fr. jusqu'à 5 fr. inclusivement :

« 4° Ceux qui auront embarrassé *la voie publique*, en y déposant ou y laissant, sans nécessité, des matériaux ou des choses quelconques qui empêchent ou diminuent la liberté ou la sûreté du passage ;

» 5° Ceux qui auront négligé ou refusé d'exécuter les réglements ou arrêtés concernant la petite voirie. »

La première de ces dispositions est applicable aux *chemins*, car la loi ne réprime, par aucune prescription particulière, le fait d'avoir embarrassé les *chemins publics ;* et lorsque la nature des choses ne s'y oppose pas, il nous semble qu'on doit appliquer, comme disposition générale, la loi dans les termes de laquelle rentre un cas spécial.

V. Le fait d'embarras de la voie publique et celui d'empiétement ou d'usurpation sont différents en ce que le premier n'entraîne avec lui aucune prétention à la propriété, tandis qu'il n'en est pas de même du second.

Ainsi, une construction, une plantation d'arbres sur un chemin, constituent une usurpation, et cette contravention doit être réprimée en vertu de l'art. 479, n° 11. Au contraire, un simple dépôt de pierres, de fumier, constitue seulement la contravention prévue par l'art. 471, n° 4.

VI. Sur le n° 5 de l'art. 471, nous empruntons à M. Garnier l'observation suivante :

« Tous les auteurs s'accordent à dire que le droit de voirie, en général, consiste dans le pouvoir de faire des réglements, non-seulement pour l'alignement des édifices, la propreté, la commodité et la salubrité des rues et places publiques des villes, bourgs et villages, mais encore pour tenir les chemins en bon état.

» Dès lors, le maire qui réglait par un arrêté la tâche de chaque habitant dans les travaux que nécessite la réparation des chemins vicinaux, ne faisait évidemment que ce que la loi appelle un réglement de petite voirie.

» C'est ce qu'a décidé la cour de cassation par arrêt du 24 décembre 1813. Le même principe et la même peine s'appliqueraient aujourd'hui à ceux qui refuseraient d'acquitter la prestation en nature à laquelle ils auraient été taxés. »

VII. Les autres dispositions du Code pénal qui se réfèrent à des contraventions commises sur des chemins publics sont celles des art. 471, n° 7, 475, n°s 3 et 5, 477, 478, § 1er, et 479, n° 4.

Il suffit de les indiquer, car leur application ne donne lieu à aucune difficulté.

VIII. Est-ce aux tribunaux de police ou aux conseils de préfecture, qu'appartient la répression du fait d'anticipation ou d'empiétement sur les chemins vicinaux?

Avant la loi du 28 avril 1832, qui évidemment a attribué aux tribunaux de police la connaissance des faits de dégradation ou détérioration, et ceux aussi d'usurpation des chemins publics, la question était fort controversée. Elle avait divisé le conseil-d'état et la cour de cassation. Celle-ci, par arrêts des 18 juillet 1822, 25 juillet 1823 et 20 février 1829, avait maintenu la juridiction des tribunaux correctionnels, d'après l'art. 40, tit. 2, de la loi de 1791.

Le conseil-d'état avait, au contraire, revendiqué une compétence exclusive à cet égard pour les conseils de préfecture, en annulant plusieurs jugements de tribunaux correctionnels. (*Voir ordonnances des* 9 *juin* 1824; J. P., t. 1er, *compétence du conseil-d'état*, p. 516; 31 *mars et* 10 *août* 1825; 6 *septembre* 1827 *et* 25 *janvier* 1831, t. 2 du même recueil, p. 78, 130, 335 et 336.)

Cette dernière jurisprudence ne nous avait pas paru fondée. La juridiction des conseils de préfecture, *tribunaux d'exception*, ne peut s'étendre à d'autres cas que ceux expressément désignés par la loi. Or, les dispositions combinées des art. 6 et 8 de la loi du 9 ventôse an 13, n'offraient rien qui pût faire penser que le législateur eût voulu transférer aux conseils de préfecture la connaissance des faits d'anticipation attribuée par une loi précédente, celle de 1791, aux tribunaux ordinaires. Au surplus, le doute ne saurait plus exister en présence de la disposition formelle du Code pénal modifié, dont l'application ne saurait jamais appartenir aux juges d'exception.

IX. Si l'individu cité devant le juge de police prétend que la portion du chemin qu'on allègue avoir été par lui usurpée ou détériorée, est sa propriété, il y a lieu de surseoir et de fixer un délai dans lequel le contrevenant sera tenu de faire juger la question préjudicielle de propriété par les tribunaux compétents. (*Cour de cass.*, 15 *février* 1828; *le Juge de Paix*, t. 2, p. 139.)

X. Mais si la vicinalité d'un chemin n'a pas été déclarée administrativement, le juge de police doit-il, avant d'appliquer l'art. 479, n° 11, surseoir jusqu'à la décision de l'autorité administrative, ou bien peut-il et doit-il apprécier la publicité du chemin, laquelle serait, dans ce cas, considérée comme indépendante de sa vicinalité?

Cette question est résolue par l'arrêt suivant :

Vu l'art. 40, tit. 2, de la loi du 6 octobre 1791 : « les cul-

»tivateurs ou tous autres qui auront dégradé ou détérioré de »quelque manière que ce soit, *des chemins publics*, ou usurpé »sur leur largeur, seront condamnés à la réparation ou à la »restitution, et à une amende qui ne pourra être moindre de »3 liv., ni excéder 24 liv. »; vu l'art. 6 de la loi du 9 ventôse an 13 : « L'administration publique fera rechercher et recon- »naître les anciennes limites des chemins vicinaux, et fixera, »d'après cette reconnaissance, leur largeur, suivant les lo- »calités »;

» Attendu que si, aux termes de l'article précité de la loi du 9 ventôse an 13, et des lois précédemment portées en cette matière, il appartient à l'administration publique de rechercher et reconnaître l'existence et les anciennes limites des chemins vicinaux, cette attribution est une conséquence nécessaire du pouvoir et de la surveillance confiés exclusivement à l'administration, en tout ce qui intéresse l'existence, l'ouverture et la viabilité des chemins publics destinés à faciliter les communications et les débouchés qui donnent la vie à l'agriculture et au commerce;

»Attendu que cette attribution, qui a pour unique objet l'intérêt public et général, ne fait nul obstacle, alors surtout que l'administration n'en réclame pas l'exercice, à ce que les tribunaux répressifs, dans le cas où la publicité d'un chemin sur lequel un crime ou un délit a été commis, forme l'une des circonstances caractéristiques ou aggravantes de l'infraction, prononcent eux-mêmes sur l'existence et la réalité de cette circonstance; que, dans ce cas, les magistrats appelés à juger le mérite de l'action publique sont juges naturels et compétents de l'exception tendante à faire disparaître l'infraction, ou à en écarter la circonstance aggravante de la publicité du lieu; qu'ainsi qu'au grand criminel, dans le cas prévu par l'art. 383 du Code pénal, lorsqu'il s'agit d'une accusation de vol commis sur un chemin public, l'appréciation de la circonstance aggravante de la publicité du chemin qui a été le théâtre du vol appartient exclusivement aux jurés et à la cour d'assises, de même, en matière correctionnelle, l'examen du fait allégué par le prévenu de la non-publicité du chemin sur lequel le délit a eu lieu, est uniquement dévolu aux magistrats chargés de prononcer sur l'action et sur l'exception qui lui est opposée, sans que, dans l'un ou l'autre cas, l'administration publique doive être consultée sur une question purement judiciaire, dont le résultat ne peut être qu'une condamnation ou une absolution que les tribunaux seuls peuvent prononcer; qu'au surplus, les tribunaux, en pareille circonstance, peuvent et doivent user de tous les modes d'instruction qui sont à leur disposition pour parvenir à la connaissance de la vérité; que la publicité d'un chemin, en cas d'absence d'une déclaration de l'administration à cet égard, peut être appréciée par des titres, cadastres, rapports d'experts, et tous autres éléments de preuve que les tribunaux croient devoir admettre;

» Attendu, dans l'espèce, que l'exception proposée par Rémond de la non-publicité du chemin sur lequel il reconnaît lui-même l'anticipation ou usurpation qui est l'objet de la prévention, devait, comme l'action elle-même intentée par le ministère public sur la demande et la réquisition de l'adjoint au maire de la commune de Cry, être soumise exclusivement à l'investigation et à l'examen du tribunal d'Auxerre; que d'ailleurs la vicinalité du chemin n'était pas même alléguée, et que s'il appartient aux préfets seuls de déclarer l'existence de cette vicinalité, parce qu'elle est le résultat d'une opération administrative à laquelle concourent les conseils municipaux par leurs délibérations, et qu'elle repose sur l'appréciation d'actes administratifs, il n'en est pas de même du fait de la publicité, qui peut être prouvé par enquête, par titre, par possession, et autres moyens du droit commun. »

MONTIGNY, *avocat à Meaux.*

CHENILLES. Voy. *Échenillage.*

CHEPTEL. Voy. *Bail à cheptel.*

CHIENS. Voy. *Animaux.*

CHIROGRAPHAIRE. On appelle *chirographaires* les créances fondées sur des écrits sous signature privée, et même celles qui ont pour base des titres authentiques, mais qui n'entraînent pas hypothèque.

CHOMAGE D'UN MOULIN. C'est l'espace de temps qu'un moulin reste sans travailler.

I. Suivant l'art. 45, tit. 27, de l'ordonnance des eaux et forêts du mois d'août 1669, ceux qui occasionent le chômage d'un moulin par leur navigation ou flottage, doivent payer quarante sous d'indemnité, pour le temps de vingt-quatre heures, au propriétaire de ce moulin, ou au meunier son fermier. Mais on n'a droit à cette indemnité que pour le chômage des moulins établis sur les rivières navigables ou flottables, avec titre et concession. Il est, au surplus, très-expressément défendu d'exiger une indemnité plus forte que celle dont on vient de parler, et de retarder, en aucune manière, la navigation et le flottage, à peine de mille liv. d'amende, outre les dépens, dommages-intérêts, etc. (*Répert. de Jurisprud.*, v° *Chômage.*)

II. Le sieur Gally, propriétaire d'un moulin sur la rivière de Cousain, avait fait citer les marchands de bois flottant, pour l'approvisionnement de Paris, devant le juge de paix du canton d'Avallon, pour se voir condamner à lui payer une indemnité de 5 fr. par jour, à raison du chômage auquel le passage de ces bois forçait son moulin. Les marchands de bois offrirent 40 sous par jour, conformément à l'ordonnance. — Jugement qui, attendu la hausse qu'ont éprouvée les denrées depuis 1669, fixe le chômage à 3 fr. par jour. — Appel au tribunal civil d'Avallon, qui, par jugement du 2 juillet 1806, confirme celui du juge de paix. — Recours en cassation. Par arrêt du 27 juillet 1808, « vu l'art. 45, tit. 27, de l'ordonnance de 1669, attendu que la disposition de l'article ci-dessus n'a jamais été révoquée ni modifiée; qu'elle est obligatoire pour tous les tribunaux, et qu'il y a été formellement contrevenu; la cour casse et annule. »

III. Les rivières servant à l'approvisionnement de Paris étaient l'objet d'une ordonnance spéciale du mois de décembre 1672; et, depuis, une loi du 28 juillet 1824 a élevé l'indemnité à 4 fr. pour vingt-quatre heures de chômage, quel que soit le nombre des tournants du moulin.

IV. Toute action en dommages-intérêts intentée par les propriétaires du bord des petites rivières, par suite du flottage à bûches perdues, est soumise aux règles du droit commun, et doit être portée devant les tribunaux, et non devant l'administration. (*Cour de cass.*, 18 *novembre* 1823.)

CHOSE JUGÉE. C'est ce qui est décidé par un jugement en dernier ressort, ou par une sentence dont il n'y a ou ne peut y avoir d'appel, soit parce que l'appel n'est point recevable, ou qu'il y a un acquiescement à ce que porte la sentence de condamnation, soit parce qu'on n'en a point appelé dans le temps, ou que l'appel a été périmé. (*Ordonnance de* 1667, *tit.* 27, *art.* 5.)

I. Tous les jugements ne sont pas susceptibles d'acquérir l'autorité de la chose jugée. « Il y a chose jugée, dit Pothier, quand le juge a *définitivement* prononcé sur la contestation soumise à sa décision; c'est-à-dire quand il a condamné ou absous. »

II. Il résulte de là que les jugements préparatoires, interlocutoires et provisionnels, ne peuvent former l'exception de chose jugée en ce qui touche au fond de la contestation, car ni les uns ni les autres ne mettent fin au procès. (Voy. *Jugement.*)

III. L'autorité de la chose jugée n'a lieu qu'à l'égard de ce qui a fait l'objet du jugement. Il faut que la chose demandée soit la même; que la demande soit fondée sur la même cause; que la demande soit entre les mêmes parties, et formée par elles et contre elles en la même qualité. (*Cod. civ., art.* 1351.) Si l'une de ces quatre conditions manque, on ne peut opposer à la nouvelle demande l'autorité de la chose jugée.

IV. La chose jugée devient une vérité légale, *res judicata pro veritate habetur*, même quand la sentence a été rendue par erreur, ou par abus de pouvoir, *per errorem aut ambitiosè.* Cette fiction de droit était commandée par l'intérêt public, afin que les procès ne se renouvelassent pas éternellement.

V. Ainsi, la condamnation de payer une somme qu'on ne doit pas, est obligatoire pour le condamné. Ainsi, l'on ne serait pas admis à prouver que le juge est tombé même dans une erreur de calcul, à moins que cette erreur ne se rectifiât d'elle-même d'après le jugement. (*Cour de cass.*, 18 *juillet* 1811.) Ainsi encore celui qui a été condamné, par un jugement passé en force de chose jugée, à payer une certaine somme, demanderait vainement une réduction sur le montant de la condamnation, en offrant de prouver que son obligation manquait de cause pour la portion qu'il veut faire réduire (*même arrêt*); ou même en rapportant des pièces décisives, recouvrées depuis le jugement, et qui établiraient le mal jugé. (*Cour de cass.*, 11 *thermidor an* 11.)

VI. Si néanmoins celui qui a été condamné à payer une somme trouve, après le jugement, une quittance qui constate sa libération, cette quittance peut être opposée en compensation. Loin qu'il y ait là une atteinte à l'autorité de la chose jugée, c'est une véritable exécution anticipée du jugement. Le jugement, en effet, a déclaré que j'avais contracté envers le demandeur une obligation de telle somme : la quittance prouve que j'ai reconnu cette obligation, puisque j'ai payé.

Dans le cas où la partie condamnée aurait exécuté le jugement avant la découverte de la quittance, elle pourrait demander la restitution des sommes payées. (*Cour de cass.*, 24 *frimaire an* 10.)

VII. « Il est deux points bien constants en jurisprudence, dit Toullier, t. 10, n° 73; c'est que l'autorité de la chose jugée ne produit qu'une exception, et que cette exception ne dérive point du droit naturel. De là deux conséquences : la première, que les juges, lorsqu'elle n'est pas opposée par celui qui avait intérêt de la proposer, ne peuvent pas plus suppléer d'office l'exception de la chose jugée, qu'ils ne peuvent suppléer la prescription; la seconde, que les jugements rendus, soit entre un Français et un étranger, soit entre deux Français, ou, enfin, entre deux étrangers, dans une souveraineté étrangère, ne peuvent jamais avoir en France l'autorité de la chose jugée, parce que la puissance publique dont chaque souverain est investi, ne s'étendant point au-delà de son territoire, l'autorité des magistrats qu'il institue est nécessairement renfermée dans les mêmes limites, et par conséquent les actes émanés de ces officiers doivent perdre, sur la frontière, toute leur force civile.»

VIII. D'après ce principe, que l'exception de la chose jugée ne peut être suppléée d'office, il est évident que l'on a le droit de renoncer à la chose jugée, comme on renonce à la prescription. *Vis sententiæ perit renuntiatione.* (Voët, tit. *de Except. rei judic.*, n° 6.) Merlin, Toullier et Rolland de Villargues enseignent la même doctrine.

IX. Mais cette faculté n'a lieu qu'en matière civile. Dans les procès criminels, l'exception de chose jugée étant d'ordre public, il n'est pas au pouvoir de l'accusé d'y renoncer: *Nemo auditur perire volens.*

CHOSE PERDUE. «En fait de meubles, la possession vaut titre. Néanmoins, celui qui a perdu ou auquel il a été volé une chose, peut la revendiquer pendant trois ans, à compter du jour de la perte ou du vol, contre celui dans les mains duquel il la trouve, sauf à celui-ci son recours contre celui duquel il la tient.» (*Code civ., art.* 2279.)

II. «Si le possesseur actuel de la chose volée ou perdue l'a achetée dans une foire ou dans un marché, ou dans une vente publique, ou d'un marchand vendant des choses pareilles, le propriétaire originaire ne peut se la faire rendre qu'en remboursant au possesseur le prix qu'elle lui a coûté.» (*Art.* 2280.)

CHUTE. Voy. *Jet.*

CIMETIÈRE. L'art. 1er du décret du 7 mars 1808 porte: «Nul ne pourra, sans autorisation, élever aucune habitation ni creuser aucun puits, à moins de cent mètres des nouveaux cimetières transférés hors des communes, en vertu des lois et réglements.»

II. L'art. 2 ajoute: «Les bâtiments existants ne pourront également être restaurés ni augmentés sans autorisation. Les puits pourront, après visite contradictoire d'experts, être comblés, en vertu d'ordonnance du préfet du département, sur la demande de la police locale.»

CIRCONSTANCES ATTÉNUANTES. Ce sont les accessoires d'un crime, d'un délit ou d'une contravention, qui en atténuent la gravité. Avant le Code pénal de 1832, les cours d'assises et les tribunaux correctionnels étaient seuls autorisés, par l'art. 463 du Code pénal de 1810, à diminuer la peine encourue par le délinquant, lorsque les circonstances paraissaient atténuantes. Aujourd'hui cette faculté est accordée aux tribunaux de simple police par le § 2 de l'art. 483, dont la disposition, étant générale et absolue, s'applique à toutes les contraventions prévues par le Code, qu'il y ait ou non récidive. (*Cour de cass.*, 2 *mars* 1833.) Voy. *le Juge de Paix*, t. 3, p. 131.

II. Les circonstances atténuantes n'autorisent pas le tribunal à faire grâce de la confiscation. (*Le Juge de Paix*, t. 3, p. 330.)

CIRCONSTANCES ET DÉPENDANCES. On appelle ainsi les accessoires de la chose qui fait la matière d'une convention. Ainsi, quand on vend ou qu'on donne, à titre de louage, une maison avec ses *circonstances et dépendances*, il est entendu que l'acquéreur ou le preneur l'aura avec ses entrées, ses issues, etc. (*Dareau.*)

CIRCULAIRE MINISTÉRIELLE. Lettre adressée par un ministre à plusieurs personnes, pour leur faire part du même événement, de la même instruction, du même avis. Comme ces lettres ne sont que l'expression de l'opinion particulière du ministre, elles ne lient point les tribunaux.

CITATION. La citation est, en justice de paix, ce que *l'ajournement* ou *l'assignation* est devant les autres tribunaux. Ce mot désigne l'acte ou l'exploit par lequel une partie en appelle une autre devant le juge qui doit prononcer sur la contestation qui les divise, ou les concilier, s'il est possible.

Nous diviserons cette matière en deux parties : citation devant la justice de paix, citation devant le tribunal de police. La tentative de conciliation sera l'objet d'un article particulier. (Voy. *Conciliation.*)

§ Ier. *Citation devant la justice de paix.*

I. D'après la loi du 18 octobre 1790, on ne pouvait citer personne devant le juge de paix qu'en vertu d'une cédule de ce magistrat. Cette formalité a été implicitement abrogée par le Code de Procédure civile ; et la cour de cassation a décidé, le 7 juillet 1817, qu'il y a excès de pouvoir dans la mesure réglementaire par laquelle un juge de paix a défendu à son huissier de donner aucune citation sans en avoir reçu l'autorisation préalable.

II. La forme de la citation est indiquée dans l'art. 1er du Code de Procédure : « Toute citation devant le juge de paix, y est-il dit, contiendra la date des jour, mois et an, les noms, profession et domicile du demandeur; les noms, demeure et immatricule de l'huissier; les noms et demeure du défendeur. Elle énoncera sommairement l'objet et les moyens de la demande, et indiquera le juge de paix qui doit connaître de la demande, et le jour et l'heure de la comparution. »

III. Les motifs pour lesquels chacune de ces formalités a été exigée, sont faciles à concevoir.

1°. La date constate si la notification a été faite en temps utile, et si le délai dont nous parlerons plus tard a été observé.

2°. La désignation du demandeur par son nom, ses prénoms, sa profession et son domicile, a pour but de ne laisser au défendeur aucun doute sur la personne qui l'attaque, et de le mettre ainsi en état de vérifier si elle a qualité ou droit pour lui intenter une action, et de lui faire des offres, si le droit et la qualité sont reconnus. Nous avons parlé des prénoms du demandeur, quoique la loi ne les exige pas; mais cette énonciation devient nécessaire lorsque plusieurs personnes du même nom et de la même profession résident dans le même domicile. Quant à la profession, il a été jugé par la cour d'appel de Paris, le 17 août 1810, que la qualité de propriétaire suffit, même lorsque le demandeur exerce un état. Au reste, ce n'est point là une des formalités substantielles de la citation, et l'omission de toute qualité n'entraînerait pas la nullité de l'exploit. (Carré, *Droit français*, t. 4, n° 2642.)

3°. On a voulu également que l'huissier fût désigné par ses noms, demeure et immatricule, pour que l'on puisse vérifier s'il avait le droit d'instrumenter dans le lieu où il a notifié la citation. Il n'est pas nécessaire que l'*immatricule*, la *date* et le *parlant à*.... soient de l'écriture de l'huissier. (*Cour de cass.*, 13 *avril* 1831.) Voy. *le Juge de Paix*, t. 1, p. 154.

4°. Quant au défendeur, il faut bien en donner également la désignation, afin que, s'il ne comparaît pas, il y ait une preuve authentique qu'il a été légalement averti.

5°. L'énonciation sommaire de l'objet et des moyens de la demande fait connaître au défendeur les prétentions de son adversaire, et peut l'engager à y souscrire pour éviter un procès. Dans le cas contraire, l'intimé sait au moins sur quel point il doit préparer sa défense. Quand l'objet de la demande est une somme d'argent, on doit en fixer la quotité. S'il s'agit d'une action réelle, comme d'un déplacement de bornes, d'une usurpation de terres, etc., il faut désigner la situation et la nature de l'héritage, de manière à ce que le défendeur ne puisse s'y tromper. Cependant le défaut de cette désignation ne serait pas une cause de nullité. Seulement, si l'intimé avait pu être induit par là dans une erreur préjudiciable à sa défense, le juge de paix devrait ordonner un réassigné aux frais de l'huissier, auteur de l'irrégularité. (Voy. *le Juge de Paix*, t. 2, p. 6.)

6°. La désignation du juge de paix est indispensable pour que le défendeur puisse se présenter devant lui. Cette désignation est suffisamment faite par la qualité du magistrat et l'indication du canton où il exerce ses fonctions, sans y ajouter son nom personnel.

7°. Enfin, comme les juges de paix n'ont pas des audiences réglées, puisqu'ils peuvent juger tous les jours, le matin et l'après-midi, on a dû exiger que la citation indiquât le jour et l'heure de la comparution, afin de ne pas exposer le défendeur à d'inutiles déplacements. Aussi pensons-nous, avec M. Carré, que ces expressions vagues, *délais de la loi*, dont on se contente dans les ajournements devant les tribunaux, seraient insuffisantes devant la justice de paix.

IV. L'article que nous venons de rapporter ne prescrit pas, comme l'art. 61, relatif aux ajournements, *la mention de la personne à laquelle copie de l'exploit a été laissée.* Faut-il en conclure que cette mention n'est pas nécessaire dans la citation?

Non, car si le défendeur ne comparaît pas, c'est le seul moyen de constater qu'il a été légalement averti, et d'autoriser, en conséquence, le juge à prononcer défaut. (Levasseur, *Manuel*, n° 76.)

V. Le Code de Procédure ne prononce la peine de nullité pour l'omission d'aucune des formalités prescrites en l'art. 1er; mais M. Biret prétend que les citations, étant de véritables ajournements par leur nature et par leur forme, sont sujettes aux nullités prononcées par les art. 61, 64 et 66.

Telle n'est pas l'opinion de Carré, ni celle de M. Favard de Langlade, ni la nôtre. En effet, comme l'observait M. Merlin dans son réquisitoire du 13 septembre 1809, le Code de Procédure sépare entièrement la manière de procéder devant les justices de paix, de la manière de procéder devant les tribunaux d'arrondissement. On ne peut donc, par analogie, appliquer à l'une les prescriptions de l'autre. En second lieu, d'après l'art. 1030, aucun exploit ou acte de procédure ne peut être déclaré nul, si la nullité n'est pas expressément prononcée par la loi ; et l'on a remarqué que l'art. 1er ne contient aucune sanction de ce genre.

VI. Cependant il est des formalités qui tiennent à l'essence même de la citation, et dont l'inobservation doit par conséquent entraîner la nullité de cet acte. Voici la règle que donne à ce sujet M. Favard de Langlade, *Répert.*, v° *Nullité*, § 1, n° 4 : « L'omission de toute formalité qui est un élément nécessaire au pouvoir confié par la loi, ou *qui est indispensable pour qu'un acte remplisse le but de son institution*, emporte nullité, encore bien que cette peine ne soit pas expressément prononcée par la loi. » Ainsi, l'indication du demandeur, du défendeur, de l'huissier, du juge et de l'objet de la demande, étant indispensable pour que la citation remplisse son but, l'omission d'une seule de ces indications frapperait l'acte de nullité. Mais nous ne considérons point comme substantielle l'indication d'un délai trop bref. Si l'intimé n'a pas eu le temps de préparer sa défense, il réclamera un délai que le juge ne saurait lui refuser.

VII. M. Carré, à qui nous empruntons la solution précédente, place sur la même ligne l'indication d'un délai trop bref, et l'omission de tout délai. Il nous semble qu'une énorme différence existe entre ces deux irrégularités. L'indication d'un délai, quel qu'il soit, avertit l'intimé que son adversaire doit se trouver un tel jour et à telle heure devant le juge chargé de statuer sur la contestation qui vient de s'élever entre eux. Il est donc obligé de s'y présenter, soit pour se défendre au fond, soit pour critiquer la forme de l'exploit. Or, une fois devant la justice, il est plus simple et plus économique d'ordonner le renvoi de la cause à jour fixe, que d'exiger une seconde citation.

Mais quand aucun délai n'a été déterminé, quel jour le défendeur devra-t-il comparaître? Sera-t-il forcé, s'il ne réside pas dans le chef-lieu du canton, d'aller s'informer au greffe de la justice de paix, des jours et des heures fixés pour les audiences? L'indication d'un délai nous paraît tout aussi substantielle que celle du juge, et M. Carré lui-même fournit un argument à l'appui de cette opinion, lorsqu'il dit, n° 2648, « qu'on ne peut se contenter de ces expressions vagues, *délais de la loi* » ; et, ailleurs, que la *mention de l'heure* est nécessaire pour qu'on puisse régulièrement prononcer un défaut. (*Lois de la Procéd. civ.*, *quest.* 3, *sur l'art.* 1.)

VIII. Au reste, dans le cas où le délai n'a point été observé, si le défendeur ne comparaît pas, on ne peut prononcer défaut contre lui ; mais le juge ordonne qu'il sera réassigné, et les frais de la première citation sont à la charge du demandeur. (*Cod. de Proc., art.* 5.) A plus forte raison, le défaut ne pourrait-il être adjugé contre celui qui aurait été assigné sans indication du jour.

IX. L'obligation imposée aux huissiers par l'art. 67 du Code de Procédure, de mettre à la fin de l'original et de la copie d'un exploit d'ajournement le coût d'icelui, à peine de 5 fr. d'amende, ne se trouvant dans aucun des articles relatifs aux citations, on a élevé la question de savoir si cette formalité était nécessaire pour ces derniers actes.

M. Pigeau soutient la négative dans son commentaire posthume sur le Code de Procédure, et il se fonde 1° sur ce que l'art. 67, se trouvant au tit. 2, qui traite des tribunaux inférieurs, on doit en conclure qu'il n'entend parler que des huissiers de ces tribunaux et non des huissiers de paix ; 2° sur ce que les dispositions pénales ne s'étendent point d'un cas à un autre.

Mais d'abord, ainsi que l'observe M. Carré, *Droit français*, t. 4, n° 2651, il y a parité de raisons entre l'huissier des tribunaux ordinaires et celui de la justice de paix, car la disposition de l'art. 67, ayant pour objet d'empêcher que l'huissier ne puisse jamais exiger plus qu'il ne lui est dû, et de fournir un moyen de vérifier s'il a commis cette faute, doit naturellement s'appliquer à tous les officiers ministériels, sans distinction des tribunaux près lesquels ils exercent.

En second lieu, le décret impérial du 14 juin 1813 porte, art. 48 : « Pour faciliter la taxe des frais, les huissiers, *outre la mention qu'ils doivent faire au bas de l'original et de la copie de chaque acte, du montant de leurs droits*, seront tenus d'indiquer, en marge de l'original, le nombre des rôles des copies de pièces, et d'y marquer de même le détail de tous les articles de frais formant le coût de l'acte. » Or, cet article se trouve dans le chap. 2, sous la rubrique *devoir des huissiers*, et l'art. 46 prouve que le législateur a compris dans les dispositions de ce chapitre les huissiers de tous les tribunaux.

X. L'art. 34 de la loi du 22 frimaire an 7 déclare nul tout exploit qui n'a pas été enregistré dans les quatre jours de sa date, et rend le contrevenant responsable de cette nullité envers la partie. (Voy. *le Juge de Paix*, t. 1, p. 320.)

XI. « En matière purement personnelle ou mobilière (voy. *Action personnelle*), la citation sera donnée devant le juge du domicile du défendeur ; s'il n'a pas de domicile, devant le juge de sa résidence. » (*Cod. de Procéd., art.* 2.)

XII. Le domicile est le lieu où on a son principal établissement (*Cod. civ., art.* 102) ; mais ce lieu peut être ignoré du demandeur, et, dans le doute sur le domicile, il y a moins d'inconvénient à assigner devant le juge de la résidence, parce que la loi permet de le faire, lorsqu'il n'y a pas de domicile. Or, c'est comme s'il n'y en avait pas, du moins à l'égard du demandeur, lorsque le domicile du défendeur lui est inconnu. (Demiau-Crouzilhac, p. 15; Carré, *Lois de la Procéd.*, *art.* 2, *quest.* 6.) Il convient, en ce cas, que le demandeur déclare dans la citation, qu'il assigne devant le juge de la résidence, parce qu'il ignore le domicile de la partie adverse. (Carré, *ibid.*)

XIII. « Lorsqu'un acte contient, de la part des parties ou de l'une d'elles, élection de domicile, pour l'exécution de ce même acte, dans un autre lieu que celui du domicile réel, les significations, demandes et poursuites relatives à cet acte peuvent être faites au domicile convenu, et devant le juge de ce domicile. » (*Cod. civ.*, *art.* 111.) Cette disposition concerne les justices de paix comme les autres tribunaux. (*Guichard*, *Carré*, *Favard de Langlade.*)

XIV. « La citation sera donnée devant le juge de la situation de l'objet litigieux, lorsqu'il s'agira

» 1° Des actions pour dommages aux champs, fruits et récoltes;

» 2° Des déplacements de bornes, des usurpations de terres, arbres, haies, fossés et autres clôtures, commis dans l'année; des entreprises sur les cours d'eau, commises pareillement dans l'année, et de toutes autres actions possessoires;

» 3° Des réparations locatives;

» 4° Des indemnités prétendues par le fermier ou locataire, pour non-jouissance, lorsque le droit ne sera pas contesté, et des dégradations alléguées par le propriétaire. » (Art. 3.) Voy. *Bail.*

XV. « Lorsqu'une action embrasse tout à la fois des chefs de la compétence du juge de paix et des chefs réservés aux tribunaux ordinaires, il faut la porter devant ceux-ci, qui prononceront sur le tout. » (*Cour d'appel de Paris*, 8 *août* 1807.)

XVI. « La citation sera notifiée par l'huissier de la justice de paix du domicile du défendeur; en cas d'empêchement, par celui qui sera commis par le juge. » (*Art.* 4.)

Y aurait-il nullité si la citation était notifiée par un autre huissier?

Plusieurs jurisconsultes recommandables, Merlin, Carré, Delaporte, Thomines Desmazures et Levasseur professent l'affirmative; mais la cour de cassation a consacré la doctrine contraire dans deux arrêts du 6 juillet 1814 et du 23 mai 1817. « Attendu, en fait, porte ce dernier, que, dans l'espèce, la citation pour comparaître au tribunal de police de Dun a été notifiée à Bazennerie, à la requête du maire, faisant fonctions du ministère public, par un huissier du tribunal de première instance de Guéret, dans l'arrondissement duquel ladite ville de Dun est située;

» Attendu, en droit, que, suivant l'art. 145 du Code d'Instruction criminelle, les citations pour contraventions de police sont notifiées par un huissier; que si l'art. 141 du même Code dit que les huissiers de la justice de paix feront le service pour les affaires de police, il ne déclare pas nulles les citations faites par d'autres huissiers, et particulièrement par les huissiers des tribunaux de première instance dans l'arrondissement desquels les justices de paix sont situées; que si l'on pouvait supposer une omission dans l'art. 145, il n'appartiendrait pas aux tribunaux de la suppléer; mais que l'article qui suit immédiatement cet art. 145, prononçant la peine de nullité dans le cas où la citation est donnée à un délai moindre de vingt-quatre heures, il est évident que le silence de l'art. 145 sur la peine de nullité n'est pas une omission du législateur, mais le résultat de la volonté d'appliquer cette peine à un cas et de ne l'appliquer pas à l'autre; et qu'il n'a pas voulu qu'une citation, en matière de simple police, fût nulle par le motif unique qu'au lieu d'être notifiée par l'huissier du tribunal de paix, elle l'était par l'huissier du tribunal supérieur; que le Code d'Instruction criminelle contient, dans le livre 2, un titre des *tribunaux de police*, et que le chapitre 1er de ce titre est consacré tout entier aux tribunaux de *simple police;* que c'est dans ce chapitre du Code d'Instruction criminelle, et non dans le titre de la justice de paix du Code de Procédure civile, qu'il faut chercher les règles à suivre dans l'instruction et la procédure en matière de police simple; qu'au surplus, l'art. 4 du Code de Procédure civile, portant que « la citation sera notifiée par l'huissier de la justice de paix du domicile du défendeur, et en cas d'empêchement par celui qui sera commis par le juge », ne dit pas qu'il y a nullité si la notification est faite par un autre huissier que ce juge n'a pas commis; cependant aux termes de l'art. 1030 du même Code, « aucun exploit ou acte de procédure ne pourra être déclaré nul, si la nullité n'est pas formellement prononcée par la loi » ; que quand une citation en justice de paix n'est pas donnée par l'huissier du juge de paix ou un autre huissier commis par ce juge, cette citation ne peut donc pas être annulée, et que l'huissier par qui elle a été notifiée peut seulement être condamné à une amende de 5 fr. à 100 fr., par application du deuxième § du même art. 1030; qu'il est donc vrai que ni les dispositions du Code d'Instruction criminelle, ni même celles du Code de Procédure civile, en les supposant applicables aux matières de police simple, ne permettaient au tribunal de police de Dun d'annuler la citation donnée à Bazennerie par l'huissier Royaux, immatriculé au tribunal de première instance de Guéret; que, par cette annulation, ce tribunal a violé l'art. 145 du Code d'Instruction criminelle, et fait une fausse application des art. 141 du même Code et 4 du Code de Procédure civile; qu'en prononçant cette nullité, qui n'est pas dans la loi, il a empiété sur la puissance législative, et qu'il est manifestement sorti des bornes de sa compétence, etc. »

M. Favard de Langlade, v° *Citation*, § 1er, n° 4, dit que la jurisprudence est fixée par cet arrêt, et que l'on doit regarder comme certain qu'une citation n'est pas nulle par cela seul qu'elle a été notifiée par un autre huissier que celui de la justice de paix.

XVII. Le juge de paix devant lequel une instance doit être portée, quoique le défendeur soit domicilié hors de son canton, a-t-il le droit de charger un de ses huissiers de la citation, ou d'en commettre un dans le canton du défendeur?

La négative est établie dans *le Juge de Paix*, t. 3, p. 98.

XVIII. M. Carré pense que la commission de l'huissier doit être donnée par écrit dans tous les cas; mais nous croyons, avec M. Demiau, que si la citation est pour comparaître devant le même juge qui donne la commission, il suffit qu'elle soit verbale, parce qu'il lui est facile de se rappeler qu'il l'a donnée. La constatation par écrit ne nous paraît indispensable que lorsqu'on doit comparaître devant une autre juridiction. Alors, en effet, il faut que le juge soit assuré, par l'acte même, que l'huissier qui a fait la notification y a été autorisé. Autrement on pourrait se jouer impunément de la prohibition de la loi.

XIX. « Copie de la citation sera laissée à la partie. S'il ne se trouve personne en son domicile, la copie sera laissée au maire ou adjoint de la commune, qui visera l'original sans frais. » (*Art.* 4.)

L'exploit pourrait être remis également à la partie, hors de son domicile. (*Lepage*, *Levasseur*.)

L'huissier qui ne trouve personne au domicile de l'intimé, n'est pas obligé, comme dans le cas de l'art. 68, de présenter la copie à un voisin avant de la remettre au maire.

Si le maire et l'adjoint étaient absents, on pourrait la laisser au plus ancien membre du conseil municipal. (*Argum. d'une décision ministérielle du* 6 *juillet* 1810.)

Dans le cas enfin où le maire et l'adjoint refuseraient de-

recevoir la copie et de viser l'original, M. Carré, se fondant sur l'art. 1039, dit que l'huissier devrait la remettre au procureur du roi, en constatant le refus du visa de la part du maire et de l'adjoint.

XX. Lorsque la demande est dirigée contre plusieurs parties, chacune d'elles doit recevoir une copie de la citation. On remarquera que la copie étant, pour le signifié, ce qu'est l'original pour le signifiant, les nullités qui existeraient dans l'une ne seraient pas couvertes par la régularité de l'autre. (*Cour de cass.*, 18 *décembre* 1816; *cour royale de Paris*, 18 *novembre* 1820.)

XXI. « L'huissier de la justice de paix ne pourra instrumenter pour ses parents en ligne directe, ni pour ses frères, sœurs, et alliés au même degré. » (*Art.* 4.) Voy. *Huissier.*

XXII. « Il y aura un jour au moins entre celui de la citation et le jour indiqué pour la comparution, si la partie citée est domiciliée dans la distance de trois myriamètres.

» Si elle est domiciliée au-delà de cette distance, il sera ajouté un jour par trois myriamètres. » (*Art.* 5.)

Ce délai d'un jour doit être franc, c'est-à-dire qu'une citation donnée le 1er du mois, ne peut contenir sommation de comparaître avant le 3.

XXIII. Comme la brièveté de délai fixée par l'art. 5 est toute dans l'intérêt du demandeur, il peut y renoncer, et citer pour une époque plus éloignée. C'est ce qui résulte du texte même de la loi : il y aura un jour *au moins*. Donc il peut y avoir plus.

XXIV. Lorsque la copie a été remise au défendeur, en parlant à sa personne, dans le lieu même où siége le juge de paix, faut-il augmenter le délai ordinaire en raison de l'éloignement de son domicile ?

Oui, parce que le défendeur peut être obligé de retourner à sa demeure avant sa comparution, ou se trouver dans la nécessité de demander des pièces ou des renseignements qui lui seraient nécessaires. (*Bibliothèque du Barreau*, 1810, 1re part., p. 215; *Levasseur*, n° 83; Carré, *Lois de la Proc. civ.*, *art.* 5, *quest.* 19.)

XXV. La distance dont il s'agit en l'art. 5 est toujours celle qui se trouve entre le domicile du défendeur et le lieu indiqué pour la comparution. Si donc la citation est donnée pour comparaître sur les lieux contentieux, il faut calculer la distance qui existe entre ces lieux et le domicile de l'intimé. (*Levasseur*, n° 82.)

XXVI. Comment se règle l'augmentation de délai, par rapport à la distance ?

Sur cette question, qui a divisé nos auteurs les plus distingués, nous adoptons entièrement l'opinion de M. Favard de Langlade, qui nous paraît la plus rationnelle et la plus clairement exprimée.

«L'art. 5, dit-il, embrasse deux cas : le premier, lorsque le défendeur est domicilié *dans la distance* de trois myriamètres; le second, quand il l'est *au-delà* de cette distance.

»Au premier cas, la loi déclare qu'il n'y a pas lieu à augmenter le délai. Que le défendeur soit domicilié à un, deux ou trois myriamètres, le délai ne doit pas être augmenté, parce que le domicile est *dans la distance* de trois myriamètres : la loi le dit formellement.

»Au second cas, il y a lieu à augmentation, parce que le défendeur demeure *au-delà* de trois myriamètres; mais, comme elle ne doit être faite qu'autant que la distance est *de plus* de trois myriamètres, si elle l'est de quatre ou de cinq, l'augmentation ne sera que d'un jour. Elle sera de deux jours, s'il y a sept ou huit myriamètres, et ainsi de suite, parce qu'il n'y a lieu à augmenter le délai qu'autant que la distance excède trois myriamètres; d'où il résulte que la fraction de cette distance ne doit pas être prise en considération.» (*Répert.*, vº *Citation*, § 1, nº 6.)

Lepage, Pigeau et Carré sont d'un sentiment contraire; mais leurs motifs sont faciles à combattre. « L'intention de la loi, disent-ils, est évidemment de donner à la partie à laquelle un acte est signifié, tout le temps nécessaire pour parcourir la distance qui la sépare du lieu où elle doit comparaître. Or, dès que la loi a prononcé qu'il fallait à cette partie un jour pour parcourir trois myriamètres, elle présume, d'un autre côté, que celle-ci ne peut faire dans un jour plus de trois myriamètres, et par conséquent elle a entendu accorder cette augmentation de délai, même pour le cas où la distance n'est pas complète. C'est en ce sens que M. Pigeau, t. 2, p. 55, a fait l'application de l'art. 1033, en accordant cinq jours pour quatorze myriamètres, comme s'il y en avait quinze. » (Carré, *Lois de la Proc. civ.*, *art.* 5, *quest.* 21.)

Sans doute, la loi a voulu que la partie citée eût le temps nécessaire pour parcourir la distance qui la sépare du lieu où elle doit comparaître. Mais elle a jugé que le délai ordinaire était suffisant, lorsque la distance n'excédait pas trois myriamètres. Cette distance ne doit pas être comptée pour l'augmentation de délai, c'est-à-dire que le délai doit être augmenté seulement pour ce qui excède trois myriamètres. Ainsi, dans l'hypothèse choisie par Pigeau, nous accorderions quatre jours en sus du délai légal, d'après le calcul suivant :

Pour les trois premiers myriamètres.	0	
De trois à six.	1	jour
De six à neuf.	1	
De neuf à douze.	1	
De douze à quatorze, ou même à treize. . . .	1	
TOTAL. . . .	4	jours.

Cette computation, semblable à celle de M. Favard de Langlade, nous paraît plus dans l'esprit de la loi que celle de M. Pigeau.

XXVII. « Dans les cas urgents, le juge donnera une cédule pour abréger les délais, et pourra permettre de citer, même dans le jour et à l'heure indiquée. » (*Art.* 6.)

Cette cédule ne doit être accordée que lorsque l'urgence est bien reconnue, et qu'il y aurait péril dans le retardement, comme disait l'art. 8, tit. 1er, de la loi du 26 octobre 1790. (Voy. *Cédule.*)

Modèle de citation à la partie.

L'an mil huit cent , à la requête de (*nom, prénoms, profession et domicile du demandeur*), je soussigné (*immatricule de l'huissier*) ai cité le sieur (*nom et demeure du défendeur*) à comparaître devant M. le juge de paix du canton de , au lieu ordinaire de ses séances, le , à heures du matin (*ou* de relevée), pour, attendu que (*exposer les motifs de la demande*), s'entendre condamner à (*but de la citation ou conclusions*), sans préjudice des dépens auxquels ledit sieur sera également condamné; et pour qu'il n'en prétende cause d'ignorance, je lui ai laissé copie du présent (*ou* la présente copie) en son domicile, parlant à . Le coût est de

Nous donnerons ailleurs les modèles de citation aux *témoins*, aux *experts*, aux membres d'un *conseil de famille.* (Voy. *ces différents articles.*)

§ II. *Citation devant le tribunal de police.*

I. En nous occupant de la procédure que l'on doit suivre sur une action civile intentée devant un tribunal de répression, t. 1, p. 64, nous avons tracé les principales règles de la citation donnée à la requête de la partie lésée. Ces règles sont les mêmes quand la poursuite a lieu au nom du ministère public. Nous nous bornerons à dire, en général, qu'il suffit, pour la validité d'une citation, qu'elle fasse connaître aux contrevenants l'objet de la poursuite, les noms, qualité et demeure du poursuivant, le tribunal devant lequel ils doivent comparaître, les jour et heure de l'audience, et que copie leur en soit laissée. Si l'action est dirigée à la fois contre l'inculpé et les personnes civilement responsables, chacun d'eux doit avoir une copie.

La cour de cassation a jugé, le 23 avril 1831, qu'il n'est pas nécessaire de notifier au prévenu copie du procès-verbal qui a été dressé contre lui : il suffit que la citation énonce le fait sur lequel il est appelé à fournir sa justification. (*Le Juge de Paix*, t. 1, p. 179.)

Mais cette jurisprudence n'est point applicable en matière de délit forestier. D'après l'art. 172 du Code du 21 mai 1827, « l'acte de citation doit, *à peine de nullité*, contenir la copie du procès-verbal et de l'acte d'affirmation. » L'art. 189 étend cette disposition aux poursuites exercées au nom et dans l'intérêt des particuliers, pour délits et contraventions commis dans les bois et forêts qui leur appartiennent.

II. La citation donnée à la requête de la partie civile saisit également le tribunal de l'action publique, et la peine légale doit être appliquée au délinquant, même quand le ministère public prendrait des conclusions contraires. Mais la citation donnée à la requête du ministère public ne produit pas le même effet relativement à l'action civile; il faut l'intervention directe de la partie lésée, pour que le tribunal puisse prononcer des condamnations à son profit. (*Cour de cass.*, 16 *novembre* 1821.)

III. Le ministère des huissiers n'est pas nécessaire pour les citations aux parties devant le tribunal de police présidé par le maire ; elles peuvent être faites par un avertissement de ce magistrat, qui annonce au défendeur le fait dont il est inculpé, le jour et l'heure où il doit se présenter (*Code d'Inst. crim.*, *art.* 169). Il en est de même pour les citations aux témoins; il suffit qu'ils soient avertis du moment où leur déposition sera reçue (*art.* 170).

IV. M. Boucher d'Argis (*Code de simple Police*) pense que, malgré cette disposition, il ne doit être prononcé de défaut que sur une citation régulière, donnée par un huissier. Il se fonde sur cette expression facultative : *les citations* peuvent *être faites par un avertissement du maire*, et sur l'impossibilité de constater, d'une manière légale, la remise de cet avertissement.

Nous partageons l'opinion de cet estimable jurisconsulte sur l'inefficacité d'un avertissement donné par le juge de paix, et nous avons exposé nos motifs dans notre recueil périodique, t. 3, p. 314. Mais il n'en est pas de même de l'avertissement donné par le maire, comme président du tribunal de police. En effet, la faculté laissée au maire de citer par un simple avertissement ne donne pas au prévenu celle de ne point comparaître. Le maire *peut* faire la citation par un simple avertissement, l'inculpé *doit* se présenter au moment fixé. La différence qui existe entre la rédaction de l'article 169 et celle de l'art. 147 indique clairement une intention différente chez le législateur.

M. Legraverend est d'accord avec nous sur ce point. « Nous remarquerons à cet égard, dit-il, que si le Code autorise la comparution volontaire des parties devant le tribunal de police, il ne l'exige pas et ne pouvait l'exiger; et que dès lors la citation devant le juge de paix, *ou la formalité qui en tient lieu devant le maire*, est nécessaire pour qu'on puisse rendre un jugement par défaut. »

V. On peut encore se passer du ministère des huissiers pour les citations données à la requête de l'administration forestière. Les gardes de cette administration ont le droit de les signifier dans leurs arrondissements respectifs. (*Code forestier, art.* 173.)

VI. Il en est de même en matière de contributions indirectes; les citations peuvent être notifiées par les commis de la régie. (*Art.* 28 *du décret du* 1er *germinal an* 13.)

CITERNE. Lieu souterrain et voûté, dont le fond pavé, glaisé ou couvert de sable, est destiné à recevoir ou à conserver les eaux de pluie.

I. On doit appliquer aux citernes la disposition de l'article 674 du Code civil, relative aux puits, cheminées, etc. D'après la coutume de Paris, et celles de Calais et d'Orléans, « nul ne peut faire fosses à eau, s'il n'y a six pieds de distance en tous sens des murs appartenant aux voisins ou mitoyens. » Mais selon Desgodets, dont l'avis est fondé sur l'usage de plusieurs provinces, il suffit, pour appuyer une citerne contre un mur mitoyen, de faire, au devant, un contremur d'un demi-pied d'épaisseur. C'est, d'ailleurs, la règle prescrite par l'art. 191 de la coutume de Paris, pour la construction des puits.

CLANDESTINITÉ. C'est le vice de la possession de celui qui est entré dans le bien d'autrui, furtivement, à l'insu du propriétaire qui aurait pu s'opposer à cette possession. Le caractère de la clandestinité consiste principalement dans l'affectation de se cacher. (*Pothier.*)

I. La possession est toujours vicieuse, lorsqu'elle est clandestine. Aussi le Code civil, art. 2229, exige-t-il, pour pouvoir prescrire, que la possession soit publique. Duparc-Poullain met au nombre des possessions clandestines l'anticipation faite par celui qui laboure sa portion d'une pièce de terre, lorsqu'il n'y a ni séparation ni bornes placées entre sa portion et celle de son voisin. De pareilles anticipations sont, en effet, très-difficiles à découvrir, à moins qu'elles ne soient considérables.

II. On trouve dans Denisart, au mot *Prescription*, n° 25, un exemple de possession clandestine qui peut jeter quelque clarté sur cette matière.

« Le propriétaire d'un terrain sous lequel il y avait une carrière, le fit fouiller en dessous par le moyen de puits, depuis 1713 jusqu'en 1721, et anticipa considérablement sous le terrain de son voisin, qui ne s'en aperçut qu'en 1754, lorsqu'il voulut faire fouiller son héritage. Il forma sa demande en dommages-intérêts, à laquelle on opposa la prescription. Il répondit que le travail ayant été caché, les puits ayant été ensuite comblés, et l'anticipation n'ayant pu être découverte que lorsqu'il avait voulu faire travailler dans son terrain, la maxime *contra non valentem agere non currit præscriptio*, devait être appliquée, et que la prescription n'avait pu commencer à courir que du jour où il avait connu l'anticipation. C'est ce qui fut jugé par un arrêt du 16 juin 1755. »

III. Évidemment, de la part de l'usurpateur, l'action possessoire ne serait pas recevable. Il en serait de même dans le cas d'entreprises sur des cours d'eau, opérées par le moyen de canaux souterrains, ou dans le cas prévu par Pothier, où quelqu'un, pour agrandir ses caves, en aurait creusé une sous le terrain de la maison voisine, et l'aurait unie aux siennes.

IV. Mais il n'est pas nécessaire que la possession du demandeur en complainte ait été publique pendant toute l'année; il faut remonter à l'origine de la possession pour juger s'il y a *clandestinité* (*Dunod*). Si donc on a d'abord possédé publiquement, on ne laisserait pas de prescrire, quoique la possession eût été secrète plus tard, et par conséquent l'action possessoire serait recevable.

V. Quand, au contraire, la possession a commencé clandestinement, le vice de son origine peut être couvert par une publicité postérieure, mais alors la prescription ne commence à courir que du jour où la possession est devenue publique. (Voy. *Action possessoire,* § 2, n°s 8 et 9.)

CLERGÉ. Voy. *Évêque* et *Biens des cures*.

CLOAQUE. Lieu où l'on dépose des eaux sales ou des ordures. On ne peut en établir contre le mur d'un voisin, mitoyen ou non, sans observer la distance ou sans faire les ouvrages prescrits par les réglements et usages particuliers. (*Argum. de l'art.* 674 *du Code civil.*)

CLOCHES. La loi du 24 août 1790 confiant à l'autorité municipale le soin de prévenir, par les précautions convenables, les incendies et autres accidents, un arrêté qui défendrait de sonner les cloches pendant les temps d'orage serait légal et par conséquent obligatoire.

CLOTURE. On appelle ainsi tout ce qui enferme une propriété, comme murailles, fossés, haies, etc. Ce mot est employé aussi pour désigner le droit de se clore. (Voy. *Fossé*, *Haie* et *Mur.*)

I. Le droit de propriété entraînant nécessairement le droit d'exclusion, c'est-à-dire, le droit d'interdire aux autres l'usage et même l'accès des terres qui nous appartiennent, tout propriétaire peut clore son héritage (*Code civil, art.* 647). Il n'y a d'exception que dans un seul cas : c'est lorsque des fonds appartenant à un tiers sont enclavés dans notre propriété. Alors ce voisin peut réclamer un passage sur notre terrain pour l'exploitation de ses fonds, à la charge d'une indemnité proportionnée au dommage qu'il nous occasione (*art.* 682). On ne peut pas se clore non plus, même hors le cas d'enclave, lorsqu'un voisin a acquis par titre un droit de passage sur notre propriété, ou lorsque le fonds est assujetti, également par titre, à une servitude de pacage ou à toute autre servitude de pâturage conventionnel (Pardessus, *Traité des Servitudes*, n° 134).

II. La clôture doit être faite sur le terrain du propriétaire et à ses frais. Si elle servait néanmoins à un particulier voisin pour défendre son héritage, il semblerait juste qu'il pût être contraint à y contribuer. On ne peut cependant le décider, partout où la loi locale ou l'usage ne l'a pas établi, parce qu'en général les voisins n'ont pas, hors des villes et des faubourgs, le droit de se contraindre réciproquement à une clôture commune. Mais il est hors de doute que si ce voisin en prenait droit pour soutenir que son héritage est clos, il pourrait être forcé à rembourser à l'autre une portion des frais que la clôture aurait occasionés. (*Pardessus*, n° 133.)

III. Le mode de clôture varie suivant l'usage des lieux et la volonté du propriétaire. Mais, en général, on considère comme clôture tout ce qui intercepte la communication ou la rend difficile, et même tout ce qui annonce aux yeux la volonté du propriétaire qu'on ne s'introduise pas sur son terrain (*Cappeau*, t. 1, p. 520). Voy. *le Juge de Paix*, t. 1, p. 285.

IV. On verra, aux articles *Fossé* et *Haie*, quelle distance doit être laissée entre la haie ou le fossé qui sert de clôture, et l'héritage voisin.

V. La loi du 6 octobre 1791, tit. 1, sect. 4, art. 7, porte que la clôture affranchit du droit de vaine pâture réciproque et non réciproque entre particuliers, si ce droit n'est pas fondé sur un titre. L'art. 5 de la même section déclare que le droit de parcours et le droit simple de vaine pâture ne peuvent, en aucun cas, empêcher les propriétaires de clore leurs héritages, et que tout le temps qu'un héritage sera clos de la manière déterminée par l'article suivant, il ne pourra être assujetti ni à l'un ni à l'autre droit ci-dessus.

VI. Si celui qui a des servitudes légalement établies sur un fonds voisin, comme un droit de passage, etc., était troublé dans l'exercice de ces droits par la construction d'une clôture, il pourrait intenter l'action possessoire, soit pour faire supprimer la clôture, soit pour la faire établir de manière à ce qu'elle ne nuisît point à sa jouissance.

VII. Le propriétaire qui veut se clore perd son droit au parcours et vaine pâture, en proportion du terrain qu'il y soustrait. (*Code civil, art.* 648.)

VIII. D'après la loi du 24 août 1790, les usurpations d'arbres, haies, fossés et autres clôtures, sont de la compétence des juges de paix, à quelque valeur que la demande puisse monter. Si mon voisin usurpe le terrain sur lequel ma haie est établie, je puis intenter contre lui une complainte possessoire; j'ai la même faculté, s'il se permet de l'ébrancher et de s'en approprier les élagages. Je suis également autorisé à porter ma réclamation devant le juge de paix, si ce voisin coupe ma haie et l'enlève, puisqu'il est vrai de dire qu'il l'usurpe. Même décision à l'égard des fossés. Soit que l'on s'empare d'un fossé que j'ai fait creuser, soit qu'on le comble, on me trouble dans la jouissance, et pour m'y faire maintenir, j'ai une action possessoire dont la loi donne la connaissance au juge de paix. (Henrion de Pansey, *Compétence, chap.* 25, § 3.)

IX. Quand l'usurpation porte seulement sur des objets qui composent une clôture, comme si l'on a soustrait des planches ou si on a enlevé les pierres d'un mur, il n'y a plus lieu à l'action possessoire, mais à une action personnelle contre l'auteur de la soustraction, action qui peut être portée ou devant les tribunaux de répression, ou devant le tribunal de paix si elle n'excède pas 100 fr., car ce n'est point là, comme l'enseigne M. Longchampt, une action pour dommages aux champs, fruits et récoltes.

X. La destruction des clôtures, de quelques matériaux

qu'elles soient faites, est de la compétence des tribunaux correctionnels (*Code pénal, art.* 456). Mais il est une contravention à peu près analogue, qui n'entraîne que des peines de simple police : c'est celle qui est prévue par l'art. 41, tit. 2, de la loi du 6 octobre 1791. « Tout voyageur qui déclorra un champ pour se faire un passage dans sa route, paiera le dommage fait au propriétaire, et de plus une amende de la valeur de trois journées de travail, à moins que le juge de paix du canton ne décide que le chemin public était impraticable, et alors les dommages et les frais de clôture seront à la charge de la communauté. »

XI. Enfin, les art. 475, n° 8, et 476 du Code pénal punissent d'une amende de 6 à 10 fr., et même d'un emprisonnement facultatif de trois jours au plus, ceux qui ont jeté des pierres ou d'autres corps durs, ou des immondices contre les maisons, édifices et clôtures d'autrui. (Voy. *le Juge de Paix*, t. 1, p. 90.)

COALITION. C'est la réunion de plusieurs personnes qui s'entendent pour arriver au même but.

I. Les propriétaires ou les fermiers d'un même canton ne peuvent se coaliser pour faire baisser ou fixer à vil prix la journée des ouvriers ou les gages des domestiques, sous peine d'une amende du quart de la contribution mobilière des délinquants, et même de la détention de police municipale, s'il y a lieu. (*Loi du 6 octobre* 1791, *tit.* 2, *art.* 19.)

D'après cet article, la compétence du tribunal chargé de poursuivre les membres de la coalition, dépend de la contribution mobilière des délinquants. Lorsque la plus forte de ces contributions n'excède pas 60 fr., le tribunal de simple police a juridiction ; au-dessus, l'affaire doit être portée au tribunal correctionnel.

II. L'art. 20 prononce également une peine contre les moissonneurs, domestiques et ouvriers de la campagne qui se ligueraient entre eux pour faire hausser et déterminer le prix des gages ou des salaires. Cette peine est une amende qui ne peut excéder la valeur de douze journées de travail, et en outre une détention de police municipale.

L'inconvénient de ces amendes, dont le taux varie suivant les localités, c'est de soumettre le même délit à des tribunaux différents, selon qu'il a été commis dans tel ou tel canton. Ainsi la coalition ou la ligue prévue par l'art. 20 du Code rural sera de la compétence des tribunaux correctionnels dans les pays où la journée de travail est évaluée à plus de 1 fr. 25 c., tandis que dans les autres elle sera jugée par les tribunaux de simple police, qui ne peuvent, en aucun cas, condamner à une amende moindre que trois journées de travail (*Loi du 27 thermidor an 4, art. 2*). Voy. *Délits ruraux*, sect. 1re, art. 1er, n° 10.

III. Il ne faut pas confondre les coalitions dont nous venons de parler avec celles qui sont prévues et réprimées par les art. 414, 415 et 416 du Code pénal, dont les dispositions se trouvent sous la rubrique : *Violation des réglements relatifs aux manufactures, au commerce et aux arts.* Le Code pénal n'ayant eu que *l'industrie* en vue dans cette prescription, les articles 19 et 20 du Code rural n'ont pas cessé de régir l'agriculture. (*Carnot*, sur l'art. 414, n° 7.)

CODE. On donne ce nom à un recueil de lois rassemblées soit par l'autorité du législateur, soit par le zèle du jurisconsulte.

Nous avons en France six Codes formés par le législateur lui-même : le *Code civil*, le *Code de Procédure*, le *Code de Commerce*, le *Code d'Instruction criminelle*, le *Code pénal* et le *Code forestier*. On peut y ajouter la loi des 28 septembre-6 octobre 1791, qu'on désigne quelquefois sous le titre de *Code rural*. (Voy. *Loi.*)

COLLATION DE PIÈCE. C'est la comparaison que l'on fait d'une pièce avec l'original, pour s'assurer qu'elle y est conforme.

COLOMBIER. Voy. *Pigeons.*

COMESTIBLES. On appelle ainsi tout ce qui sert d'aliment aux hommes.

I. L'inspection sur la salubrité des comestibles exposés en vente, fait partie des objets de police confiés à l'autorité municipale par l'art. 3, n° 4, de la loi du 24 août 1790.

II. Quand l'amende établie par un arrêté municipal, en matière de vente de comestibles et de police des marchés, excède le taux des amendes de simple police, le juge de paix n'est pas moins compétent pour la prononcer : seulement il doit la réduire au taux des amendes de police (*Cour de cass.*, 13 *décembre* 1821.) Voy. *Bouchers* et *Boulangers.*

III. D'après l'art. 475, n° 14, du Code pénal de 1832, ceux qui exposent en vente des comestibles gâtés, corrompus ou nuisibles, doivent être punis d'une amende de 6 fr. à 10 fr. inclusivement. Ces comestibles seront confisqués et détruits. (*Art.* 477.)

IV. La contravention prévue par l'art. 475 doit toujours être punie par une amende. C'est violer la loi que de réduire la condamnation à la confiscation et aux dépens (*Cour de cass.*, 23 *novembre* 1821). Voy. *le Juge de Paix*, t. 1, p. 129, et *l'Encyclopédie*, v° *Autorité municipale*, sect 2, § 1, n° 16.

COMMERCE. L'art. 2, tit. 1er, de la loi du 13 août 1791, attribuait aux juges de paix, dans les cantons où n'était pas situé le tribunal de commerce, la connaissance, 1° sans appel, des demandes de salaires d'ouvriers et gens de mer; 2° de la remise des marchandises et de l'exécution des lettres de voitures, du contrat d'affrétement et autres objets de commerce, pourvu que la demande n'excédât pas leur compétence. Mais cette attribution a été réduite aux contestations concernant les ouvriers de marine, par les art. 631, 632 et 633 du Code de Commerce, qui placent les autres matières dans la juridiction des tribunaux consulaires (Carré, *Droit français*, t. 3, n° 1759). Voy. *Salaire d'ouvriers*.

II. Il est cependant plusieurs circonstances relatives au commerce, où le ministère du juge de paix est soit facultatif, soit obligé.

III. Ainsi, tout mineur émancipé, de l'un et de l'autre sexe, âgé de dix-huit ans accomplis, qui veut profiter de la faculté que lui accorde l'art. 487 du Code civil, de faire le commerce, ne peut en commencer les opérations, ni être réputé majeur, quant aux engagements par lui contractés pour faits de commerce, 1° s'il n'a été préalablement autorisé par son père ou par sa mère, en cas de décès, interdiction ou absence du père, ou, à défaut du père et de la mère, par une délibération du conseil de famille, homologuée par le tribunal civil; 2° si, en outre, l'acte d'autorisation n'a été enregistré et affiché au tribunal de commerce du lieu où le mineur veut établir son domicile. (*Cod. de Comm.*, *art.* 2.)

Cette autorisation peut être donnée devant le juge de paix ou devant un notaire. (Pardessus, *Droit commercial*, t. 1, n° 57.)

IV. « En cas de refus ou contestation pour la réception des objets transportés par un voiturier, leur état est vérifié et constaté par des experts nommés par le président du tribunal de commerce, ou, à son défaut, par le juge de paix, et par ordonnance au pied d'une requête.

» Le dépôt ou séquestre, et ensuite le transport dans un dépôt public, peut être ordonné.

» La vente peut en être ordonnée en faveur du voiturier, jusqu'à concurrence du prix de la voiture. » (*Cod. de Comm.*, *art.* 106.)

» Ces dispositions sont communes aux maîtres de bateaux, entrepreneurs de diligences et voitures publiques. » (*Art.* 107.)

Les experts nommés pour vérifier l'état des marchandises sur lesquelles s'élève une contestation entre le consignataire et le voiturier, doivent prêter serment non pas devant le greffier du tribunal, mais devant le juge commis à cet effet, ou bien devant le juge de paix du canton où la vérification doit avoir lieu. (*Cour royale de Lyon*, 27 *août* 1828.)

V. « Si, pendant le cours du voyage, il y a nécessité de radoub ou d'achat de victuailles, le capitaine, après l'avoir constaté par un procès-verbal signé des principaux de l'équipage, pourra, en se faisant autoriser, en France, par le tribunal de commerce, ou, à défaut, par le juge de paix, emprunter sur le corps et quille du vaisseau, mettre en gage ou vendre des marchandises jusqu'à concurrence de la somme que les besoins constatés exigent. » (*Art.* 234.)

VI. Lorsque le capitaine est forcé d'abandonner son navire pendant le voyage, il doit, dans les vingt-quatre heures de son arrivée, faire visiter son registre et dresser un rapport dans lequel il énoncera le lieu et le temps de son départ, la route qu'il a tenue, les hasards qu'il a courus, les désordres arrivés dans son navire, et toutes les circonstances remarquables de son voyage. Ce rapport est fait au greffe devant le président du tribunal de commerce. Dans les lieux où il n'y a pas de tribunal de commerce, le rapport est fait au juge de paix de l'arrondissement. Ce magistrat est tenu de l'envoyer, sans délai, au président du tribunal de commerce le plus voisin. Dans l'un et l'autre cas, le dépôt en est fait au greffe du tribunal de commerce. (*Art.* 241, 242 et 243.)

VII. La loi, en fixant à vingt-quatre heures le délai dans lequel le capitaine doit faire son rapport des faits et circonstances remarquables de son voyage, suppose qu'il est entré heureusement avec son navire dans le port, ou dans une rade; mais, en cas de naufrage ou de relâche forcée, ce délai ne doit pas être regardé comme fatal. (*Cour de cass.*, 1er *septembre* 1813.)

VIII. On ne doit pas appliquer les art. 242 et 243 du Code de Commerce, qui déterminent les délais et les formalités de la déclaration que le capitaine doit faire, au cas d'avaries donnant lieu à la réduction des droits sur les douanes. Ces avaries sont valablement constatées par la déclaration du capitaine, faite dans les formes et les délais prescrits par les lois spéciales des 6, 22 août 1791, et 4 germinal an 11. (*Cour de cass.*, 16 *juin* 1823.)

IX. « Si, pendant le cours du voyage, le capitaine est obligé de relâcher dans un port français, il est tenu de déclarer au président du tribunal de commerce du lieu, les causes de sa relâche. Dans les lieux où il n'y a pas de tribunal de commerce, la déclaration est faite au juge de paix du canton. » (*Art.* 245.)

X. « Le capitaine qui a fait naufrage, et qui s'est sauvé seul ou avec une partie de son équipage, est tenu de se présenter devant le juge du lieu, ou, à défaut du juge, devant toute autre autorité civile, d'y faire son rapport, de le faire vérifier par ceux de son équipage qui se seraient sauvés et se trouveraient avec lui, et d'en lever expédition. » (*Art.* 246.)

XI. « Pour vérifier le rapport du capitaine, le juge reçoit l'interrogatoire des gens de l'équipage, et, s'il est possible, des passagers, sans préjudice des autres preuves.

» Les rapports non vérifiés ne sont point admis à la décharge du capitaine, et ne font point foi en justice, excepté dans le cas où le capitaine naufragé s'est sauvé seul dans le lieu où il a fait son rapport. » (*Art.* 247.)

« Si, par tempête, ou par la chasse de l'ennemi, le capitaine se croit obligé, pour le salut du navire, de jeter en mer une partie de son chargement, de couper les mâts, ou d'abandonner les ancres, il prend l'avis des intéressés au chargement qui se trouvent dans le vaisseau, et des principaux de l'équipage. » (*Art.* 410.)

XII. « L'état des pertes et dommages est fait dans le lieu de déchargement du navire, à la diligence du capitaine, et par experts.

» Les experts sont nommés par le tribunal de commerce, si le déchargement se fait dans un port français.

» Dans le lieu où il n'y a pas de tribunal de commerce, les experts sont nommés par le juge de paix.

» Les experts prêtent serment avant d'opérer. » (*Art.* 414.)

XIII. Quant aux fonctions des juges de paix, en cas de faillite, voy. *Faillite*.

FORMULES.

Requête et ordonnance dans le cas prévu n° IV.

A M. le juge de paix de .

Bertrand, voiturier, demeurant à , a l'honneur d'exposer qu'il a été chargé par le sieur , négociant à , de transporter et rendre dans le magasin du sieur , marchand en cette commune, dans le délai de , quatre balles marquées A B, n° , pesant ensemble, et déclarées contenir , à raison de fr. le quintal, suivant qu'il appert de la lettre de voiture jointe à la présente ;

Qu'à son arrivée en cette ville, il a fait rendre lesdites quatre balles bien conditionnées devant le magasin dudit sieur , lequel a refusé de les recevoir.

En cet état, comme il importe à l'exposant d'être déchargé de la responsabilité desdites marchandises, il vous prie, M. le juge de paix, de nommer trois experts pour les visiter et en constater l'état, pour, ladite visite terminée et le rapport dressé, être lesdites balles déposées dans tel lieu qu'il vous plaira de désigner.

Et attendu le refus du sieur de payer les frais de transport énoncés dans la lettre de voiture, l'exposant vous demande l'autorisation de faire vendre, par tel officier public requis, partie des marchandises contenues dans lesdites balles, jusqu'à concurrence de ce qui lui est dû et des frais de retard tels qu'il vous paraîtra convenable de les arbitrer, et sera justice.

A , le

(*Signature de l'Exposant.*)

Vu la requête ci-dessus, la lettre de voiture y jointe, et l'art. 106 du Code de Commerce, nous, juge de paix, nommons pour experts aux fins de vérifier et constater l'état des marchandises dont s'agit, les sieurs (*nom, qualités et demeure des trois experts*), laquelle opération aura lieu en présence du sieur (*le commerçant refusant*) ou lui dûment appelé. Les experts seront tenus de prêter au préalable devant nous le serment qu'ils opéreront en leur âme et conscience, et de déposer ensuite leur rapport à notre greffe.

Ordonnons qu'aussitôt la visite faite desdites marchandises, elles seront déposées dans tel magasin, aux risques de qui il appartiendra, si ledit sieur persiste à ne pas les recevoir après la visite.

Ordonnons également que partie desdites marchandises seront vendues par M......., jusqu'à concurrence de la somme de , montant des frais de voiture et des remboursements dus à l'exposant, des frais de justice et de l'indemnité qui lui est due pour jours de retard, laquelle nous avons évaluée à

Donné en notre prétoire, le .

Requête et ordonnance dans le cas prévu n° V.

Le soussigné, capitaine du navire *l'Amphitrite*, amarré dans ce port (ou *étant en rade du*), a l'honneur de vous exposer que ce navire, parti de le , pour la destination de , a reçu en mer (*désigner le lieu par les degrés de longitude ou autrement*), une avarie considérable qui l'a forcé de relâcher en ce port, pour y être radoubé afin de continuer son voyage;

(*ou bien*) que ce navire, parti, etc., a été contrarié dans sa route par les vents, ce qui a occasioné la consommation totale des vivres dont il était approvisionné pour son voyage.

Ce fait est constaté par un procès-verbal signé des principaux de l'équipage, le , dont l'original est joint à la présente.

En conséquence, monsieur, l'exposant requiert qu'il vous plaise l'autoriser à emprunter sur corps et quille de son navire (*ou* à mettre en gage *ou* à vendre des marchandises dont ledit navire est chargé) jusqu'à concurrence de la somme de , estimée nécessaire pour le radoub du navire (*ou* pour l'achat des vivres dont il a besoin pour continuer sa route); et ferez justice.

A , le

(*Signature de l'Exposant.*)

Vu la requête ci-dessus et le procès-verbal y mentionné, nous, juge de paix, en vertu de l'art. 234 du Code de Commerce, autorisons le sieur à (*copier les conclusions, avec les modifications que le juge peut trouver convenables*).

Donné en notre prétoire, le

Rapport d'un capitaine de navire, dans le cas prévu au nº VI.

L'an mil huit cent , et le , par-devant nous, juge de paix du canton de , assisté de notre greffier, a comparu le sieur A....., demeurant à , capitaine du navire *le* , du port de , armé par le sieur , jaugeant tonneaux, lequel nous a déclaré qu'il est parti le , du port de , pour la destination de ; qu'il a suivi la route de , que, par le résultat de tel accident, son navire ayant été mis dans l'impossibilité de tenir la mer, il s'est décidé à l'abandonner, après avoir pris l'avis des officiers et principaux de l'équipage, qu'il n'a pu sauver que telle somme ou telles marchandises, et qu'il est arrivé en ce port cejourd'hui.

Duquel rapport nous avons dressé le présent acte, qu'a ledit sieur , capitaine, signé avec nous et notre greffier.

On modifie cette rédaction dans les cas de relâche forcée ou de naufrage.

Interrogatoire des gens de l'équipage et des passagers, dans le cas prévu aux nºˢ X et XI.

L'an mil huit cent et le , nous, etc., vu le rapport fait cejourd'hui devant nous, à heures de , par , capitaine du navire *le* , avons mandé les personnes ci-après désignées, pour être interrogées, en vertu de l'art. 247 du Code de Commerce, sur le contenu dudit rapport, et sur les circonstances du naufrage y relaté.

En conséquence, a comparu 1º (*un des officiers*), lequel, après avoir prêté serment de dire la vérité (1), interrogé sur ses nom, prénoms, âge, qualités et domicile, a répondu se nommer, etc.

Nous lui avons demandé quel jour le navire est parti de , quelle route il a tenue jusqu'à , si ce navire a naufragé, quelle a été, dans son opinion, la cause du naufrage, et si rien n'a été enlevé du navire après cet accident.

Il nous a répondu, etc.

Lecture faite audit sieur de sa déclaration, a répondu qu'elle contient vérité, qu'il y persiste, et a signé, etc.

A aussi comparu le sieur (*matelot ou passager à bord dudit navire*), lequel (*même formule et mêmes demandes*), etc.

Fait et clos le présent interrogatoire, les jour, mois et an que dessus.

(1) Quoique l'art. 247 parle *d'interrogatoire*, et non pas de *déposition*, et que par conséquent le serment ne paraisse pas rigoureusement nécessaire, comme la vérification du rapport par la déclaration des gens de l'équipage et des passagers est ce qui lui attribue foi en justice, nous pensons qu'on ne saurait l'entourer de trop de précautions, lui donner trop de solennité.

Requête et ordonnance pour la nomination d'experts dans le cas prévu au nº XII.

A....., capitaine du navire *le* , a l'honneur de vous exposer que, pour sauver son navire, battu par la tempête (*ou* poursuivi par l'ennemi), il a été, après avoir pris l'avis des sieurs , intéressés au chargement, et des principaux de l'équipage, forcé de jeter à la mer une partie de son chargement, laquelle consistait en , ainsi qu'il conste de la délibération transcrite sur son registre, et dûment enregistrée cejourd'hui, qu'il a l'honneur de vous représenter. En conséquence, pour se conformer aux dispositions de la loi, l'exposant vous prie, M. le juge de paix, de nommer trois experts pour estimer les pertes et dommages qui ont été le résultat de l'événement ci-dessus énoncé; et sera justice.

A , le

(*Signature de l'Exposant.*)

Nous, juge de paix, vu la requête ci-dessus, la délibération y jointe, et l'art. 414 du Code de Commerce, nommons pour experts aux fins requises, les sieurs , lesquels seront tenus de prêter serment avant de se livrer à leurs opérations.

Et lesdits experts, sur notre invitation officieuse, s'étant volontairement présentés devant nous, ont déclaré accepter leur mission, nous ont promis avec serment de la remplir fidèlement, et ont signé avec nous.

A , le

Si les experts ne comparaissent pas volontairement, on leur notifie, par huissier, l'ordonnance qui les a nommés, avec citation à comparaître devant le juge pour déclarer s'ils acceptent le mandat, et pour prêter le serment requis.

Procès-verbal de prestation de serment des experts.

Cejourd'hui, 183 , à heures de , par-devant nous, juge de paix de , assisté de notre greffier, se sont présentés les sieurs , lesquels nous ont déclaré accepter la mission que nous leur avons confiée par notre ordonnance du , et ont prêté entre nos mains le serment de la remplir en leur ame et conscience.

Dont acte fait à , les jour, mois et an que dessus, et ont lesdits signé avec nous.

Les marchandises jetées doivent être estimées suivant le prix courant du lieu du déchargement. Leur qualité est constatée par la production des connaissements et des factures, s'il y en a. C'est le tribunal de commerce et non le juge de paix qui homologue et rend exécutoire la répartition des pertes et des dommages faite par les experts. (*Code de Commerce, art.* 415 *et* 416.)

COMMINATOIRE. On appelle clause comminatoire, dans un contrat, celle qui ne doit pas être exécutée à la rigueur. Le même mot s'applique, dans le même sens, aux dispositions d'une loi.

I. Avant le Code civil, les clauses pénales n'étaient que comminatoires, et leurs effets n'étaient définitivement acquis que lorsqu'un jugement en avait ordonné l'exécution. Le Code a innové sur ce point.

II. L'art. 1029 du Code de Procédure porte : « Aucune des nullités, amendes et déchéances prononcées dans le présent Code, n'est comminatoire. »

COMMIS-GREFFIER. C'est un employé choisi et nommé par le greffier pour l'aider dans l'exercice de ses fonctions.

I. D'après la loi du 28 floréal an 10, art. 4, le traitement de ce commis est à la charge du greffier.

II. Le commis-greffier doit prêter serment entre les mains du juge de paix. Il peut ensuite tenir la plume aux audiences, signer les expéditions, et remplir toutes les fonctions attribuées au greffier. Celui-ci peut le révoquer à sa volonté (*circulaire du ministre de la justice du 24 pluviôse an* 12), même sans le consentement du juge.

III. Un commis qui ne serait pas assermenté n'aurait aucune qualité pour signer les minutes, actes et expéditions, pour remplir enfin les fonctions de greffier. On ne pourrait le considérer que comme un copiste sans caractère légal, et par conséquent sans capacité pour assister le juge, ou pour donner, à la place du greffier, une signature *authentique et probante.* (Carré, *Droit français,* t. 1, n° 336.)

IV. Les commis-greffiers sont officiers publics, et soumis à la même condition d'âge que les greffiers. (Carré, *ibid.*, n° 337.)

V. Quoique les commis-greffiers assermentés aient le droit de remplacer les greffiers dans toutes leurs fonctions, ils ne pourraient cependant procéder à une vente de meubles, parce que cette opération n'est pas une dépendance directe du greffe, mais a été attribuée aux greffiers par une loi spéciale dont les dispositions ne s'étendent point à leurs commis.

VI. Les commis-greffiers pouvant, à chaque instant, être appelés à un service public, sont exempts du service de la garde nationale. (*Le Juge de Paix*, t. 2, p. 20.)

VII. En l'absence du greffier et du commis assermenté, il est permis au juge de paix de confier leurs fonctions à un commis temporaire de son choix. C'est ce qu'a décidé la cour de cassation par un arrêt du 6 novembre 1817, qui rejette une demande en annulation de saisie, fondée sur ce que le *visa* prescrit, à peine de nullité, par l'art. 676 du Code de Procédure, avait été apposé par un commis-greffier délégué par le juge de paix.

M. Carré pense que, dans ce cas, le serment préalable n'est pas nécessaire. Cette opinion nous paraît contraire aux principes généraux, et nous ne voyons pas sur quel motif on baserait cette exception. Le greffier-commis est un officier public pendant la durée des fonctions temporaires qu'on lui a confiées; M. Carré lui-même le reconnaît. En cette qualité, il doit prêter serment comme le greffier lui-même ou comme les commis nommés par le greffier.

Vainement dirait-on que l'*urgence* est un obstacle à la prestation de serment. Cette formalité est si facile à remplir que l'objection tombe d'elle-même.

Carré prétend qu'il ne résulte pas de l'arrêt de la cour de cassation ci-dessus indiqué, que le commis temporaire eût prêté serment en justice, et il en conclut que le serment n'a pas été jugé indispensable par cette cour.

Une conclusion contraire nous paraît résulter du dernier *considérant* de l'arrêt, qui porte : « Les formalités prescrites relativement aux exploits ne peuvent s'appliquer à une remise de copie ou à un *visa* d'original, spécialement exigés pour ajouter, *par le concours des fonctionnaires publics*, à la solennité de ces actes d'exécution. » Or, quelle *solennité* que la signature d'un simple particulier appelé momentanément à une fonction pour l'exercice de laquelle il n'offrirait pas même la garantie du serment!

Nous estimons donc que le serment doit être exigé du commis-greffier choisi par le juge de paix; et comme les fonctions de ce greffier sont essentiellement temporaires, comme elles cessent avec l'empêchement du titulaire, comme elles n'ont pas de continuité légale, nous pensons que le serment doit être renouvelé toutes les fois qu'un empêchement nouveau du greffier et de son commis oblige le juge de paix à les remplacer (*Le Juge de Paix*, t. 3, p. 38). Denisart, v° *Greffier*, rapporte plusieurs arrêts qui, sous l'ancienne législation, ont prononcé la nullité de procédures rédigées par des commis qui n'étaient pas majeurs ou n'avaient pas prêté serment.

COMMISSAIRE DE POLICE. Fonctionnaire de l'ordre judiciaire et administratif.

L'institution des commissaires de police remonte à une époque ancienne. A Paris et dans quelques villes de province, leurs fonctions étaient exercées par ce qu'on appelait les *commissaires examinateurs enquêteurs*. C'était aussi le titre que prenaient les commissaires au Châtelet de Paris, qui y joignaient encore celui de *conseillers du roi*, que leur avaient conféré des lettres patentes de 1668.

En matière de police, les attributions des commissaires au Châtelet étaient identiquement les mêmes que celles des commissaires de police aujourd'hui. Mais ils avaient, en outre, comme subdélégués des juges, des attributions civiles assez étendues, qui maintenant appartiennent exclusivement aux membres des tribunaux de première instance et aux juges de paix.

Supprimés en 1790, les commissaires de police furent bientôt rétablis. Néanmoins la loi du 21 septembre 1791 laissa à chaque administration départementale le soin de décider de la nécessité de leur établissement.

Mais la loi du 19 vendémiaire an 4 posa en principe qu'il y aurait des commissaires de police dans toutes les communes au-dessus de cinq mille habitants. A Paris, Bordeaux, Marseille et Lyon, les commissaires de police étaient nommés par le bureau central, et dans les autres communes leur nomination, comme leur révocation, appartenait à l'administration municipale.

Par un arrêté du gouvernement du 19 nivôse an 8, leur nomination fut dévolue au premier consul. C'est aujourd'hui le roi qui nomme les commissaires de police, sur la présentation du ministre de l'intérieur et la proposition des préfets.

Enfin la loi du 28 pluviôse an 8 créa un commissaire de police dans chaque ville de cinq mille à dix mille habitants, et, dans les villes d'une population au-dessus, un commissaire de police par dix mille habitants.

Les fonctions du commissaire de police se divisent en fonctions de police administrative et de police judiciaire. Ils ont aussi des fonctions purement judiciaires et quelques attributions spéciales dont nous parlerons en terminant.

§ Ier. *Fonctions de police administrative.*

I. Le Code des Délits et des Peines du 3 brumaire an 4 a défini la police administrative : « Le maintien habituel de l'ordre public dans chaque lieu et dans chaque partie de l'administration générale. Elle tend principalement à prévenir les délits. »

II. On ne pourrait faire qu'une énumération bien incomplète des objets particuliers qu'embrasse cette branche de police, à laquelle rien de tout ce qui intéresse l'ordre public ne doit être étranger. Cependant la loi du 16-24 août 1790 a énuméré ceux qui sont confiés à la vigilance et à l'autorité des corps municipaux; mais ses termes sont parfois si vagues, qu'il a fallu souvent recourir à une interprétation que les tribunaux n'ont pas toujours donnée dans le sens le plus favorable à la liberté.

III. Les commissaires de police sont les premiers agents de la police administrative, qui appartient principalement aux préfets et aux maires. C'est sous la surveillance des premiers, et sous l'autorité immédiate des autres, qu'ils exercent leurs fonctions dans les départements. A Paris, ils sont placés exclusivement, par l'arrêté du 12 messidor an 8, sous les ordres du préfet de police; ils correspondent directement avec lui, et lui adressent leurs rapports.

IV. En cette qualité, ils sont chargés de veiller à l'exécution des lois et des réglements de police, et de rendre compte de tout ce qui peut intéresser l'ordre et la tranquillité publique. Ces lois et ces réglements sont-ils méconnus? Alors commencent pour eux des devoirs d'un autre ordre, qui rentrent dans la police judiciaire.

§ II. *Fonctions de police judiciaire.*

I. L'art. 8 du Code d'Instruction criminelle définit la police judiciaire en ces termes : « Elle recherche les crimes, les délits, les contraventions, en rassemble les preuves, et en livre les auteurs aux tribunaux chargés de les punir.

II. Par l'art. 9, les commissaires de police sont appelés à l'exercer conjointement avec les autres fonctionnaires qui y sont désignés.

A ce titre ils sont chargés *directement* et *spécialement* par l'art. 11 de rechercher les contraventions de police, même celles qui sont sous la surveillance des gardes champêtres et forestiers, à l'égard desquels ils ont même prévention. Ils reçoivent les rapports, dénonciations et plaintes en matière de contravention, rédigent les procès-verbaux, etc.

III. Dans les communes divisées en plusieurs arrondissements, les commissaires de police exercent leurs fonctions dans toute l'étendue de la commune où ils sont établis, sans pouvoir alléguer que les contraventions ont été commises hors de l'arrondissement particulier auquel ils sont préposés. (*Article* 12.)

IV. Lorsque l'un des commissaires de police d'une même commune se trouve légitimement empêché, celui de l'arrondissement voisin est tenu de le suppléer, sans que ce dernier puisse prétexter qu'il n'est pas le plus voisin ou que l'empêchement de son collègue n'est pas légitime ou n'est pas prouvé. (*Art.* 13.)

V. Dans les communes où il n'y a qu'un commissaire de police, s'il se trouve légitimement empêché, le maire, ou, à défaut de celui-ci, l'adjoint du maire le remplace tant que dure l'empêchement. (*Art.* 14.)

VI. Il faut conclure, des termes des art. 11 et 14, que les maires n'ont ni prévention, ni même concurrence à l'égard des commissaires de police, pour la recherche des contraventions; qu'à ces derniers *exclusivement* appartient le droit de les constater, et que ce n'est qu'en leur absence que les maires, quoique officiers de police judiciaire, peuvent agir.

VII. Mais il est de jurisprudence que l'empêchement est légalement présumé par cela seul que le maire se présente, sans même qu'il ait besoin de faire mention, dans la rédaction de ses actes, de l'empêchement réel du commissaire de police qu'il remplace.

VIII. Dans le cas où celui-ci surviendrait pendant l'instruction, le maire devrait-il lui en abandonner la continuation?

Nous le pensons, et notre opinion se fonde sur les termes de l'art. 14, qui ne donne de pouvoir au maire que pendant la *durée* de l'empêchement du commissaire de police. Or il est bien évident que si celui-ci se présente, il n'existe plus d'empêchement pour lui, et que dès lors le droit du maire s'évanouit. On peut invoquer par analogie, à l'appui de cette conclusion, les dispositions de l'art. 51 du même Code.

Mais de pareils cas se présenteront très-rarement, car il est difficile qu'une instruction au sujet d'une simple contravention de police dure assez long-temps pour que deux pouvoirs puissent se trouver en concurrence.

IX. Nous venons de voir que les commissaires de police sont *directement* chargés de la recherche des contraventions; nous allons les considérer maintenant comme chargés de la constatation des crimes et des délits. Mais ils n'agiront plus ici qu'en nom *qualifié*, c'est-à-dire, comme *auxiliaires* du procureur du roi.

Et en effet il ne suffit pas d'appartenir à la police judiciaire pour pouvoir constater un crime ou un délit, il faut encore être rangé dans la classe des officiers *auxiliaires* du procureur du roi; car les gardes champêtres qui exercent la police judiciaire ne sont pas investis de ce droit.

X. A ce titre, les commissaires de police reçoivent les dénonciations de crimes ou de délits commis dans le lieu où ils exercent leurs fonctions; en cas de flagrant délit ou de réquisition de chef de maison, ils dressent les procès-verbaux, reçoivent les déclarations de témoins, font les visites et les autres actes qui sont, auxdits cas, de la compétence du procureur du roi, et que l'on trouve énumérés dans la section 2, chapitre 4, livre 1er, du Code d'Instr. crim. (Voy. *Délit flagrant.*)

XI. Tous les actes dressés par les commissaires de police, en exécution des art. 49 et 50, comme toutes plaintes ou dénonciations, doivent être transmis au procureur du roi sans retard.

Il n'entre pas dans le plan de cet article de tracer tous les devoirs des commissaires de police dans leurs fonctions d'officiers auxiliaires du procureur du roi, non plus que les règles et les formalités qu'ils doivent observer pour la rédaction et la confection des actes dont ils sont chargés en cette qualité. Une lecture attentive des art. 29 et suivants, jusqu'à l'art. 54 inclusivement, du Code d'Instr. crim.; la jurisprudence des arrêts, et enfin l'excellente instruction adressée le 1er janvier 1817, par M. le procureur du roi de Paris, aux officiers de police judiciaire du ressort, suffiront pour faire connaître, dans toute leur étendue et dans tous leurs détails, les droits, les devoirs et les obligations des commissaires de police. (Voy. *Officiers de police judiciaire.*)

XII. Il est cependant un point important des fonctions du commissaire de police sur lequel nous croyons devoir appeler leur attention.

L'art. 40 du Code d'Instruction criminelle ordonne au procureur du roi (et cette obligation est commune à ses auxiliaires) de saisir les prévenus présents ou de lancer contre eux un mandat d'amener s'ils sont absents. Mais il faut bien remarquer que la réunion de trois circonstances est nécessaire pour l'exercice de ce droit.

La première, qu'il y ait *flagrant délit;*

La seconde, que le fait soit de nature à entraîner *peine afflictive ou infamante;*

La troisième, qu'il existe contre les prévenus des *indices graves.*

Ces dispositions, toutes favorables à la liberté, doivent être mûrement pesées par les commissaires de police.

Ce serait donc en vain que des instructions particulières (ainsi que quelques circulaires et même des ordonnances en offrent malheureusement l'exemple) auraient voulu imposer aux commissaires de police l'obligation de faire conduire dans tous les cas, même lorsqu'il s'agit d'un simple délit cor-

rectionnel, les prévenus arrêtés devant le procureur du roi ou devant le préfet de police; mandataire de la loi, c'est à elle que l'officier de police judiciaire doit d'abord respect et obéissance, alors surtout qu'il s'agit de la première de nos libertés, la liberté individuelle. Si donc le fait ne peut constituer qu'un délit purement correctionnel, ou même s'il peut être considéré comme crime, mais que dans ce dernier cas il n'apparaisse pas d'*indices graves*, le devoir du commissaire de police est de mettre le prévenu en liberté, afin de lui épargner un emprisonnement préventif, que la justice et l'humanité désavouent. C'est à sa raison, c'est à son discernement, que la loi confie l'appréciation des circonstances, et quand même, par l'événement, sa prévoyance se trouverait avoir été en défaut, nul blâme ne pourrait rejaillir sur lui pour avoir interprété la loi dans le sens le plus libéral : *Favores sunt ampliandi, odia restringenda.*

XIII. La police judiciaire est exercée sous l'autorité des cours royales, et sous la surveillance immédiate des procureurs généraux et du procureur du roi. (*Art.* 9, 279 *et* 289 *du Code d'Instr. crim.*)

XIV. Les préfets dans les départements, et le préfet de police à Paris, ont le droit de requérir les officiers de police judiciaire, mais non de les surveiller. C'est donc au procureur du roi seul que les commissaires de police doivent compte de leurs actes comme officiers de police judiciaire, même de ceux qu'ils feraient sur la réquisition des préfets. Ainsi l'avait décidé un avis du conseil-d'état en date du 19 août 1806, avant que les art. 279 et 289 du Code d'Inst. crim. vinssent fixer la condition des officiers de police judiciaire.

Cependant, malgré une aussi formelle séparation des pouvoirs, le préfet de police correspond avec les commissaires de police comme officiers de police judiciaire, leur donne des ordres, des instructions et surveille leur conduite et leurs actes. Cet empiétement, car c'en est un, sur les attributions des magistrats de l'ordre judiciaire, peut présenter des avantages pour la recherche et la constatation des crimes et délits, mais il peut en résulter aussi des collisions entre les deux pouvoirs administratif et judiciaire, et des tiraillements pour les commissaires de police de nature à rendre leur position délicate et difficile, et à nuire, en même temps, à l'unité d'action de la police.

§ III. *Fonctions judiciaires.*

I. Il ne faut pas confondre la police judiciaire avec la justice elle-même, qui est le pouvoir chargé d'examiner et d'apprécier les actes de la police, et de faire aux personnes qui en ont été l'objet, l'application des peines que la loi prononce.

Ainsi, lorsque la mission de la police finit, celle de la justice commence.

II. La loi a d'abord voulu qu'un fonctionnaire fût spécialement chargé de poursuivre la répression des délits; et c'est aux commissaires de police qu'elle a confié l'action pour l'application des peines en *matière de contravention;* ils sont donc investis des fonctions du ministère public près des tribunaux de police. C'est à leur requête que les prévenus sont cités, et c'est sur leurs conclusions que les tribunaux prononcent.

III. En cas d'empêchement du commissaire de police, ou s'il n'en existe pas dans le lieu où siége le tribunal, c'est le maire qui remplit les fonctions du ministère public.

IV. S'il existe plusieurs commissaires de police, le procureur général nomme celui ou ceux d'entre eux qui font le service. (Voy. *Tribunal de police.*)

A Paris, où le nombre des affaires est très-considérable, on a senti la nécessité de concentrer dans les mains d'un seul commissaire de police, la direction de ce petit parquet où arrivent annuellement environ vingt-quatre mille procès-verbaux de contravention. Néanmoins, deux commissaires de police sont chargés de suppléer le commissaire de police titulaire de ces fonctions, en cas d'empêchement.

V. Ainsi élevé au rang de magistrat, le commissaire de police doit jouir des prérogatives attachées à cette qualité; et si, comme officier de police judiciaire, il est indépendant de l'autorité administrative, à plus forte raison l'est-il dans la nouvelle fonction qui rentre sans réserve dans l'administration de la justice elle-même.

Cependant il est arrivé souvent que l'autorité administrative n'a voulu voir, dans le commissaire de police remplissant les fonctions du ministère public, qu'un de ses délégués, et dans le tribunal de police même, qu'une sorte de commission municipale, chargés l'un et l'autre d'exécuter ses volontés et d'appliquer aveuglément ses réglements.

Mais telle n'est pas la mission du ministère public ni celle du tribunal.

Dans un gouvernement où il n'existe d'autre souveraineté réelle que celle de la loi, rien ne peut se faire que par elle et en son nom. Aussi le premier devoir du ministère public est de s'assurer, avant de demander l'application d'un réglement de police, qu'il est rendu dans les limites du pouvoir administratif, et qu'il n'est contraire en rien aux droits et aux libertés garantis aux citoyens par la loi. C'est ce qu'on appelle la question de *légalité* des réglements, dont l'examen appartient incontestablement aux tribunaux. La jurisprudence, après de nombreuses variations, est fixée à cet égard.

Mais la grande difficulté qu'offre ordinairement la solution de cette question est de saisir le point juste où doit s'arrêter l'exercice du pouvoir administratif; celui où finit la légalité et où commence l'arbitraire. La cour de cassation elle-même a prouvé plus d'une fois qu'on pouvait s'égarer dans cette recherche.

Quoi qu'il en soit, le commissaire de police doit se livrer à cet examen avec indépendance, mais avec mesure, sans oublier qu'en affaiblissant trop le pouvoir, on peut affaiblir aussi les moyens de protection que les citoyens doivent trouver en lui.

Quant aux actes de l'administration qui, étant légaux, ne lui paraîtraient pas cependant conformes en tous points aux règles d'une bonne administration, il n'appartient pas au commissaire de police d'en faire la critique. C'est aux citoyens que de pareils actes peuvent blesser, à en provoquer la réformation par l'autorité administrative supérieure. Les tribunaux n'ont pas le pouvoir de mander, pour ainsi dire, l'administration à leur barre, de la censurer, de la juger. Aussi, dans le cas même où un réglement de police est reconnu illégal, le tribunal de police doit se borner à déclarer purement et simplement son incompétence.

VI. Nous ne nous étendrons pas davantage sur les devoirs du commissaire de police appelé à remplir les fonctions du ministère public. Son instruction, sa raison et sa conscience devront lui servir de guide.

VII. Quoique nous nous soyons attaché à faire remarquer que, dans leurs fonctions de police judiciaire, comme dans leurs fonctions judiciaires, les commissaires de police sont indépendants de l'autorité administrative, nous sommes loin de penser qu'ils doivent s'isoler d'elle, car, outre la bonne harmonie qu'il faut tâcher de maintenir entre les diverses branches de l'administration publique, le pouvoir judiciaire peut recevoir d'utiles avis, des renseignements précieux, de l'administration; de même que celle-ci pourra s'éclairer quelquefois des communications du pouvoir judiciaire.

VIII. Les rapports que la nature des choses établit entre les attributions des tribunaux de police et l'autorité municipale, rendent la nécessité de ces communications bien plus frappante encore. Ainsi, les commissaires de police exerçant les fonctions du ministère public doivent avoir soin de tenir les maires au courant des décisions du tribunal de police, non-seulement parce que leur exécution les intéresse de près, mais encore parce qu'elles peuvent souvent provoquer des modifications dans les réglements, et exercer une grande influence sur la direction de la police. C'est dans l'application des réglements qu'on peut mieux en apercevoir les vices et en sentir l'insuffisance. Le ministère public est donc admirablement placé pour les signaler à l'autorité municipale et en provoquer la réforme.

§ IV. *Attributions particulières des commissaires de police.*

I. L'art. 587 du Code de Procédure, au titre des saisies-exécutions porte : « Si les portes sont fermées, ou si l'ouverture en est refusée, l'huissier pourra établir gardien aux portes pour empêcher le divertissement. Il se retirera sur-le-champ, sans assignation, devant le juge de paix, ou, à son défaut, devant le commissaire de police, et, dans les communes où il n'y en a pas, devant le maire, et, à son défaut, devant l'adjoint, en présence desquels l'ouverture des portes, même celle des meubles fermants, sera faite au fur et à mesure de la saisie. L'officier qui se transportera ne dressera point de procès-verbal, mais il signera celui de l'huissier, lequel ne pourra dresser du tout qu'un seul et même procès-verbal. »

Soit que les juges de paix refusent cette mission, soit que les huissiers prétextent de leur absence, c'est ordinairement le commissaire de police qui est requis, du moins à Paris.

Les commissaires de police doivent être peu jaloux de cette préférence; aussi pourraient-ils exiger que l'empêchement du juge de paix leur fût prouvé.

Quoi qu'il en soit, s'ils se transportent au domicile du débiteur, leur mission est toute passive; ils doivent se borner à une simple surveillance; leur présence est une double garantie qu'a voulu donner la loi au débiteur absent, que rien ne se passerait de contraire au respect dû au domicile et aux secrets des familles.

II. C'est à tort, selon nous, qu'*Allez*, dans son ***Dictionnaire de Police***, prétend que le commissaire de police doit se faire représenter par l'huissier les ordonnances ou jugements dont il est porteur, à l'effet *de vérifier si les actes sont en règle, enregistrés et signifiés.*

Nous pensons, au contraire, que le commissaire de police doit s'assurer seulement si celui qui le requiert a le caractère d'officier ministériel et s'il est en effet porteur d'un mandement de justice. Quant à l'examen et à l'appréciation des actes, cela ne le regarde nullement, car il faudrait admettre que, selon qu'il les trouverait plus ou moins réguliers, il pourrait en suspendre l'exécution en refusant d'assister l'huissier, ce qui est inadmissible, puisque le commissaire de police se constituerait ainsi juge de référé. L'huissier agissant sous sa responsabilité personnelle, le commissaire de police n'a pas besoin d'autre garantie que celle-là.

III. Dans le cas d'ouverture de portes aux fins de saisie-exécution pour paiement de contributions, le commissaire de police doit se faire représenter par l'huissier la commission du préfet du département et l'ampliation de la décision qui autorise l'huissier à procéder à l'ouverture des portes. Il peut aussi exiger copie de ces actes. (*Décision du préfet de police, du* 13 *floréal an* 11.)

IV. Telles sont à peu près les seules attributions dévolues aux commissaires de police en dehors de leurs fonctions de police proprement dites.

Nous ne terminerons pas sans faire remarquer que les moyens de police que la loi met en leur pouvoir, doivent être exclusivement réservés pour des cas de police, et qu'ils ne doivent jamais les employer à servir des intérêts purement civils et privés. LAUMOND, *commissaire de police à Paris.*

COMMISSAIRE-PRISEUR. Voy. *Officiers priseurs.*

COMMISSION. C'est une espèce de mandat donné par la loi ou par la justice. On l'appelle, dans ce dernier cas, *commission rogatoire.*

I. Les commissions données par la loi aux juges de paix sont exprimées dans les art. 587, 591, 594 et 781 du Code de Procédure.

II. « Si les portes sont fermées, ou si l'ouverture en est refusée, l'huissier pourra établir gardien aux portes pour empêcher le divertissement. Il se retirera sur-le-champ, sans assignation, devant le juge de paix, ou, à son défaut, devant le commissaire de police, et, dans les communes où il n'y en a pas, devant le maire, et, à son défaut, devant l'adjoint, en présence desquels l'ouverture des portes, même celle des meubles fermants, sera faite au fur et à mesure de la saisie. L'officier qui se transportera ne dressera point de procès-verbal, mais il signera celui de l'huissier, lequel ne pourra dresser du tout qu'un seul et même procès-verbal. » (*Art.* 587.)

III. Si l'officier public appelé pour assister à une ouverture de portes, se trouve parent du saisissant au degré de cousin-germain, la saisie-exécution qui s'ensuit est-elle nulle?

La cour de Metz a résolu cette question pour la négative, dans un arrêt du 20 novembre 1818, par le motif que l'officier requis en pareil cas n'exerce aucune juridiction contentieuse ou administrative, mais seulement représente l'absent; qu'ainsi on ne peut appliquer à cette hypothèse les principes et les règles sur les récusations pour cause de parenté.

IV. Le juge de paix qui, sans de légitimes motifs, refuserait son assistance à l'huissier pour l'ouverture des portes, s'exposerait à une action en dommages-intérêts de la part du saisissant. (Carré, *Lois de la Procédure civile*, t. 2, n° 2020.)

V. Il peut, en cas de besoin, requérir la force armée et la faire agir. (*Levasseur*, n° 297.)

VI. Un arrêt de la cour de cassation, du 1er avril 1813, a décidé qu'il n'était point nécessaire de constater l'absence ou l'empêchement du juge de paix, dans le cas où l'ouverture des portes avait été faite en présence d'un autre des officiers désignés en l'art. 587. Le débiteur ne peut tirer un moyen de nullité contre la saisie, de ce que le procès-verbal ne porte pas que le juge de paix avait été appelé avant cet officier.

VII. S'il survient des oppositions, le juge de paix décide provisoirement sur la question des ouvertures, sauf à en référer, après l'opération, au président du tribunal de première instance. Ce référé est fait dans les formes ordinaires, c'est-à-dire, parties présentes ou dûment appelées par le juge de paix lui-même, et par son ordonnance qui accorde le référé. (Biret, *Recueil général*, t. 1, v° *Commissions*.)

VIII. « Si le saisi est absent, et qu'il y ait refus d'ouvrir aucune pièce ou meuble, l'huissier en requerra l'ouverture; et, s'il se trouve des papiers, il requerra l'apposition des scellés par l'officier appelé pour l'ouverture. » (*Art.* 591.)

Cette apposition n'est point constatée, comme l'ouverture, dans le procès-verbal de saisie, parce que, lorsqu'il sera nécessaire de lever le scellé, l'officier aura besoin du procès-verbal d'apposition, et que celui de saisie, n'étant pas entre ses mains, ne pourrait le guider dans cette levée. (*Pigeau*, t. 2, p. 89, édition de 1828.)

IX. Il n'y a pas lieu à l'apposition, si le saisi est présent, à moins qu'il ne soit en faillite; parce que ses créanciers n'ont pas le droit de pénétrer dans ses papiers, qui peuvent contenir des secrets dont la révélation pourrait lui être nuisible sans leur être utile. (*Pigeau*, ibid.)

X. « En cas de saisie d'animaux et d'ustensiles servant à l'exploitation des terres, le juge de paix pourra, sur la demande du saisissant, le propriétaire et le saisi entendus ou appelés, établir un gérant à l'exploitation. » (*Art.* 594.)

Comme le propriétaire a le plus grand intérêt à ce que cette exploitation ne soit pas confiée à un homme qui pourrait, par ignorance ou par méchanceté, lui causer un tort irréparable, il doit être particulièrement consulté sur ce choix.

XI. Ne doit-on pas nommer un gérant pour les manufactures, moulins, pressoirs et usines, lorsque les ustensiles en sont saisis?

Oui, car le législateur, qui n'a pas voulu qu'une saisie pût arrêter les travaux de l'agriculture, a dû avoir la même sollicitude pour les travaux industriels. (Lepage, *Questions*, p. 403; *Pigeau*, t. 2, p. 98; Carré, *Lois de la Procédure*, t. 2, n° 2048.)

XII. « Le débiteur ne pourra être arrêté : 1° avant le lever et après le coucher du soleil;... 2° dans une maison quelconque, même dans son domicile, à moins qu'il n'ait été ainsi ordonné par le juge de paix du lieu, lequel juge de paix devra, dans ce cas, se transporter dans la maison avec l'officier ministériel. » (*Art.* 781.) Voy. *Contrainte par corps.*

COMMISSION ROGATOIRE. Acte par lequel un tribunal ou un juge charge un autre tribunal ou un autre magistrat de procéder à certaines opérations.

I. « Quand il s'agira, dispose l'art. 1035 du Code de Procédure, de recevoir un serment, une caution, de procéder à une enquête, à un interrogatoire sur faits et articles, de nommer des experts, et généralement de faire une opération quelconque en vertu d'un jugement, et que les parties ou les biens contentieux seront trop éloignés, les juges pourront commettre un tribunal voisin, un juge, ou même un juge de paix, suivant l'exigence des cas. Ils pourront même autoriser un tribunal à nommer, soit un de ses membres, soit un juge de paix, pour procéder aux opérations ordonnées. » (Voy. *aussi les art.* 255, 305 *et* 326 *du même Code.* et les mots *Caution, Enquête, Interrogatoire sur faits et articles, Serment.*)

II. Cette commission est donnée par le jugement même, ce qui abroge l'ancienne forme des commissions rogatoires, dont l'art. 16 du Code de Commerce prescrit cependant l'emploi pour le cas où des livres dont la représentation est offerte, requise ou ordonnée, sont dans des lieux éloignés du tribunal saisi de l'affaire. Les juges alors peuvent adresser une commission rogatoire au tribunal de commerce du lieu, ou déléguer un juge de paix pour en prendre connaissance, dresser un procès-verbal du contenu, et l'envoyer au tribunal devant lequel s'agite la contestation.

III. Les tribunaux ont toujours la faculté de révoquer les

commissions qu'ils ont décernées pour des actes d'instruction, si elles n'ont pas reçu un commencement d'exécution. (*Cour de Rennes*, 2 *avril* 1810.)

IV. En procédant à l'exécution des actes pour lesquels il a été délégué, le juge de paix doit se conformer aux règles qu'aurait à suivre un commissaire pris dans le sein du tribunal lui-même. (*Le Juge de Paix*, t. 2, p. 3.)

V. En matière criminelle, lorsque des témoins se trouvent dans l'impossibilité de comparaître devant le juge d'instruction, ce magistrat doit se transporter en leur demeure, s'ils habitent dans le même canton que lui. Dans le cas contraire, le juge d'instruction peut commettre le juge de paix de leur résidence, à l'effet de recevoir leur déposition, et il lui envoie des notes et des instructions pour lui faire connaître les faits sur lesquels ils doivent déposer (*Code d'Inst. crim.*, *art.* 83 *et* 84). Le juge de paix envoie ensuite les dépositions closes et cachetées au juge d'instruction du tribunal saisi de l'affaire (*art.* 85).

VI. Le procureur du roi, exerçant son ministère dans le cas des art. 32 et 46, c'est-à-dire, lorsqu'il y a flagrant délit ou réquisition du maître de la maison dans laquelle un crime ou un délit a été commis, peut, s'il le juge utile et nécessaire, charger un officier de police auxiliaire d'une partie des actes de sa compétence (*art.* 52). Voy. *Flagrant délit.*

VII. Un juge de paix commis en vertu de l'art. 52, peut-il, s'il y a nécessité de faire des perquisitions hors de son canton, adresser une commission rogatoire au juge de paix des lieux où la perquisition devrait être faite?

Nous adoptons l'affirmative, par la raison que ces perquisitions sont toujours urgentes. Or, si l'officier auxiliaire du procureur du roi n'avait pas la faculté de commettre, lorsqu'il s'agit de procéder hors de son canton, un officier du canton de la situation des lieux, il pourrait arriver trop souvent que les pièces de conviction fussent soustraites aux investigations de la police.

Dans le cas où le juge de paix ou tout autre auxiliaire décernerait une pareille commission à un autre officier, ce dernier devrait renvoyer au premier, clos et cachetés, les procès-verbaux et actes qu'il aurait dressés, pour être ensuite transmis au procureur du roi. (Carré, *Droit français*, t. 4, n° 3279.)

COMMUNAUTÉ CONJUGALE. Voy. *Femme.*

COMMUNE RENOMMÉE. On appelle ainsi la notoriété publique, l'opinion générale sur l'existence de certains faits ou sur la consistance et la valeur des biens que quelqu'un possédait à une certaine époque.

I. Le Code civil admet en plusieurs cas ce genre de preuve. *Voyez* les art. 1415, 1442 et 1504.

II. Dans l'enquête par commune renommée, le témoin ne doit pas se borner à déclarer ce qu'il a vu ou entendu, mais il doit émettre son opinion sur la valeur estimative des choses dont on recherche la consistance, comme s'il avait été expert pour en faire l'appréciation, en sorte que les éléments de son opinion peuvent résulter non-seulement de ce qu'il a vu par lui-même, mais encore de l'opinion publique telle qu'il a pu l'apprécier dans le temps. Il y a donc, dans l'enquête par commune renommée, quelque chose d'exorbitant sur les enquêtes ordinaires; mais ce moyen est juste à l'égard de celui qui, omettant de faire inventaire, a voulu se ménager la faculté d'abuser de tout. (Rolland de Villargues, *Répertoire du Notariat*, v° *Commune renommée.*)

III. Cette sorte d'enquête est soumise, d'ailleurs, aux mêmes règles que les enquêtes ordinaires. (*Id.*, *ibid.*)

COMMUNE. Une commune est une société de citoyens unis par des relations locales, soit qu'elle forme une municipalité particulière, soit qu'elle fasse partie d'une autre municipalité. (*Constit. de* 1791, *tit.* 2, *art.* 8; *Loi du* 10 *juin* 1793, *sect.* 1re, *art.* 2. *Chrestien de Poly.*)

I. Nous n'avons à nous occuper ici ni de l'organisation des communes, ni des attributions des corps municipaux (voy. *Autorité municipale*). Nous nous bornerons à tracer quelques principes qu'il est important aux juges de paix de connaître, lorsqu'ils ont à statuer sur des actions intentées par ou contre des communes.

II. Et, d'abord, le droit de suivre les actions qui intéressent les communes est confié aux maires, et, à leur défaut, à leurs adjoints. (*Loi du* 29 *vendémiaire an* 5, *art.* 1er.)

III. Mais une action ne peut être intentée par une commune, qu'après une délibération du conseil municipal, approuvée par le conseil de préfecture (*Code de Procédure, article* 1032; *Loi du* 28 *pluviôse an* 8). Si le conseil de préfecture refuse l'autorisation de plaider, la commune peut déférer son arrêté à la censure du conseil-d'état. S'il l'accorde, la partie adverse n'a pas qualité pour attaquer sa décision.

IV. L'autorisation du conseil de préfecture doit être également demandée par ceux qui veulent intenter contre les communes des actions pour créances *chirographaires* ou *hypothécaires*; mais elle n'est pas exigée pour former contre elles, soit au pétitoire, soit au possessoire, une action à raison *d'un droit de propriété* (*avis du conseil-d'état du 3 juillet* 1806; *ordonnances royales des 4 juin* 1816 et 6 *novembre* 1819). Dans ce dernier cas, c'est à la commune à demander l'autorisation de se défendre. Si le conseil de préfecture l'accorde, le débat s'ouvrira contradictoirement; s'il la refuse, l'affaire sera jugée par défaut, et le jugement, après les significations et les délais voulus par la loi, obtiendra l'autorité de la chose jugée (Henrion de Pansey, *des Biens communaux*, *chap.* 32, § 5).

V. Il peut arriver que deux sections d'une même commune aient à débattre entre elles des intérêts opposés. Alors le sous-préfet de l'arrondissement désigne cinq personnes prises parmi les plus imposées, pour représenter chacune des sections qui ont des prétentions contraires. Les dix personnes ainsi désignées se réunissent chez le sous-préfet, y exposent les motifs de plainte et de contestation des sections qu'elles représentent, et délibèrent s'il y a lieu à intenter ou à soutenir un procès. Lorsqu'il n'y a pas conciliation, le procès-verbal de l'assemblée tendant à obtenir l'autorisation de plaider, est adressé au conseil de préfecture, qui prononce. Si l'autorisation de plaider est accordée, les membres élus par le sous-préfet nomment un d'entre eux, de chaque côté, pour suivre l'action devant les tribunaux. (*Décret du 24 germinal an* 11.)

VI. Dans les communes composées de plusieurs villages ou hameaux, lorsqu'une fraction d'habitants a des droits particuliers à exercer ou à défendre, elle peut se pourvoir soit devant le conseil de préfecture, soit devant le ministre de l'intérieur, soit enfin au conseil-d'état, pour obtenir l'autorisation nécessaire. (*Ordonnance royale du* 24 *mars* 1819.)

VII. C'est à l'autorité administrative seule, et nullement aux tribunaux, qu'il appartient de décider si l'autorisation de plaider, donnée à une commune par le conseil de préfecture, mais non précédée d'une délibération au conseil municipal, est régulière et suffisante. (*Cour de cass.*, 29 *juillet* 1823.)

VIII. Des particuliers ne peuvent ester *ut singuli* (1), par rapport aux biens communaux, que lorsqu'ils sont troublés dans l'exercice du droit qu'ils peuvent avoir *personnellement*, de jouir d'un bien reconnu communal (Favard de Langlade, *Répert.*, v° *Commune*, sect. 3, § 8). Ainsi, des habitants d'une commune ou d'une section de commune, actionnés en délaissement de biens qu'ils ont partagés comme communaux, ne

(1) Les habitants d'une commune agissent *ut singuli*, lorsqu'ils plaident en leur nom et pour des intérêts particuliers ; ils agissent *ut universi*, lorsqu'ils plaident dans l'intérêt de la communauté.

peuvent se défendre sans autorisation (*cour de cass.*, 11 *germinal an 7*). Mais si plusieurs habitants réclament, comme propriétaires riverains d'un marais, un droit de pâturage qui leur appartient en cette qualité, ils ne forment, à cet égard, ni une commune, ni une section de commune, et dès lors ils n'ont pas besoin d'autorisation pour plaider (*cour de cass.*, 15 *novembre* 1828).

IX. La même cour a décidé, le 10 novembre 1812, que les habitants d'une commune peuvent également intenter sans autorisation, *ut singuli*, une action possessoire au sujet d'une entreprise faite sur un terrain communal, quoiqu'ils aient prétendu que cette entreprise était préjudiciable à tous les habitants, s'ils n'ont pas annoncé qu'ils agissaient dans l'intérêt public.

X. La commune doit-elle toujours être mise en cause dans les procès qui concernent l'exercice des droits dont la propriété lui appartient, mais dont l'usage appartient aux habitants?

Oui, si le fond du droit est contesté; non, s'il ne l'est pas.

Le fond du droit est contesté lorsque le propriétaire soutient que les héritages sont affranchis de la servitude à laquelle les habitants prétendent l'assujettir.

Le fond du droit n'est pas contesté lorsque, sans dénier l'existence de la servitude, le propriétaire se borne à prétendre que celui contre lequel il a dirigé son action a mal usé du droit appartenant à la commune, ou qu'il n'a pas le temps de résidence nécessaire pour jouir des prérogatives attachées à la qualité d'habitant.

Dans le premier cas c'est-à-dire, lorsque le prévenu s'enveloppe pour toute défense dans sa qualité d'habitant, et que la difficulté se concentre dans la question de savoir si l'héritage litigieux est grevé de la servitude qui fait l'objet du procés, comme alors le fond du droit est contesté, le juge doit ordonner que la commune sera mise en cause, et toute poursuite demeure suspendue jusqu'à ce que le corps municipal ait fait connaître sa résolution.

Si le maire, dûment autorisé, intervient et prend le fait et cause de l'habitant, celui-ci disparait en quelque sorte : il ne s'agit plus du fait qui lui est personnel; c'est la question générale, c'est le fond du droit, qui va s'agiter entre les parties.

Dans la supposition contraire, c'est-à-dire lorsqu'après en avoir délibéré, le corps municipal refuse d'intervenir et déclare qu'il est sans moyens pour soutenir la prétention élevée au nom de la commune, cette déclaration termine le procès, et le fait imputé à l'individu traduit en jugement, s'il est constató, est puni comme un délit ou une contravention. (Henrion de Pansey, *des Biens communaux*, chap. 32, § 14.)

La cour suprême a consacré cette doctrine par l'arrêt suivant :

«Vu l'art. 1er de la loi du 29 vendémiaire an 5, lequel statue que les administrateurs de la commune (aujourd'hui le maire et l'adjoint) ont seuls l'exercice des actions qui peuvent lui appartenir ;

»Et attendu que de cette disposition il suit que les maires et adjoints des communes ont seuls caractère pour former en justice des demandes ou fournir des défenses sur des droits que la commune peut avoir à réclamer, ou qui lui sont contestés ;

»Attendu, en fait, que les époux Deporte, poursuivis devant le tribunal de police pour une contravention commise dans la forêt d'Evreux, appartenant à la succession bénéficiaire du duc de Bouillon, et conséquemment à des particuliers, se sont défendus de la poursuite en soutenant que, si la femme Deporte avait été trouvée coupant du bois dans cette forêt, elle n'avait fait qu'user d'un droit qui leur appartient comme habitant de la commune des Ventes ;

»Et qu'en demandant que le tribunal de police se déclarât incompétent, ou qu'il sursît à statuer jusqu'à ce que la question préjudicielle par eux élevée fût résolue par le tribunal civil, les époux Deporte ont excipé, non d'un droit qui leur appartînt personnellement, et dont ils pussent jouir et disposer indépendamment du fait de leur habitation dans la commune des Ventes, mais d'un droit qu'ils prétendent appartenir à la collection de ses habitants, et qu'ils ne réclament que comme faisant eux-mêmes partie du corps moral qui la constitue ;

»Mais que le simple habitant d'une commune est sans qualité pour exercer isolément les actions de cette commune et faire valoir les droits dont la défense est exclusivement réservée à ses administrateurs ;

»Que les époux Deporte étaient donc sans qualité pour statuer sur les droits qu'ils disent appartenir à la masse des habitants de la commune, et qu'il ne pouvait s'élever une véritable question préjudicielle qu'autant que les soutiens et les titres de la commune intervenante, et légalement représentée, y auraient donné lieu ;

»Par ces motifs, et après en avoir délibéré en la chambre du conseil, casse et annule le jugement rendu le 25 octobre par le tribunal de simple police d'Évreux. » (Voy. *Le Juge de Paix*, t. 1, p. 205.)

XI. Un particulier n'a pas qualité non plus pour réclamer *personnellement* un droit de passage qu'il prétend public et communal, lorsque le propriétaire du chemin soutient qu'il n'est ni public ni communal, mais bien sa propriété privée. (*Cour de cass.*, 16 *juillet* 1822.)

XII. Lorsqu'un maire a fait dresser, par le garde champêtre, un procès-verbal constatant une prétendue usurpation sur un terrain communal, le prévenu, cité au tribunal correctionnel, à raison de ce délit, peut, après avoir obtenu le renvoi à fins civiles sur la question préjudicielle de propriété, agir par voie de complainte contre la commune, et se faire maintenir par le juge de paix dans la possession du terrain prétendu usurpé. Le procès-verbal est un trouble de droit, suffisant pour autoriser la complainte. (*Cour de cass.*, 10 *janvier* 1827.)

XIII. La loi qui autorise les communes à plaider par l'organe de leurs maires, n'exige pas l'indication spéciale des noms et domicile de ce fonctionnaire. Ainsi, l'assignation donnée à la requête du *maire de la commune de*. . . . , sans aucune dénomination individuelle, est valable. (*Cour de cass.*, 12 *septembre* 1809.)

XIV. L'original d'une assignation donnée à la commune doit, en l'absence du maire ou sur son refus, être visé par le juge de paix du canton, ou par le procureur du roi de l'arrondissement, auquel, en ce cas, la copie en est laissée. L'exploit serait nul, si le *visa* était donné par l'adjoint. (*Code de Procédure, art.* 69 *et* 70 ; *cour de cass.*, 22 *mars* 1813, 10 *février* 1817, 12 *mai* 1830.)

XV. Les habitants d'une commune ne sont reprochables, comme témoins, dans une enquête faite par cette commune, qu'autant qu'à leur qualité d'habitants se rattache un intérêt personnel et immédiat dans la contestation, circonstance dont l'appréciation appartient aux juges de la cause (*cour de cass.*, 29 *juin* 1831). Il n'en est pas de même à l'égard des conseillers municipaux qui ont assisté à la délibération en vertu de laquelle procède la commune. Cette assistance fait justement présumer qu'ils se sont antérieurement prononcés sur les faits du procès, et les rend reprochables. (*Cour roy. de Bourges*, 10 *juin* 1831.)

XVI. L'art. 479, n° 12, du Code pénal de 1832 punit d'une amende de onze à quinze francs inclusivement ceux qui, sans y être dûment autorisés, ont enlevé des chemins publics les gazons, terres ou pierres, ou qui, dans les lieux appartenant aux communes, ont enlevé les terres ou matériaux, à moins qu'il n'existe un usage général qui l'autorise.

Les lieux qui appartiennent aux communes sont les rues, places et fontaines, les églises et autres édifices publics, les pâturages communs, les carrières et tourbières qui peuvent exister dans les fonds qu'elles possèdent, etc.

Le tribunal de police devant lequel un contrevenant invoque, pour sa justification, l'usage général qui autorisait l'enlèvement de terres ou de matériaux pour lequel il est poursuivi, a le droit de vérifier l'existence de cet usage, et le prévenu doit être acquitté si l'usage est reconnu constant.

COMMUNICATION DE PIÈCES. Celui qui fait usage d'une pièce devant la justice, en doit communication à la partie adverse. Comme aucune règle n'est tracée pour cette communication, et qu'elle ne peut pas être l'objet d'écritures devant le tribunal de paix, nous croyons qu'elle doit se faire à l'audience, en présence du juge.

COMPARUTION. C'est l'acte de se présenter en justice, ou devant un notaire ou un autre officier public.

I. Les parties, soit devant le tribunal de paix, soit devant le tribunal de police, peuvent comparaître en personne ou par un fondé de pouvoir spécial. (*Code de Procédure, art.* 9; *Code d'Instr. crim., art.* 152.)

II. Il est des cas cependant où elles sont obligées de se présenter en personne, s'il s'agit, par exemple, de prêter serment.

III. Le juge de paix a-t-il le droit d'ordonner cette comparution, lorsqu'il la croit utile pour arriver à la connaissance de la vérité?

Les art. 119 et 428 du Code de Procédure accordent formellement ce droit aux tribunaux ordinaires et aux tribunaux de commerce. Faut-il conclure, de ce qu'une semblable disposition ne se trouve pas dans le livre premier, consacré aux justices de paix, qu'on a voulu ravir à cette magistrature la faculté d'interroger les parties, et de puiser dans leurs réponses des éléments de conviction? Nous ne saurions le penser. Dans toutes les questions de fait, l'interrogatoire des parties est un des plus sûrs moyens pour découvrir la vérité, et il serait bizarre, lorsque ce moyen a été permis à tous les tribunaux, qu'on l'eût interdit aux juges de paix.

Si la partie qui doit subir l'interrogatoire était, pour cause de maladie, dans l'impossibilité de se rendre à l'audience, le juge de paix pourrait se transporter chez elle et recevoir ses déclarations. Dans le cas où elle serait éloignée, il pourrait commettre le juge de paix du lieu où elle habite pour l'interroger et dresser procès-verbal de ses réponses. (*Arg. des art.* 326 *et* 428 *du Code de Procéd.*)

IV. Nous avons traité, au mot *Audience*, section 2, des résultats que peut amener la comparution des parties, lorsqu'elles ne conservent pas le respect et la révérence qui sont dus à la justice.

COMPARUTION VOLONTAIRE. Aux termes de l'art. 7 du Code de Procédure, les parties peuvent toujours se présenter volontairement devant le juge de paix, auquel cas il juge leur différent, soit en dernier ressort, si les lois ou les parties l'y autorisent, soit à la charge de l'appel, encore qu'il ne soit le juge naturel des parties, ni à raison du domicile du défendeur, ni à raison de la situation de l'objet litigieux.

La déclaration des parties qui demandent jugement doit être signée par elles, ou mention est faite qu'elles ne peuvent signer.

II. Les parties ne pourraient s'adresser au suppléant du juge de paix lorsque celui-ci n'est pas empêché, pour en obtenir la décision de leur différent, parce que le suppléant n'a de caractère qu'en cas d'empêchement du juge, et que si l'on a des raisons pour soustraire à celui-ci la connaissance d'une affaire, on ne le peut qu'à l'aide de la récusation. (*Bibliothèque du Barreau,* 1810, première partie, p. 218; *Questions de Lepage,* page 71.)

III. Levasseur, n° 64, dit que la déclaration faite par les parties au juge de paix qu'elles lui demandent jugement sans citation préalable, ayant, à certains égards, l'effet d'un compromis, ne peut être régulièrement faite que par ceux qui sont entièrement maîtres de leurs droits. Ainsi les mineurs, les hospices, les tuteurs, les administrateurs des biens d'autrui, qui ne peuvent compromettre, ne peuvent passer une pareille déclaration. Il faut, à leur égard, citation préalable, et ils ne peuvent pas proroger la juridiction. Cette opinion est partagée par M. Dumoulin, *Biblioth. du Barreau,* 1810, première partie, p. 217.

Nous concevons très-bien le motif qui s'oppose à la prorogation (voy. *Prorogation de juridiction*). C'est là, en effet, une espèce de compromis, interdit à ceux qui administrent pour le compte d'un tiers. Nous accorderons encore, contre le sentiment de Carré, que les individus désignés plus haut ne pourraient valablement se présenter devant un juge de paix qui ne serait pas le juge naturel de la contestation à vider, parce que cet acquiescement, cette soumission à une juridiction étrangère, nous paraît en dehors de leur mandat, et qu'il pourrait en résulter de graves inconvénients. Mais ce que nous ne saurions admettre, c'est qu'il faille une citation préalable pour se présenter devant le juge de paix appelé par la loi à connaître de l'action en litige, et pour lui en soumettre la décision sans rien ajouter à ses attributions ordinaires. L'unique résultat de cette comparution étant une économie de frais, il n'y a aucune raison pour l'interdire à qui que ce soit.

IV. La déclaration exigée par l'art. 7 peut être signée par un mandataire muni d'un pouvoir *ad hoc*. (Carré, *Lois de la Procédure civile*, note 31 sur l'art. 7.)

V. La décision du juge de paix, rendue sans citation préalable, est un véritable jugement. Il doit en être fait minute, laquelle sera placée avec les autres au greffe.

Il doit aussi être fait minute de la déclaration des parties qu'elles demandent jugement. Ces deux actes doivent être dressés par le juge de paix assisté de son greffier. (*Levasseur*, n° 62.)

VI. « Dans les matières de peu d'importance, dit le même auteur, n° 63, il arrive fréquemment qu'on ne rédige ni la déclaration, ni le jugement. Les parties exécutent de bonne foi, et souvent sur-le-champ, la décision verbale. Il n'y a pas d'inconvénient dans cette marche, qui ménage le temps précieux des juges de paix, très-occupés, surtout dans les villes. »

Que cette marche présente un grand avantage sous le rapport du temps et des frais, c'est ce qu'il est impossible de contester. Nous ne conseillerons pas cependant aux juges de paix de la suivre, à moins qu'ils ne soient bien assurés de la bonne foi des parties ou qu'ils ne soient les juges naturels de la contestation. Encore s'exposeraient-ils même, dans ce cas, aux reproches de l'administration de l'enregistrement. (Voy. *Le Juge de Paix*, t. 2, p. 29.)

VII. En matière de simple police, les parties peuvent également comparaître volontairement, sans qu'il soit besoin de citation (*art. 147 du Code d'Instr. crimin.*). Voy. *Jugement par défaut*.

COMPENSATION. C'est une libération réciproque entre deux personnes qui se trouvent créancières et débitrices l'une de l'autre, de manière que chacune d'elles retient en paiement de la somme qui lui est due, celle qu'elle doit à l'autre. *Compensatio est debiti et crediti inter se contributio*. L. 1, ff., *de Compens.*

I. « La compensation s'opère de plein droit par la seule force de la loi, même à l'insu des débiteurs. Les deux dettes s'éteignent réciproquement, à l'instant où elles se trouvent exister à la fois, jusqu'à concurrence de leurs quotités respectives » (*art.* 1290 *du Code civil*). Il y a lieu à l'application de ce principe, quelles que soient les causes de l'une ou l'autre des dettes (*art.* 1293), et alors même que l'une des créances procède d'un titre exécutoire, et l'autre d'un simple billet (*cour de cass.*, 28 *messidor an* 13).

II. La disposition que nous venons de citer déroge à l'article 1244, d'après lequel le débiteur ne peut forcer le créancier à recevoir en partie le paiement d'une dette, même divisible. En matière de compensation, une créance peut s'éteindre partiellement, *jusqu'à concurrence* de la créance opposée.

III. Mais l'art. 1291 exige le concours de plusieurs conditions pour que la compensation puisse s'opérer.

Il faut d'abord que les deux dettes aient également pour objet une somme d'argent ou une certaine quantité de choses fongibles de la même espèce. Ainsi, des denrées ne peuvent se compenser avec de l'argent, du vin ne peut se compenser avec du blé, de l'eau-de-vie de Bordeaux ne pourrait se compenser avec de l'eau-de-vie d'Orléans, etc. Bref, la compensation doit être rejetée toutes les fois qu'elle ne peut s'opérer sans contraindre une des parties à recevoir autre chose que ce qui lui est dû.

IV. On observera cependant que la loi admet la compensation entre la dette d'une somme d'argent, et la dette d'une prestation en grains ou denrées non contestée, dont le prix se trouve réglé par les mercuriales (*art.* 1291). Si le prix des denrées n'était point réglé par les mercuriales, et qu'il fallût le faire régler par experts, la compensation ne pourrait s'opérer de droit (*Toullier*, t. 7, n° 368).

V. La seconde condition, c'est que les dettes soient également liquides. Une dette est liquide lorsqu'*il est constant qu'il est dû, et combien il est dû; cùm certum est an et quantum debeatur.* Ainsi un droit litigieux, un compte non arrêté, en un mot, une dette incertaine ou dont la quotité ne serait pas fixée, ne pourrait être opposée en compensation. Un arrêt de la cour de cassation, du 3 février 1819, a décidé que la créance d'un médecin, pour ses honoraires, devait être considérée comme liquide, bien qu'elle fût assujettie au réglement du jury médical, si, d'ailleurs, elle n'était pas contestée au fond.

Si l'une des dettes seulement est liquide, et que l'autre soit sujette à contestation, ce n'est pas alors le cas de la compensation légale, mais simplement de la réconvention (*cour de cass.*, 19 *mars* 1811). La question de savoir si une dette est ou non liquide, est abandonnée à l'arbitrage des juges (*Menoch.*, *de Arbitr. judic.*, cent. 1, cas. 14; *Toullier*, t. 7, n° 371).

VI. La troisième condition, sans laquelle il n'y a point de compensation, c'est que les deux dettes soient également exigibles (*art.* 1291). Ainsi, une dette prescrite ne peut compenser une dette non prescrite, parce que le créancier de la première n'a aucun moyen pour en *exiger* le paiement; ainsi une dette conditionnelle ne saurait entrer en compensation avec une dette pure et simple, ni une créance saisie avec une dette qui est libre (*art.* 1298); ainsi le capital d'une rente constituée ne peut être opposé en compensation; ainsi enfin une dette échue ne peut être compensée avec une dette à terme. Cependant, d'après l'art. 1292, le terme de grâce n'est point un obstacle à la compensation. Le terme de grâce est celui qui a été accordé par le juge.

VII. Mais la condition *résolutoire* apposée à une créance n'en empêche pas la compensation avec une dette pure et simple. Dans ce cas, en effet, non seulement il y a dette, mais dette exigible. (*Toullier*, t. 7, n° 374.)

VIII. Enfin, pour que la compensation légale ait lieu, il faut que les créances et dettes à compenser soient *personnelles*, soit à celui qui oppose la compensation, soit à celui à qui elle est opposée. La compensation de ce que je dois à mon créancier personnel ne peut donc se faire de plein droit avec ce qu'il doit à mes enfants, aux mineurs dont je suis le tuteur, à ceux dont j'administre les biens et dont je suis l'agent ou le mandataire, à ma femme, séparée de biens, ou dont les créances sont exclues de la communauté; mais je puis opposer la compensation de ce qui était dû à celui qui m'a cédé ses droits; car, par la cession, je suis devenu propriétaire de sa créance.

Je ne puis non plus opposer à mon créancier personnel ce que me doivent son père, ses enfants, ceux dont il est l'agent ou le mandataire, sa femme séparée de biens, ou dont les dettes sont exclues de la communauté par une clause de séparation de dettes, pourvu qu'en ce dernier cas il justifie, par un inventaire, qu'il ne lui reste entre les mains aucuns deniers, aucuns meubles appartenant à sa femme. Autrement, il serait tenu des dettes de cette dernière, sur tous les biens de la communauté, et obligé de souffrir la compensation.

De même, si en qualité de tuteur, d'administrateur, préposé, agent ou mandataire, Titius me demande ce que je dois aux personnes dont il exerce les droits, je ne pourrai lui opposer en compensation que ce qui m'est dû par les personnes au nom desquelles il agit, et non ce qu'il me doit personnellement. (*Toullier*, t. 7, n° 375.)

IX. « La caution peut opposer la compensation de ce que

le créancier doit au débiteur principal; mais le débiteur principal ne peut opposer la compensation de ce que le créancier doit à la caution.

» Le débiteur solidaire ne peut pareillement opposer la compensation de ce que le créancier doit à son co-débiteur. » (*Art.* 1294.)

X. Le débiteur qui a accepté purement et simplement la cession qu'un créancier a faite de ses droits à un tiers, ne peut plus opposer au cessionnaire la compensation qu'il eût pu, avant l'acceptation, opposer au cédant.

« A l'égard de la cession qui n'a point été acceptée par le débiteur, mais qui lui a été signifiée, elle n'empêche que la compensation des créances postérieures à cette notification. » (*Art.* 1295.)

XI. L'héritier représentant la personne du défunt, la compensation d'une créance qu'on avait sur celui-ci peut s'opérer avec une somme dont on est redevable à l'héritier. Si néanmoins ce dernier n'avait accepté la succession que sous bénéfice d'inventaire, comme il ne confond point en ce cas ses biens personnels avec ceux de la succession, la compensation de ses dettes ou de ses créances personnelles avec les créances ou les dettes de la succession ne peut s'opérer de plein droit. Mais cette disposition, qui empêche la confusion des droits de l'héritier bénéficiaire avec ceux de la succession, n'est établie qu'en sa faveur. Il peut y renoncer et demander la compensation, quoiqu'on ne pût la lui opposer à lui-même. Ainsi, l'héritier bénéficiaire, créancier personnel d'un créancier de la succession, peut exiger son paiement de ce créancier, sauf à ce dernier à former son opposition pour la conservation de ses droits; mais l'héritier peut opposer la compensation de son crédit personnel avec ce qui est dû à son débiteur par la succession. (*Toullier*, t. 7, n° 380.)

XII. Les dettes particulières de chaque associé ne peuvent être opposées en compensation avec les dettes de la société, et *vice versa*.

XIII. Il est trois cas où la compensation légale est inadmissible (*art.* 1293); 1° lorsqu'il s'agit de la demande d'une chose dont le propriétaire a été injustement dépouillé. Exemple : Paul doit cent francs à Jacques. Celui-ci s'empare d'un sac d'argent contenant une somme égale, qui appartient à son débiteur. Actionné en restitution du sac, il ne pourra opposer la compensation, parce que Paul avait été injustement dépouillé.

2°. La demande relative à la restitution d'un dépôt ou

d'un prêt à usage n'est également susceptible d'aucune compensation.

3°. Il en est de même d'une dette qui a pour cause des aliments déclarés insaisissables par la loi ou par la volonté du disposant. La raison en est que le débiteur d'une pension alimentaire ne doit pas être traité plus favorablement, pour ce qui lui est dû à lui-même, que les autres créanciers. (*Pothier*, t. 3, n° 624.)

XIV. « Lorsqu'il y a plusieurs dettes compensables dues par la même personne, on suit, pour la compensation, les règles établies pour l'imputation par l'art. 1256, c'est-à-dire que la compensation s'opère sur la dette que le débiteur a le plus d'intérêt d'acquitter. Si les dettes sont d'égale nature, l'imputation se fait sur la plus ancienne ; toutes choses égales, elle se fait proportionnellement. » (*Art.* 1297.)

XV. La compensation peut être proposée en tout état de cause, et même en appel. (*Code de Proc., art.* 464)

XVI. La compensation équivaut à un paiement, *solutionis vicem obtinet*. Elle a pour effet l'extinction à due concurrence de la dette sur laquelle elle s'opère. De là plusieurs conséquences :

1°. Elle fait cesser les intérêts, c'est-à-dire que si l'une des créances produisait des intérêts, ils cessent de courir de plein droit, quoique l'autre créance n'en produise point. Toutefois, comme les intérêts doivent être acquittés avant le capital, on les y réunit, et on compense le tout, jusqu'à due concurrence, avec le capital dont l'autre partie est créancière.

2°. Elle arrête la prescription, pourvu qu'au moment où la dette était exigible, la prescription de la créance opposée ne fût pas consommée. Par exemple, Paul, débiteur de Pierre, en 1810, d'une somme de 100 francs, est devenu, en 1830, son créancier de pareille somme payable seulement en 1845. Il aura, à cette dernière époque, le droit de se faire payer les 100 francs que Pierre lui doit, sans craindre que celui-ci puisse lui opposer la compensation de la dette de 1810, éteinte par la prescription; tandis que si la créance de Paul s'était trouvée exigible en 1830, la compensation aurait, dès ce moment, éteint les deux dettes, et il ne pourrait actionner Pierre. (*Nouveau Denisart*, § 2 ; Rolland de Villargues, *Jurisprudence du Notariat*, v° *Compensation*, n° 164.)

3°. Elle donne lieu à la répétition de la dette payée par erreur; c'est-à-dire que si j'ai payé une dette qui était éteinte par compensation avec une autre somme dont mon créancier m'était redevable, je pourrai répéter ce que j'ai donné comme payé indûment, par l'action *condictio indebiti;* et cela, même alors que j'aurais payé en vertu d'un jugement de condamnation rendu sans que j'eusse opposé de compensation, ou sans que le juge y eût statué. (*Pothier*, n° 640.)

XVII. Quoique la compensation s'opère de plein droit, il dépend du débiteur d'y renoncer lorsqu'elle lui est acquise; mais le paiement dont nous venons de parler n'est point assimilé à une renonciation. (*Cour royale de Pau*, 10 *mai* 1826.)

XVIII. Il y a une renonciation tacite, lorsque le débiteur a accepté purement et simplement la cession qu'un créancier a faite de ses droits à un tiers. Il ne peut, alors, opposer au cessionnaire la compensation qu'il eût pu, avant l'acceptation, opposer au cédant (*Code civil*, *art.* 1295). Il en serait autrement si l'acceptation avait été le résultat d'une erreur ou de l'ignorance où était le débiteur cédé de l'existence de sa créance contre le cédant.

XIX. Il y a encore renonciation tacite, lorsque l'acquéreur d'un immeuble, créancier de son vendeur, s'est obligé, dans l'acte, à payer certaines dettes de celui-ci. Les créanciers en faveur desquels la délégation a été faite auraient le droit de s'opposer à ce que l'acquéreur prétendît postérieurement compenser le prix de son acquisition, ou cette partie du prix avec ses créances personnelles.

XX. On ne peut renoncer d'avance à la compensation, pas plus qu'on ne peut d'avance renoncer à la prescription. (*Toullier*, t. 7, n° 393.)

XXI. Il est une espèce de compensation qui ne s'opère point de plein droit, et que les auteurs appellent *facultative.* Nous en avons donné déjà un exemple dans le n° XI. Elle a lieu dans tous les cas où le créancier d'une somme ou d'une chose non sujette à compensation, comme un dépôt, une pension alimentaire, etc., renonce à son privilége, et demande à compenser sa créance avec une autre qui n'est pas privilégiée.

Les résultats de cette compensation facultative diffèrent des résultats de la compensation légale, en ce que la première ne produit d'effet que du jour où elle est proposée, tandis que celle-ci opère, par la seule volonté de la loi, du moment où les deux qualités de créancier et de débiteur se sont trouvées concourir dans les mêmes personnes. De là cette conséquence, que si la somme privilégiée ne produisait point d'intérêts, comme dans le cas du dépôt, les intérêts de la créance opposée ne seront éteints qu'à partir du jour où le propriétaire du dépôt aura déclaré son intention de compenser.

XXII. On verra, à l'article *Réconvention*, l'influence que peut exercer sur la compétence ou sur le ressort, la compensation opposée par voie d'exception devant le tribunal de paix.

XXIII. Y a-t-il lieu à compensation en matière d'injures ou de voies de fait?

La coutume de Bretagne, conforme au droit romain sur ce point, contenait la disposition suivante : « En injures verbales il y a compensation, pourvu que l'une injure soit aussi grande que l'autre. »

Mais aujourd'hui qu'on n'admet plus la distinction des lois romaines entre les délits publics et les délits privés, et que tout délit, de quelque nature qu'il soit, donne essentiellement lieu à l'action publique, les injures et les délits légers ne se compensent plus quant à l'amende ou à l'emprisonnement qui en est la peine. Ceux qui s'en sont rendus coupables les uns envers les autres, doivent être également punis, sauf au juge à user, envers l'agresseur, d'une plus grande sévérité.

Cependant, si le juge de paix n'était appelé à statuer que comme juge civil sur l'action en dommages, nous pensons qu'il devrait examiner la gravité des injures ou des voies de fait réciproques, et admettre la compensation si elles étaient à peu près égales. Il ne s'agit alors, en effet, que de la réparation d'un préjudice causé, et quand le préjudice est le même de part et d'autre, chaque partie ayant le même droit, il y a extinction d'une dette par l'autre. (Voy. *Injure.*)

COMPÉTENCE. C'est, en général, le droit attribué par la loi à tout fonctionnaire d'exercer ou faire tous les actes de son ministère sur de certaines choses (*Berriat-Saint-Prix*). Dans un sens moins étendu, la compétence est le droit que la loi défère au juge d'exercer sa juridiction sur certaines matières spécifiées par elle; *est potestas quæ judici competit.*

I. Il ne faut pas confondre la *compétence* avec la *juridiction.* La juridiction est le droit ou le pouvoir du juge; la compétence est la mesure de sa juridiction. (*Carré.*)

II. Nous écarterons de cet article toutes les attributions des juges de paix qui ne sont pas proprement judiciaires (voyez *Conciliation*, *Conseil de Famille*, etc.). Nous renverrons également aux mots *Brevet d'invention*, *Douanes*, *Octroi*, pour tout ce qui concerne les matières régies par une législation à part. Notre but est de tracer seulement, pour les magistrats auxquels cet ouvrage est consacré, les règles de leur compétence en matière civile ordinaire. Quant à leur compétence en matière de répression, il en est traité aux articles *Contravention*, *Délits ruraux et forestiers*, et *Tribunal de police.*

III. On sait que les juges de paix ne peuvent connaître ni

des actions *réelles*, ni des actions *mixtes*, à l'exception de celles qui ont uniquement la possession pour objet. (Voy. *Actions possessoires.*)

IV. Quant aux actions personnelles, la connaissance ne leur en est déférée que dans une certaine mesure, savoir : jusqu'à 50 fr. en dernier ressort, et jusqu'à 100 fr., sauf l'appel, à moins qu'elle ne soit prorogée par le consentement des parties, dans les cas et sous les conditions que la loi détermine.

Ces premières notions sur la compétence indiquent la division que nous allons suivre.

§ Ier. *De la Compétence en général.*

I. La compétence des juges de paix, au civil, est soumise à plusieurs règles ; les unes relatives à la nature et à l'importance de la demande ; les autres au domicile du défendeur ou à la situation de l'objet litigieux.

II. On trouve dans les art. 9 et 10, tit. 3, de la loi du 24 août 1790, l'énumération des *causes* ou *actions* dont le jugement appartient aux tribunaux de paix. « Le juge de paix connaîtra, porte l'art. 9, de toutes les causes purement personnelles et mobilières, sans appel, jusqu'à la valeur de 50 fr., et à charge d'appel, jusqu'à la valeur de 100 fr. En ce dernier cas, ses jugements seront exécutoires par provision, nonobstant appel, en donnant caution » (voy. *Action* et *Actions personnelles et mobilières*). *Art.* 10. « Il connaîtra de même, sans appel, jusqu'à la concurrence de 50 fr., et à la charge d'appel, à quelque valeur que la demande puisse monter :

1° Des actions pour dommages faits, soit par les hommes, soit par les animaux, aux champs, fruits et récoltes ;

2° Des déplacements de bornes, des usurpations de terre, arbres, haies, fossés et autres clôtures, commis dans l'année ; des entreprises sur les cours d'eau servant à l'arrosement des prés, commises pareillement dans l'année, et de toutes autres actions possessoires ;

3° Des réparations locatives des maisons et fermes ;

4° Des indemnités prétendues par les fermiers ou locataires pour non jouissance, lorsque le droit de l'indemnité n'est pas contesté, et des dégradations alléguées par le propriétaire ;

5° Du paiement des salaires des gens de travail, des gages des domestiques, et de l'exécution des engagements respectifs des maîtres et de leurs domestiques ou gens de travail ;

6° Des actions pour injures verbales, rixes et voies de fait, pour lesquelles les parties ne se seraient pas pourvues par la voie criminelle.

III. Tels sont les objets qui tombent sous la juridiction générale des juges de paix. Il est maintenant des règles particulières établies pour chacune des branches de leur juridiction ainsi définie.

La première de ces règles, c'est qu'en matière purement personnelle ou mobilière, l'action doit être portée devant le juge du domicile du défendeur, et si le défendeur n'a pas de domicile, devant le juge de sa résidence. *Actor sequitur forum rei* (*art.* 2 *du Code de Proc.*). Voy. *Citation*, § 1er, n°s 11 et suivants.

S'il y a plusieurs défendeurs, on peut citer devant le juge de l'un d'eux, au choix du demandeur. (*Code de Procéd., art.* 59.)

En matière de garantie, on cite devant le juge où la demande originaire est pendante. (*Art.* 32 *et* 59.)

Si l'action a pour objet le paiement de frais faits par un officier ministériel, attaché à la justice de paix, comme un greffier ou un huissier, elle doit être portée devant ce tribunal.

La seconde règle, c'est que l'on doit s'adresser au juge de la situation de l'objet litigieux, lorsqu'il s'agit d'une des actions comprises dans les quatre premiers numéros de l'art. 10 de la loi du 24 août. (*Code de Procéd., art.* 3.)

IV. Un principe enfin qu'il ne faut point perdre de vue, c'est que la compétence, comme le ressort, se règle par la demande et non par la condamnation. *Quoties de quantitate ad judicem pertinente quæritur, semper quantum petatur quærendum est, non quantum debeatur.* (*Cour de cass.*, 11 *avril* 1827.)

Mais on remarquera que la demande pouvant se modifier jusqu'au jugement, ce sont les conclusions définitives, et non pas celles de l'exploit introductif d'instance, qui fixent la compétence et le ressort. (*Cour de cass.*, 11 *avril* 1831.)

La même cour a jugé, le 6 juillet 1814, que si les conclusions ne sont réduites qu'en l'absence du défendeur, la compétence reste déterminée par la demande primitive. C'est qu'en effet le défendeur, cité en condamnation d'une somme qui excède le taux de la compétence du tribunal où on l'appelle, a dû s'en rapporter à la loi elle-même, qui défend au juge de sortir du cercle qu'elle lui a tracé, et n'est pas tenu de se présenter devant un tribunal qui est forcé de se déclarer incompétent sur le simple vu de la citation. Cette citation, d'ailleurs, est acquise au défendeur, et les modifications qu'elle subit tandis qu'il est défaillant, lui demeurent étrangères.

V. La valeur de l'action se compose, non-seulement de la demande principale, mais encore des intérêts échus ou des dommages-intérêts que l'on réclame, si la cause en remonte à une époque antérieure à la citation. On y joint aussi les frais d'enregistrement du titre de créance dont le paiement est poursuivi (*cour royale de Paris*, 7 *novembre* 1825). Quant aux intérêts, dommages-intérêts et frais dont l'origine et la cause sont postérieures à la demande, ils n'influent en rien sur la compétence et le ressort (Merlin, *Répert.*, v°. *Dernier ressort*, § 11 ; *cour d'Amiens*, 30 *décembre* 1825).

VI. Il est des actions même personnelles et mobilières, qui ne peuvent être portées devant la justice de paix, quelque minime qu'en soit la valeur. Ce sont celles dont la connaissance est attribuée par la loi à un autre tribunal. Ainsi les actions en paiement des droits que la régie de l'enregistrement est chargée de recouvrer, appartiennent exclusivement au tribunal civil (*Loi du* 22 *frimaire an* 7, *art.* 64). Ainsi, toutes les contestations relatives aux engagements et transactions entre négociants, marchands et banquiers, toutes les contestations relatives à des actes de commerce entre toutes personnes, sont du ressort exclusif du tribunal de commerce (*Code de Commerce, art.* 631). Ainsi, encore, les contestations entre associés de commerce pour raison de la société, sont exclusivement déférées à un tribunal arbitral (*art.* 51 *du même Code*).

VII. Lorsque, sur une demande de la compétence du juge de paix, le débiteur élève une exception prise dans la qualité de l'une des parties, peut-on appliquer le principe que *le juge de l'action est le juge de l'exception?* Si, par exemple, assigné en paiement d'une somme de 100 fr. dont on prétend que je suis débiteur comme héritier de Jacques, mon cousin, je dénie cette qualité, le juge de paix pourra-t-il statuer sur cet incident?

M. Longchampt se prononce pour l'affirmative, en se fondant sur le principe que nous venons de rappeler.

C'est à notre avis une grave erreur. Il ne faut pas oublier que le tribunal de paix est un tribunal exceptionnel, institué pour juger certain genre de causes, *certum genus causarum*. Hors de là, il n'a plus de juridiction, plus de pouvoir ; ses décisions seraient entachées d'un vice radical qui les exposerait infailliblement à la censure de la cour suprême.

La règle que *le juge de l'action est le juge de l'exception*, vraie pour les tribunaux ordinaires, ne peut s'appliquer aux autres juridictions que lorsque, par sa nature, l'exception rentre dans le cercle de leurs attributions légales. Ainsi, que dans une instance en justice de paix il s'élève une question de propriété, ou qu'une des parties s'inscrive en faux contre le titre de son adversaire, cet incident, s'il ne dessaisit pas le juge de paix de l'action principale, l'oblige du moins à surseoir, jusqu'à ce qu'il y ait été statué par la juridiction compétente.

Dans l'espèce posée, le juge de paix condamnera-t-il le défendeur, sur la simple allégation du demandeur, à lui payer une somme due par l'héritier de Jacques, lorsque ce défendeur prétend n'être pas héritier? ou bien admettra-t-il le demandeur à prouver que son adversaire a fait des actes d'héritier, et se constituera-t-il l'appréciateur de ces actes?

Il y a ici une incompétence, *ratione materiæ*, devant laquelle la règle invoquée doit nécessairement fléchir.

Cette démonstration acquerra le dernier degré d'évidence, si l'on étend la supposition. Non seulement le défendeur soutient qu'il n'est pas héritier de Jacques, mais il produit la renonciation qu'il a faite, au greffe, à tous ses droits sur la succession de ce dernier. Le demandeur prétend que cette renonciation est nulle dans la forme, ou que le défendeur l'a anéantie par des actes qui font légalement présumer une adition d'hérédité. Le juge de paix, saisi de l'action, aurait donc le droit, en statuant sur la valeur de la répudiation, de fixer sur la tête du défendeur une qualité indivisible de sa nature, qui, une fois acquise, ne peut plus se perdre, et dont les conséquences seraient incalculables!

Tenons pour certain que devant les tribunaux exceptionnels, comme la justice de paix, les incidents qui s'élèvent dans une instance principale ne peuvent être jugés avec le fond qu'autant qu'ils appartiennent, par leur nature, à la juridiction de ces tribunaux.

VIII. Si l'exception du défendeur avait pour fondement la nullité de l'obligation dont on réclame l'exécution, le juge de paix pourrait en connaître (*cour de cass.*, 2 *février* 1814). Il faut bien, en effet, qu'avant d'ordonner l'exécution d'un titre, le magistrat vérifie si ce titre est légitime et régulier.

IX. Lorsqu'une cause soumise à un juge de paix présente deux chefs distincts, l'un relatif à un objet qui sort de sa juridiction, l'autre pour lequel il est compétent, il doit se borner à statuer sur ce dernier chef, et renvoyer l'autre devant les juges compétents. C'est ce qui a été décidé par la cour de cassation le 21 pluviôse an 10.

« Considérant, porte l'arrêt, que l'instance introduite devant le tribunal de première instance de Pont-l'Evêque avait deux objets distincts, l'exécution de la vente verbale faite par Duhamel à Patin, de la récolte de plusieurs prés et des herbes d'une pièce de terre appelée Herbage du Parc, et le dommage qu'avaient dû causer au premier des bestiaux mis par le second en pâture dans cet herbage; que ce dernier objet seul avait été renvoyé au juge de paix, conformément à l'article 10, tit. 3, de la loi de 1790; que cependant ce juge ne s'est pas borné à statuer sur le fait du dommage allégué par Duhamel; qu'il a entendu des témoins sur le mode d'exploitation des herbes vendues à Patin, ainsi que sur la durée du temps pendant lequel il devait avoir la jouissance de l'herbage du Parc, et a, d'après leurs dépositions, débouté Duhamel de ses demandes; qu'il a ainsi jugé des questions qui ne lui avaient pas été et n'avaient pas dû lui être renvoyées, puisque la contestation des parties n'était pas, en ce qui concerne la vente faite entre elles, une cause purement personnelle et mobilière, et qu'elle excédait d'ailleurs de beaucoup la somme au-delà de laquelle la justice de paix cesse d'être compétente pour prononcer sur les causes de cette nature, même à la charge de l'appel, etc. »

X. Un juge de paix qui s'est déclaré incompétent pour connaître d'une question de propriété ou de servitude, ne peut statuer sur une partie de la demande connexe à cette question. Et, par exemple, après avoir déclaré son incompétence pour prononcer sur une demande en revendication d'un droit *de tour d'échelle*, ce magistrat ne peut juger la demande formée par la même personne, en réparation du mur litigieux. (*Cour de cass.*, 3 *pluv. an* 12.)

XI. Le juge de paix ne peut pas connaître non plus d'une demande en déguerpissement d'un immeuble vendu, intentée par l'acquéreur contre le vendeur, quoique ce dernier soutienne que le contrat lui a été extorqué. Ainsi jugé par la cour de cassation dans l'espèce suivante :

Le sieur Saubiac avait vendu, par acte public, au sieur Lavergne, des immeubles au milieu desquels se trouvaient des bâtiments servant à l'exploitation des domaines. Le vendeur étant resté en possession des bâtiments, Lavergne le cite devant le juge de paix pour le faire condamner à vider les lieux, et à lui payer 50 francs d'indemnité. Saubiac répond que le contrat de vente lui a été extorqué et que, d'ailleurs, Lavergne lui avait promis de ne pas en exiger l'exécution à la rigueur.

Le 15 juillet 1806, jugement en dernier ressort par lequel « attendu que le contrat de vente ne contient aucune réserve pour les bâtiments de la part du vendeur; que tout acte doit être exécuté, et que nulle preuve contraire au texte des conventions ne peut être reçue, Saubiac est condamné à vider les bâtiments par lui vendus, et à 10 francs de dommages. » Sur le pourvoi de Saubiac, arrêt qui casse cette sentence, par le motif, 1° que l'action sur laquelle elle est intervenue, ayant pour but le déguerpissement d'un immeuble, n'était dans aucune des espèces dont la connaissance est attribuée aux juges de paix; 2° que, d'ailleurs, la valeur de l'action était indéterminée; d'où il résultait à la fois une incompétence radicale et un excès de pouvoir (4 *mai* 1808).

§ II. *Compétence spéciale.*

En rentrant dans les attributions particulières des juges de paix, on trouve que leur compétence est *limitée* en certaines matières, et que, pour d'autres, elle est *indéterminée.*

Il convient de l'examiner sous ce double rapport, dans deux articles distincts, qui compléteront ce qui concerne la compétence *légale.*

Nous traiterons ensuite, et dans un dernier paragraphe, de la *prorogation* de compétence, soit par la disposition de la loi, soit par la volonté des parties.

Article Ier. *Compétence limitée.*

I. La compétence du juge de paix n'est limitée que pour les actions purement personnelles ou mobilières. D'après l'art. 9 de la loi du 24 août 1790, il ne peut en connaître, en dernier ressort, que jusqu'à la somme de 50 francs; et à charge d'appel jusqu'à 100 francs. Au nombre de ces actions se placent les demandes en réparations civiles, qui prennent leur fondement dans un délit ou même dans un crime. (Voy. *Act. civil.*, *sect.* 3, n° 2.)

II. De là plusieurs conséquences.

Et d'abord, si l'objet de la demande est d'une valeur indéterminée, comme dans la revendication d'un meuble, le juge de paix doit se déclarer incompétent, à moins que le demandeur n'ait laissé à la partie adverse l'option de lui restituer le meuble ou de lui payer une somme de 100 francs au plus pour lui en tenir lieu. Cette alternative servirait à fixer la valeur de l'action. (*Henrion de Pansey*, chap. 16.)

III. Il est une autre espèce d'actions personnelles et mobilières qui peuvent également être portées devant le tribunal de paix, quoiqu'elles paraissent indéterminées de leur nature. Ce sont celles qui prennent leur source dans des redevances annuelles de fruits ou autres denrées. Le juge de paix sera compétent pour en connaître, si, d'après les *mercuriales* produites, ou la fixation faite par le demandeur, ces prestations sont d'une valeur inférieure à 100 francs, pourvu que le titre n'en soit pas contesté. (*Henrion de Pansey*, chap. 16; Carré, *Lois d'organisation et de compétence*, t. 2, n° 390.)

IV. Lorsque plusieurs créances provenant de diverses causes sont réclamées simultanément contre le même débiteur, le juge de paix ne peut en connaître, si elles excèdent en totalité le taux de sa compétence, quoique chacune d'elles y soit inférieure séparément. (*Cour de cass.*, 10 *avril* 1813; *Henrion de Pansey*, chap. 13.)

Nous rappellerons à cet égard la disposition de l'art. 1346 du Code civil, qui porte : « Toutes les demandes, à quelque titre que ce soit, qui ne seront pas entièrement justifiées par écrit, seront formées dans un même exploit, après lequel les autres demandes dont il n'y aura point de preuves par écrit, ne seront pas reçues. » (Voy. *Le Juge de Paix*, t. 3, p. 261 et 309.)

Si toutes les demandes étaient justifiées par écrit, et que le créancier les portât successivement devant le juge de paix, ce magistrat, n'ayant à statuer chaque fois que sur une action d'une valeur inférieure à 100 francs, serait incontestablement dans le cercle de sa juridiction.

V. Mais sa juridiction cesserait dans le cas suivant : Paul a souscrit à Pierre une promesse de 300 francs payables par tiers. A l'échéance du premier terme, Pierre cite son débiteur devant le juge de paix. Paul conteste la validité du titre. Comme le litige acquiert dès lors une valeur de 300 francs, il sort de la compétence de ce magistrat. M. Longchampt, à qui nous empruntons cet exemple et cette solution, n'a point appliqué ici, et il a eu raison, le principe que *le juge de l'action est aussi juge de l'exception.*

VI. La demande en paiement d'une somme qui n'excède pas 100 francs, est de la compétence du juge de paix, alors même qu'elle serait le reliquat d'une créance plus forte dont le surplus aurait été payé. La contestation, en ce cas, ne porte que sur une valeur pour laquelle ce magistrat a juridiction. (*Cour royale d'Amiens*, 30 *décembre* 1825.)

VII. Lorsque par un même exploit il a été formé contre plusieurs individus des demandes fondées sur des titres qui ne leur sont pas communs, le juge de paix est compétent pour en connaître, alors même que toutes les demandes réunies excéderaient 100 francs, si la dette de chaque partie est inférieure à cette somme. (*Cour de cass.*, 17 *nivôse an* 13.)

VIII. Il en serait de même si plusieurs personnes, ayant des intérêts distincts, formaient leurs demandes par le même exploit. Dès que l'intérêt de chaque demandeur, pris séparément, n'excède pas la compétence du juge de paix, il doit statuer ; c'est ce qui a été décidé par la cour suprême le 11 fructidor an 11.

IX. Une succession dans laquelle se trouve une créance de 500 francs est recueillie par cinq héritiers. Après le partage, chacun des héritiers a le droit de citer le débiteur devant le juge de paix, pour se faire payer de la portion qui lui est revenue. Par la même raison, le créancier d'une somme de 500 francs sur une succession qui se divise entre cinq héritiers, peut porter en justice de paix sa demande en paiement du contingent dû par chaque héritier.

Art. II. *Compétence illimitée.*

Cette compétence embrasse tous les actes énumérés dans l'art. 10 de la loi du 24 août, que nous avons rapporté dans notre premier paragraphe. Les difficultés qui peuvent en naître sont traitées aux mots *Action possessoire*, *Dommages*, *Déplacement de bornes*, *Usurpation de terres*, *Bail*, *Domestique*, *Injure*, *Action civile*, *Voies de fait*, *Dernier ressort.*

§ III. *Prorogation de juridiction.*

Proroger une juridiction, dit Henrion de Pansey, c'est l'étendre au-delà de ses bornes légales ; c'est autoriser un tribunal à prononcer sur des affaires qui ne sont pas dans ses attributions.

La prorogation s'opère par la volonté des parties ou par l'autorité de la loi.

Article Ier. *Prorogation légale.*

I. Il n'y a lieu à ce genre de prorogation que lorsque le défendeur forme une demande réconventionnelle ou exerce une action en garantie. Les règles très-difficiles qui, dans le premier cas, déterminent soit la compétence, soit le ressort, seront développées à l'article *Réconvention.*

II. Quant au recours en garantie, le besoin de prévenir la multiplicité des procès, d'en hâter le terme et d'économiser les frais, a dicté les dispositions de l'art. 181 du Code de Procédure, qui s'applique à toutes les juridictions : « Ceux qui seront assignés en garantie, seront tenus de procéder devant le tribunal où la demande originaire sera pendante, encore qu'ils dénient être garants. » (Voy. *Garantie.*)

III. Il résulte nécessairement de là une prorogation de

juridiction pour le juge de paix devant lequel l'action originaire a été intentée, car il devient le juge légal du garant, quel que soit son domicile. Ainsi, Pierre a acheté de Paul un cheval qui lui a coûté 80 francs. Ce cheval étant reconnu atteint d'un vice redhibitoire, l'acquéreur assigne son vendeur en résiliation de la vente et en restitution du prix. L'action est portée devant la justice de paix de Paris, où Paul est domicilié. Mais Paul, qui a lui-même acheté ce cheval d'un individu de Rouen, a une action pareille à exercer contre ce dernier. S'il l'eût exercée par voie principale, c'est devant le juge de paix de Rouen qu'il aurait fallu la porter, d'après la maxime, *Actor sequitur forum rei;* mais, en vertu de l'art. 181 du Code de Procédure, il distrait son vendeur de son juge naturel, et l'amène, par un recours en garantie, devant le juge de la contestation originaire.

IV. Il en est de la demande en garantie comme de la demande réconventionnelle, en ce qu'elle ne peut opérer prorogation de juridiction qu'autant que le juge devant lequel l'action principale ou originaire est portée, est compétent à raison de la matière. Par exemple, François est cité devant le juge de paix du canton où se trouve située une pièce de terre sur laquelle Antoine prétend que François, en labourant une pièce contiguë, a usurpé plusieurs raies ou sillons. Il conclut contre lui à une somme de 100 francs pour réparation du préjudice causé. François se défend en soutenant qu'il a acheté la pièce de terre de Jacques, et que les sillons qu'il a labourés sont compris dans les abornements portés en son contrat. Il demande à mettre en cause son vendeur Jacques. Cette action en garantie n'étant point pure personnelle, sort des limites de la compétence du juge de paix, et par conséquent celui-ci n'accordera point de délai pour mettre le vendeur en cause; il statuera sur la demande principale, sauf au demandeur à exercer son recours en garantie devant un autre tribunal. (Carré, *Droit français*, t. 1, n° 243.)

V. Des art. 32 et 33 du Code de Procédure peut naître une question de compétence digne d'un sérieux examen.

« Si, au jour de la première comparution, dispose l'art. 32, le défendeur demande à mettre garant en cause, le juge accordera délai suffisant à raison de la distance du domicile du garant. La citation donnée au garant sera libellée, sans qu'il soit besoin de lui notifier le jugement qui ordonne sa mise en cause. »

Art. 33. « Si la mise en cause n'a pas été demandée à la première comparution, ou si la citation n'a pas été faite dans le délai fixé, il sera procédé, sans délai, au jugement de l'action principale, sauf à statuer séparément sur la demande en garantie. »

Dans les deux cas prévus par ce dernier article, la prorogation légale ne cesse-t-elle point, et le juge de paix a-t-il le droit de statuer sur une demande en garantie exercée contre un individu domicilié hors de son canton ?

Le doute provient de la disposition finale de l'article, *sauf à statuer séparément sur la demande en garantie.* On pourrait en conclure que le seul résultat du retard à demander la mise en cause du garant ou à le citer, est d'obliger le juge de paix à procéder de suite au jugement de l'action principale, en conservant néanmoins, alors même que le garant ne serait pas son justiciable, la connaissance du recours en garantie, sur lequel il prononcera plus tard. En d'autres termes, puisque le juge de paix *peut statuer séparément sur une demande en garantie* introduite tardivement, mais pendant le cours de l'instance principale, donc sa juridiction demeure prorogée pour l'action récursoire qui doit être l'objet d'un second jugement; en sorte que, bien que la demande de mise en cause n'ait pas été faite, ou que, l'ayant été, la citation au garant soit donnée après le délai fixé par le juge, il suffira qu'il y ait eu citation notifiée avant le jugement sur la demande principale, pour que le juge de paix statue sur la demande en garantie, quoiqu'il ne soit pas le juge naturel du garant.

Mais on arrive à une conséquence opposée, si l'on consulte le motif qui a déterminé le législateur à étendre sur l'action récursoire la juridiction du juge de paix saisi de la demande originaire. Ce motif, nous l'avons dit, est de diminuer les frais en réunissant les deux procès et les soumettant à une seule décision. Mais quand la jonction n'est plus possible, quand la loi elle-même s'y oppose, quand deux jugements doivent nécessairement être rendus, quel motif reste-t-il pour la prorogation ?

L'action récursoire, d'ailleurs, n'est soumise au juge de l'action principale, que parce qu'elle en est considérée comme un accessoire. Mais quand l'action principale est vidée, quand elle est éteinte par un jugement, l'accessoire s'évanouit, parce qu'il n'y a point d'accessoire sans principal. Dès lors, le défendeur originaire devient demandeur principal contre son garant, et, comme demandeur, il doit suivre le tribunal de l'intimé.

La disposition finale de l'art. 33 ne se rapporte donc qu'au recours en garantie exercé contre un individu qui est personnellement justiciable du tribunal de paix devant lequel il a été tardivement assigné. S'il est domicilié hors du canton, il peut demander son renvoi devant son juge naturel. M. Carré professe la même opinion. (*Droit français*, t. 1, nos 244 et 245.)

VI. Il est inutile de faire observer que la solution précédente est sans aucune application au cas où le garant, régulièrement cité, a fait défaut. Le juge alors prononce contradictoirement sur la demande originaire, et par défaut sur la demande en garantie. Il est vrai que si le garant forme opposition, le juge de paix sera obligé de statuer séparément sur cette dernière action. Mais, saisi légalement de l'instance accessoire pendant le cours de l'instance principale, il ne fait que continuer l'exercice de cette juridiction; et, d'ailleurs, lorsqu'un jugement de défaut a été prononcé par le tribunal dans les limites de son pouvoir, l'opposition à ce jugement ne peut être vidée que par le même tribunal, car l'effet de l'opposition est de remettre la contestation dans l'état où elle se trouvait avant ce jugement, qui est réputé non avenu. Or, puisque le juge de paix était compétent lors de sa première sentence, en vertu de la prorogation légale, il ne peut cesser de l'être tant que dure le même litige.

ART. II. *Prorogation volontaire.*

I. Le principe de cette prorogation est écrit dans l'art. 7 du Code de Procédure : « Les parties pourront toujours se présenter volontairement devant un juge de paix, auquel cas il jugera leur différend, soit en dernier ressort, si les lois ou les parties l'y autorisent, soit à la charge de l'appel, *encore qu'il ne fût le juge naturel des parties, ni à raison du domicile du défendeur, ni à raison de la situation de l'objet litigieux*. La déclaration des parties qui demanderont jugement sera signée par elles, ou mention sera faite si elles ne peuvent signer. »

II. Le droit de proroger appartient non-seulement aux parties qui se présentent volontairement, mais encore à celles qui comparaissent en vertu d'une citation, soit devant un juge incompétent à raison du domicile, ou de la situation de l'objet litigieux, soit devant un juge incompétent à raison de la valeur de la demande. Il faut remarquer, sur ce dernier point, que, bien que la loi citée n'autorise pas expressément la prorogation de compétence *quoad summam*, c'est-à-dire, pour une action dont la valeur excède le taux de la juridiction du juge de paix, il est de jurisprudence certaine que les parties peuvent demander jugement à ce magistrat, *même sur un objet qui ne sort de sa compétence que par le degré de sa valeur*.

III. Ainsi nulle difficulté sur le droit qu'a le juge de paix de statuer par voie de prorogation volontaire, soit en premier, soit en dernier ressort, sur toutes les actions personnelles et mobilières et sur toutes les actions possessoires, sans égard à l'importance du litige, au domicile du défendeur, ni à la situation de l'objet litigieux. La seule question qui puisse s'élever à ce sujet est relative au tribunal devant qui doit être porté l'appel d'une sentence par lui rendue en premier ressort. Sera-ce devant le tribunal d'où ressortit la justice de paix, ou devant le tribunal soit du défendeur, soit de la situation de l'objet en litige? En d'autres termes : la prorogation de compétence pour le juge du premier degré s'étend-elle au juge du second; ou bien, le premier jugement rendu, rentre-t-on dans les principes du droit commun?

Nous pensons, avec MM. Dalloz et Carré, qu'en se soumettant à une juridiction qu'il pouvait décliner, le défendeur a également prorogé, par voie de conséquence, la juridiction supérieure. Il serait tout-à-fait contraire aux lois sur l'organisation judiciaire, qu'un tribunal de première instance statuât sur l'appel d'un jugement rendu par un juge de paix étranger à son ressort.

IV. Par la même raison, si le litige dont la décision a été attribuée, sauf l'appel, au juge de paix, est d'une valeur supérieure à 1,000 francs, quoique les tribunaux de première instance ne puissent, en général, prononcer en dernier ressort que jusqu'à concurrence de cette somme, comme la prorogation du premier degré influe nécessairement sur le second, c'est devant le tribunal d'arrondissement que l'appel sera porté, et non pas devant la cour royale.

V. Il a été jugé par la cour de cassation, le 29 ventôse an 12, que deux individus peuvent se présenter volontairement en conciliation devant un juge de paix qui n'est pas celui de leur domicile, et que les conventions arrêtées devant ce magistrat sont obligatoires. M. Merlin, qui examine, au mot *Déclinatoire*, § 1, la question de savoir si la prorogation de juridiction d'un juge de paix comme conciliateur, relativement au domicile des parties, entraîne renonciation au tribunal civil indiqué par la loi pour le jugement de la contestation, se prononce pour la négative : « De ce que, pour me concilier, dit-il, j'ai comparu volontairement devant un juge de paix qui n'était pas le mien, il s'en suit bien que je l'ai adopté pour mon conciliateur, mais non pas qu'à défaut de conciliation, j'aie renoncé à mes juges naturels. » Et c'est ici le cas de la maxime *actus ultra intentionem agentium operari non debent.* La cour de cassation l'a ainsi décidé par arrêts des 30 ventôse et 18 fructidor an 12.

Cette doctrine n'a rien de contraire à celle que nous avons établie dans les deux n^os précédents. Le préliminaire de conciliation en effet n'est qu'une simple formalité devant un magistrat sans juridiction, tandis que la demande de jugement est une véritable soumission à une juridiction étrangère.

VI. Cette demande est-elle obligatoire pour le juge de paix? C'est-à-dire, le juge de paix est-il tenu de prêter son ministère à toutes les parties qui le réclament en vertu de l'art. 7 du Code de Procédure? (Voy. *Déni de justice*, n° 6.)

VII. De ce que les parties ont la faculté de proroger la juridiction du juge de paix, soit quant au ressort, soit quant à la valeur du litige, soit enfin quant au domicile du défendeur ou à la situation de l'objet litigieux, faut-il en conclure qu'on puisse l'investir régulièrement du droit de statuer sur une matière qui sort de ses attributions, comme les actions réelles ou les actions mixtes? Et, par exemple, peut-on lui attribuer la connaissance d'une demande en partage d'une succession, ou en résiliation d'une vente immobilière, ou en nullité d'un mariage?

La jurisprudence et les auteurs se réunissent pour répondre négativement. En effet, comme l'observe judicieusement le président Henrion de Pansey, lorsqu'un juge est circonscrit dans un certain genre d'affaires (et tels sont les tribunaux de paix), toutes les autres lui sont absolument étrangères. Les lui soumettre, ce ne serait pas étendre sa juridiction, ce serait bien réellement en créer une, et la lui conférer.

« Lorsque le tribunal, ajoute ce savant jurisconsulte, a droit de connaître *usque ad certam summam*, et que l'on porte devant lui une demande à fin de paiement d'une somme double ou quadruple, déjà investi du droit de juger jusqu'à concurrence de la somme demandée, il a, par le titre de son office, le germe, le principe de l'autorité qui lui est nécessaire à l'effet de statuer sur le tout, pour le rendre habile à prononcer légalement; il n'est donc pas nécessaire, comme dans le cas où il s'agit de proroger *de re ad rem*, de lui conférer une juridiction nouvelle : il suffit de développer un germe préexistant. Enfin il suffit d'étendre une juridiction légalement constituée; et il est tout simple que la loi se prête plus facilement à l'exercice d'un pouvoir qui est son ouvrage, qu'à la création d'une autorité à laquelle elle serait complétement étrangère. »

Mais dans le cas où le juge de paix en qui les parties ont placé leur confiance ne peut accepter la prorogation de compétence qu'on veut lui attribuer, parce que la matière du litige est en dehors de sa juridiction, rien ne s'oppose à ce qu'il termine la contestation en qualité d'arbitre. (Voy. *Arbitrage.*)

VIII. L'exercice de la prorogation de compétence étant une espèce de compromis, n'appartient qu'à ceux qui ont la libre disposition des droits sur lesquels le jugement à intervenir doit statuer. (Voy. *Arbitr., sect.* 2.)

IX. La prorogation n'a d'effet qu'entre les parties qui l'ont consentie : elle n'en peut produire aucun à l'égard des tiers, tels que des garants et des co-obligés. Il est évident, en effet, qu'il ne peut dépendre d'une partie de distraire, par son propre fait et dans son intérêt particulier, une autre partie de ses juges naturels.

X. Nous avons vu, à la fin de l'art. 7 du Code de Procédure, que la déclaration des parties qui demandent jugement doit être signée par elles, ou que mention doit être faite si elles ne peuvent signer. Cette déclaration ne peut-elle être suppléée par un acquiescement tacite?

MM. Carré et Dalloz se prononcent pour la négative. « Si des parties se présentent spontanément, dit ce dernier, *Jurisprudence générale*, v° *Compétence*, sect. 3, art. 2, § 2, c'est sans doute par suite d'un accord médité entre elles; elles agissent en pleine connaissance de cause; pour elles, toute surprise paraît impossible, le juge de paix ne statue que sur leurs réquisitions simultanées. Cependant, malgré ce consentement apparent, la loi veut encore que les parties qui demandent jugement signent leurs déclarations. Comment la même précaution ne serait-elle pas prise lorsqu'un défendeur est traduit devant le juge, lorsque la crainte d'un adversaire puissant ou les ruses d'un chicaneur adroit peuvent le troubler et lui faire oublier son droit de demander son renvoi devant un tribunal qui lui offre plus de garanties? Il serait indubitablement moins difficile de surprendre un acquiescement tacite, que d'obtenir un consentement écrit. En second lieu, si l'art. 7 du Code de Procédure veut la déclaration signée, lorsqu'il s'agit de soumettre une affaire à un juge qui n'est pas celui des parties, ni de la situation de l'objet litigieux, il en doit être de même, et à plus forte raison, quand il s'agit de conférer à un juge une extension d'attributions. En effet il n'est guère possible qu'un justiciable ignore quel est le juge de son ressort, surtout quand c'est un magistrat avec lequel il doit avoir des relations fréquentes, tel que le juge de paix. Mais n'est-il pas présumable que, notamment dans les campagnes, une partie ignore les limites de la compétence de son juge; et n'est-il pas du devoir de celui-ci de le lui rappeler? N'est-il pas du moins équitable de ne pas supposer dans son silence un acquiescement, une renonciation au droit commun d'être jugé par ses juges naturels? Ces motifs nous paraissent assez forts pour décider que la prorogation de juridiction *de quantitate ad quantitatem* doit nécessairement, pour produire son effet, être faite expressément par écrit, dans les formes de l'art. 7 du Code de Procédure. »

M. Henrion de Pansey dit également, chap. 7, que la prorogation par consentement tacite n'est point admise dans les justices de paix; cela est formellement décidé, ajoute-t-il, par le texte de l'art. 7 du Code de Procédure.

Il nous semble que le sens de cet article a été mal compris par les trois jurisconsultes que nous venons de citer. Sans doute il exige *formellement* une déclaration écrite; mais de qui l'exige-t-il? Des parties qui comparaissent volontairement devant un juge de paix, et qui lui *demandent jugement*. Cette déclaration a pour but, non pas de couvrir l'incompétence territoriale ou *quoad summam* du juge de paix, mais de constater l'existence du litige et les points sur lesquels il doit porter. Le juge n'étant point saisi par une citation, devait nécessairement l'être par un acte quelconque : cet acte, c'est la déclaration prescrite par l'art. 7, qui se trouve placé sous la rubrique des citations.

Il est tellement vrai que cette déclaration n'a aucun trait à l'incompétence, qu'elle est signée même des parties qui se présentent volontairement devant leur juge naturel. Le législateur a autorisé deux moyens de saisir un juge de paix d'un litige pour lequel il a juridiction : la citation et la déclaration authentique des parties. La seule différence entre le résultat de ces deux moyens, c'est que le premier n'empêche pas le défendeur de décliner la compétence du juge, soit à raison du domicile, soit à raison de la situation de l'objet litigieux, tandis que par le second ce déclinatoire est fermé.

Mais peut-on voir dans une disposition dont le but principal est d'économiser les frais d'une citation, une dérogation au droit commun, qui regarde comme une prorogation suffisante de juridiction le fait d'avoir présenté des exceptions ou défenses devant un tribunal incompétent, avant de demander le renvoi de la cause devant les juges naturels? (*Art.* 169 *du Code de Procédure.*)

Nous ne saurions admettre une pareille doctrine, qui est fortement combattue par M. Merlin, *Questions de Droit*, vº *Pror. de jurid.*, § 1, nº 2, et qui a été repoussée par l'arrêt suivant de la cour suprême :

« Attendu que les juges de paix sont compétents pour connaître des causes personnelles et mobilières, et que si cette compétence n'est pas illimitée, et si *la contestation entre les parties l'excédait*, l'exploit introductif d'instance ne contenant pas l'évaluation de l'objet de la demande, la juridiction du juge de paix a été *prorogée* par le fait des parties qui ont comparu et respectivement procédé devant lui, sans proposer ni déclinatoire, ni exception d'incompétence. » (12 mars 1829.)

Ainsi, lorsque les parties comparaissent volontairement devant un juge de paix compétent ou incompétent, il ne peut juger leur contestation qu'après avoir reçu par écrit leur déclaration qu'elles demandent jugement.

Mais lorsqu'une citation a été donnée devant un juge de paix dont la valeur de l'action, le domicile du défendeur, ou la situation de l'objet litigieux permettait au défendeur de décliner la juridiction, si le déclinatoire n'a pas été proposé *in limine litis*, si des défenses ont été fournies, la juridiction du juge déjà saisi par la citation est prorogée par ce seul fait, sans qu'il soit besoin de la déclaration écrite des parties.

XI. Cette déclaration, quand elle est nécessaire, doit être écrite par le greffier et insérée dans le jugement. Elle n'est sujette à aucun droit en faveur du greffier. (*Tarif du* 16 *février* 1811, *art.* 11.)

XII. Le consentement donné par les deux parties à la prorogation de compétence du juge de paix, ne peut être rétracté par l'une d'elles, même avant la prononciation du jugement. C'est là un contrat judiciaire qui ne peut être détruit que par la volonté commune de ceux qui l'ont formé. (Carré, *Droit français*, t. 1, n° 244.)

XIII. Un jugement de juge de paix, sur prorogation de sa juridiction, a tous les effets d'un jugement rendu dans les limites de sa compétence ordinaire. Ce n'est pas seulement un acte authentique comme le procès-verbal de conciliation, c'est un titre exécutoire et qui confère hypothèque.

Formule de la déclaration des parties.

L'an mil huit cent   , le   , pardevant nous juge de paix du canton de   , assisté de notre greffier, se sont présentés les sieurs (*noms, prénoms, demeure et qualités des parties*), lesquels nous ont déclaré qu'ils nous demandaient jugement sur une contestation qui les divise, et qui consiste en ce que le sieur (*demandeur*) prétend (*Rapporter les faits et les conclusions du demandeur*); laquelle prétention est déniée par le sieur (*defendeur*), qui entend la repousser par tous les moyens de fait et de droit.

Lesdites parties ont ajouté qu'elles nous autorisent à prononcer en premier (ou *dernier*) ressort, et ce, quoique nous ne soyons pas leur juge légal à raison du domicile du défendeur (*ou de la situation de l'objet liti-*

gieux; ou bien, *quoique la valeur de la demande excède les bornes de notre juridiction*);

De laquelle déclaration nous avons donné acte aux parties, qui l'ont signée avec nous et notre greffier, après lecture (ou bien, *qui n'ont signé pour ne le savoir, de ce requises.*)

J.-B. Teste, *avocat à la cour royale de Paris.*

COMPLAINTE. Voy. *Actions possessoires*, sect. 1re.

COMPLANT. Voy. *Champart.*

COMPLICITÉ. C'est la participation à un acte répréhensible.

I. Les caractères légaux de la complicité sont tracés dans l'art. 60 du Code pénal. « Seront punis comme complices d'une action qualifiée crime ou délit, ceux qui, par dons, promesses, menaces, abus d'autorité ou de pouvoir, machinations ou artifices coupables, auront provoqué à cette action ou donné des instructions pour la commettre; ceux qui auront procuré des armes, des instruments ou tout autre moyen qui aura servi à l'action, sachant qu'ils devaient y servir; ceux qui auront, avec connaissance, aidé ou assisté l'auteur ou les auteurs de l'action dans les faits qui l'auront préparée ou facilitée, ou dans ceux qui l'auront consommée; sans préjudice, etc. » C'est encore un acte de complicité, que de fournir habituellement logement aux malfaiteurs dont on connaît les brigandages (*art.* 61), ou de recéler sciemment des choses enlevées, détournées, ou obtenues à l'aide d'un crime ou d'un délit (*art.* 62).

II. D'après l'art. 59, les complices d'un crime ou d'un délit doivent être punis de la même peine que les auteurs mêmes de ce crime ou de ce délit, sauf les cas où la loi en aurait disposé autrement.

III. La rédaction de cet article a soulevé une grave difficulté : la complicité est-elle punissable en matière de contravention de police ?

M. Carré se prononce pour la négative. « On distingue les personnes punissables, dit-il, en *auteurs* et *complices*; mais les dispositions que le Code pénal renferme à ce sujet ne s'appliquent qu'aux *délits* et aux *crimes*, et non pas aux *contraventions*; ce qui est à remarquer par le juge de paix. »

C'est donner, selon nous, une interprétation bien judaïque et bien peu rationnelle aux dispositions de la loi; c'est résoudre surtout bien lestement une question qui mérite le plus sérieux examen. Voici comment M. Boucher d'Argis, dans son *Code de simple Police*, s'exprime sur ce point : notre opinion est conforme à la sienne.

»Le Code pénal du 25 septembre-6 octobre 1791 s'était occupé de la complicité, mais seulement à l'égard des crimes. « Lorsqu'un *crime* aura été commis, porte l'art. 1er du tit. 3, quiconque sera convaincu d'avoir, par dons, promesses, etc. »; et comme ce Code n'est relatif en effet qu'aux crimes, le mot *crime* doit être pris dans son sens propre.

»La loi rendue au mois de juillet de la même année, sur l'organisation de la police municipale et correctionnelle, est à peu près muette à l'égard de la complicité. Elle porte seulement, ainsi que nous l'avons déjà dit, que les amendes prononcées en police municipale et correctionnelle seront solidaires *entre les complices*. Il est vrai que cette disposition est un aveu tacite qu'elle reconnaissait la complicité, tant à l'égard des délits qu'à l'égard des contraventions. Aussi paraît-il que l'usage avait rendu communes à ces dernières infractions, les règles établies par le Code pénal de 1791, pour la complicité en matière de crimes.

»Le Code des Délits et des Peines du 3 brumaire an 4 est encore plus laconique : il se borne à maintenir l'exécution des lois précédentes. Il faut en excepter toutefois celles relatives à la police municipale; car de nouveaux tribunaux de police ayant été créés par ce Code sur des bases entièrement nouvelles, c'est dans le titre 1er du livre 3, exclusivement consacré aux contraventions de police, qu'on a dû chercher désormais les règles qui devaient les concerner. Du reste, on n'y trouve aucune disposition concernant la complicité.

» Le Code pénal de 1810 n'est pas plus positif. Un livre spécial est également consacré aux contraventions de police, et la même lacune qui se remarque dans le tit. 1er du liv. 3 du Code de brumaire, relativement à la complicité, se retrouve dans le 4e livre de celui de 1810. L'art. 59, chapitre unique du livre 2, est le seul endroit de ce Code où il en soit question. Mais cet article, qui ne concerne que les *crimes* et les *délits*, ne paraît pas devoir s'appliquer aux contraventions de police, à l'égard desquelles, nous le répétons, il existe un livre unique que le législateur semble avoir destiné à réunir toutes les règles qui doivent les concerner.

»Nonobstant ces raisons, nous n'hésitons pas à penser que l'art. 59, l'art. 54 du Code pénal, et même l'art. 1er de la loi du 17 mai 1819, sont applicables aux contraventions de police aussi bien qu'aux crimes et aux délits.

»Et d'abord, les art. 54 et 59 ne sont pas les seuls dont l'omission se fasse remarquer dans le livre des contraventions. On peut encore signaler les art. 64 et 66, le premier portant *qu'il n'y a ni crime ni délit, lorsque le prévenu était en état de démence au temps de l'action, ou lorsqu'il a été contraint par une force à laquelle il n'a pu résister.* Le second, relatif à l'acquittement de l'accusé lorsqu'il a moins de seize ans et qu'il est décidé qu'il a agi sans discernement. Ces deux articles, par la place qu'ils occupent dans le livre 2, ne sont encore relatifs qu'aux crimes et aux délits. Mais quel est le magistrat qui oserait punir l'auteur même d'une simple contravention, s'il reconnaît que cet individu ne jouit pas de ses facultés intellectuelles, ou qu'il a agi sans discernement? Les articles dont il s'agit ne sont donc que l'expression d'un principe naturel, qui est de tous les temps et de tous les lieux, et qu'il est impossible, sous ce rapport, de ne pas considérer comme une règle générale applicable à toutes les espèces d'infractions prévues par la loi; ainsi disparaît l'argument tiré du silence de la loi sur la complicité et la solidarité en matière de contraventions.

»Ensuite, et pour ce qui est de la complicité, il faut considérer qu'elle existe de fait et indépendamment de toute disposition législative. Il est évident, en effet, que celui qui provoque l'auteur d'un crime ou d'un délit à le commettre, ou qui lui en fournit les moyens, ou enfin qui l'assiste dans la consommation de ce crime ou délit, il est évident, disons-nous, qu'il n'est pas moins coupable que celui qui commet réellement le délit. L'homme qui met le poignard à la main d'un autre en lui indiquant ce qu'il en doit faire, commet aussi bien un meurtre que celui qui enfonce le fer dans le sein de la victime.

»C'est donc avec autant de vérité que de précision que l'on définit le complice, *celui qui a part à un crime.* Sans les conseils de ce complice, sans les facilités qu'il a procurées ou sans l'assistance qu'il a donnée, le crime n'aurait peut-être pas été commis. Il y a donc coopéré de fait et d'intention; son action, par conséquent, s'identifie avec celle de l'auteur principal, pour ne former qu'un seul et même délit. En un mot, il s'établit entre cet auteur principal et le complice, une indivision morale d'après laquelle on ne peut plus séparer le fait de provocation, de préparation ou d'assistance, du fait de consommation. Or, quand la loi punit celui-ci, il est conforme à la raison, comme à l'équité, qu'elle punisse également l'autre.

»Tels sont les motifs qui ont déterminé le législateur à déclarer, en thèse générale, que le complice d'un crime ou d'un délit serait puni de la même peine que l'auteur principal de ce crime ou de ce délit. Il semble même qu'il n'avait pas besoin d'en faire l'objet d'une disposition écrite, car la raison l'avait décidé avant lui. S'il l'a fait, s'il a tracé en même temps les caractères de la complicité, c'est, n'en doutons pas, afin de lever jusqu'au moindre scrupule; c'est afin, surtout, qu'en l'absence d'une règle précise, on ne regardât pas comme acte de complicité d'un crime ou d'un délit, des faits qui, bien qu'ayant quelque rapport avec ce crime ou ce délit, ne s'y rattacheraient néanmoins que d'une manière éloignée et indirecte.

» Maintenant, puisque la loi punit et doit nécessairement punir le complice d'un crime ou d'un délit, pourquoi ne punirait-elle pas celui d'une contravention? Celui, par exemple, qui aide un individu à cueillir un fruit à un arbre en lui prêtant le secours de son corps, ne commet-il pas la contravention prévue par l'art. 471, n° 9, du Code pénal, aussi bien que celui qui détache le fruit de l'arbre? Serait-ce à cause de leur peu d'importance? Non sans doute; car les peines étant proportionnées, dans ce cas, à la nature du fait, ce motif ne peut être d'aucune considération. D'ailleurs, nous le rappelons, les deux faits dont se compose, dans l'hypothèse, la contravention, dépendent tellement l'un de l'autre, il y a une telle liaison entre eux, qu'ils sont indivisibles. Il y a donc obligation, disons plus, il y a nécessité pour le magistrat de les punir simultanément, et de leur appliquer la peine attachée par la loi à la contravention à laquelle ils ont conjointement donné naissance.

» Ajoutons, en terminant, que la loi du 19-22 juillet 1791 ne s'expliquait pas catégoriquement sur la complicité, et cependant l'orateur du gouvernement atteste, dans son exposé des motifs du livre 2 du Code pénal, que *l'usage, autorisé par la raison*, avait rendu communes aux délits municipaux et correctionnels les règles établies par le Code pénal de 1791 sur la complicité à l'égard des crimes. La raison n'a pas changé; l'usage doit donc être le même.

» Ainsi, le complice, ou, si l'on aime mieux, le co-auteur d'une contravention sera puni de la *même peine* que celui qui aura commis *de fait* la contravention; c'est-à-dire *de la peine prononcée par la loi contre la contravention*, indépendamment des circonstances particulières personnelles à l'auteur principal, et qui, à son égard, pourraient faire aggraver la peine, comme par exemple le cas d'une récidive. Le complice, dans cette hypothèse, ne sera passible que de la peine ordinaire. En effet, s'il s'est rendu propre le fait qui constitue la contravention, il n'en est pas moins étranger à celui qui donne lieu à l'aggravation de peine, et dès lors cette aggravation ne peut s'étendre sur lui. » (Voy. *Amende*, sect. 2, n° 9.)

COMPROMIS. Voy. *Arbitrage*, sect. 4, n° 3.

COMPTE DE TUTELLE. Voy. *Tuteur*.

CONCILIATION. L'établissement des bureaux de conciliation fut un des bienfaits de l'assemblée constituante, et l'on en recueillit d'abord les plus heureux fruits. Il est rare, en effet, qu'un homme de bien, entouré de la confiance publique, ne parvienne à obtenir des parties qui comparaissent devant lui quelques sacrifices mutuels, et n'éteigne ainsi des contestations dont il suffit de faire envisager les suites incertaines et toujours fâcheuses, pour en dégoûter le plaideur qui n'est point mu par un aveugle ressentiment.

Malheureusement cette belle institution, si capable de maintenir ou de faire revivre l'union dans les familles et parmi les citoyens, est dégénérée maintenant, dans les grandes villes surtout, en une vaine formalité. La plupart des plaideurs profitent de la faculté que leur donne la loi de se faire représenter par un fondé de pouvoir; et, il faut le dire avec douleur, tous les magistrats n'attachent pas l'importance qu'elle mérite à cette philanthropique mesure; il en est qui délivrent un procès-verbal de non-conciliation avec la même indifférence qu'un billet d'avertissement.

Sans doute, il est à regretter que les juges de paix ne soient point autorisés à ordonner la comparution des parties en personne. La prévoyance de la loi eût été moins souvent rendue illusoire. Mais un magistrat, bien pénétré de l'utilité de ses fonctions conciliatrices, emploiera toute son influence pour attirer les plaideurs dans son cabinet; et là, tout dépendra le plus souvent de son intelligence et de son zèle. Peut-être devrait-on, comme dit M. Dalloz, pour inspirer aux juges de paix une salutaire émulation, publier chaque année un tableau comparatif des causes conciliées ou non conciliées dans toutes les justices de paix d'un même département ou d'un même ressort de cour royale. Espérons qu'aucune idée d'amélioration n'échappera à nos législateurs, lorsqu'ils s'occuperont de réviser la loi de 1790.

Nous allons examiner successivement :

1° Quelles sont les causes soumises au préliminaire de la conciliation;

2° Devant quel juge la conciliation doit être tentée;

3° Quelles sont les formes de la citation.

Nous traiterons ensuite de la comparution et de la non-comparution des parties, de leurs conséquences, et des effets légaux de la tentative de conciliation.

§ Ier. *Causes soumises au préliminaire de la conciliation ; causes qui en sont dispensées.*

I. « Aucune demande principale (1) introductive d'instance entre parties capables de transiger, et sur des objets qui peuvent être la matière d'une transaction, ne sera reçue dans les tribunaux de première instance, que le défendeur n'ait été préalablement appelé en conciliation devant le juge de paix, ou que les parties n'y aient volontairement comparu. » (*Code de Procéd., art.* 48.)

II. « Sont dispensées du préliminaire de la conciliation :

» 1° Les demandes qui intéressent l'état et le domaine, les communes, les établissements publics, les mineurs, les interdits, les curateurs aux successions vacantes ;

» 2° Celles qui requièrent célérité ;

» 3° Les demandes en intervention ou en garantie ;

» 4° Les demandes en matière de commerce ;

» 5° Les demandes de mise en liberté, celles en main-levée de saisie ou opposition, en paiement de loyers, fermages ou arrérages de rentes ou pensions ; celles des avoués en paiement de frais ;

» 6° Les demandes formées contre plus de deux parties, encore qu'elles aient le même intérêt ;

» 7° Les demandes en vérification d'écritures, en désaveu, en réglement de juges, en renvoi, en prise à partie ; les demandes contre un tiers saisi, et en général sur les saisies, sur les offres réelles, sur la remise des titres, sur leur communication, sur les séparations de biens, sur les tutelles et curatelles, et enfin toutes les causes exceptées par les lois. » (*Art.* 49.)

Il en est de même pour les séparations de corps. Du moins c'est au président du tribunal civil qu'est confiée la tentative de conciliation. (*Art.* 878.)

III. On peut se concilier sur l'intérêt civil qui résulte d'un délit ou d'un crime ; mais cette conciliation n'arrêterait point l'action du ministère public. (Voy. *Action publique*, t. 1, p. 104.)

(1) La demande *principale* est celle qui introduit une contestation ; la demande *incidente*, celle qui se forme pendant le cours d'une affaire. Pierre demande la condamnation au paiement d'une somme de 600 fr. contre Paul, à qui il l'a prêtée : voilà une demande principale. Paul demande la compensation d'un billet de 200 fr. fait à son profit par le père de Pierre, dont celui-ci est héritier : voilà une demande incidente (*Pigeau*). Cette dernière n'est pas soumise à la conciliation.

§ II. *Devant quel juge la conciliation doit être tentée.*

I. En matière personnelle et réelle, devant le juge de paix du domicile du défendeur. (*Art.* 50.)

Ceci est une exception à la règle établie par l'art. 59, qui veut qu'en matière réelle le défendeur soit assigné devant le tribunal de la situation de l'objet litigieux. Le législateur a pensé avec raison que lorsqu'il s'agit de concilier, le juge du domicile a plus d'influence que celui de la situation des lieux, qui est quelquefois éloigné, et que les parties peuvent ne pas connaître. Au reste, après l'essai de conciliation devant le juge du domicile, l'action est portée devant le tribunal de la situation.

II. Lorsqu'il y a plusieurs défendeurs, la citation est donnée devant le juge de l'un d'eux, au choix du demandeur. (*Art.* 50.)

III. En matière de société, autre que celles de commerce, tant qu'elle existe, devant le juge du lieu où elle est établie (*id.*). Les sociétés dont il est ici question sont celles dont le Code civil s'est occupé art. 1832 et suivants.

IV. En matière de succession, sur les demandes entre héritiers, jusqu'au partage inclusivement; sur les demandes qui seraient intentées par les créanciers du défunt avant le partage; sur les demandes relatives à l'exécution des dispositions à cause de mort, jusqu'au jugement définitif, devant le juge de paix du lieu où la succession est ouverte (*id.*). Après le partage, les demandes entre les héritiers, et celles qui sont intentées par les créanciers du défunt, suivent les règles ordinaires.

V. Le juge de paix tient seul le bureau de conciliation. En cas de maladie, absence ou autre empêchement, il est remplacé par l'un des suppléants. (*Loi du 29 ventôse an 9.*)

§ III. *Citation en conciliation.*

I. Lorsque le défendeur refuse de se présenter devant le juge de paix sur l'invitation qui lui en a été faite, le demandeur peut l'y contraindre par une citation.

II. Cette citation doit être donnée par un huissier de la justice de paix du défendeur (*art.* 52), même dans le cas où le défendeur est traduit devant un juge de paix autre que le sien, comme en matière de société et de succession (*Pigeau*).

III. La citation énoncera sommairement l'objet de la contestation. (*Art.* 52.)

MM. Demiau-Crouzilhac et Pigeau enseignent que la citation doit contenir non-seulement l'énoncé de la demande que l'on se propose de former, mais encore les moyens sur lesquels on la fonde. Il faut bien, en effet, que le défendeur, avant de se présenter au tribunal de paix, ait eu le temps d'examiner les prétentions de son adversaire, afin qu'il sache s'il doit y faire droit ou les repousser. Cependant, comme l'art. 52 n'est pas aussi explicite à cet égard que l'art. 61, et qu'il ne porte pas la peine de nullité, l'omission des moyens n'invaliderait pas la citation.

IV. Le délai pour comparaître est de trois jours au moins (*art.* 51), outre un jour par trois myriamètres de distance (voy. *Citation*, § 1er, n° 26). Dans ce délai, on ne doit jamais compter ni le jour de la notification, ni celui de la comparution.

Modèle de citation en conciliation.

L'an, etc., à la requête du sieur (*noms, qualité et domicile du demandeur*), je (*noms, demeure et matricule de l'huissier*), ai cité le sieur (*noms, qualité et demeure du défendeur*), parlant à   , à comparaître le   , à   heure de   , devant M. le juge de paix du canton de   , au lieu ordinaire de ses séances, pour se concilier, s'il est possible, sur la demande que le requérant se propose d'intenter contre ledit sieur   , tendant à ce que ledit sieur   soit condamné à payer au requérant la somme de   à lui due pour *ou* en vertu de (*moyens de la demande*) avec les intérêts de ladite somme et les dépens auxquels ledit sieur sera également condamné; lui déclarant que, faute de comparaître ou de se faire représenter, il encourra l'amende prononcée par la loi; et afin qu'il n'en ignore, je lui ai laissé copie du présent (*ou* la présente copie) parlant comme dessus. Le coût est de   .

V. La nullité d'une citation en conciliation est couverte par la comparution du défendeur. (*Cour royale de Bourges*, 5 *août* 1817; *le Juge de Paix*, t. 1, p. 312.)

§ IV. *Comparution des parties et ses suites.*

I. On a vu, § 1er, n° 1, que les parties peuvent se présenter volontairement devant le juge conciliateur. Que la comparution soit volontaire ou forcée, les conséquences sont les mêmes.

II. D'après l'art. 53, les parties doivent comparaître en personne. Cependant, lorsqu'il y a empêchement, elles peuvent être représentées par un fondé de pouvoir. Comme le législateur n'a pas déterminé les cas d'empêchement légitime, le juge de paix ne peut exiger la justification du motif qui empêche l'intimé de comparaître personnellement.

III. Une procuration sous seing privé, avec timbre et enregistrement, suffit pour représenter une partie au bureau de paix. Néanmoins, comme un tel acte ne garantit point, avec certitude, à la partie adverse, qu'il émane en effet de celui du nom duquel il est souscrit, comme elle peut avoir à craindre le désaveu de la signature, nous pensons, avec Pigeau et Carré, qu'elle pourrait, dans l'état, refuser de procéder, et ce serait alors au fondé de procuration à faire vérifier ou légaliser la signature, ou à se procurer un acte authentique. « Le juge de paix, dit Levasseur, décidera, d'après les circonstances particulières du fait, si le pouvoir représenté est suffisant. » (Voy. *sur cette question, et sur d'autres analogues*, le Juge de Paix, t. 2, p. 40 et 62.)

IV. Le mari peut représenter sa femme au bureau de conciliation sans être porteur d'un mandat émané d'elle. (*Cour de cass.*, 6 *prairial an* 11.)

V. Le mandat doit-il contenir pouvoir de transiger? Biret et Pigeau le pensent, et l'art. 16 de la loi du 27 mars 1791 en imposait l'obligation. Mais l'art. 53 du Code de Procédure n'ayant pas renouvelé cette prescription, on doit décider que le pouvoir de transiger n'est pas nécessaire au procureur fondé. Il se peut, en effet, que les parties aient des motifs légitimes pour n'admettre aucune transaction, et alors, pourquoi insérer dans le mandat une clause qui doit rester inefficace, ou dont il ne serait fait usage que par un abus de confiance de la part du mandataire? Cette opinion, du reste, est consacrée par la discussion qui eut lieu au tribunal sur l'article 53.

VI. Le mandat donné à une personne à l'effet d'en représenter une autre au bureau de paix lui confère-t-il le pouvoir de transiger et de se concilier?

Non, si la transaction ou la conciliation entraîne une reconnaissance ou un abandon de droits contraire à celui que l'on représente; car lorsque ce dernier s'est borné à donner un mandat pour le représenter seulement, il est à présumer qu'il a voulu remplir une simple formalité, plutôt que confier à un tiers le pouvoir de compromettre ou d'aliéner sa fortune. (*Favard de Langlade*, v° *Conciliation*, § 5, n° 3.)

VII. La loi du 27 mars 1791 interdisait formellement aux avoués, greffiers, huissiers, et ci-devant hommes de loi la faculté de représenter les parties au bureau de paix. Cette interdiction n'existe plus aujourd'hui : les avoués, greffiers, etc., peuvent recevoir une procuration comme tous les autres citoyens. (*Favard de Langlade*, ibid., n° 2; *le Juge de Paix*, t. 1, p. 87.)

VIII. M. Longchampt prétend que la tentative de conciliation n'est pas soumise à la loi de la publicité, que les parties doivent par conséquent être entendues à huis clos. Nous préférons à cette opinion celle de M. Favard de Langlade. « La loi, ne s'étant pas expliquée à cet égard, dit-il, laisse la décision à la prudence du juge. On sent qu'il est certaines affaires où les parties ont besoin d'être seules pour discuter leurs intérêts et entrer en arrangement. Il n'est pas douteux qu'alors la tentative de conciliation ne doive se faire à huis clos. Mais, en général, le bureau de conciliation doit être ouvert au public. Toutes les fois que, sans inconvénient, le magistrat peut exercer ses fonctions en présence du peuple, le vœu du législateur l'oblige à donner cette garantie à la justice et à l'opinion publique. » M. Bergier, dans son *Manuel des Justices de Paix*, dit aussi qu'il est *permis* au juge d'entendre les parties à huis clos.

IX. Lors de la comparution, le demandeur peut expliquer et même augmenter sa demande (*art* 54). Mais il ne pourrait en former de nouvelles, car il éluderait ainsi la disposition de l'art. 52 qui exige l'énonciation de l'objet de la conciliation, pour que le cité l'examine, et celle de l'art. 51, qui donne à celui-ci un délai pour se préparer (*Pigeau*).

Quant au défendeur, il peut former toutes les demandes qu'il juge convenables (*art.* 54), et qui tendent à repousser l'attaque dirigée contre lui; telles qu'une demande en nullité, en compensation (*Pigeau*).

X. Plusieurs auteurs mettent en question si le juge de paix a le droit de faire des interrogations aux parties qui comparaissent au bureau de paix. (Carré, *Lois de la Procédure*, article 54, question 227; *Demiau*, p. 53.)

Autant vaudrait lui contester le droit de les concilier. Pour arriver à un arrangement, pour obtenir des concessions des deux parties ou de l'une d'elles, il faut bien qu'il soit instruit de toutes les circonstances qui ont précédé ou suivi le fait ou la convention objet du litige. Sans cela, comment pourra-t-il persuader au demandeur qu'il doit réduire ses prétentions; au défendeur, qu'il y aurait folie à soutenir un procès? Mais on ne doit consigner dans le procès-verbal ni les questions ni les réponses des parties, car autrement on transformerait en juge-commissaire le magistrat conciliateur. Les questions qu'il adresse aux parties ne peuvent avoir d'autre but et d'autre résultat que de l'éclairer sur leurs prétentions respectives et de lui faciliter les moyens de les rapprocher. M. Favard de Langlade partage notre opinion.

Les partisans de la doctrine contraire s'appuient sur un arrêt de la cour de cassation, du 2 mars 1807, rapporté par Merlin, *Répert.*, v° *Bureau de conciliation*, n° 2. Mais, dans l'espèce de cet arrêt, le juge de paix avait fait subir au défendeur un véritable interrogatoire, dans lequel on lui adresse *les mêmes questions qui lui avaient déjà été proposées par le sous-préfet*, dans une enquête administrative relative au même fait, *et dans le même ordre qu'elles étaient rappelées dans le procès-verbal du sous-préfet*. Les demandes et les réponses furent consignées au procès-verbal de non-conciliation. C'était là un acte d'instruction tout-à-fait hors de la sphère du magistrat de paix, et la cour suprême y vit avec raison un excès de pouvoir. Mais il faut torturer cet arrêt pour en tirer la conséquence que le juge conciliateur est un être purement passif, qui doit se borner à écouter les dires des parties, sans chercher à connaître la justice de leurs prétentions afin de donner plus d'autorité à ses conseils d'arrangement. (Voy. *Bureau de paix.*)

XI. Les dires respectifs des parties, les interpellations qu'elles se sont faites et leurs réponses doivent-ils être insérés au procès-verbal de non-conciliation?

L'art. 3 du titre 10 de la loi du 24 août 1790 portait que le juge de paix dresserait procès-verbal sommaire des dires, aveux ou dénégations des parties, sur les points de fait. Comme cette disposition n'a pas été répétée dans l'art. 54, plusieurs jurisconsultes, parmi lesquels nous citerons Pigeau et Thomines-Desmazures, ont enseigné que le procès-verbal ne devait contenir que la simple mention de la non-conciliation ou du refus de prêter serment. Carré, qui avait d'abord adopté la doctrine opposée, dans ses *Lois de la Procédure*, s'est rallié plus tard à celle de Pigeau.

MM. Favard de Langlade et Toullier pensent, au contraire, que le procès-verbal doit contenir la mention sommaire de tout ce qui s'est passé entre les parties.

Nos lecteurs pourront apprécier le mérite de chacune de ces opinions par l'analyse des moyens qui leur servent d'appui.

L'art. 54, disent les partisans de la première, n'impose au juge de paix que l'obligation de mentionner la non-conciliation. Si le législateur eût voulu maintenir la disposition de la loi du 24 août 1790, qui prescrivait au magistrat, tit. 10, article 3, de dresser procès-verbal sommaire des dires, aveux ou dénégations des parties sur le point de fait, il aurait pu le faire positivement, comme dans plusieurs autres de ses dispositions.

On répond à cela que le Code de Procédure n'a pu abroger une loi de compétence, comme celle de 1790. Les deux dispositions, d'ailleurs, expriment équivalemment la même chose. Que dit en effet le Code de Procédure? « Lors de la comparution, le demandeur pourra expliquer, même augmenter sa demande, et le défendeur former celles qu'il jugera convenables. Le procès-verbal qui *en* sera dressé, etc. » A quoi se rapporte le mot *en*, si ce n'est aux *explications*, aux *augmentations* de demande, et à la *formation* de demande nouvelles? Or, dès que le procès-verbal de ces diverses circonstances doit être dressé, comment peut-on soutenir que la loi n'a exigé qu'une simple mention de la non-conciliation? Le discours de l'orateur du tribunat, sur l'art. 54, donne la même interprétation à cet article. « Si les parties n'ont pu s'accorder, y est-il dit, le procès-verbal ne contiendra qu'une *mention sommaire de ce qui s'est passé.* » Il faut donc mentionner ce qui s'est passé, et non pas se borner à une vaine formule : autrement, ni les explications du demandeur, ni les exceptions ou contre-demandes du défendeur ne seraient consignées dans le procès-verbal. Ainsi, par exemple, le demandeur réclame 300 fr. Le défendeur répond qu'il les doit, mais qu'il lui est maintenant impossible de les payer; et, attendu qu'il n'y aurait pas eu de conciliation, le procès-verbal ne devrait faire nulle mention de l'aveu du défendeur! Mais, s'il n'y a aucun titre qui prouve l'obligation, et que le défendeur décède avant que la demande soit jugée au tribunal, le demandeur, par le retard que lui aura fait éprouver l'essai de conciliation, sera privé de l'avantage que lui eût procuré l'aveu de son adversaire. Il faut convenir qu'une doctrine est peu propre à inspirer de la confiance, lorsqu'elle conduit à des résultats aussi désastreux.

Ces arguments font peu d'impression sur M. Carré. « On ne peut pas dire, réplique-t-il, que la disposition de la loi de 1790 n'ait pas été abrogée par celle de l'art. 54 du Code de Procédure, car l'art. 1041 dispose que toutes les lois, coutumes, usages et réglements relatifs à la procédure civile seront abrogés, à partir du 1er janvier 1807. Or, la disposition de la loi de 1790, bien qu'elle fasse partie d'une loi qui avait pour objet, dans son ensemble, de régler l'organisation des autorités judiciaires et leur compétence, n'est point, vue isolément, une loi de compétence, mais bien une règle de procédure, puisqu'elle ne concerne que la forme et le contenu du procès-verbal de non-conciliation.

« Le conseil-d'état, ajoute-t-il, a refusé de faire passer dans la rédaction définitive du projet de loi, la disposition de la loi de 1790, que contenait le premier projet, pour y substituer ces seuls mots : *En cas de non-conciliation, le procès-verbal fera mention que les parties n'ont pu s'accorder.* Il est naturel de croire que, s'occupant de la *forme* de ce procès-verbal, le législateur n'eût pas laissé à chercher dans la loi de 1790, la disposition qu'elle contient sur le même objet. Il a eu ses motifs pour ne pas le faire ; et, certes, on ne peut en supposer d'autres, si ce n'est que, pénétré des abus possibles, disons mieux, inévitables en plusieurs circonstances, d'une insertion de dires, aveux ou dénégations, le législateur n'a entendu ni la prescrire ni même l'autoriser. »

Les expressions dont s'est servi l'orateur du tribunat ne sont pas assez positives aux yeux de M. Carré, pour qu'on puisse en tirer la conséquence qu'il ait été dans l'intention du conseil-d'état, et par suite dans celle du législateur, de maintenir la loi de 1790, dont ce conseil rejeta la rédaction offerte aux débats du pouvoir législatif. D'ailleurs, ces expressions du tribun Faure se trouvent au moins énergiquement contrebalancées, pour ne pas dire démenties, par l'art. 10 du tarif, qui explique l'art. 54 dans le même sens que M. Carré, puisqu'il porte : « Pour l'expédition du procès-verbal qui constatera que les parties n'ont pu être conciliées, et qui ne doit contenir qu'une mention sommaire qu'elles n'ont pu s'accorder, il sera alloué, à Paris, 1 fr. ; dans les villes et cantons ruraux, 80 cent. »

M. Carré convient que le procès-verbal de comparution doit contenir les explications et augmentations de la demande, ainsi que celles que le défendeur aurait jugé convenable de former. « Il faut bien que cela soit, dit-il, pour que la demande soit portée devant le tribunal civil, dans l'état auquel elle a été fixée par suite de ces explications, de ces augmentations du demandeur, de ces demandes formées par le défendeur, état dans lequel se sont ouverts entre les deux parties les débats sur la conciliation. Mais c'est à ces seuls points que doit se borner l'insertion des dires des parties ; elle ne peut comprendre l'analyse de leurs débats, puisque, encore une fois, la loi et le tarif, qui en est le plus sûr et le plus authentique interprète, en cas d'incertitude, disent formellement qu'il ne sera fait qu'une mention sommaire que les parties n'ont pu se concilier. »

Quant aux avantages que trouve M. Toullier à faire recueillir et constater par le juge de paix les aveux et dénégations qui peuvent échapper aux parties, dans les premiers moments où la contestation n'étant point engagée, on peut espérer et présumer que leur conscience n'est point endurcie, M. Carré leur oppose les inconvénients qui résulteraient de cette mesure. Si une partie avait à craindre qu'on fît usage contre elle de ce qui se dit en bureau de paix, elle regarderait le préliminaire de conciliation comme une voie hostile, plus propre à lui nuire qu'à lui être utile, et serait moins disposée à entrer en pourparlers d'arrangement. Il ne faut pas donner, enfin, à un simple médiateur, par la manière dont il rédigerait les dires des parties, un moyen facile de faire perdre à cette partie un procès peut-être juste, qu'elle peut compromettre par des paroles irréfléchies et inconsidérées.

Après un long examen, que commandait le profond savoir de MM. Favard de Langlade et Toullier, nous nous sommes rendu aux arguments de leurs adversaires, et nous pensons que le procès-verbal de non-conciliation doit être rédigé dans le sens indiqué par M. Carré.

« Supposant, au surplus, ajoute ce jurisconsulte, qu'une partie requît l'insertion des dires et aveux de ses adversaires, le juge de paix pourrait sans doute déférer à ce réquisitoire, sauf à cette partie à supporter les frais excédant la taxe du tarif. A plus forte raison, lorsque les deux parties s'accorderaient à ce sujet, il n'y aurait aucun prétexte au refus. Seulement, le tribunal ne pourrait accorder à celle d'entre elles qui obtiendrait gain de cause en définitive, que le montant de cette taxe. L'excédant serait supportable par moitié. » (*Droit français*, t. 4, n° 2291.)

XII. Nous n'examinerons pas quelle force peuvent avoir les aveux consignés dans un procès-verbal de non-conciliation. Cette question, très-controversée, est du ressort des tribunaux ordinaires.

XIII. Quant aux conventions intervenues entre les parties, au bureau de conciliation, et qui doivent être insérées dans le procès-verbal, elles ont force d'obligation privée. (*Art.* 54.)

Cette disposition peut-elle s'appliquer à toute espèce de conventions? En d'autres termes, lorsque les conditions de l'arrangement, dont les parties conviennent au bureau de paix, sont telles qu'elles constituent des ventes, des baux à ferme et autres actes qui peuvent être faits également sous seing privé ou devant notaires, le procès-verbal du juge de paix les constate-t-il régulièrement, de manière à leur faire produire le même effet que si on les avait revêtues de la forme ordinaire?

M. Berriat-Saint-Prix, dans son *Cours de Procédure civile*, s'exprime ainsi : « Quoique le juge de paix qui préside en bureau de paix, y soit un officier public, il n'y a pas caractère pour recevoir des *actes volontaires*, ainsi que le remarque M. Merlin, *Répert.*, t. 5, p. 847, et que le donnent à entendre MM. Treilhard et Faure, qui déclarent l'un et l'autre que, lorsque la conciliation est opérée, et qu'on passe aux conditions de l'arrangement, la compétence et la juridiction de ce magistrat cessent. »

Cette opinion nous paraît erronée, et les autorités sur lesquelles elle s'appuie sont loin de lui être favorables.

D'abord M. Merlin se borne à dire que le procès-verbal du juge de paix ne peut produire hypothèque, parce qu'il ne peut avoir d'autre effet qu'un acte sous seing privé, ce qui est incontestable.

Ensuite, les orateurs officiels cités par M. Berriat-Saint-Prix ont dit seulement, le premier, « qu'on n'aurait pu attribuer aux conventions des parties *le caractère d'un acte public*, sans porter une atteinte grave aux fonctions des notaires, établis pour donner l'authenticité aux actes ; » et le second, « que le procès-verbal ne peut avoir ni le caractère d'un jugement ni celui d'un acte notarié. » Mais tous les deux reconnaissent formellement aux conventions insérées dans le procès-verbal, la force d'une obligation privée. « On ne pourrait pas évidemment, dit M. Treilhard, leur refuser cet effet, puisque deux hommes, jouissant de leurs droits, pouvant terminer entre eux leurs différents par un écrit privé, ne doivent pas être moins libres, parce qu'ils sont devant le juge. »

Il résulte de là que, bien loin de contester au juge de paix compétence pour insérer des conventions de vente, de louage, de partage, avec les conditions qu'elles comportent, les orateurs du gouvernement et du tribunat la reconnaissent d'une manière positive (Carré, *Lois de la Procédure*, art. 54, quest. 230). Il n'y a d'exception qu'à l'égard des conventions pour lesquelles la loi exige le ministère des notaires, comme les donations, les partages faits par les ascendants, etc. (*Cod. civ., art.* 931 *et* 1076).

XIV. Les conventions des parties, insérées dans un procès-verbal de conciliation, ont-elles besoin d'être signées par elles, pour avoir force d'obligation privée?

La cour de cassation a résolu négativement cette question, par un arrêt du 11 février 1824. C'est aussi l'opinion de M. Favard de Langlade : « Lorsque le procès-verbal est rédigé, dit-il, le juge de paix doit inviter les parties à le signer. Si elles ne peuvent, ou *refusent*, il en est fait mention, et le procès-verbal n'en fait pas moins foi de ce qu'il renferme, conformément à l'art. 1317 du Code civil. »

XV. Quoique le procès-verbal du juge de paix ne donne que force d'obligation privée aux conventions qu'il constate, il produit, comme acte authentique, quelques effets qui ne sont point communs aux actes sous seing privé. Ainsi, il n'est pas besoin qu'il y ait plusieurs *doubles*, quoique les conventions soient synallagmatiques; la date en est certaine, même avant l'enregistrement; la signature des parties n'y est pas indispensable, pourvu que le juge explique la cause qui les a empêchées de signer; enfin l'exécution de l'acte peut être poursuivie devant le tribunal de première instance, sans reconnaissance préalable des signatures qui y sont apposées. (Carré, *Droit français*, t. 4, n° 2999.)

XVI. Il n'est pas nécessaire de citer de nouveau en conciliation la partie contre laquelle on se propose d'intenter une action en justice, en vertu de conventions arrêtées au bureau de paix. Cette exception à la disposition générale de l'art. 48 est motivée sur ce qu'il y a déjà eu tentative de conciliation sur l'objet de la même demande, et que le refus d'exécuter les conventions insérées dans le procès-verbal du juge de paix, place le demandeur dans l'état où il se fût trouvé, si la conciliation n'avait pas eu lieu. (*Delaporte*, t. 1, p. 52; Carré, *Lois de la Procéd.*, art. 54, quest. 233.)

XVII. Pour le cas où l'essai de conciliation amène un compromis, voyez *Arbitrage*, sect. 4, n° 3.

XVIII. Si l'une des parties défère le serment à l'autre, le juge de paix le recevra, ou fera mention du refus de le prêter. (*Cod. de Procéd., art.* 55.)

On remarquera que le serment ne peut être déféré qu'à une personne et par une personne ayant la disposition de la chose ou du droit qui en est l'objet, car la délation de serment est une espèce d'aliénation. Ainsi elle ne peut être faite par un mandataire ni à un mandataire qui n'aurait pas un pouvoir spécial pour la faire ou pour l'accepter.

XIX. La partie à qui le serment est déféré peut le référer à l'autre, et, si celle-ci refuse de le prêter, il doit en être fait mention sur le procès-verbal. Mais le juge de paix n'a pas le droit de le déférer d'office, parce qu'il n'est que conciliateur. Il ne pourrait pas non plus ordonner la comparution en personne de la partie qui comparaît par un fondé de pouvoir, si le serment était déféré par l'autre partie, car il n'a droit de rendre aucune ordonnance. (Favard de Langlade, *Répert.*, v° *Conciliation*, § 5, n° 12.)

XX. D'après l'art. 1361 du Code civil, celui auquel le serment est déféré, qui le refuse, ou ne consent pas à le référer à son adversaire, ou l'adversaire à qui il a été référé, et qui le refuse, doit succomber dans sa demande ou dans son exception. Mais ce principe n'est point applicable au serment déféré ou référé en bureau de paix. Le refus de le prêter ou de le référer n'est considéré que comme un refus de conciliation, et laisse entiers tous les droits des parties. (*Cour de cass.*, 17 *juillet* 1810; *Delaporte*, *Carré*, *Favard de Langlade.*)

XXI. Mais quand le serment est prêté, il a les mêmes effets que s'il était prêté en justice, c'est-à-dire qu'il a la force de la chose jugée, conformément aux art. 1350 et 1356 du Code civil, et que, suivant l'art. 1353, l'adversaire n'est point recevable à en prouver la fausseté (*Pigeau*, *Favard*, *Carré*). Toutefois, le procès-verbal du juge de paix n'étant pas susceptible d'exécution parée, même pour les conventions qu'il renferme, il en résulte que, si la partie contre laquelle le serment est fait, ne voulait pas exécuter volontairement, l'autre partie serait obligée de l'appeler devant le tribunal de première instance, pour faire juger et rendre exécutoires les effets du serment.

Procès-verbal de non-conciliation.

L'an, etc., devant nous (*noms, qualité et demeure du juge de paix*), tenant le bureau de conciliation, s'est présenté le sieur , lequel nous a exposé que, par exploit de , huissier près notre tribunal, en date du , enregistré le , il a fait citer le sieur à comparaître cejourd'hui par-devant nous pour se concilier sur la demande qu'il se propose d'intenter contre lui, tendant à.... (*conclusions de la demande*).

A également comparu ledit sieur (*noms du défendeur*), lequel a dit que la demande du sieur n'avait aucun fondement.

Nous, juge de paix, après avoir entendu les parties et tenté vainement de les amener à une conciliation, les avons délaissées à se pourvoir, et ont les parties signé avec nous et notre greffier.

Procès-verbal de conciliation.

L'an, etc., *jusqu'à*, a également comparu ledit sieur (défendeur); et, après quelques explications intervenues entre les parties, elles sont tombées d'accord des conventions suivantes. (*Mettre les conventions et faire signer les parties. Si elles ne le savent ou ne le peuvent, le juge en fait mention.*)

§ V. *Défaut de comparution.*

I. « Celle des parties qui ne comparaîtra pas, sera condamnée à une amende de 10 fr., et toute audience lui sera refusée, jusqu'à ce qu'elle ait justifié de la quittance. » (*Cod. de Procéd.*, *art.* 56.)

Cette amende ne peut être prononcée que par le tribunal où l'affaire est portée, sur le réquisitoire du procureur du roi. Elle ne pourrait l'être par le juge de paix, qui n'est là que simple conciliateur. (Voy. *Amende*, sect. 1, n° 1.)

II. Sous l'empire de la loi du 27 mars 1791, le cité qui était sous le poids d'une contrainte par corps en matière civile, pouvait obtenir du juge de paix un sauf-conduit pour sa comparution. La loi nouvelle, qui a reconnu l'abus de cette disposition, ne l'a point adoptée. Comme elle permet de comparaître, en cas d'empêchement, par un fondé de pouvoir, le défendeur peut se faire représenter.

III. La partie qui prouve, devant le tribunal de première instance, qu'elle a été dans l'impossibilité de comparaître en conciliation, n'est passible d'aucune amende. (*Décision du grand-juge, du* 15 *novembre* 1808; *Cour de cass.*, 19 *floréal an* 12.)

IV. Le demandeur qui, sur sa propre citation, n'a pas comparu au bureau de paix, peut-il, en payant l'amende, assigner le défendeur au tribunal de première instance?

Levasseur répond négativement, n° 214 : « Si le citant fait défaut, dit-il, il faut, pour intenter sa demande, qu'il donne une nouvelle citation. La première n'a point rempli le vœu de la loi, puisque, par son défaut de comparution, il a mis lui-même obstacle à la conciliation à laquelle il était obligé d'essayer de parvenir. »

C'est là une des nombreuses erreurs de ce jurisconsulte, à qui les juges de paix ont sans doute quelques obligations, mais dont il faut bien se garder d'adopter les décisions sans examen. Lepage a démontré cette erreur par un raisonnement aussi clair qu'irrésistible. « On voit, dit-il, dans l'art. 56, que *celle* des parties qui ne comparaît pas, est condamnée à une amende de 10 fr. Il n'est pas parlé plus particulièrement du défendeur que du demandeur. L'un et l'autre ne sont écoutés au tribunal qu'en rapportant la quittance de l'amende. Par conséquent, la non-comparution du demandeur étant constatée, et l'amende étant par lui payée, il a suffisamment rempli les formalités de la conciliation. » Telle est aussi l'opinion de Carré, *Lois de la Procéd.*, quest. 242.

V. « En cas de non-comparution de l'une des parties, il en sera fait mention sur le registre du greffe de la justice de paix, et sur l'original de la copie de la citation, sans qu'il soit besoin de dresser procès-verbal. » (*Art.* 58.)

Note de la non-comparution.

Le sieur (*noms, qualité et demeure*), cité en conciliation devant nous pour aujourd'hui (*quantième du mois et heure*), à la requête du sieur (*noms, qualité et demeure du demandeur*), par exploit de , huissier, du , enregistré le , n'a point comparu.

VI. Cette mention doit être la même sur le registre du greffe, et sur l'original ou la copie de la citation. Elle n'est pas sujette à l'enregistrement. (*Décision du ministre des finances, du 7 juin* 1808.)

§ VI. *Effets de la citation en conciliation.*

I. Nous ferons d'abord remarquer que la tentative de conciliation n'est point d'ordre public ; qu'elle a été ordonnée par le législateur, dans le seul intérêt des parties, et que l'instance introduite sans ce préliminaire ne serait point frappée de nullité, si le défendeur gardait le silence sur ce point devant le tribunal d'arrondissement. (Voy. *le Juge de Paix*, t. 2, p. 189.)

II. La citation en conciliation ne peut servir de base à une décision du juge de paix, même quand le demandeur réduirait ses prétentions à une somme de la compétence de ce magistrat (*le Juge de Paix*, t. 2, p. 38). Mais quand la demande est purement personnelle et mobilière, rien n'empêche les parties d'en confier le jugement au juge de paix (voy. *Compétence*, § III, art. 2).

III. La citation au bureau de paix est un trouble de droit, qui, à défaut de conciliation entre les parties, autorise le défendeur à traduire le demandeur devant le tribunal, pour le faire condamner à se désister de ses prétentions. (*Cour royale de Metz*, 14 *novembre* 1816 ; *le Juge de Paix*, t. 1, p. 222.)

IV. D'après l'art. 57 du Code de Procédure, la citation en conciliation interrompt la prescription et fait courir les intérêts, pourvu que la demande soit formée dans le mois, à dater du jour de la non-comparution ou de la non-conciliation.

Le mois dans lequel la demande doit être formée n'est pas susceptible de l'augmentation d'un jour par trois myriamètres de distance, parce que l'art. 1033 du Code de Procédure ne s'applique qu'aux actes faits à personne ou domicile, et que le terme d'un mois n'est autre chose qu'un temps fixe dans lequel la demande doit être formée.

V. La citation, même donnée devant un juge incompétent,

suffit pour interrompre la prescription (*arg. de l'art.* 2246 *du Code civil; Pigeau, Favard*); mais la prescription ne serait point interrompue si la citation était nulle, ou si le demandeur s'en désistait (voy. *Prescription*).

VI. La comparution volontaire des parties au bureau de conciliation interromprait-elle la prescription, si la demande était formée dans le mois de la non-conciliation?

M. Carré et les auteurs de la *Bibliothèque du Barreau* pensent que non, par le motif que l'art. 57 n'attache l'interruption de la prescription qu'au fait d'une citation donnée en bureau de paix. D'un autre côté, l'art. 2244 du Code civil porte qu'une citation en justice, un commandement ou une saisie, signifiés à celui qu'on veut empêcher de prescrire, forment l'interruption civile. Il annonce par là que le législateur n'a pas eu l'intention d'attacher cet effet à la comparution volontaire. Ce serait aller au-delà des termes de la loi.

Nous ne saurions adopter cette opinion. L'exploit par lequel j'appelle mon débiteur, soit en justice, soit au bureau de paix, n'interrompt la prescription de mes droits, que parce qu'il prouve l'intention où je suis de les faire reconnaître. Or, cette intention n'est-elle pas aussi clairement exprimée par l'invitation verbale, à laquelle mon adversaire a accédé, de se présenter avec moi devant le juge de paix, pour tenter la conciliation? Dès que le but de la comparution volontaire est le même que celui de la citation, dès que ces deux actes amènent un résultat identique, le procès-verbal de non-conciliation, pourquoi les effets en seraient-ils différents? M. Favard de Langlade professe la même doctrine que nous dans son *Répertoire*.

VII. Une question sur laquelle les auteurs s'accordent aussi peu que sur la précédente, est celle de savoir si, lorsque la citation en conciliation n'a pas été suivie d'une demande judiciaire dans le mois, elle est périmée, et si le demandeur est obligé de recommencer ce préliminaire, avant d'introduire son action.

« Le titre des ajournements, dit un des annotateurs de Levasseur, ne s'explique pas sur cette question. L'art. 57 du Code de Procédure ne se prononce pas en termes formels pour la négative; mais tel est évidemment son esprit. Au bout de ce mois, il refuse à la citation en conciliation les effets d'interrompre la prescription, de faire courir les intérêts. Ce refus est fondé sur ce que le projet de poursuivre est considéré comme peu sérieux, ou comme ayant été abandonné. On doit, par la même raison, lui refuser l'effet de servir de préliminaire à la demande. Ce n'est plus l'ancien projet que l'on suit, c'est une nouvelle demande projetée, pour laquelle il faut un nouvel essai de conciliation.»

Lepage, Pigeau; Dumoulin, Demiau-Crouzilhac, Carré, Favard de Langlade sont d'un avis contraire. L'art. 57, en effet, qui détermine les peines que l'on encourt si l'on ne donne pas suite dans le mois au procès-verbal de non-conciliation, n'y a pas mentionné la péremption de ce procès-verbal, et les peines ne s'étendent pas. « Une instance peut tomber en péremption, dit Pigeau; mais le préliminaire de conciliation n'en étant pas une, puisqu'il est établi pour les prévenir, on ne peut pas dire qu'il tombe en péremption. On peut donc actionner plus de trois ans après ce préliminaire, sans le recommencer. »

Cette dernière proposition, qui paraît trop large au premier aspect, puisqu'elle tend à donner plus de force et de durée à une procédure simplement préparatoire qu'à la procédure principale elle-même, dont la péremption peut être demandée après trois ans, est combattue par MM. Favard et Dalloz. Mais elle a été consacrée par deux arrêts de la cour royale d'Agen et de celle de Grenoble, en date, le premier, du 7 mars 1808, et le second, du 6 mars 1823. Dans les espèces de ces arrêts, il s'agissait de procès-verbaux de non-conciliation, à la suite desquels une première instance introduite était tombée en péremption, et dont on avait fait usage dans la nouvelle instance reproductive de l'action. Il fut décidé, conformément à l'avis de Pigeau, que le procès-verbal qui constate l'inutilité de la tentative de conciliation n'étant point un acte de procédure dans l'instance, il ne pouvait être atteint par la péremption acquise contre les actes de la procédure.

Cependant nous engagerons celui qui a laissé écouler trois ans sans donner suite au procès-verbal de non-conciliation, à renouveler cette formalité avant d'introduire une action en justice.

CONCLUSIONS. Ce sont les demandes et prétentions qu'un plaideur élève contre la partie adverse, et dont il réclame l'adjudication.

I. Les conclusions sont contenues dans la citation ou se prennent verbalement à l'audience, devant les tribunaux de paix et de police, quand les parties y comparaissent volontairement.

II. On peut les modifier pendant le cours de l'instance, et c'est par les conclusions définitives seules que se règlent la compétence et le ressort.

CONDAMNATION. Voy. *Contravention, Jugement et Prescription.*

CONDUCTEURS DE VOITURES, DE BÊTES DE CHARGE, etc. Voy. *Bêtes de trait, etc.*

CONFISCATION. Voici les cas où elle doit être prononcée, d'après le Code pénal.

I. Doivent être confisqués : 1° les exemplaires saisis de tout ouvrage, écrit, avis, bulletin, affiche, journal, feuille périodique ou autres imprimés dans lesquels ne se trouve pas l'indication vraie des noms, profession et demeure de l'auteur ou de l'imprimeur (*art.* 283, 284 *et* 286) ; 2° les planches et exemplaires imprimés ou gravés des chansons, pamphlets, figures ou images contraires aux bonnes mœurs (*art.* 287 *et* 288).

II. Doivent également être confisqués les pièces d'artifice saisies dans le cas du n° 2 de l'art. 471, les coutres, les instruments et les armes mentionnés dans le n° 7 du même article (*art.* 472), ainsi que les tables, instruments, appareils des jeux ou des loteries établis dans les rues, chemins et voies publiques ; les enjeux, les fonds, denrées, objets ou lots proposés aux joueurs, dans le cas de l'art. 476 ; les boissons falsifiées, trouvées appartenir au vendeur et débitant ; les comestibles gâtés, corrompus ou nuisibles (*art.* 477).

III. Seront enfin saisis et confisqués : 1° les faux poids, les fausses mesures, ainsi que les poids et mesures différents de ceux que la loi a établis ; 2° les instruments, ustensiles et costumes servant ou destinés à l'exercice du métier de devin, pronostiqueur ou interprète de songes. (*Art.* 481.)

En matière de contravention sur les poids et mesures, l'existence, reconnue par le tribunal, de circonstances atténuantes, n'autorise pas le juge à dispenser le contrevenant de la confiscation. (Voy. *le Juge de Paix*, t. 3, p. 330.)

IV. Les confiscations en certaines matières spéciales seront indiquées aux articles qui concernent ces matières.

V. Comme la confiscation est une peine, elle ne peut être prononcée qu'en vertu d'une disposition précise de la loi.

VI. Les poursuites pour le recouvrement des amendes et confiscations prononcées au profit du fisc, sont faites au nom du procureur du roi par le directeur de la régie de l'enregistrement et des domaines (*Code d'Inst. crim., art.* 197). Les confiscations prononcées dans l'intérêt d'une partie civile, sont poursuivies par elle et en son nom (*art.* 165 *et* 197).

CONFLIT. C'est une contestation entre plusieurs autorités, dont chacune veut s'attribuer ou repousse la connaissance d'une affaire. Dans le premier cas, le conflit est *positif;* dans le second, il est *négatif.*

On appelle *conflit d'attribution* celui qui s'élève entre l'autorité administrative et l'autorité judiciaire, et *conflit de juridiction* celui qui existe entre deux tribunaux.

II. Le conflit de juridiction pour les juges de paix est réglé par les art. 363 du Code de Procédure, 526 et 540 du Code d'Instruction criminelle.

« Si un différend est porté à deux ou plusieurs tribunaux de paix ressortissant au même tribunal, dispose l'art. 363, le réglement de juges sera porté à ce tribunal.

» Si les tribunaux de paix relèvent de tribunaux différents, le réglement de juges sera porté à la cour royale.

» Si ces tribunaux ne ressortissent pas de la même cour royale, le réglement sera porté à la cour de cassation. »

III. La cour royale de Rouen a jugé, le 3 novembre 1828, que le conflit élevé entre un juge de paix et un tribunal d'arrondissement, doit être porté à la cour de cassation, et non pas à la cour d'appel, qui ne juge pas les appels de justice de paix comme ceux des juges ordinaires.

IV. Pour qu'il y ait lieu à réglement de juges, il faut que le différend soumis à deux ou à plusieurs tribunaux, constitue, par son objet, une seule et même cause, ou du moins une autre cause essentiellement connexe. Cette identité, cette connexité d'objets, suffisent, alors même que la cause serait soutenue par la même personne contre deux particuliers différents. L'art. 363, en effet, n'exige pas qu'il y ait *identité* de personnes pour que la demande en réglement soit accueillie. (*Berriat-Saint-Prix;* Carré, *Lois de la Procédure,* t. 2, n° 1320; *Cour de cass.*, 28 *décembre* 1807.)

V. « Sur le vu des demandes formées dans différents tribunaux, il sera rendu, sur requête, jugement portant permission d'assigner en réglement, et les juges pourront ordonner qu'il sera sursis à toutes procédures dans lesdits tribunaux. » (*Art.* 364.)

VI. En matière criminelle on trouve des dispositions anaogues. « Lorsque deux tribunaux de police, porte l'art. 540 du Code d'Instruction criminelle, seront saisis de la connaissance de la même contravention, ou de contraventions connexes, les parties seront réglées de juges, par le tribunal auquel ils ressortissent l'un et l'autre. S'ils ressortissent à différents tribunaux, elles seront réglées par la cour royale, sauf le recours, s'il y a lieu, à la cour de cassation. »

VII. Le réglement de juges est dévolu *de plano* à la cour de cassation : 1° lorsque le conflit est élevé entre deux tribunaux de simple police situés dans le ressort de deux cours d'appel différentes (*art.* 526) ; 2° lorsqu'un tribunal de police sera saisi de la même contravention qu'un tribunal militaire ou maritime, ou tout autre tribunal d'exception (*art.* 527).

C'est encore devant la cour de cassation que doit être porté le conflit négatif élevé entre un tribunal de simple police et un tribunal de police correctionnelle. (*Cour de cass.*, 27 *juin* 1811.)

VIII. Il y a *conflit d'attribution* lorsqu'un préfet déclare, avant que le juge de paix ait statué sur une contravention qui lui est soumise en matière de voirie ou autre, que la cause doit être décidée administrativement, et non par l'autorité judiciaire.

Le juge de paix peut aussi élever le conflit à raison de certaines contraventions qui seraient déférées à l'autorité administrative. Alors l'acte du magistrat réclamant est notifié à celui qui est saisi de la cause, et cette notification suspend toutes poursuites.

IX. On ne doit élever de conflit soit en matière civile, soit en matière criminelle, qu'avec une extrême circonspection, à cause du retard qu'ils apportent à la distribution de la justice et des frais qu'ils occasionent. Cependant lorsque la juridiction est certaine, et qu'il y a empiétement manifeste de la part des tribunaux ordinaires ou de l'autorité administrative, il est du devoir du juge de paix de maintenir ses attributions et de déclarer le conflit.

CONGÉ. Voy. *Bail*, sect. 2.

CONGÉ. Permission de s'absenter.

I. Lorsqu'un juge de paix veut s'absenter de son canton, il doit en obtenir l'autorisation du procureur du roi près le tribunal civil de l'arrondissement.

II. Si l'absence doit durer plus d'un mois, c'est au ministre de la justice que l'autorisation doit être demandée.

III. Dans l'un et l'autre cas, le juge de paix doit justifier d'un certificat du premier suppléant, et, à son défaut, du second, constatant que le service public ne souffrira point de l'absence de ce magistrat. (*Art.* 9 *et* 10 *de la loi du* 28 *floréal an* 10.)

IV. Lorsque les présidents des tribunaux de première instance et les procureurs du roi près ces tribunaux délivrent des congés aux juges de paix et suppléants, et aux greffiers des juges de paix, ils doivent en rendre compte, dans le délai de trois jours, au garde des sceaux. Autrement le congé est nul de plein droit. Le garde des sceaux a, d'ailleurs, le droit de le révoquer, lorsqu'il juge qu'il a été accordé sans cause valable, ou qu'il serait nuisible au service public. (*Ordonnance du 6 novembre* 1822.)

V. « Le juge de paix qui s'absente, en vertu d'un congé donné dans la forme prescrite par les art. 9 et 10 de la loi du 28 floréal an 10, ne perd aucune portion de son traitement; mais le suppléant qui fait le service a droit aux vacations ou casuel. » (*Instr. minist. du* 16 *novembre* 1822, *art.* 10.)

VI. « Si le juge de paix s'absente sans congé, il est privé de son traitement pendant tout le temps de son absence, conformément à l'art. 48 de la loi du 20 avril 1810. Moitié de ce traitement, avec la totalité du casuel, appartient au suppléant, et l'autre moitié du traitement reste au trésor royal. » (*Ibid.*, *art.* 21.)

VII. « Si l'absence a lieu pour un service public, le juge de paix ne perd aucune portion de son traitement. Dans ce cas, il doit donner connaissance des causes de l'absence au procureur du roi du tribunal de son arrondissement. » (*Art.* 23.)

VIII. L'absence sans autorisation, équivalant au défaut de résidence, pourrait entraîner la destitution du magistrat qui, dans le mois de l'avertissement que lui aurait donné le procureur du roi, ne serait pas revenu à son poste. (*Arg. de l'art.* 8 *de la loi du* 28 *floréal an* 10.)

CONGÉ-DÉFAUT. On appelle ainsi le jugement qui renvoie le défendeur de la demande, lorsque le demandeur ne s'est pas présenté pour la justifier.

I. Le principe d'après lequel les juges ne peuvent adjuger les conclusions par défaut qu'après les avoir vérifiées et en avoir reconnu la justice, ne s'applique point au défendeur qui requiert congé-défaut; ses conclusions doivent être accueillies sans vérification. La raison en est que l'absence du demandeur fait présumer ou son impuissance à soutenir ses prétentions, ou sa renonciation à la demande; *actore non probante, reus absolvitur etiamsi nihil ipse præstet.* (*Cour de cass.*, 7 *février* 1811, 4 *février* 1819.)

II. Le juge de paix n'est obligé de prononcer congé-défaut que dans le cas où le demandeur ne se présente point à la première audience; car, s'il avait déjà comparu, et qu'il eût été rendu un jugement préparatoire ou interlocutoire, ou si une remise avait été ordonnée, et que le demandeur fût en défaut de comparaître ensuite, comme la présomption de renonciation serait moins grave, le juge pourrait continuer la cause à la prochaine audience, où le congé-défaut serait prononcé, si le demandeur ne se présentait point. (Carré, *Droit français*, t. 4, n° 2768.)

III. Le défendeur peut-il former une demande reconventionnelle contre le demandeur défaillant?

La solution de cette question n'est pas sans difficulté.

On peut dire, d'une part, que le demandeur, en saisissant le tribunal de son action, l'a également saisi de toutes les exceptions, de toutes les conséquences de cette action. Il est hors de doute, en effet, que si l'action est poursuivie, le défendeur pourra former, pendant l'instance, toutes les demandes réconventionnelles qui ne répugnent point à la compétence de ce tribunal, et qui ont de la connexité avec la demande principale (voy. *Réconvention*). Dès lors, est-il au pouvoir du demandeur de priver le défendeur, par sa non-comparution, d'un droit qui lui est ouvert par la demande? M. Favard de Langlade, *Répert.*, v° *Jugement*, sect. 1, § 3, n° 5, semble croire que non. Après avoir reconnu, comme nous, la difficulté de ce point de doctrine, il ajoute : « Cependant, comme le défendeur ne pouvait pas présumer que le demandeur ne se présenterait pas, il semble que le tribunal doit adjuger les conclusions réconventionnelles du défendeur, si elles sont justes et bien vérifiées. »

Nous ne saurions adopter l'opinion de ce savant jurisconsulte. Voici nos motifs :

Un jugement ne peut être rendu que sur des chefs dont toutes les parties ont connaissance. C'est pour cela que l'article 1er du Code de Procédure exige, dans toute citation, *l'énonciation sommaire de l'objet et des moyens de la demande.*

Or, quand le demandeur ne se présente pas devant la justice pour soutenir ses conclusions, *l'objet et les moyens* de la réconvention, qui est une demande nouvelle, ne peuvent lui être connus. Rien ne lui avait appris qu'il eût à s'en défendre; et si l'on considère son absence comme un désistement tacite de l'action par lui intentée, on ne saurait y voir un acquiescement à toutes les prétentions qu'il plaira à l'intimé d'élever contre lui à son insu. Un désistement signifié avant toute demande réconventionnelle, eût certainement obligé le défendeur à intenter cette demande par action principale : pourquoi le désistement par voie de non-comparution n'aurait-il pas le même effet?

Nous invoquerons enfin, à l'appui de notre doctrine, l'opinion de M. Favard lui-même sur une question dont l'analogie est frappante avec celle qui nous occupe. « Lorsque le défendeur est défaillant, dit-il *loco citato*, le demandeur ne peut prendre que les conclusions qui résultent de l'ajournement. Il est à présumer, en effet, que le défendeur se serait présenté, s'il eût été informé que l'on voulait obtenir de lui une plus ample demande que celle qui lui a été notifiée dans l'assignation. »

Le même motif, la même présomption existe en faveur du demandeur défaillant, qui a bien pu s'abstenir de paraître à l'audience pour soutenir une prétention dont il a reconnu le peu de fondement, mais qui probablement serait venu repousser l'attaque de son adversaire, si cette attaque avait été connue de lui.

CONSEIL. C'est la personne choisie pour éclairer et diriger quelqu'un dans la défense de ses droits et de ses intérêts, ou des droits et des intérêts d'un tiers qui lui sont confiés.

I. Le père peut nommer à la mère survivante et tutrice légale de leurs enfants communs, un conseil spécial sans l'avis duquel elle ne pourra faire aucun acte relatif à la tutelle.

Si le père spécifie les actes pour lesquels il a établi ce conseil, la tutrice sera habile à faire les autres sans son assistance. (*Cod. civ.*, *art.* 391.)

II. Cependant l'administration des biens du mineur ne peut être confiée par le père au conseil qu'il nomme à la tutrice. (*Cour de Bruxelles*, 21 *mai* 1806.)

III. La nomination de ce conseil ne peut être faite que de l'une des manières suivantes :

1° Par acte de dernière volonté;

2° Par une déclaration faite ou devant le juge de paix assisté de son greffier, ou devant notaire. (*Art.* 392.)

CONSEIL DE FAMILLE. On appelle ainsi une assemblée de parents ou d'amis présidée par le juge de paix, et dont les fonctions consistent à délibérer sur ce qui intéresse la personne et les biens des mineurs, de ceux dont l'interdiction est provoquée, ou de quelques individus placés dans les liens de certaines incapacités légales.

Il est à remarquer que le juge de paix ne procède point ici par voie de jugement; il préside seulement l'assemblée, il délibère avec elle, et rien de plus. Cette partie de ses fonctions a quelque chose d'*administratif* plutôt que de *judiciaire*, ce qui a fait dire avec raison qu'on pourrait l'appeler une *juridiction non contentieuse*.

Pour mettre quelque ordre dans cet article, nous traiterons successivement et avec brièveté :

1° Des matières qui sont de la compétence des conseils de famille;

2° De leur organisation;

3° De leur mode de convocation;

4° De leur tenue et de leurs délibérations;

5° De l'exécution de leurs avis et de quelques questions qui s'y rattachent;

6° De leur responsabilité;

7° D'une espèce d'assemblée de parents qui a quelque analogie avec les conseils de famille.

§ Ier. *De la compétence des conseils de famille.*

I. La principale et la plus habituelle fonction des conseils de famille est de pourvoir à la nomination des tuteurs et subrogés tuteurs, quand il y a lieu, de leur conférer certaines autorisations, de poser certaines limites à leurs pouvoirs, et de prononcer au besoin leur destitution.

II. On sait qu'il y a trois espèces de tutelle : 1° la tutelle *légitime*, que la loi défère aux père et mère et aux ascendants; 2° la tutelle *testamentaire*, que le survivant des père et mère peut donner à qui bon lui semble; 3° la tutelle *dative*, qui est conférée par le conseil de famille.

III. Il est évident que là où il existe un tuteur légitime, ou un tuteur testamentaire, le conseil de famille n'a point à en nommer un.

Seulement, il doit nommer un *subrogé tuteur*, c'est-à-dire une espèce de contrôleur et de surveillant du tuteur, qui puisse agir pour les intérêts du mineur s'ils étaient en opposition avec ceux du tuteur.

L'art. 421 du Code civil impose au tuteur légitime ou testamentaire le devoir de faire convoquer, avant d'entrer en fonctions, le conseil de famille pour cette nomination du subrogé tuteur. Et, comme sanction pénale de cette disposition, le même article ajoute : « S'il (le tuteur) s'est ingéré dans la gestion avant d'avoir rempli cette formalité, le conseil de famille, convoqué soit sur la réquisition des parents, créanciers ou autres parties intéressées, soit d'office par le juge de paix, pourra, s'il y a eu *dol* de la part du tuteur, *lui retirer la tutelle*, sans préjudice des indemnités dues au mineur. »

IV. Dans le cas de tutelle légale de la mère survivante, le conseil de famille a encore différents devoirs à remplir.

Et d'abord, si la femme est enceinte lors du décès du mari, il doit être nommé par le conseil de famille *un curateur au ventre*, espèce de tuteur chargé de veiller à la conservation des intérêts de l'enfant à naître (*art. 393 du Code civil*). — Et, suivant le même article, à la naissance de l'enfant, la *mère* en devient *tutrice*, et le curateur en est de plein droit le *subrogé tuteur*.

V. En second lieu, quand la mère tutrice veut se remarier, elle doit, sous peine de perdre la tutelle, convoquer, avant l'acte de mariage, le conseil de famille, qui décidera si la tutelle doit lui être conservée (*art.* 395). — C'est au conseil à voir si la nature de cette seconde union, sa moralité, la position du nouvel époux, son caractère, ses antécédents, permettent de laisser la mère tutrice sans compromettre les intérêts du mineur, qui sont les premières choses à considérer dans toutes les délibérations.

VI. Si le conseil de famille conserve, en ce cas, la tutelle à la mère, il doit *nécessairement* lui donner pour co-tuteur le second mari, qui devient solidairement responsable avec la femme de la gestion postérieure au mariage. (*Art.* 396.)

VII. Si, au contraire, la mère remariée n'est pas maintenue dans la tutelle, elle perd par cela même le droit de nommer en mourant un tuteur aux enfants de son premier mariage (*art.* 399). Comment en effet celle qui n'a pas été jugée digne d'exercer personnellement la tutelle, pourrait-elle avoir capacité pour la conférer à d'autres ?

VIII. Il y a plus : lors même que la mère remariée a été maintenue dans sa tutelle légale, si elle fait choix, en mourant, d'un tuteur aux enfants de son premier mariage, le conseil de famille est constitué juge de ce choix, qui ne sera valable qu'autant qu'il aura été confirmé. (*Art.* 400.)

IX. Mais les droits de la mère ne sont détruits ou limités dans ces deux cas qu'à l'égard des enfants du premier lit; car le second mariage n'a pu nuire qu'à eux, et non à ceux qui doivent le jour à cette union.

X. Enfin, il est un dernier cas dans lequel l'intervention du conseil de famille est nécessaire, bien qu'il existe une tutelle légale; c'est lorsque la concurrence se trouve établie entre deux bisaïeuls de la ligne maternelle ; la nomination doit être faite par le conseil de famille, qui ne peut choisir toutefois que l'un des deux ascendants. (*Art.* 404.)

XI. Hors les cas de tutelle légale ou testamentaire, c'est-à-dire lorsqu'un enfant mineur et non émancipé restera sans père ni mère, ni tuteur élu par ceux-ci, ni ascendants mâles; ou lorsque le tuteur de l'une de ces qualités se trouvera dans les cas d'exclusion ou d'excuse déterminés par la loi, il sera pourvu par le conseil de famille à la nomination d'un tuteur, dit l'art. 405 du Code civil.

XII. Dans son choix, le conseil de famille est parfaitement libre. Il n'est point tenu de prendre le tuteur parmi les parents du mineur au degré successible, quoiqu'il semble naturel de confier la personne du pupille à ceux qui lui tiennent de plus près par les liens du sang, et d'imposer la charge de soigner les biens à ceux qui peuvent avoir l'avantage de les recueillir un jour. Mais « tout citoyen, non parent ni allié,

» ne peut être forcé d'accepter la tutelle que dans le cas où il » n'existerait pas, dans la distance de quatre myriamètres, des » parents ou alliés en état de gérer la tutelle » (*art.* 432). C'est une charge de famille avant d'être une charge sociale.

XIII. Quand le mineur domicilié en France possédera des biens dans les colonies, ou réciproquement, l'administration spéciale de ces biens sera donnée à un *pro-tuteur*, dont la gestion et la responsabilité seront indépendantes de celles du tuteur. (*Art.* 417.)

Cette nomination appartient au conseil de famille du lieu où la tutelle s'est ouverte. Cependant, il pourrait se faire que les membres du conseil de famille ne connussent personne à qui confier cette mission. Alors ils pourraient déléguer leur pouvoir à un conseil qui serait formé dans la colonie où les biens sont situés. C'est aussi de cette manière qu'on doit pourvoir au remplacement du pro-tuteur nommé, s'il n'accepte pas. On évite ainsi des lenteurs et des frais considérables. Tel est l'avis de MM. Toullier et Carré.

XIV. Après avoir pourvu à la nomination des tuteurs et des pro-tuteurs, un autre soin reste à remplir pour les conseils de famille.

L'art. 420 pose en principe que dans toute tutelle il doit y avoir un *subrogé tuteur*, et le subrogé tuteur est toujours nommé par le conseil.

Déjà nous avons vu que, dans les cas de tutelle légale ou testamentaire, le tuteur devait provoquer lui-même la nomination du subrogé tuteur. Mais quand la tutelle est dative, la nomination du subrogé tuteur doit avoir lieu immédiatement après celle du tuteur. (*Art.* 422.)

Comme le subrogé tuteur est le surveillant, et quelquefois l'adversaire du tuteur, celui-ci ne peut voter en aucun cas pour la nomination du subrogé tuteur. (*Art.* 423.)

Par le même motif, le subrogé tuteur doit être pris, hors le cas de frères germains, dans celle des deux lignes à laquelle le tuteur n'appartiendra point. (*Ibid.*)

Mais en cas de cessation ou d'abandon de la tutelle, le subrogé tuteur ne devient pas tuteur au lieu et place du tuteur qui se retire; il doit provoquer la nomination d'un nouveau tuteur. (*Art.* 424.)

XV. La loi a fixé des causes qui *dispensent* certaines personnes du fardeau de la tutelle. Elle prononce aussi des *incapacités* et des *exclusions*. (Voy. *Tutelle.*)

Toutefois, il y a cette différence entre les dispenses et les incapacités ou les exclusions, que les incapacités et les exclusions sont absolues et peuvent être opposées en tout temps, tandis que les dispenses sont tout-à-fait relatives et constituent un privilége auquel celui qui en est l'objet peut renoncer, soit expressément, soit tacitement.

Ainsi, d'après l'art. 438 du Code civil, « si le tuteur nommé est présent à la délibération qui lui défère la tutelle, il devra, *sur-le-champ*, et sous peine d'être déclaré non recevable dans toute réclamation ultérieure, proposer ses excuses sur lesquelles le conseil délibérera.

» Au contraire, si le tuteur nommé n'a pas assisté à la délibération, il pourra faire convoquer le conseil de famille pour délibérer sur ses excuses. Ses diligences, à ce sujet, devront avoir lieu dans le délai de trois jours, à partir de la notification qui lui aura été faite de sa nomination ; lequel délai sera augmenté d'un jour par trois myriamètres de distance du lieu de son domicile à celui de l'ouverture de la tutelle : passé ce délai, il sera non recevable. » (*Art.* 439.)

XVI. M. Carré fait remarquer avec raison que le tuteur n'est pas réputé présent dans le sens de l'art. 438, s'il n'est représenté au conseil que par un mandataire ; car le mandataire n'est pas censé avoir mission de présenter des excuses ou de faire valoir des dispenses par le mandant, qui pouvait ne pas prévoir sa nomination.

XVII. Du reste, le conseil de famille n'est pas juge souverain à cet égard, et si les excuses du tuteur sont rejetées, soit par un motif de forme, soit pour autre cause, il peut se pourvoir devant les tribunaux pour les faire admettre. (*Article* 440.)

L'art. 441 va même plus loin, et nous paraît consacrer une injustice. Il porte que si le tuteur parvient à se faire exempter de la tutelle, *ceux qui auront rejeté l'excuse pourront être condamnés aux frais de l'instance.* N'est-ce donc pas assez que la loi impose aux membres des conseils de famille, sous peine d'amende, l'obligation de vaquer aux fonctions qu'elle leur attribue ? Faut-il encore que celui qui, dans l'exercice de ces fonctions, aura commis une erreur, en soit puni par une condamnation personnelle aux frais ? Ne devrait-il pas y avoir immunité absolue pour les membres de ce tribunal de famille comme pour les membres des tribunaux ordinaires ?.... Mais enfin la loi est là ; il faut y obéir. *Dura lex, sed lex.*

Observons cependant que la condamnation aux frais n'est que facultative, comme l'indique le mot *pourront.* C'est donc aux tribunaux à corriger, dans la pratique, le vice de la loi, et c'est, il faut le dire, ce qui arrive ordinairement. La sévérité de l'art. 441 est réservée pour des cas de faute grave où il y a passion et non erreur.

Quant au tuteur qui veut se faire dispenser sans y avoir droit, il est juste qu'il soit condamné aux frais s'il succombe. (*Ibid.*)

XVIII. Une autre mission des conseils de famille est de prononcer sur les *destitutions* des tuteurs, quand il y a lieu. (*Art.* 446.)

Dans ce cas, le conseil de famille est convoqué à la diligence du subrogé tuteur ou d'office par le juge de paix. (*Ibid.*)

Ce magistrat ne peut même se dispenser de faire la convocation, quand elle est formellement requise par un ou plusieurs parents et alliés du mineur au degré de cousin germain ou à des degrés plus proches. (*Ibid.*)

XIX. Toute délibération du conseil de famille qui prononcera l'exclusion ou la destitution du tuteur, ne pourra être prise qu'après avoir entendu ou appelé le tuteur (*art.* 447), car la défense est de droit naturel contre une mesure qui imprime toujours une tache sur celui qui en est l'objet.

De plus, ces délibérations doivent être motivées, afin qu'elles puissent être appréciées par les tribunaux, s'il y a pourvoi. (*Ibid.*)

Si le tuteur adhère à la délibération, il en sera fait mention, et le nouveau tuteur entrera aussitôt en fonctions. (*Art.* 448.)

S'il y a réclamation, le subrogé tuteur poursuivra l'homologation de la délibération devant le tribunal de première instance. (*Ibid.*)

Mais il est à remarquer que le tribunal de première instance ne prononce qu'en premier ressort, et que sa décision est sujette à appel (*ibid.*). Le conseil de famille n'est point considéré comme un tribunal devant lequel se soit épuisé le premier degré de juridiction. Le fait à apprécier, et qui est en jugement, c'est sa délibération même. Le tribunal en est le premier juge.

Le tuteur exclu ou destitué peut lui-même, en ce cas, assigner le subrogé tuteur pour se faire déclarer maintenu dans la tutelle. (*Ibid.*)

Les parents ou alliés qui ont requis la convocation peuvent intervenir dans la cause, qui est instruite et jugée comme affaire urgente. (449.)

XX. L'art. 426 déclare que les dispositions relatives aux dispenses, incapacités, exclusions et destitutions des tuteurs, s'appliqueront également aux subrogés tuteurs.

« Néanmoins, dit ce même article, le tuteur ne pourra provoquer la destitution du subrogé tuteur, ni voter dans les conseils de famille qui seront convoqués pour cet objet. » —

En effet, il arriverait souvent que, plus le subrogé tuteur ferait son devoir avec soin, plus le tuteur chercherait à s'affranchir d'un surveillant incommode pour lui, mais par cela même précieux pour la conservation des droits et la défense des intérêts des mineurs.

XXI. Là ne se bornent point le devoir et la mission des conseils de famille. Les pouvoirs qu'ils confèrent aux tuteurs ne sont point des pouvoirs absolus ; ils conservent, sur certaines parties de l'administration pupillaire, un droit de surveillance qui se trouve expliqué et réglé dans les articles suivants de notre Code civil.

« Lors de l'entrée en exercice de toute tutelle, autre que celle des père et mère, le conseil de famille réglera par aperçu, et selon l'importance des biens régis, la somme à laquelle pourra s'élever la dépense annuelle du mineur, ainsi que celle d'administration de ses biens. — Le même acte spécifiera si le tuteur est autorisé à s'aider, dans sa gestion, d'un ou plusieurs administrateurs particuliers, salariés et gérant sous sa responsabilité. » (454.)

« Ce conseil déterminera positivement la somme à laquelle commencera, pour le tuteur, l'obligation d'employer l'excédant des revenus sur la dépense ; cet emploi devra être fait dans le délai de six mois, passé lequel le tuteur devra les intérêts à défaut d'emploi. » (455.)

« Tout tuteur, autre que le père et la mère, peut être tenu, même durant la tutelle, de remettre au subrogé tuteur des états de situation de sa gestion, aux époques que le conseil de famille aurait jugé à propos de fixer, sans néanmoins que le tuteur puisse être astreint à en fournir plus d'un chaque année. — Ces états de situation seront rédigés et remis, sans frais, sur papier non timbré, et sans aucune formalité de justice. » (470.)

« Le tuteur, même le père ou la mère, ne peut emprunter pour le mineur, ni aliéner ou hypothéquer des biens immeubles, sans y être autorisé par un conseil de famille. — Cette autorisation ne devra être accordée que pour cause d'une *nécessité absolue*, ou d'un *avantage évident*. — Dans le premier cas, le conseil de famille n'accordera son autorisation qu'après qu'il aura été constaté, par un compte sommaire présenté par le tuteur, que les deniers, effets mobiliers et revenus du mineur sont insuffisants. — Le conseil de famille indiquera, dans tous les cas, les immeubles qui devront être vendus de préférence, et toutes les conditions qu'il jugera utiles. » (457.)

« Les délibérations du conseil de famille relatives à cet objet ne seront exécutées qu'après que le tuteur en aura demandé et obtenu l'homologation devant le tribunal de première instance, qui y statuera en la chambre du conseil, et après avoir entendu le procureur du roi. » (458.)

« Le tuteur ne pourra accepter ni répudier une succession échue au mineur, sans autorisation préalable du conseil de famille. L'acceptation n'aura lieu *que sous bénéfice d'inventaire.* » (461.)

« Dans le cas où la succession répudiée au nom du mineur n'aurait pas été acceptée par un autre, elle pourra être reprise, soit par le tuteur, autorisé à cet effet par une nouvelle délibération du conseil de famille, soit par le mineur devenu majeur, mais dans l'état où elle se trouvera lors de la reprise, et sans pouvoir attaquer les ventes et autres actes qui auraient été légalement faits durant la vacance. » (462.)

« La donation faite au mineur ne pourra être acceptée par le tuteur qu'avec l'autorisation du conseil de famille. — Elle aura, à l'égard du mineur, le même effet qu'à l'égard du majeur. » (463).

« Aucun tuteur ne pourra introduire en justice une action relative aux droits immobiliers du mineur, ni acquiescer à une demande relative aux mêmes droits, sans l'autorisation du conseil de famille. » (464.)

« La même autorisation sera nécessaire au tuteur pour provoquer un partage ; mais il pourra, sans cette autorisation, répondre à une demande en partage dirigée contre le mineur. » (465.)

« Le tuteur ne pourra transiger au nom du mineur qu'après y avoir été autorisé par le conseil de famille, et de l'avis de trois jurisconsultes désignés par le procureur du roi près le tribunal de première instance. — La transaction ne sera valable qu'autant qu'elle aura été homologuée par le tribunal de première instance, après avoir entendu le procureur du roi. » (467.)

« Le tuteur qui aura des sujets de mécontentement graves sur la conduite du mineur, pourra porter ses plaintes à un conseil de famille, et, s'il y est autorisé par ce conseil, provoquer la réclusion du mineur, conformément à ce qui est statué au titre *de la Puissance paternelle.* » (468.)

« Lorsque l'hypothèque n'aura pas été restreinte par l'acte de nomination du tuteur, celui-ci pourra, dans le cas où l'hypothèque générale sur ses immeubles excéderait notoirement les sûretés suffisantes pour sa gestion, demander que cette hypothèque soit restreinte aux immeubles suffisants pour opérer une *pleine garantie* en faveur du mineur. — La demande sera formée contre le subrogé tuteur, et elle devra être précédée d'un *avis de famille.* » (2143.)

XXII. Quelquefois aussi, il y a lieu de nommer, non pas un tuteur ordinaire, chargé de prendre soin de la personne et des biens du mineur, mais un tuteur spécial pour un objet déterminé. Ainsi, dans le cas de désaveu d'un enfant mineur, l'action doit être dirigée contre un tuteur *ad hoc* qui lui est nommé à cet effet par le conseil de famille. (*Art.* 318.)

En matière de partage, s'il y a plusieurs mineurs qui aient des intérêts opposés, il doit leur être donné à chacun un tuteur spécial et particulier. (*Code civil, art.* 838; *et Code de Procédure, art.* 968.)

Mais MM. Maleville, Chabot et Carré font observer avec beaucoup de raison qu'il n'y a intérêt opposé entre les mineurs co-partageants qu'autant que l'un d'eux serait avantagé plus que les autres. Vainement on dirait que les co-partageants ont toujours des intérêts opposés, en ce que chacun est intéressé à grossir sa part et à diminuer celle des autres. D'abord ce n'est point là un intérêt légitime; et puis si les articles précités étaient ainsi entendus, il s'ensuivrait que dans tout partage où seraient intéressés des mineurs il faudrait autant de tuteurs que de mineurs co-partageants.

Enfin, quand il a été fait une substitution dans les cas prévus par le chap. 10 du titre *des donations et testaments*, ou par la loi du 17 mai 1826, il doit être nommé un tuteur chargé de veiller à l'exécution de cette disposition. (*Art.* 1056.)

XXIII. Il est encore dans les attributions du conseil de famille, quand il le juge convenable, d'émanciper le mineur resté sans père ni mère, mais seulement à l'âge de dix-huit ans accomplis (*art.* 478). Plus tôt, le don de la liberté pourrait n'être qu'un présent funeste.

« En ce cas, l'émancipation résultera de la délibération qui l'aura autorisée, et de la déclaration que le juge de paix, comme président du conseil de famille, aura faite dans le même acte, *que le mineur est émancipé.* » (*Art.* 478.)

« Lorsque le tuteur n'aura fait aucune diligence pour l'émancipation du mineur dont il est parlé dans l'article précédent, et qu'un ou plusieurs parents ou alliés de ce mineur, au degré de cousin germain ou à des degrés plus proches, le jugeront capable d'être émancipé, ils pourront requérir le juge de paix de convoquer le conseil de famille pour délibérer à ce sujet. — Le juge de paix *devra déférer* à cette réquisition. » (*Art.* 479.)

« Le compte de tutelle sera rendu au mineur émancipé, assisté d'un *curateur* qui lui sera nommé par le conseil de famille. » (*Art.* 480.)

« Le mineur émancipé ne pourra faire d'emprunts, sous aucun prétexte, sans une délibération du conseil de famille, homologuée par le tribunal de première instance, après avoir entendu le procureur du roi. » (*Art.* 483.)

« Il ne pourra non plus vendre ni aliéner ses immeubles, ni faire aucun acte autre que ceux de pure administration, sans observer les formes prescrites au mineur non émancipé. — A l'égard des obligations qu'il aurait contractées par voie d'achats ou autrement, elles seront réductibles en cas d'excès. Les tribunaux prendront, à ce sujet, en considération, la fortune du mineur, la bonne ou mauvaise foi des personnes qui auront contracté avec lui, l'utilité ou l'inutilité des dépenses. » (*Art.* 484.)

« Tout mineur émancipé dont les engagements auraient été réduits en vertu de l'article précédent, pourra être privé du bénéfice de l'émancipation, laquelle lui sera retirée en suivant les mêmes formes que celles qui auront eu lieu pour la lui confier. » (*Art.* 485.)

XXIV. On s'est demandé, à l'occasion de cet article, si ses dispositions pouvaient s'appliquer au mineur émancipé par mariage. M. Delvincourt soutient l'affirmative; mais MM. Toullier, Proudhon, Duranton et Carré pensent le contraire, et nous n'hésiterons pas à adopter leur avis. MM. Duranton et Carré vont même jusqu'à dire que la dissolution du mariage ne soumettrait pas le mineur à la possibilité de voir révoquer son émancipation, dans le cas d'abus, opinion qui nous semble au moins contestable.

XXV. Dès le jour où l'émancipation aura été révoquée, le mineur rentrera en tutelle et y restera jusqu'à sa majorité (*art.* 486). — Par conséquent il faudra procéder à la nomination d'un nouveau tuteur, la précédente tutelle ayant fini par l'émancipation.

XXVI. Suivant l'art. 487, « le mineur émancipé qui fait un commerce est réputé majeur *pour les faits relatifs à ce commerce.* »

Mais, aux termes de l'art. 2 du Code de Commerce, « tout mineur émancipé, de l'un et de l'autre sexe, âgé de dix-huit ans accomplis, qui voudra profiter de la faculté que lui accorde l'art. 487 du Code civil, de faire le commerce, ne pourra en commencer les opérations, ni être réputé majeur, quant aux engagements par lui contractés pour faits de commerce : 1° s'il n'a été *préalablement autorisé* par son père ou par sa mère, en cas de décès, interdiction ou absence du père, ou à défaut du père et de la mère, par une délibération du conseil de famille homologuée par le tribunal civil; 2° si, en outre, l'acte d'autorisation n'a été enregistré et adressé au tribunal de commerce du lieu où le mineur veut établir son domicile. »

Il est même à observer que le conseil de famille peut, s'il le juge convenable, au lieu de donner l'autorisation illimitée de faire le commerce, en général, n'accorder que l'autorisation spéciale de faire un genre de commerce déterminé. Qui peut le plus peut le moins.

XXVII. Les conseils de famille peuvent aussi être appelés à remplir un devoir douloureux, quand une interdiction est provoquée. L'article 494 du Code civil veut alors que le tribunal prenne, avant toute autre voie d'instruction, sur l'état de la personne dont l'interdiction est demandée, l'avis d'un conseil de famille formé selon le mode déterminé au titre de la tutelle. Ces demandes touchent, en effet, de très-près aux plus chers intérêts de famille. (*Code civil, art.* 494; *Code de Procédure, art.* 882.)

« Ceux qui auront provoqué l'interdiction ne pourront faire partie du conseil de famille. Cependant l'époux ou l'épouse, et les enfants de la personne dont l'interdiction sera provoquée, *pourront* y être admis *sans y avoir voix délibérative.* » (495.)

« S'il n'y a pas d'appel du jugement d'interdiction rendu en première instance, ou s'il est confirmé sur l'appel, il sera pourvu à la nomination d'un tuteur ou d'un subrogé tuteur à l'interdit, suivant les règles prescrites au titre *de la minorité, de la tutelle et de l'émancipation.* L'administrateur provisoire cessera ses fonctions et rendra compte au tuteur, s'il ne l'est pas lui-même. » (*Code civil, art.* 505; *Code de Procédure, art.* 895.)

« La femme pourra être nommée tutrice de son mari. En ce cas, le conseil de famille *réglera la forme et les conditions de l'administration,* sauf le recours devant les tribunaux de la part de la femme qui se croirait lésée par l'arrêté de la famille. » (507.)

« Les revenus d'un interdit doivent être essentiellement employés à adoucir son sort et à accélérer sa guérison. Selon les caractères de sa maladie et l'état de sa fortune, le conseil de famille pourra arrêter qu'il sera traité dans son domicile, ou qu'il sera placé dans une maison de santé, et même dans un hospice. » (510.)

XXVIII. Un mineur peut être interdit, aussi bien que le majeur, si la démence, l'imbécillité ou la fureur viennent se joindre à la minorité. On s'est demandé si alors il fallait nommer un nouveau tuteur ou si la première tutelle continuait. MM. Proudhon et Carré répondent que la tutelle continue. Seulement, à la majorité, il y a lieu de nommer un nouveau tuteur, car l'ancien tuteur n'avait reçu cette charge de la tutelle que pour le temps de la minorité. Il s'agit d'une charge nouvelle, plus étendue quant à la durée, qui peut être confiée à un autre, et qui ne doit, dans tous les cas, peser sur lui qu'autant qu'on la lui imposerait de nouveau.

XXIX. Si la main-levée de l'interdiction est demandée, cette demande sera instruite et jugée dans la même forme que l'interdiction (*Cod. de Proc., art.* 896). Par conséquent le conseil de famille devra être appelé à donner son avis.

XXX. Dans une matière qui touche de bien près à celle de l'interdiction, dans la dation d'un conseil judiciaire, la demande doit être instruite et jugée de la même manière que la demande à fin d'interdiction ; et l'on suit aussi les mêmes formes pour la main-levée.

XXXI. Autre attribution moins pénible.

Si un fils ou une fille mineurs de vingt-un ans veulent se marier, et s'ils n'ont ni père, ni mère, ni aïeuls, ni aïeules, ou si les père, mère, aïeuls ou aïeules, se trouvent dans l'impossibilité de manifester leur volonté, le mariage ne peut être contracté sans le consentement du conseil de famille. (*Art.* 160.)

Si l'on tentait de passer outre sans prendre ce consentement, ou s'il y avait démence de la part de l'un des futurs époux, le tuteur ou la tutrice pourrait former opposition au mariage (*art.* 174). — Mais il faudrait qu'ils fussent autorisés par un conseil de famille (*art.* 475).

Quant aux conditions civiles qui doivent régir l'association conjugale, le mineur habile à contracter mariage est habile à consentir toutes les conventions dont ce contrat est susceptible, et les conventions et donations qu'il y a faites sont valables, pourvu qu'il ait été assisté, dans le contrat, des personnes dont le consentement est nécessaire pour la validité du mariage. (*Art.* 1398 *et* 1309 *du Code civil.*)

XXXII. Lorsqu'il sera question du mariage de l'enfant d'un interdit, la dot ou l'avancement d'hoirie et les autres conventions matrimoniales seront réglées par un avis du conseil de famille, homologué par le tribunal sur les conclusions du procureur du roi. (*Art.* 511.)

XXXIII. Il faut encore le consentement du conseil de famille pour que le mineur qui n'a laissé ni père, ni mère, soit attaché à quelqu'un par les liens de la tutelle officieuse. (*Art.* 361.)

XXXIV. Quant aux enfants admis dans les hospices, à quelque titre et sous quelque dénomination que ce soit, ils sont sous la tutelle des commissions administratives de ces maisons, lesquelles délégueront un de leurs membres pour exercer, le cas advenant, les fonctions de tuteur, et les autres formeront le conseil de tutelle, conformément à la loi du 5 pluviôse an 13.

XXXV. A l'égard des personnes présumées absentes, les tribunaux ne sont pas toujours tenus de se renfermer dans le cercle des dispositions autorisées par les articles 112 et 113 du Code civil; ils pourraient aussi, s'ils le jugeaient convenable, ordonner que le conseil de famille émettrait son avis sur ce qu'exigeraient les affaires des présumés absents. C'est ce qui résulte de l'exposé des motifs présentés par M. Bigot de Préameneu; c'est aussi l'avis de Carré. (Voy. *Absent.*)

Si c'est le père qui a disparu, laissant des enfants mineurs issus d'un commun mariage, la mère en aura la surveillance, et elle exercera tous les droits du mari, quant à leur éducation et à l'administration de leurs biens. (*Art.* 141.)

Mais six mois après la disparition du père, si la mère était décédée lors de cette disparition, ou si elle venait à décéder avant que l'absence du père eût été déclarée, la surveillance des enfants serait déférée par le conseil de famille aux ascendants les plus proches, et, à leur défaut, à un tuteur provisoire. (*Art.* 142.)

Il en sera de même dans le cas où l'un des époux qui aura disparu, laissera des enfants mineurs issus d'un mariage précédent. (*Art.* 143.)

XXXVI. Enfin lorsqu'un individu a été condamné à la peine des travaux forcés à temps, ou de la réclusion, il se trouve en état d'interdiction légale, et il lui est nommé un curateur pour gérer et administrer ses biens dans les formes prescrites pour la nomination des curateurs aux interdits. (*Art.* 29 *du Code pénal.*)

Telles sont les diverses circonstances dans lesquelles la loi exige l'intervention des conseils de famille; tels sont les divers objets de leur compétence : nous croyons n'en avoir omis aucun.

Mais nous terminerons par cette observation de M. Carré : « Il peut sans doute arriver plusieurs circonstances dans lesquelles le tuteur ou curateur d'un incapable, quoique la loi ne leur en fasse point une obligation, éprouveraient le besoin de consulter la famille, par exemple, pour s'éclairer sur un parti à prendre, et mettre d'autant plus leur responsabilité à couvert. Alors le juge de paix qui croirait devoir prendre leurs motifs en considération, ne pourrait, dans notre opinion, se refuser à déférer à leur requête en convoquant le conseil de famille, sous le prétexte que la loi n'exigerait pas expressément cette convocation. » (*Justices de Paix*, tom. 3, p. 214, n° 2035.)

§ II. *Organisation des conseils de famille.*

I. Comme l'indique leur nom même, ces conseils doivent être composés de personnes appartenant à la famille, c'est-à-dire de parents. Ce n'est qu'en l'absence de ceux-ci qu'on peut appeler en remplacement des amis qui, par l'affection, équivalent souvent à des parents.

II. Quant au juge de paix, il est membre du conseil de famille et prend part à toutes ses délibérations; mais ce n'est point comme juge, car, aux termes de l'art. 11 du tit. 3 de la loi du 24 août 1790, il doit renvoyer aux tribunaux tout ce qui peut avoir le caractère contentieux.

III. Il n'y a qu'un seul cas où le juge de paix prononce comme juge; c'est le cas prévu par l'art. 413 du Code civil, qui l'autorise à prononcer une amende contre les absents. (Voy. *Amende*, sect. 1re, n° 3.)

IV. Le juge de paix est aussi chargé de la composition du conseil de famille; mais le Code civil lui trace les règles qu'il doit suivre à cet égard.

Ainsi, l'art. 407 porte que le conseil de famille sera composé, non compris le juge de paix, de six parents ou alliés pris, tant dans la commune où la tutelle sera ouverte, que dans la distance de deux myriamètres, moitié du côté paternel, moitié du côté maternel, et en suivant l'ordre de proximité dans chaque ligne.

Suivant le même article, le parent sera préféré à l'allié du même degré, et parmi les parents du même degré, le plus âgé à celui qui le sera le moins.

Les frères germains du mineur et les maris des sœurs germaines sont seuls exceptés de la limitation de nombre posée en l'art. 407. — S'ils sont six ou au-delà, ils seront tous membres du conseil de famille, qu'ils composeront seuls avec les veuves d'ascendants ou les ascendants valablement excusés de la tutelle, s'il y en a. — S'ils sont en nombre inférieur, les autres parents ne seront appelés que pour compléter le conseil. (*Art.* 408.)

V. Lorsque les parents ou alliés de l'une ou de l'autre ligne se trouveront en nombre insuffisant sur les lieux ou dans la distance désignée par l'art. 407, le juge de paix appellera soit des parents ou alliés domiciliés à de plus grandes distances, soit, dans la commune même, des citoyens connus pour avoir eu des relations habituelles d'amitié avec le père ou la mère du mineur. (*Art.* 409.)

VI. Le juge de paix pourra, lors même qu'il y aurait sur les lieux un nombre suffisant de parents ou alliés, permettre de citer, à quelque distance qu'ils soient domiciliés, des parents ou alliés plus proches en degré, ou de mêmes degrés que les parents ou alliés présents, de manière, toutefois, que cela s'opère en retranchant quelques-uns de ces derniers, et sans excéder le nombre réglé par les art. 407 et 408 du Code. (*Art.* 410.)

Telles sont les règles tracées par le Code. Elles ont été expliquées ou développées par les auteurs et par la jurisprudence, et nous allons retracer les principales questions qui ont été agitées à cet égard.

VII. Comme le juge de paix peut placer les frères consanguins dans l'une ou l'autre ligne à son choix (*arrêt de cassation du* 10 *août* 1815), il est convenable qu'il les attribue de préférence à la ligne où il y a moins de parents, sans pourtant qu'on doive faire de ceci une règle absolue (*Carré*).

VIII. Un beau-frère, veuf sans enfants, ne cesse pas d'être l'allié de sa belle-sœur. Ainsi il doit concourir, de préférence à un ami, à la formation d'un conseil de famille appelé à donner son avis sur l'interdiction de celle-ci. (*Cour de cass.*, 24 *février* 1825.)

IX. La disposition du Code civil qui veut que le conseil de famille soit composé de *six parents ou alliés, moitié du côté paternel, moitié du côté maternel,* n'est pas applicable si le mineur est un enfant né hors mariage. Dans ce cas, le mineur n'ayant d'autres parents que ses père et mère, le conseil de famille doit être exclusivement composé d'amis. (*Cour de cass.*, 3 *sept.* 1806.)

X. Des amis ne peuvent être admis dans un conseil de famille par préférence à des parents qui demandent à en faire partie, mais qui sont domiciliés hors la distance de deux myriamètres. (*Cour de Besançon*, 26 *août* 1808.)

La cour de Rouen a jugé au contraire, le 29 novembre 1816, que :

Lorsque le juge de paix s'est conformé pour la composition d'un conseil de famille, à l'*art.* 407 du Code civil, il ne peut pas être contraint par *des parents plus proches, mais domiciliés hors du rayon déterminé par cet article,* de les admettre au conseil de famille.

XI. Lorsque les parents les plus proches du mineur ne se sont pas rendus sur une première convocation, pour composer le conseil de famille, le juge de paix, qui en a convoqué de plus éloignés, peut encore rappeler les premiers, s'il le juge à propos; et si les uns et les autres comparaissent, les plus éloignés doivent être exclus de la délibération. (*Cour de Paris, 7 floréal an 13.*)

XII. Pour les conseils de famille comme pour la tutelle, il y a des incapacités et des causes d'exclusion.

Ainsi, ne peuvent être membres des conseils de famille, 1° les mineurs, excepté le père et la mère; 2° les interdits; 3° les femmes autres que la mère et les ascendantes; 4° tous ceux qui ont ou dont les père et mère ont avec le mineur un procès dans lequel l'état de ce mineur, sa fortune, ou une partie notable de ses biens sont compromis. (*Art.* 442.)

Les tribunaux, jugeant correctionnellement, peuvent aussi, dans certains cas, interdire le droit de vote et de suffrage dans les délibérations de famille. (*Code pénal, art.* 42.)

A plus forte raison devrait-il en être de même des condamnés à la peine des travaux forcés à temps, du bannissement et du carcan (Carré, *Droit français*, t. 3, n° 1888), ainsi que de l'individu frappé de mort civile (*art.* 25 *du Code civil*).

XIII. Il est à remarquer au surplus que toutes ces causes d'exclusion sont limitatives.

Par conséquent un conseil de famille ne peut prononcer l'exclusion d'un parent, sous des prétextes de moralité. Il ne le peut que dans le cas où il y a incapacité prononcée par la loi. (*Cour de cass.*, 13 *octobre* 1807, et *Cour de Besançon*, 26 *août* 1808.)

XIV. Un parent, quoiqu'il ait intérêt à ce que l'interdiction de son parent ne soit pas prononcée, n'est pas exclu par ce motif du conseil de famille.

En général, en ce qui concerne la formation des conseils de famille, les tribunaux ne peuvent admettre d'autres raisons d'incapacité ou d'exclusion que celles qui sont prévues par la loi. (*Cour de cass.*, 15 *janvier* 1811.)

XV. Les membres d'un conseil de famille ne sont pas récusables ni exclus, par cela seul qu'ils ont précédemment émis leur avis sur l'objet de la délibération. Ce motif de récusation contre les juges ne doit pas être un motif d'exclusion contre les membres d'un conseil de famille. (*Cour royale de Paris*, 27 *janvier* 1820.)

XVI. Aux termes de l'art. 426 du Code civil, le tuteur ne peut point provoquer la destitution du subrogé tuteur, qui est son surveillant et son censeur, ni voter dans les conseils de famille qui seront convoqués pour cet objet.

Le subrogé tuteur, au contraire, peut provoquer la destitution du tuteur, et, dans ce cas, il a le droit d'assister aux délibérations du conseil et d'y opiner sur la destitution même qu'il a provoquée. (*Rouen, 17 novembre 1812, et 10 novembre 1816.*)

Il en est de même du parent qui provoque la destitution d'un tuteur. (*Rennes, 12 mai 1830.*)

XVII. Mais il est inconvenant qu'un fils fasse partie d'un conseil de famille appelé à décider si son père doit être exclu, pour cause d'incapacité, de la tutelle et de l'administration des biens de ses enfants mineurs, quoique ce ne soit point là une cause de nullité. (*Metz, 16 décembre 1829.*)

XVIII. Quant aux juges de paix, ils peuvent être récusés, mais seulement dans les cas prévus par l'art. 44 du Code de Procédure civile. (*Voyez cependant* le Juge de Paix, *t.* 3, *p.* 321.)

XIX. On a demandé si, lorsqu'incidemment à un débat judiciaire, les cours ou tribunaux désirent consulter les parents, ils peuvent déléguer un de leurs membres pour faire partie du conseil de famille, et même pour le présider en remplacement du juge de paix. M. Bousquet et M. Carré décident que non, et ils ont parfaitement raison; car l'organisation des conseils de famille est d'ordre public, et l'on ne peut changer la loi qui la règle. C'est au surplus ce qu'a jugé la cour de Bordeaux, par arrêt du 6 messidor an 12.

§ III. *Mode de convocation des conseils de famille.*

I. Quand il est nécessaire de pourvoir à la nomination d'un tuteur, le conseil sera convoqué, soit sur la réquisition et à la diligence des parents du mineur, de ses créanciers ou d'autres parties intéressées, soit même d'office et à la poursuite du juge de paix du domicile du mineur. (*Art.* 406.)

Toute personne pourra dénoncer à ce juge de paix le fait qui donnera lieu à la nomination d'un tuteur. (*Ibid.*)

II. S'il s'agit de destitution de tuteur, le conseil est convoqué à la diligence du subrogé tuteur ou d'office par le juge de paix, ou sur la demande des parents; et même, dans ce dernier cas, le juge de paix ne pourra se dispenser de faire la convocation, quand elle sera formellement requise par un ou plusieurs parents ou alliés du mineur, au degré de cousin germain ou à des degrés plus proches. (*Art.* 446.)

III. En cas d'émancipation, la convocation du conseil doit être provoquée par le tuteur, ou par un ou plusieurs parents ou alliés, au degré mentionné dans l'art. 446. Le juge de paix devra déférer à leur réquisition. (*Art.* 479.)

IV. Pour l'interdiction, c'est le tribunal qui ordonne l'assemblée du conseil.

V. Pour le mariage, ce peut être à la demande du mineur, du tuteur, du subrogé tuteur ou d'un parent.

VI. La convocation se fait devant le juge de paix du domicile du mineur, ce qui s'entend du domicile où la tutelle s'ouvre pour la première fois, et non de celui où il plairait au tuteur de transporter son domicile dans un but peut-être contraire aux intérêts du mineur. Toullier, Delvincourt, Duranton, Favard, Carré, Dalloz sont unanimes sur ce point, et leur doctrine a été consacrée par plusieurs arrêts. (Voy. *le Juge de Paix*, t. 3, p. 9.)

Même, à la mort du tuteur, le domicile naturel du mineur, c'est-à-dire le domicile de l'ouverture de la tutelle, ou, en d'autres termes, celui du dernier mourant des père et mère, reprend toute sa force. (*Cour de cass.*, 29 *décembre* 1809, *et* 10 *août* 1825.)

VII. Le délai pour comparaître sera réglé par le juge de paix *à jour fixe*, mais de manière qu'il y ait toujours, entre la citation notifiée et le jour indiqué pour la réunion du conseil, un intervalle de trois jours au moins, quand toutes les parties citées résideront dans la commune ou dans la distance de deux myriamètres. Toutes les fois que, parmi les parties citées, il s'en trouvera de domiciliées au-delà de cette distance, le délai sera augmenté d'un jour par trois myriamètres.

VIII. Quant au mode de convocation, si l'on voulait procéder rigoureusement, il faudrait dresser un procès-verbal constatant la réquisition présentée pour la convocation du conseil de famille, la composition de ce conseil, et le permis d'assigner. — Ou, si le juge de paix agissait d'office, il faudrait un procès-verbal constatant les motifs qui le font agir, et réglant la composition du conseil. Ensuite il ferait citer les membres choisis par lui. — Mais, dans la pratique, on simplifie et on économise les frais, en convoquant par simples lettres missives, et en ne dressant qu'un seul et même procès-verbal lors de l'assemblée du conseil. Ce n'est qu'en cas de mauvaise volonté soupçonnée qu'on agit autrement.

IX. Lorsque la convocation est faite à la requête d'un parent, celui-ci avance les frais; mais, lorsque le juge de paix convoque d'office, la citation est donnée sur papier visé pour timbre, et enregistrée en débet. Il en est de même en cas d'indigence des mineurs, constatée par un certificat du maire ou du commissaire de police; il n'y a point alors de vacations pour le juge ni pour le greffier.

§ IV. *Tenue du conseil et délibérations.*

I. Les parents, alliés ou amis convoqués sont tenus de se rendre en personne, ou de se faire représenter par un mandataire spécial. (*Art.* 412.)

Le fondé de pouvoir ne peut représenter plus d'une personne. (*Ibid.*)

Les femmes ne peuvent être mandataires, puisqu'elles sont exclues des conseils de famille.

II. Tout parent, allié ou ami convoqué, et qui, sans excuse légitime, ne comparaîtra point, encourra une amende qui ne pourra excéder 50 fr., et sera prononcée sans appel par le juge de paix. (*Art.* 413.)

Mais, pour que cette amende puisse être prononcée, il faut qu'il y ait eu citation régulière.

Quoique cette décision soit souveraine, si plus tard un moyen d'excuse légitime était présenté, le juge de paix pourrait relever de la condamnation prononcée. C'est ce que les tribunaux font souvent à l'égard des témoins non comparants.

III. L'amende que l'art. 413 autorise ne peut être prononcée contre le parent, allié ou ami qui a comparu, mais qui a refusé de délibérer, sous prétexte de l'irrégularité du conseil de famille. (*Cour de cass.*, 10 *décembre* 1828.)

IV. Si l'absence d'un ou plusieurs membres est justifiée, ou s'il convient soit d'attendre un membre absent, soit de le remplacer, en ce cas, comme en tout autre où l'intérêt du mineur semblera l'exiger, le juge de paix pourra ajourner l'assemblée ou la proroger. (*Art.* 414.)

V. L'assemblée se tiendra chez le juge de paix, à moins qu'il ne désigne lui-même un autre local. (*Art.* 415.)

VI. La présence des trois quarts au moins des membres convoqués sera nécessaire pour que le conseil délibère valablement. (*Ibid.*)

VII. Le conseil de famille sera présidé par le juge de paix, qui y aura voix délibérative et prépondérante, en cas de partage. (*Art.* 416.)

Ainsi, le juge de paix doit nécessairement prendre part aux délibérations. S'il ne faisait que présider, la délibération serait nulle. (*Cour royale de Bordeaux*, 21 *juillet* 1808.)

VIII. Toute délibération qui prononce une exclusion ou une destitution de tuteur, sera motivée, et ne pourra être prise qu'après avoir entendu ou appelé le tuteur. (*Art.* 447.)

IX. Toutes les fois que les délibérations du conseil de famille ne seront pas unanimes, l'avis de chacun des membres qui le composent sera mentionné dans le procès-verbal. (*Art.* 883 *du Code de Procédure.*)

Mais il n'est pas, pour cela, nécessaire d'indiquer les motifs de chaque opinion. (*Cour de cass.*, 17 *novembre* 1813.)

X. L'insertion des motifs n'est pas nécessaire, à peine de nullité, dans l'avis du conseil de famille qui, dans le cas de séparation de corps, attribue à la mère, à l'exclusion du père, la garde des enfants. — On ne peut appliquer dans ce cas l'art. 447, qui veut que toute délibération du conseil de famille prononçant l'exclusion ou la destitution d'un tuteur, soit motivée. (*Cour royale de Paris*, 11 *décembre* 1821.)

XI. L'art. 883 du Code de Procédure n'est applicable qu'aux délibérations qui doivent être soumises à l'homologation du tribunal. (*Cour royale de Metz*, 16 *février* 1812.)

MM. Delvincourt et Carré pensent aussi, et avec raison, que cet article n'est pas applicable dans le cas de refus d'autorisation pour un mariage. Ce serait souvent exiger la divulgation d'opinions fort délicates, et qui ne sont point destinées à la publicité.

XII. Comme président, le juge de paix a la police de l'assemblée; mais il ne peut appliquer les articles 10 et 11 du Code de Procédure pour les faits qui se passent au sein du conseil de famille.

XIII. Sa qualité de magistrat ne permet pas qu'il puisse être intimé sur le pourvoi formé contre une décision du conseil à laquelle il aurait participé. (*Carré*, tom. 3, p. 132.)

Il ne pourraît être attaqué que par l'action extraordinaire, c'est-à-dire par voie de prise à partie et dans les cas prévus par la loi. (*Cour de cass.*, 29 *juillet* 1812.)

§ V. *Exécution des délibérations des conseils de famille.*

I. Toute délibération d'un conseil de famille dont la loi n'ordonne pas l'homologation, vaut par elle-même et doit être exécutée, si elle n'est point attaquée. (*V.* art. 418, 440 et 448.)

II. Il y a lieu à homologation dans les cas prévus par les art. 457, 458, 466, 467, 511 du Code civil, et par les articles 982 et 984 du Code de Procédure.

III. C'est le tuteur qui poursuit l'homologation, à moins qu'un membre n'ait été délégué à cet effet par le conseil de famille.

Les formalités à suivre sont tracées par l'art. 885 et suivants du Code de Procédure.

IV. Les jugements rendus sur délibération du conseil de famille sont sujets à l'appel. (*Art.* 889 *du Code de Proc. civ.*)

V. Mais alors même que les délibérations des conseils de famille ne sont point sujettes à homologation, elles peuvent être attaquées soit pour vices de forme, soit pour autres causes.

VI. En thèse générale, c'est aux tribunaux civils d'arrondissement, et non aux juges de paix, qu'il appartient de statuer en matière de contestations qui s'élèvent sur l'exécution ou à l'occasion des avis du conseil de famille. Ainsi, lorsque le subrogé tuteur requiert la vente des meubles du mineur, et que le tuteur, se fondant sur un avis de la famille, résiste à cette demande, le juge de paix est incompétent pour statuer. (*Cour d'Amiens*, 11 *fructidor an* 13.)

VII. Toutes délibérations du conseil de famille peuvent être attaquées devant les tribunaux par les membres contre l'avis desquels la délibération a été prise, même lorsqu'il s'agit d'une délibération pour laquelle l'homologation n'est pas exigée. (*Angers*, 6 *août* 1819.)

VIII. Le tribunal qui homologue la délibération d'un conseil de famille autorisant la vente des biens de mineurs, ne peut ordonner d'office que la vente sera faite sous des conditions que la délibération n'a pas prévues.

Le conseil de famille a qualité pour former tierce opposition au jugement, même en appeler, malgré le silence du tuteur. (*Colmar*, 11 *avril* 1822.)

IX. L'appel d'un jugement d'homologation, interjeté d'après l'avis unanime d'un conseil de famille, tendant à en faire changer quelques dispositions, peut être valablement signifié au procureur du roi. (*Trèves*, 11 *février* 1811.)

X. La délibération d'un conseil de famille portant nomination d'un tuteur, peut être attaquée devant un tribunal de première instance, encore qu'elle ait été *homologuée* par le juge, sans contradiction ou contestation. — Une telle homologation n'a pas l'effet d'un jugement. Si c'est un acte de juridiction, c'est de la juridiction gracieuse, n'ayant pas l'effet de la chose jugée.—Si donc, de deux tuteurs différents, nommés au même mineur, l'un attaque la nomination de l'autre, le juge de première instance ne peut se croire lié par la *contrariété* de deux *décisions judiciaires* dans le sens de l'art. 504 du Code de Procédure. — Il n'y a pas nécessité de renvoyer à un juge supérieur : c'est au premier juge à prononcer. (*Cour de cass.*, 18 *juillet* 1826.)

XI. L'homologation de la délibération d'un conseil de famille qui prononce la destitution d'un tuteur, ne peut être poursuivie par le tuteur nommé en remplacement, celui-ci n'acquérant qualité pour agir dans l'intérêt du mineur que du moment même de l'homologation.

Le droit de requérir cette homologation n'appartient qu'au subrogé tuteur, ou, à son défaut, aux membres du conseil de famille.

Le nouveau tuteur qui a poursuivi, sans droit, l'homologation de la délibération, est tenu personnellement aux frais de l'instance, quelle que soit sa bonne foi. (*Bruxelles*, 12 *novembre* 1830.)

XII. Nous terminerons par l'indication d'une dernière question qui est fort grave, et qui est traitée par M. Duranton, *Droit français*, t. 3, p. 47.

Cet auteur se demande si les vices dans la composition du conseil de famille ou dans le mode de délibération, entraînent la nullité des actes faits par le tuteur indûment nommé, et il décide avec raison que les actes faits de bonne foi par les tiers, avec l'emploi des formalités requises, doivent être respectés.

§ VI. *Responsabilité des membres des conseils de famille.*

Nous nous bornerons à transcrire ici le peu de mots que M. Carré a écrits sur ce point. Ils suffisent pour servir de guide dans la solution de toutes les questions qui s'y rattachent.

« Les membres du conseil de famille (dit le savant auteur) ne sont pas responsables des conséquences de leur avis, s'ils n'ont point agi frauduleusement, ou avec une indifférence telle que la faute devrait être assimilée au dol comme faute grossière, *lata culpa;* par exemple, dit M. Duranton, en nommant pour tuteur un individu notoirement connu pour être un dissipateur, un homme de mauvaise conduite ou en état de faillite. Dans ce cas, le principe de leur responsabilité se puiserait dans les art. 1382 et 1383. »

§ VII. *D'une espèce d'assemblée qui peut être considérée comme un véritable conseil de famille.*

I. On peut assimiler aux conseils de famille l'assemblée prescrite par l'art. 2144 du Code civil, ainsi conçu : « Pourra le » mari, du consentement de sa femme, *et après avoir pris l'avis des » quatre plus proches parents d'icelle réunis en assemblée de fa- » mille*, demander que l'hypothèque générale sur tous ses im- » meubles pour raison de la dot, des reprises et conventions » matrimoniales, soit restreinte aux immeubles suffisants pour » la conservation entière des droits de la femme. »

II. La composition de ce conseil est différente des conseils ordinaires; on ne distingue point les branches paternelle et maternelle; on ne prend que quatre parents au lieu de six;

on prend les plus proches; ils ne peuvent être remplacés : c'est une assemblée à part. Mais son but est toujours de protéger une personne à qui l'on ne suppose point la force de se protéger elle-même, et de délibérer sur des intérêts que la faiblesse ou l'ignorance des affaires pourrait compromettre.

III. L'art. 2144 ne dit point devant quelle autorité cette assemblée doit se tenir. Mais par cela même, il est évident que ce doit être devant le juge de paix. Seulement, ce magistrat n'est point membre de ce conseil, et ne peut y avoir voix délibérative. (Voy. *Assemblée de parents.*)

Tel est l'aperçu général des règles qui concernent les conseils de famille. Le plan de cet ouvrage ne nous permettait point de leur donner plus d'extension. Il a suffi de poser les principes généraux et d'indiquer les principales questions. D'ailleurs, pour le rendre moins incomplet, il faudra recourir, dans ce recueil, aux articles correspondants, comme *Tuteur*, *Subrogé Tuteur*, *Émancipation*, *Interdiction*, etc., etc.

PHILIPPE DUPIN, *avocat à la cour royale de Paris.*

CONSEIL DE CHARITÉ. Voy. *Charité.*

CONSEIL JUDICIAIRE. C'est une espèce de tuteur nommé par le tribunal, sans l'assistance duquel on ne peut plaider, transiger, emprunter, recevoir un capital mobilier et en donner décharge, aliéner ni grever ses biens d'hypothèques. (*Code civil*, *art.* 513.)

I. Il y a lieu à la nomination d'un conseil judiciaire, 1° lorsqu'un individu, sans être précisément en état d'imbécillité ou de démence, est d'une raison trop faible pour conduire ses affaires, et se trouve, dès lors, exposé à des actes qui consommeraient sa ruine (*art.* 499); 2° lorsque, dominé par ses passions, il abuse de ses droits pour dissiper ses biens en dépenses excessives et désordonnées, ce qui constitue la prodigalité.

II. On ne peut pas indiquer, d'une manière bien positive, les cas où un majeur peut être soumis à la direction d'un conseil judiciaire. C'est à la sagacité du juge que la loi s'en rapporte pour apprécier les faits et les circonstances, et reconnaître si l'individu est atteint de cette faiblesse de caractère qui, l'exposant à être la dupe de ceux qui voudraient le surprendre, le rend incapable de diriger convenablement ses affaires sans l'avis d'un conseil ferme et éclairé.

III. Les anciens jurisconsultes pensaient que, pour être déclaré prodigue, il fallait avoir dissipé au moins le tiers de son bien. C'est un point de départ qui peut encore aujourd'hui être pris comme signe de reconnaissance. (Favard de Langlade, *Répert.*, v° *Conseil judiciaire*, n° 1; *Toullier*, t. 2, n° 1371.)

IV. Mais, de ce que personne ne pouvait être déclaré prodigue à moins qu'il n'eût dissipé un tiers de ses biens, il ne s'ensuivrait pas qu'il fallût nommer un conseil à tous ceux qui ont aliéné ou dissipé même au-delà de ce tiers. On doit principalement considérer la cause et l'objet des dépenses. *In hac dijudicatione*, dit d'Argentré, *non tam sumptuum magnitudo*, *qui sæpe magna necessitate fiunt*, *quam causæ insumendi tractandæ sunt.* Les fausses spéculations ne sont pas considérées comme des actes de prodigalité. (*Cambacérès.*)

V. La défense de procéder sans l'assistance d'un conseil peut être provoquée par ceux qui ont droit de demander l'interdiction. La demande doit être instruite et jugée de la même manière (*art.* 514). Voy. *Interdiction.*

Le procureur du roi ne serait point recevable à provoquer cette défense, parce qu'il s'agit ici d'un intérêt purement individuel, et qui ne touche point à l'ordre public. (*Toullier*, t. 2, n° 1372.)

VI. Peut-on nommer un conseil judiciaire à un mineur?

Le projet du Code contenait un article ainsi conçu : « La provocation en interdiction n'est point admise contre les mineurs non émancipés; elle l'est contre les mineurs émancipés. »

La cour de cassation fit observer qu'il est utile que l'on puisse poursuivre l'interdiction, même du mineur non émancipé, *dans la dernière année de la minorité;* car, si l'interdiction ne pouvait être demandée qu'à l'époque de la majorité, il arriverait, comme on en a vu plusieurs exemples, que l'intervalle de la demande au jugement serait employé à ratifier les actes passés en minorité, contre chacun desquels une discussion particulière deviendrait nécessaire ensuite, même après l'interdiction, pour en faire prononcer la nullité.

Ces réflexions firent retrancher l'article. Il suit de là que l'interdiction peut être prononcée contre les mineurs, dans la dernière année de leur minorité, pour les mêmes causes que contre les majeurs. A plus forte raison peut-on leur nommer un conseil judiciaire, puisque la nomination de ce conseil ne forme pas, comme le jugement d'interdiction, un préjugé contre les actes antérieurs qui restent dans toute leur force, et qui seraient, par conséquent, irréparables, si le prodigue ratifiait, dès la majorité, tous les emprunts, toutes les ventes, qu'il aurait pu souscrire pendant sa minorité.

VII. M. Toullier pense que tout individu a le droit de demander pour lui-même un conseil judiciaire. Il invoque, à

ont été détachées de celles des tribunaux de commerce, une juridiction exceptionnelle, équivalant, par rapport à ces tribunaux, à celle des justices de paix relativement aux tribunaux d'arrondissement. Les prud'hommes sont, en effet, comme les juges de paix, tantôt conciliateurs, tantôt juges, et l'appel de leurs décisions se porte au tribunal de commerce, de même que les appels des justices de paix devant le tribunal civil d'arrondissement. Ils suivent, d'ailleurs, dans presque tous les cas où ils ont à statuer comme juges, les règles et les formalités tracées par le Code de Procédure au titre *de la justice de paix*. (Carré, *Droit français*, t. 3, n° 2407.)

II. Les conseils de prud'hommes sont placés principalement dans les villes qui possèdent des fabriques ou des manufactures importantes. Il en existe à Lyon, Rouen, Nîmes, Avignon, Troyes, Mulhausen, Thiers, Sedan, Carcassonne, Saint-Quentin, Limoux, Reims, Tarare, Lille, Lodève, Saint-Étienne, Clermont, Louviers, Roubaix, Marseille, Amplepuis, Alais, Orléans, Saint-Chamond, Mamers, Cambrai, Alençon, Strasbourg et Bolbec.

III. Le décret du 11 juin 1809 porte, art. 13 et 16, « que les prud'hommes seront élus dans une assemblée générale composée de marchands, fabricants, chefs d'atelier, contremaîtres, teinturiers et ouvriers patentés; que cette assemblée est convoquée huit jours à l'avance par le préfet, et présidée par lui ou par celui des fonctionnaires publics qu'il désignera. Le préfet (et par conséquent le fonctionnaire qu'il délègue) peut décider, sauf le recours au conseil-d'état, toutes les contestations qui s'élèveraient sur le droit d'assistance.

IV. D'après cette disposition, un juge de paix, nécessairement compris dans la dénomination générale de *fonctionnaire*, peut être désigné par le préfet pour présider l'assemblée, et il semble qu'en considération de l'analogie des fonctions, on devrait le préférer à tout autre.

V. En cette qualité de président délégué et investi du droit de statuer sur les contestations relatives au droit d'assistance, il faut qu'il sache que nul n'est admis dans l'assemblée, s'il ne s'est fait inscrire sur un registre à ce destiné, ouvert à l'hôtel-de-ville; que nul aussi ne peut être inscrit que sur la présentation de sa patente; que les faillis sont exclus; que les inscriptions peuvent être faites jusqu'au jour fixé pour la convocation; que le président nomme un secrétaire et deux scrutateurs; que l'élection est faite au scrutin individuel et à la majorité des suffrages; qu'aussitôt qu'elle est terminée, il en est dressé procès-verbal, qui est déposé à la mairie; qu'enfin, l'assemblée ne peut délibérer ni s'occuper d'autre chose que de l'élection. (*Décret du* 11 *juin* 1809, *art.* 14, 15, 17 *et* 18.)

VI. Ce serait devant le juge de paix, s'il avait été délégué par le préfet pour la présidence, que les prud'hommes auraient à prêter le serment prescrit aux juges.

VII. Les conseils de prud'hommes sont principalement institués : 1° pour terminer, par la voie de conciliation, les différends qui s'élèvent journellement, soit entre des fabricants et des ouvriers, soit entre des chefs d'atelier et des compagnons ou apprentis (*art.* 6 *de la loi du* 18 *mars* 1806) ; 2° pour juger, entre les mêmes personnes, toutes les contestations, quelle qu'en soit la valeur, qui n'ont pu être terminées par la voie de conciliation (*art.* 23 *du décret du* 11 *juin* 1809).

VIII. Les prud'hommes ont aussi des attributions en matière de police. Ils punissent d'un emprisonnement qui ne peut excéder trois jours, tout manquement grave des apprentis envers leurs maîtres, tout délit tendant à troubler l'ordre et la discipline de l'atelier, sans préjudice toutefois de l'exécution de l'art. 19, tit. 5, de la loi du 22 germinal an 11, et de la concurrence des officiers de police et des tribunaux. (Voy. *Maîtres.*)

CONSERVATEUR DES HYPOTHÈQUES. C'est un officier établi dans chaque arrondissement communal, pour la conservation des priviléges et hypothèques.

I. L'art. 2199 du Code civil contient à leur égard la dispotion suivante : « Dans aucun cas les conservateurs ne peuvent refuser ni retarder la transcription des actes de mutation, l'inscription des droits hypothécaires, ni la délivrance des certificats requis, sous peine des dommages-intérêts des parties ; à l'effet de quoi procès-verbaux des refus ou retardement, seront, à la diligence des requérants, dressés sur-le-champ, soit par un juge de paix, soit par un huissier audiencier du tribunal, soit par un autre huissier ou un notaire assisté de deux témoins. »

II. D'après cet article, le conservateur des hypothèques ne peut se refuser à inscrire même un bordereau qui serait nul dans sa contexture, soit parce qu'il n'énoncerait pas l'époque de l'exigibilité du capital, soit parce qu'il ne désignerait pas la nature et la situation des biens, etc. « Cependant, observe M. Persil (*Régime hypothécaire*, t. 2, p. 421), s'il est vrai que les conservateurs ne puissent pas refuser l'inscription à cause de son illégalité, il est un cas où ils doivent s'interdire de la faire, ainsi que tous les autres actes de leur ministère. C'est lorsqu'on les requiert un jour de fête conservée ; car le grand juge et le ministre des finances ont pensé que l'art. 57 de la loi du 18 germinal an 10, qui fixe les jours de repos des fonctionnaires publics, doit être scrupuleusement observé par les conservateurs, et que leurs bureaux doivent être fermés pour tout le monde les dimanches et fêtes. C'est aussi dans ce sens que l'a décidé la cour de cassation, en déclarant nulle une transcription d'acte de mutation faite un dimanche. »

III. M. Carré demande « si le refus du conservateur peut être constaté sur la simple déclaration de la partie, ou si le juge de paix doit se transporter à son bureau pour le constater, après l'avoir entendu. » Nous ne concevons pas un pareil doute. Quand le législateur a ordonné que des procès-verbaux seraient dressés, *à l'effet* d'assurer aux parties les dommages-intérêts auxquels leur donne droit le refus ou la négligence du conservateur des hypothèques, il a entendu que ces procès-verbaux auraient de la valeur en justice, qu'ils pourraient servir de base à un jugement. Or, que serait un procès-verbal où le juge de paix aurait constaté seulement la déclaration ou la plainte d'une partie, sans attester lui-même que cette plainte est fondée? Il faut donc, de toute nécessité, que le magistrat se transporte au bureau de la conservation, qu'il fasse part au conservateur de la plainte dirigée contre lui, et qu'il consigne, dans son procès-verbal, la réponse de ce fonctionnaire. Nous pensons, comme M. Carré, que, vu l'urgence, il n'est pas nécessaire que le juge soit assisté de son greffier.

Modèle de procès-verbal.

Cejourd'hui,   , par-devant nous, juge de paix, etc., s'est présenté le sieur (*nom, prénoms, profession et domicile*), lequel nous a exposé que le conservateur des hypothèques de l'arrondissement refuse (*ou* retarde) la transcription d'un acte de mutation qui lui a été remis (*fixer l'époque*) par l'exposant (*ou* l'inscription des droits hypothécaires, *ou* la délivrance des certificats dont il a été requis par l'exposant); et comme ce refus (*ou* cette négligence) peut causer un préjudice notable audit sieur   , il nous a requis de le (*ou* la) constater, aux termes de l'art. 2199 du Code civil, et a signé.

Nous, dit juge de paix, obtempérant à cette demande, nous sommes immédiatement transporté au bureau de la conservation des hypothèques, où étant, nous avons fait part à M. le conservateur de la réclamation dudit sieur   , à quoi il a été répondu (*énoncer les motifs du refus ou du retard*).

De tout quoi nous avons dressé procès-verbal pour servir et valoir ce que de raison, etc.

Quoique la signature du conservateur ne soit pas indispensable, le juge de paix peut la requérir : elle ajouterait encore à la force de son procès-verbal.

CONSIGNATION. Voy. *Action civile*, sect. 4, n° 14; *Bacs et Bateaux; Cassation*, sect. 1re, § 2, n° 9, et sect. 2, § 2, n° 11; *Officiers-priseurs* et *Octroi*.

CONSULTATION. Avis donné par un jurisconsulte dans une affaire sur laquelle il est consulté.

I. L'art. 86 du Code de Procédure porte : « Les parties ne pourront charger de leur défense, soit verbale, soit par écrit, *même à titre de consultation*, les juges en activité de service, procureurs généraux, avocats généraux, procureurs du roi, substituts des procureurs généraux et du roi, même dans les tribunaux autres que ceux près desquels ils exercent leurs fonctions. Pourront néanmoins les juges, procureurs généraux, avocats généraux, procureurs du roi et substituts des procureurs généraux et du roi, plaider, dans tous les tribunaux, leurs causes personnelles et celles de leurs femmes, parents ou alliés en ligne directe, et de leurs pupilles. »

II. Quoique cette disposition ne se trouve pas au titre des justices de paix, nous pensons, avec Carré, *Droit français*, t. 1, n° 279, qu'elle est applicable aux juges de paix comme aux membres des tribunaux ordinaires. (Voy. *le Juge de Paix*, t. 1, p. 118.)

CONTRAINTE. En matière de finances, c'est un mandement décerné contre un redevable de deniers publics ou de droits dus au fisc.

I. D'après l'art. 64 de la loi du 22 frimaire an 7, le premier acte de poursuite pour le recouvrement des droits d'enregistrement et le paiement des amendes, doit être une contrainte décernée par le préposé de la régie, et déclarée exécutoire par le juge de paix du canton où le bureau est établi.

II. Le visa de ce magistrat doit être daté et signé par lui. (*Cour de cass.*, 8 *mai* 1809.)

III. Une contrainte qui n'aurait été que *visée*, sans être déclarée *exécutoire*, pourrait être annulée sur l'opposition. (*Cour de cass.*, 8 *mai* 1809.)

IV. C'est le juge de paix du canton où se trouve le chef-lieu du bureau, qui doit viser et rendre les contraintes exécutoires. Le visa qui serait donné par un autre juge de paix, lors même que son canton serait compris dans l'arrondissement du bureau, ne serait point valable. (Rolland de Villargues, *Jurisprudence du Notariat*, v° *Contrainte*, n° 10.)

V. Les contraintes décernées par un directeur ou receveur de la régie des contributions indirectes, que l'on comprend sous la dénomination de *droits-réunis*, doivent également être visées et déclarées exécutoires, sans frais, par le juge de paix du canton où le bureau de perception est établi. (*Art.* 43 *et* 44 *du décret du* 1er *germinal an* 13.)

VI. Il en est de même des contraintes décernées contre les receveurs des communes par l'inspecteur du trésor, lorsque le déficit excède le montant de leur cautionnement. (*Art.* 6 *du décret du* 27 *février* 1807.)

VII. Un décret impérial du 15 novembre 1810 porte, art. 1er, que « le recouvrement des droits d'octroi sera poursuivi par voie de contrainte et par corps, contre tous régisseurs, fermiers, receveurs et autres préposés à la recette desdits droits. » L'art. 2 ajoute que les contraintes seront décernées par le receveur municipal, visées par le maire, et rendues exécutoires par le juge de paix du canton où est située la commune.

VIII. Un autre décret, du 26 septembre 1811, déclare ces dispositions applicables aux fermiers du droit de pesage et mesurage.

IX. Pour les contraintes en matière de douanes, voyez *Douanes*.

X. Le juge de paix qui refuserait de viser une contrainte et de la rendre exécutoire, se rendrait responsable des valeurs pour lesquelles la contrainte aurait été décernée. (*Décret du* 1er *germinal an* 13, *art.* 44.)

XI. Les contraintes ne sont pas sujettes à l'enregistrement. La signification seule doit être enregistrée comme tous les exploits.

CONTRAINTE PAR CORPS. La contrainte par corps est une sanction que la loi attache ou permet d'attacher à certains jugements, pour en assurer l'exécution. Elle est donc *impérative* ou *facultative*.

Nous allons examiner, 1° les cas où le juge de paix doit ou peut la prononcer; 2° ceux où on ne peut la mettre à exécution sans son assistance.

Section première.

La contrainte par corps peut être prononcée soit en matière civile, soit en matière de police. Nous nous en occuperons sous ce double rapport.

§ Ier. *Contrainte par corps en matière civile.*

I. La contrainte par corps a lieu en matière civile pour stellionat. (*Code civ., art.* 2059.)

Elle a lieu pareillement 1° pour dépôt nécessaire;

2° En cas de réintégrande, pour le délaissement ordonné par justice, d'un fonds dont le propriétaire a été dépouillé par voie de fait; pour la restitution des fruits qui en ont été perçus pendant l'indue possession, et pour le paiement des dommages-intérêts adjugés au propriétaire;

3° Pour répétition de deniers consignés entre les mains de personnes publiques établies à cet effet;

4° Pour la représentation des choses déposées aux séquestres, commissaires et autres gardiens;

5° Contre les cautions judiciaires et contre les cautions des contraignables par corps, lorsqu'elles se sont soumises à cette contrainte;

6° Contre tous officiers publics, pour la représentation de leurs minutes, quand elle est ordonnée;

7° Contre les notaires, les avoués et les huissiers, pour la restitution des titres à eux confiés, et des deniers par eux reçus pour leurs clients, par suite de leurs fonctions. (*Art.* 2060 *du Code civ.*)

II. Elle ne peut être prononcée pour une somme moindre de 300 fr. (*Art.* 2065.)

III. Cette dernière disposition restreint, pour le juge de paix, la faculté de prononcer la contrainte, au cas de réintégrande, prévu par le § 2 de l'art. 2060, puisque tous les autres cas qui, par leur nature, appartiendraient à sa juridiction, en sont exclus par le taux fixé en l'art. 2065.

Néanmoins, nous avons dû citer les textes entiers, parce que lorsque les parties prorogent la juridiction des juges de paix, aux termes de l'art. 7 du Code de Procédure civile, les juges de paix sont *tenus* de prononcer la contrainte par corps, quand la loi est *impérative*, si la condamnation est de 300 fr. ou au-dessus.

Quelques jurisconsultes prétendent qu'il n'est pas question, dans le paragraphe cité de l'art. 2060, de la *réintégrande ordinaire*, mais plutôt *d'un désistat de possession, ou rétablissement dans la propriété spoliée, qui ne produit que des actions pétitoires.*

Ils fondent cette opinion sur la répétition du mot *propriétaire*, qui désigne uniquement, disent-ils, le maître de la propriété, et non le possesseur annal, et ils en concluent que la connaissance de cette action n'appartient point aux tribunaux de paix. (Biret, *Recueil général et raisonné de la jurisprudence et des attributions des juges de paix*, t. 1, p. 184.)

Mais cette opinion, contraire au texte formel de la loi, qui n'a pu employer le mot *réintégrande* pour désigner une action pétitoire, est complétement détruite par le rapport du tribun

Gary sur le titre du Code civil relatif à la contrainte par corps : « La contrainte par corps, dit-il, doit avoir lieu contre celui qui est condamné à remettre un héritage *au possesseur* ou au propriétaire. Il y a pourtant cette différence, que, lorsque c'est le *possesseur* qui a été troublé ou dépossédé par une voie de fait, le jugement qui le réintègre, avant même que la question de propriété soit décidée au fond, doit porter la contrainte par corps, tant pour le délaissement, que pour la restitution des fruits perçus pendant l'indue possession, et pour le paiement des dommages-intérêts ; tandis que s'il y a un jugement rendu au pétitoire, qui condamne à désemparer le fonds, ce n'est qu'en cas de désobéissance à ce premier jugement, et après un délai déterminé, que la contrainte par corps peut être prononcée, et sans qu'il soit question de fruits ni de dommages-intérêts. Les motifs de cette différence sont sensibles : dans le premier cas, il y a une voie de fait qui excite la juste animadversion de la loi, et qui appelle une répression plus sévère et une plus prompte réparation. »

Levasseur, dans son *Manuel*, nº 152, et Carré, *Droit français*, tom. 4, nº 2798, résolvent cette difficulté dans le même sens que nous. « Le Code civil, dit Levasseur, dispose que la contrainte par corps a lieu en matière de réintégrande ; donc il l'admet pour l'action possessoire. Cela est indubitable, car dans l'article suivant il parle du pétitoire, et l'admet encore. Ainsi, il ne peut y avoir lieu à contestation. »

Nous ajouterons, avec Carré et Pigeau, que la contrainte par corps doit être prononcée par le jugement même qui statue sur la réintégrande, et non dans les délais fixés par l'article 2061, où il s'agit d'un jugement au pétitoire.

Si elle ne l'était point, malgré les conclusions formelles du demandeur, comment faudrait-il se pourvoir pour obtenir ce mode d'exécution, omis ou refusé par le juge de paix ?

Devant le tribunal de première instance. La mission du juge est accomplie dès qu'il a prononcé sa sentence ; il ne peut rien y ajouter ni en retrancher ; *functus est officio*.

IV. Jusqu'à présent, nous avons parlé de la contrainte par corps *impérative* : passons aux cas principaux dans lesquels elle est *facultative*.

« Les fermiers et les colons partiaires *peuvent* être contraints par corps, faute par eux de représenter, à la fin du bail, le cheptel de bétail, les semences et les instruments aratoires qui leur ont été confiés ; à moins qu'ils ne justifient que le déficit de ces objets ne procède point de leur fait. » (*Code civil, art.* 2062.)

« La contrainte par corps ne sera prononcée que dans les cas prévus par la loi. Il est néanmoins *laissé à la prudence* des juges de la prononcer, 1° pour *dommages-intérêts en matière civile*, au-dessus de la somme de trois cents francs; 2° pour reliquats de comptes de tutelle, curatelle, d'administration de corps et communautés, établissements publics, ou de toute autre administration confiée par justice, et pour toutes restitutions à faire par suite desdits comptes. » (*Code de Proc., art.* 126.)

C'est cette disposition, *pour dommages-intérêts en matière civile,* qui donnera le plus souvent occasion aux juges de paix de prononcer le *par corps*.

Cependant M. Carré fait observer, à cet égard, que la contrainte par corps ne pouvant être prononcée pour une somme moindre de 300 francs, et cette valeur étant, pour toute action personnelle, au-dessus du pouvoir du juge de paix, il ne reste guère de cas où il ait lieu de prononcer la contrainte, si sa juridiction n'a pas été volontairement prorogée.

Mais cet estimable auteur oublie que la loi du 24 août 1790 attribue aux juges de paix la connaissance en premier ressort, *à quelque valeur que la demande puisse monter*, « 1° des actions pour dommages faits, soit par les hommes, soit par les animaux, aux champs, fruits et récoltes; 2° des déplacements de bornes, des usurpations de terres, arbres, haies, fossés et autres clôtures, commis dans l'année; des entreprises sur les cours d'eau servant à l'arrosement des prés; 4° des indemnités prétendues par le fermier ou locataire, pour non-jouissance, lorsque le droit à l'indemnité n'est pas contesté, et des dégradations alléguées par le propriétaire; 6° des actions pour injures verbales, rixes et voies de fait, pour lesquelles les parties ne se sont pas pourvues par la voie criminelle. »

Il oublie encore qu'aux juges de paix seuls appartient la connaissance des contrefaçons en matière de brevets d'invention (*loi du* 25 *mai* 1791, *tit.* 2, *art.* 10), et que les dommages-intérêts peuvent s'élever au-dessus de 300 francs. (*loi du* 7 *janvier* 1791, *art.* 12 *et* 13).

Dans tous ces cas, où l'action est *civile*, si le dommage excède 300 francs, pourquoi le juge de paix ne pourrait-il prononcer la contrainte par corps? La disposition de l'article 126 est générale; elle s'applique à tous les jugements en matière civile; et il y a d'autant moins d'inconvénients à s'en rapporter, pour la prononciation de la contrainte, *à la prudence* des juges de paix, que leur décision peut être soumise à la censure d'un tribunal supérieur.

En vain objecterait-on que l'art. 126 est placé dans le second livre du Code de Procédure civile, et que le premier livre seulement est consacré aux justices de paix. On répondrait qu'il a été placé (ainsi que le dit avec beaucoup de raison M. Renouard, *Traité des Brevets d'Invention*, *p.* 369) sous la rubrique qui en doit présenter l'application la plus fréquente. Beaucoup de cas peuvent se présenter où des contrefacteurs, sans solvabilité réelle ou apparente, se joueraient de toutes les condamnations et dépouilleraient les inventeurs, si la ressource de la contrainte par corps n'existait pas.

Mais nous cessons d'être d'accord avec M. Renouard, quand il dit que beaucoup d'autres règles de procédure sont ainsi transportées des tribunaux civils ordinaires aux tribunaux de paix lorsque la similitude est entière entre les cas, et que les raisons de décider sont absolument les mêmes.

C'est une erreur : la procédure devant les tribunaux de paix est entièrement réglée par le premier livre du Code de Procédure; et, si nous voyions une *règle de procédure* dans l'art. 126, nous serions d'un avis opposé à celui de cet estimable jurisconsulte. Mais la loi qui permet aux juges de prononcer la contrainte par corps en certains cas, non énumérés au Code civil, n'est pas une loi de procédure; c'est une *règle de droit civil*, insérée dans une loi réglementaire; c'est la réparation d'une omission précédente; c'est une loi qui régit *le fond du droit*, et *non la forme*, comme l'art. 834 du même Code de Procédure a introduit de nouvelles règles de droit en matière hypothécaire.

Et c'est parce que l'art. 126 du Code de Procédure civile établit une règle pour le fond du droit, qu'elle doit être appliquée par tous les tribunaux appelés à prononcer des dommages-intérêts en matière civile, par les juges de paix, par les juges de commerce, par les arbitres même, comme par les tribunaux civils.

Divers arrêts de cassation ont implicitement reconnu ce principe. L'un, du 20 mai 1818, annule un jugement confirmatif d'une sentence de juge de paix qui avait condamné une *femme* à 700 fr. de dommages-intérêts, parce que, s'il y avait lieu à contrainte par corps, *à raison de la matière*, il n'y avait pas lieu à cette contrainte, *à raison de la personne;* l'autre, du 3 décembre 1827, rendu sur un jugement au possessoire, qui avait condamné deux individus à vider les lieux contentieux, et à payer, *même par corps*, 400 fr. de dommages-intérêts à leur adversaire, ne conteste pas non plus aux juges d'appel le droit de prononcer la contrainte par corps, et le reconnaît par conséquent au juge de paix, juge du premier degré.

V. Ce dernier jugement fut annulé par un autre motif qu'il est important de connaître, parce qu'il résout une difficulté qui peut se présenter souvent. « Attendu que, malgré les conclusions expresses qui avaient été prises, le jugement n'a pas condamné les sieurs Bondier-Langes et Mermet *solidairement* au paiement des 400 francs de dommages-intérêts, qui dès lors ont été, comme les dépens, divisibles entre eux par moitié; qu'il suit de là que, *chacun des demandeurs n'étant passible que de* 200 *francs de dommages-intérêts*, le tribunal a commis une contravention expresse à l'art. 126, en prononçant contre eux la contrainte par corps, etc. »

VI. On a remarqué qu'à l'instant même où le législateur laisse à la *prudence* des juges la *faculté* de prononcer en *certains cas* la contrainte par corps, il leur rappelle que cette contrainte ne *peut* être prononcée que *dans les cas prévus par la loi.* S'en rapporter à leurs lumières, c'est, en quelque sorte, les associer à ses travaux, en leur donnant, comme à la loi même, le droit de disposer de la liberté individuelle. Les juges de paix doivent donc, en usant de cette faculté, apporter dans leurs décisions le même esprit de réserve qui a inspiré le législateur. Ils refuseront la contrainte par corps quand les dommages-intérêts résulteront d'une faute légère, d'une imprudence pardonnable, d'une omission causée par des circonstances auxquelles le débiteur ne pouvait pas facilement commander. Ils devront peut-être encore la refuser quand le créancier aura des moyens plus doux, mais assurés, d'obtenir son paiement, ou que l'insolvabilité notoire du débiteur ferait, de l'emprisonnement, plutôt une arme de vengeance qu'un moyen d'exécution. Mais si la faute est lourde, si un délit moral et légal est la cause de la demande, si le débiteur n'a qu'une fortune mobilière et facile à dérober aux poursuites, de sorte que, dans la conscience du juge, la contrainte par corps paraisse ou méritée ou nécessaire pour l'efficacité de la condamnation, elle doit être prononcée.

VII. On remarquera enfin que la contrainte ne peut être prononcée que lorsque le demandeur y a formellement conclu, car il dépend de lui d'y renoncer, et son silence équivaut à une renonciation. (*Arrêt de la cour de cass.*, 30 *novembre* 1818.)

Mais il peut réparer l'omission que sa demande contiendrait sur ce chef, en prenant des conclusions sur ce point à l'audience, pourvu que ce soit contradictoirement; car, si le défendeur faisait défaut, il ne pourrait être statué sur les conclusions nouvelles.

VIII. Les mineurs ne sont pas soumis à la contrainte par corps en matière civile; les femmes, les filles et les septuagénaires n'y sont pas non plus soumis, si ce n'est pour cause de stellionat. (*Cod. civ.*, *art.* 2064 *et* 2066.)

Quoique le Code de Procédure soit postérieur au Code civil, néanmoins la règle posée par les art. 2064 et 2066 du Code civil est applicable à la contrainte par corps facultative, établie par l'art. 126 du Code de Procédure civile. Cet article ne fait qu'étendre les cas où la contrainte par corps peut avoir lieu, et ne s'occupe point de déterminer quelles sont les personnes contre lesquelles elle ne peut pas être prononcée, à raison de leur qualité. Il ne déroge donc point aux lois qui défendent de la prononcer contre les femmes, les filles et les septuagénaires, hors les cas de stellionat. Outre les nombreux arrêts de cours royales qui consacrent cette doctrine, nous citerons les arrêts *des 6 octobre* 1813, 20 *mai* 1818, *et* 14 *avril* 1827, de la cour de cassation.

Remarquons encore que « la contrainte par corps n'est jamais prononcée contre le débiteur au profit, 1° de son mari ni de sa femme; 2° de ses ascendants, descendants, frères ou sœurs, ou alliés au même degré. » (*Loi du* 17 *avril* 1832, *art.* 19.)

IX. Il est essentiel de remarquer la différence de rédaction entre l'art. 2065 du Code civil, et l'art. 126, § 1er, du Code de Procédure. Dans le premier cas, la contrainte par corps *doit* être prononcée pour une condamnation de 300 fr. ; dans le second, la contrainte par corps *ne peut* être prononcée que si la condamnation *excède* cette somme.

X. « Dans tous les cas où la contrainte par corps a lieu en matière civile ordinaire, la durée en sera fixée par le jugement de condamnation ; elle sera d'un an au moins et de dix ans au plus.

» Néanmoins, s'il s'agit de fermages de biens ruraux, aux cas prévus par l'art. 2062 du Code civil, ou de l'exécution de condamnations intervenues dans le cas où la contrainte par corps n'est pas obligée, et où la loi attribue seulement aux juges la faculté de la prononcer, la durée de la contrainte ne sera que d'un an au moins, et de cinq ans au plus. » (*Loi du* 17 *avril* 1832, *art.* 7.)

§ II. *Contrainte par corps contre les étrangers.*

I. « *Tout jugement* qui interviendra au *profit* d'un *Français* contre un étranger *non domicilié* en France, *emportera* la contrainte par corps, à moins que la somme principale de la condamnation ne soit *inférieure à cinquante francs*, sans distinction entre les dettes civiles et les dettes commerciales. » (*Loi du* 17 *avril* 1832, *art.* 14.)

II. Si le jugement est rendu au profit d'un étranger contre

un autre étranger, il n'entraîne pas la contrainte par corps. C'est ce que la cour royale de Paris a jugé le 15 octobre 1833, en recevant l'appel du sieur Kock, Prussien, au chef de la contrainte par corps, contre un jugement rendu contre lui au profit du sieur Yung, également Prussien, quoique l'intimé eût un établissement de commerce à Paris, depuis près de vingt ans.

III. Il en serait autrement, si le demandeur avait été autorisé par le roi à établir son domicile en France, et qu'il y résidât en effet. Il jouirait alors des mêmes droits civils que le Français.

IV. L'étranger non naturalisé, mais qui a établi son domicile en France, avec l'autorisation du roi, n'est soumis à la contrainte par corps que *dans les mêmes cas* que le Français (*arg. de l'art.* 13 *du Code civ.*) ; mais, quel que soit le temps de sa demeure en France, s'il n'a pas l'autorisation requise, il ne peut ni obtenir la contrainte par corps contre les étrangers (*arg. de l'arrêt du* 15 *octobre* 1833), ni échapper à la contrainte réclamée contre lui par des nationaux.

V. Si le jugement rendu contre l'étranger *ne prononce pas* la contrainte par corps, cette voie d'exécution n'en existe pas moins; c'est l'effet de l'expression énergique : *emportera la contrainte par corps.*

VI. La durée de l'emprisonnement doit être calculée différemment, selon que le jugement est rendu pour dette civile ordinaire, ou pour dette civile qui entraînerait la contrainte par corps contre un Français même.

S'il s'agit d'une dette civile ordinaire, l'emprisonnement cessera de plein droit après deux ans, si la condamnation principale ne s'élève pas à 500 fr. ; après quatre ans, si elle ne s'élève pas à 1,000 fr. ; après six ans, si elle ne s'élève pas à 3,000 fr. ; après huit ans, si elle ne s'élève pas à 5,000 fr. ; et après dix ans, si elle est de 5,000 fr. et au-dessus. (*Loi du* 17 *avril* 1832, *art.* 17.)

S'il s'agit d'une dette civile pour laquelle un Français serait soumis à la contrainte par corps, la durée de la contrainte par corps sera fixée par le jugement de condamnation; elle sera de deux ans au moins, et de dix ans au plus, si la contrainte par corps eût été *impérative* pour un Français; et de deux ans au moins, et de cinq ans au plus, s'il s'agit de fermages de biens ruraux, ou de contrainte par corps *facultative.* (*Même loi, art.* 7 *et* 17 *combinés.*)

VII. Les exceptions du sexe et de la septuagénarité sont applicables aux étrangers, sauf le cas de stellionat (*même loi, art.* 4, 6 *et* 18). *Voir* § 1, n° 8.

Mais l'exception ne s'étend pas au mineur du sexe masculin; car, ou il s'agit de contrats que sa minorité rend invalides, et qui n'entraînent aucune condamnation, ou il s'agit d'engagements valables, soit par contrats dont il a profité, soit par suite de délits ou quasi-délits; et alors sa qualité d'étranger entraîne le *par corps*.

L'exception de parenté ou d'alliance est aussi applicable aux étrangers. (*Même loi, art.* 19.)

VIII. On a remarqué que la contrainte par corps contre les étrangers peut être souvent prononcée par les juges de paix, même dans les affaires où leur compétence est limitée à 100 fr., puisqu'elle doit être prononcée pour toute dette qui n'est pas inférieure à 50 fr.

IX. Les art. 15 et 16 de la loi du 17 avril 1832 donnent au président du tribunal civil le pouvoir d'ordonner en certains cas l'arrestation provisoire de l'étranger non domicilié, et règlent l'exercice de ce pouvoir. C'est alors l'exécution provisoire d'un titre non reconnu. Il est donc évident que, même s'il s'agit de moins de 100 fr., le juge de paix n'a pas qualité pour ordonner cette arrestation provisoire, quoiqu'il soit compétent pour prononcer la contrainte par corps, comme accessoire d'une condamnation dans les limites de sa compétence.

§ III. *Contrainte par corps en matière de police.*

I. La contrainte par corps en matière de police était réglée par l'art. 26 de la loi du 19-22 juillet 1791; pour les contraventions rurales, par l'art. 5, tit. 2, de la loi du 6 octobre 1791; pour les douanes, par l'art. 4, tit. 6, de la loi du 4 germinal an 2; par les art. 467 et 469 du Code pénal, pour les contraventions en général, et par le tit. 13 du Code forestier. La bigarrure qui en résultait dans la législation, sur le temps après lequel la contrainte par corps pouvait être exercée, sur la durée de cette contrainte, sur le mode de son exercice, sur les commutations d'amende en emprisonnement, etc., a cessé par l'effet de la publication de la loi du 17 avril 1832, dont l'art. 46 porte : « *Sont* également *abrogées*, en ce qui concerne la contrainte par corps, *toutes dispositions* de lois antérieures, relatives au cas où cette contrainte peut être prononcée contre *les débiteurs de l'Etat*, *des communes et des établissements publics*. (Néanmoins, celle de ces dispositions qui concerne le *mode de poursuites* à exercer contre ces mêmes débiteurs, et celle du tit. 13 du Code forestier... sont *maintenues*, et continueront d'être exécutées. »

Par débiteurs de l'Etat, la loi du 17 avril 1832 entend non-seulement les redevables de deniers publics, mais encore ceux qui ont été condamnés *à des amendes et à des frais* envers l'Etat. Autrement, comment expliquerait-on le maintien spécial du titre 13 du Code forestier, qui traite du recouvrement des *amendes, restitutions, dommages-intérêts et frais* résultant des jugements rendus pour *délits et contraventions* dans les bois ?

Ajoutons que le tit. 5 de la loi du 17 avril 1832 a eu pour objet d'uniformiser l'exécution de la contrainte par corps en matière de police; que c'est donc une loi *spéciale* sur la contrainte par corps, et qu'elle doit à ce titre l'emporter sur les dispositions qui se trouvent sur cette matière dans d'autres lois spéciales, mais accessoirement à leur objet.

Ainsi le droit commun, sur *toutes les matières de police*, est consigné dans les art. 467 et 469 du Code pénal. La contrainte par corps a lieu pour le paiement de l'amende (*art.* 467). Les restitutions, indemnités et frais entraîneront la contrainte par corps (*art.* 469).

II. La contrainte par corps ne pourra être mise à exécution que cinq jours après le commandement qui aura été fait aux condamnés, soit qu'elle ait lieu à la requête de l'Etat, ou à celle des particuliers. (*Loi du* 17 *avril* 1832, *art.* 33 *et* 38; *Cod. forest., art.* 211 *et* 213.)

III. D'après Carré, Carnot, et la jurisprudence de la cour suprême, la contrainte par corps pour le paiement de l'amende, des restitutions, indemnités et frais, est de droit et peut être exercée quand même elle n'aurait pas été prononcée par le jugement de condamnation. C'est une dérogation à l'art. 2067 du Code civil, qui dispose : « La contrainte par corps, dans les cas même où elle est autorisée par la loi, ne peut être appliquée qu'en vertu d'un jugement »; ou plutôt, c'est un principe opposé dans une matière différente. L'art. 2067 ne se rapporte qu'à des intérêts civils; les art. 467 et 469 sont une règle de droit criminel.

Néanmoins les juges de paix, en prononçant des condamnations pécuniaires en matière de simple police, *doivent* déterminer la durée de la contrainte par corps par le jugement même de condamnation.

Si la condamnation ne s'élève pas à 300 fr., le juge de paix arbitrera la durée de la contrainte dans les limites de six mois à cinq ans. (*Loi du* 17 *avril* 1832, *art.* 39.)

Si elle s'élève à 300 fr., la durée de la contrainte sera déterminée par le jugement de condamnation dans les limites d'un an à dix ans. (*Même loi, art.* 7, § 1er, *et art.* 40.)

IV. En matière de police, la loi n'accorde de privilége ni

à la minorité ni au sexe. En conséquence les mineurs, les femmes et les filles sont soumis à la contrainte par corps.

Les septuagénaires sont aussi soumis à cette contrainte en matière de police ; mais la loi leur accorde un adoucissement : « Si le débiteur a commencé sa soixante-dixième année avant le jugement, les juges pourront réduire le minimum de durée de la contrainte à six mois, et ils ne pourront dépasser un maximum de cinq ans. (*Même loi, art.* 40.)

V. Qu'arrivera-t-il si le jugement de police ne prononce pas le *par corps*, ou qu'il n'en limite pas la durée ? Ce que nous avons dit plus haut, n° 3, suffit pour démontrer que ces jugements entraînent toujours la contrainte, et aucune loi criminelle ne prononce de déchéance de la contrainte par corps dans l'une ou l'autre de ces hypothèses. Nous pensons donc que la contrainte par corps doit alors avoir lieu, mais qu'elle ne peut être exercée que pour le minimum fixé par les art. 39 et 40.

VI. Même en matière de police, la contrainte par corps ne peut être ni prononcée ni exercée contre le débiteur au profit de son mari ni de sa femme, de ses ascendants, descendants, frères ou sœurs, ou alliés au même degré. (*Loi du* 17 *avril*, *art.* 19 *et* 41.)

VII. « Les condamnés qui justifieront de leur insolvabilité, suivant le mode prescrit par l'art. 420 du Code d'Instruction criminelle, seront mis en liberté, après avoir subi *quinze jours* de contrainte, lorsque *l'amende et les autres condamnations pécuniaires* n'excéderont pas 15 fr. ; *un mois*, lorsqu'*elles* s'élèveront de 15 à 50 fr. ; *deux mois*, lorsque l'amende et les autres condamnations s'élèveront de 50 à 100 fr. ; et *quatre mois*, lorsqu'elles excéderont 100 fr. (*Même loi, art.* 35.)

En matière de contraventions forestières, les insolvables sont également mis en liberté, après avoir subi quinze jours de détention, lorsque l'amende et les autres condamnations pécuniaires n'excèdent pas 15 fr. La détention ne cesse qu'au bout d'un mois, lorsque ces condamnations s'élèvent ensemble de 15 à 50 fr. Mais, au-dessus de 50 fr., la détention ne durera que deux mois, quelle que soit la quotité desdites condamnations. En cas de récidive, la durée de la détention est double de ce qu'elle eût été sans cette circonstance. (*Cod. forest.*, *art.* 213.)

VIII. M. Carré se demande si la question d'insolvabilité, par suite de laquelle le condamné peut obtenir son élargissement, doit être portée devant le juge de paix. « Nous avons posé en principe, dit-il, que les tribunaux de police ne peuvent pas connaître de l'exécution de leurs jugements. Mais on aura remarqué que nous n'avons fait l'application de ce principe qu'aux difficultés résultant d'une condamnation à des dommages-intérêts. Nous ne croyons pas devoir l'étendre au cas de la question que nous avons à examiner, et que nous croyons devoir résoudre pour l'affirmative, *parce que la mise en liberté, pour cause d'insolvabilité, est une remise de la peine que le juge de paix avait prononcée.* Il s'agit alors de l'exécution d'une disposition pénale, ce qui nous semble rentrer dans sa compétence. »

Cette opinion est complétement erronée.

Le tribunal de police, comme le tribunal de paix, est incompétent pour connaître de l'exécution de ses jugements. C'est ce qu'a décidé la cour de cassation, par arrêt du 2 janvier 1807 : « Attendu que l'ordonnance (de mise en liberté) du 28 octobre 1806, a été rendue par le juge de paix, *en sa qualité de juge de police*, et qu'en cette qualité *il ne pouvait connaître de l'exécution de ses jugements.* » L'emprisonnement du condamné pour le forcer au paiement de l'amende, étant incontestablement un moyen d'exécution, le juge de paix ne saurait en connaître.

Vainement M. Carré donne-t-il à entendre que *la mise en liberté pour cause d'insolvabilité étant une remise de la peine prononcée par le juge de paix*, celui-ci doit avoir la faculté de l'ordonner. Le juge de paix a épuisé sa juridiction de police par le jugement de condamnation. Toutes les difficultés qui peuvent s'élever au sujet de la peine qu'il a infligée, sur la commutation de l'amende en détention, sur la durée de cette détention, sortent de sa compétence : il ne pourrait y statuer sans excéder ses pouvoirs. C'est au tribunal de première instance que le détenu doit s'adresser.

IX. Y a-t-il lieu à la contrainte par corps contre les personnes *civilement responsables* d'un fait qui a porté préjudice à autrui ?

L'art. 469 du Code pénal, conçu en termes généraux, semble appeler une solution affirmative; mais cet article se rapporte uniquement à l'auteur du fait incriminé, et non point à ceux qui, sans y avoir pris part, en subissent la responsabilité pécuniaire. Il eût été souverainement injuste de traiter la négligence et l'imprudence avec la même rigueur que le crime. Cette responsabilité, d'ailleurs, résultant, pour le plus grand nombre des cas où le tribunal de paix peut la déclarer, des dispositions du Code civil (*art.* 1384 *et suivants*), on ne doit point y appliquer les règles du Code pénal. MM. Carnot et Carré professent la même doctrine.

Néanmoins, si les dommages-intérêts excédaient 300 fr.,

la partie civilement responsable pourrait, suivant les circonstances, y être condamnée par corps, suivant l'art. 126 du Code de Procédure. *Secùs*, en matière de contraventions forestières. (*Code forest.*, *art.* 206.)

X. La contrainte par corps n'est point une peine; ce n'est qu'un moyen d'exécution des jugements de police pour parvenir plus sûrement au remboursement des amendes, restitutions, indemnités et frais. Ainsi, l'art. 163 du Code d'Instruction criminelle, qui exige, à peine de nullité, que le juge de simple police insère dans son jugement le texte de la loi qui motive la condamnation, n'est point applicable à la contrainte par corps.

XI. Enfin la contrainte par corps peut être prononcée sur la réquisition du ministère public contre les témoins qui, après un premier défaut et une nouvelle citation, ne se présentent pas devant le tribunal de police. (*Code d'Instr. crimin.*, *art.* 157.)

Sect. II. *Assistance du juge de paix à l'exécution de la contrainte.*

En attendant que la magistrature soit purgée d'une attribution utile sans doute, mais indigne d'elle, il importe de savoir dans quel cercle elle doit s'exercer.

I. « Le débiteur ne pourra être arrêté, porte l'art. 781 du Code de Procédure, dans une maison quelconque, même dans son domicile, à moins qu'il n'ait été ainsi ordonné par le juge de paix du lieu, lequel juge de paix devra, dans ce cas, se transporter dans la maison avec l'officier ministériel. »

Le décret du 14 mars 1808, qui a institué pour Paris les gardes du commerce, a apporté une modification au Code de Procédure, en ce que l'art. 15 leur permet d'arrêter le débiteur *dans son domicile*, sans qu'il soit besoin de l'autorisation et de l'assistance du juge de paix, à moins que le débiteur ne leur en refuse l'entrée. Dans ce dernier cas, comme dans le cas d'arrestation en maison *tierce*, la prescription de l'art. 781 leur est commune avec les huissiers.

II. Il a été décidé par la cour royale de Bastia, le 26 août 1826, qu'un navire revenant de voyage et entré dans le port, ne peut être assimilé à une maison, dans le sens de l'art. 781, et que par conséquent l'arrestation d'un débiteur peut y être effectuée sans l'intervention du juge de paix. Mais nous pensons, avec M. Carré, que par ces mots *maison quelconque*, le législateur a entendu, non-seulement les édifices destinés à l'habitation, mais encore tous les édifices publics, tels que les églises, les temples, les auditoires des autorités judiciaires et administratives, les salles de spectacle, bourses, colléges, etc. On doit éviter néanmoins de procéder à une arrestation dans les lieux consacrés à un culte public ou aux séances des autorités constituées, pendant les exercices religieux ou la tenue des séances. (*Arg. de l'art.* 781, § 3 *et* 4.)

III. L'hôtel garni où loge le débiteur, n'est pas considéré comme une maison tierce, mais comme son propre domicile. (*Cour roy. de Paris*, 4 *janvier* 1810.)

IV. L'usage, autorisé par la jurisprudence, permet à l'huissier de requérir verbalement le concours du juge de paix, et de constater dans son procès-verbal la réquisition par lui faite, l'ordonnance de ce magistrat, et son transport. Il n'est pas nécessaire que ces actes soient faits séparément. (Carré, *Droit français*, t. 3, p. 69; Pigeau, t. 2, p. 315; Dalloz, *Jurisprudence générale*, t. 3, p. 793.)

Un arrêt de la cour royale de Paris, en date du 22 juin 1809, avait décidé que l'huissier, quoique assisté du juge de paix, ne pouvait pénétrer dans la maison où se trouve le débiteur, que muni de l'ordonnance du juge. C'était une interprétation rigoureusement juste de l'art. 781, qui prescrit d'abord l'ordonnance, et ensuite le transport.

Mais nous croyons que la cour royale de Lyon a mieux compris l'esprit de cette disposition, dans son arrêt du 7 mai 1825, dont voici les motifs :

« Attendu que le n° 5 de l'art. 781 n'exige pas qu'il y ait, de la part du juge de paix, une ordonnance écrite, et qu'aucune mention soit faite, dans le procès-verbal d'emprisonnement, d'une ordonnance quelconque; que le seul but de la loi a été l'inviolabilité du domicile;

» Que l'art. 787 exige bien que l'ordonnance qui intervient sur le référé, soit consignée sur le procès-verbal de l'huissier; mais qu'on ne saurait en induire que ce qui est prescrit pour ce cas s'applique à un autre;

» Attendu, au surplus, que le transport du juge de paix et sa présence dans la maison où l'arrestation a eu lieu, constatent bien suffisamment qu'il avait été requis à ces fins, et qu'il avait été par lui ordonné que l'arrestation aurait lieu dans la maison où se trouvait le débiteur, d'après la maxime de droit : *ubi judex adest, ibi imperat*, etc. »

La cour royale de Colmar avait jugé dans le même sens, par arrêt du 10 décembre 1819.

V. Il sera prudent à l'huissier de faire constater la présence du juge de paix à l'arrestation, par la signature de ce magistrat sur le procès-verbal de capture. Cependant Pigeau, Carré, et la cour royale de Paris (*arrêt du* 25 *février* 1808), ne regardent pas l'absence de cette formalité comme entraînant la nullité de l'acte. La signature du magistrat n'est point exigée d'une manière formelle par l'art. 781; et la déclaration de l'officier ministériel qu'il a été assisté par le juge de paix, fait foi jusqu'à inscription de faux.

VI. Le suppléant du juge de paix, en cas d'absence ou d'empêchement du titulaire, a qualité pour ordonner l'arrestation du débiteur, et pour y assister. Cette absence ou cet empêchement, énoncé au procès-verbal d'arrestation, est légalement constaté par l'ordonnance et le transport du suppléant. (*Cour royale de Colmar,* 12 *mars* 1828.)

VII. Une grave question s'est élevée relativement au sujet qui nous occupe. Le ministère du juge de paix est-il volontaire ou forcé? En d'autres termes, le juge de paix a-t-il le droit de refuser son assistance à l'exécution de la contrainte par corps?

Le doute provient de la rédaction ambiguë de l'art. 781 : *à moins qu'il n'ait été ainsi ordonné par le juge de paix du lieu.* Il semble, d'après ces expressions, que le juge de paix avait la faculté de ne pas *ordonner ainsi*, c'est-à-dire de refuser son autorisation à la requête du créancier, tendant à l'arrestation du débiteur. Tel est le sens qu'y attache M. Bousquet, dans son *Traité des Fonctions du Juge de Paix*, n° 541. « Entendre autrement le présent article, dit-il, c'est s'éloigner autant de sa disposition littérale que de son esprit. » M. Cuvelier, juge de paix à Blangy, défend la même doctrine dans une dissertation fort bien faite.

Qu'a voulu cependant le législateur?

« Le principe de l'inviolabilité du domicile était respectable, a dit l'orateur du tribunat; mais les abus qui en résultaient étaient criants. *La contrainte par corps, réclamée par l'intérêt général de la société, comme une des bases fondamentales de la garantie des engagements*, DEVENAIT PLEINEMENT ILLUSOIRE. C'était un principe qui devait être organisé. D'après les mesures prises par le projet de loi, le principe est conservé, et *les abus disparaissent.* »

« Par cette disposition ainsi modifiée, disait M. Réal, conseiller-d'état, le principe de l'inviolabilité du domicile est respecté, *et cependant la loi qui a établi la contrainte par corps* CESSE D'ÊTRE UNE ILLUSION. »

Le but de l'art. 781 a donc été de détruire les *abus criants* qui résultaient du principe absolu de l'inviolabilité du domicile, et de dépouiller l'exécution de la contrainte par corps de tout ce qu'elle pouvait avoir d'arbitraire. Pour atteindre ce double but, il a fallu, en imposant au créancier l'obligation de l'assistance du juge de paix, imposer au juge l'obligation d'assister le créancier. Sans cette dernière condition, la contrainte par corps n'aurait pas cessé d'être illusoire, puisqu'il aurait dépendu d'un fonctionnaire public d'en paralyser l'exécution en refusant son assistance.

Ce n'est pas que nous déniions au juge de paix le droit d'examiner si la requête à fin d'arrestation est fondée. Mais cet examen doit se borner à la forme du titre invoqué par le créancier, et à la résidence actuelle du débiteur. Si la maison dans laquelle celui-ci a trouvé refuge était située hors du canton; si le titre n'avait pas la forme exécutoire, ou s'il était émané d'un tribunal étranger, ou bien si, émané d'un tribunal français, il prononçait une condamnation qui ne serait pas encore liquidée en argent (*art. 552 du Code de Procéd.*); si enfin l'huissier qui requiert l'ordonnance n'était pas muni du pouvoir spécial exigé par l'art. 556 du même Code (1); dans tous ces cas, le juge de paix non-seulement pourrait, mais il devrait refuser son ministère à une poursuite illégale. Hors de là, et quel que soit le mérite du jugement dont l'exécution est réclamée, il ne saurait y mettre obstacle par son refus, sans s'exposer à être pris à partie (Carré, *Droit français*, t. 3, p. 397; Biret, *Recueil de la Jurisprudence des Juges de Paix*, t. 2, p. 235).

On a objecté l'art. 15 du décret du 14 mars 1808, qui est ainsi conçu : « Dans le cas où, en exécution du § 5 de l'article 781 du Code judiciaire, le juge de paix du canton ne pourrait pas *ou refuserait d'ordonner l'arrestation* dans la maison tierce où se trouverait le débiteur, et de se transporter avec le garde du commerce pour procéder à l'arrestation, le garde chargé de l'arrestation requerra le juge de paix d'un autre canton. » La conséquence qu'on en tire, c'est qu'il est des cas où le juge de paix peut refuser son ordonnance, puisque le législateur prévoit ce refus et trace la marche à suivre pour y obvier.

Cette conséquence n'est point aussi décisive qu'elle le paraît à M. de Foulan. Le législateur a prévu et dû prévoir un cas possible, le refus du magistrat; mais il ne l'a point autorisé, car il aurait rendu illusoire le jugement ou l'arrêt qui prononce la contrainte. En effet, si le juge de paix du lieu

(1) Ce pouvoir est valable, quoique sous seing privé et non enregistré. Il suffit que l'huissier puisse le représenter à la première réquisition. (*Cour de cass.*, 24 *janvier et* 12 *juillet* 1814.)

avait la faculté de refuser son ministère à une arrestation, à plus forte raison cette faculté appartiendrait-elle aux juges de paix des cantons voisins; et si tous la réclamaient, si aucun d'eux ne voulait se prêter à une opération fâcheuse, que deviendraient le droit du créancier et l'autorité de la loi sur la contrainte?

VIII. Si le juge de paix refusait d'ordonner une arrestation, son ordonnance négative ne serait-elle pas susceptible d'appel?

M. Berriat-Saint-Prix, qui a traité *ex professo* la question précédente, et l'a résolue comme nous, invoque, sur celle-ci, la disposition de l'art. 806 du Code de Procédure: «Dans tous les cas d'urgence, ou lorsqu'il s'agira de statuer provisoirement sur les difficultés relatives à l'exécution d'un titre exécutoire ou d'un jugement, la cause sera portée en référé devant le président.»

«Voilà précisément, ajoute ce savant professeur, l'hypothèse actuelle. Le refus du juge de paix serait un obstacle à l'exécution du jugement qui autorise la contrainte; il est donc aussi simple que légal de faire lever cet obstacle par la voie du référé, d'autant: 1° que c'est aussi un cas d'urgence, et 2° que le magistrat chargé du référé est le supérieur immédiat et naturel du juge de paix. Si le président trouve des difficultés dans la question, il pourra la renvoyer au tribunal en état de référé; et alors ce tribunal (ou le président s'il a jugé seul) pourra commettre, au lieu et place du magistrat refusant, l'un des suppléants de ce dernier, ou le juge de paix d'un canton voisin.»

Ainsi, le créancier aurait le droit de prendre le juge de paix à partie, ou de se pourvoir contre son ordonnance devant le président.

IX. Il y a encore lieu à référé lorsque le débiteur arrêté le requiert. (*Art. 786 du Code de Proc.*)

Dans ce cas, il est conduit par l'huissier devant le président du tribunal civil; et le devoir du juge de paix se borne à veiller à ce que l'huissier consigne exactement la réquisition de référé. Aussitôt que le débiteur est sorti de son domicile, les fonctions du juge de paix cessent: elles n'avaient pour objet que le respect dû au domicile.

X. En cas d'empêchement légitime et constaté du juge de paix du lieu, et de ses suppléants, l'huissier est autorisé à requérir l'assistance du juge de paix le plus voisin.

Il est de jurisprudence au tribunal civil de Paris, que le garde du commerce est valablement assisté de l'un de MM. les juges de paix de la ville de Paris, sans qu'il soit nécessaire que ce soit le juge de paix de l'arrondissement où s'effectue l'arrestation. — La raison de cette jurisprudence est, *en fait*, que les arrestations deviendraient souvent impossibles par la facilité qu'y ont les débiteurs de changer d'asile et d'arrondissement, et, *en droit*, que Paris est une seule commune, que la ville ne contient pas de canton, et que dès lors chacun des juges de paix y est *juge de paix du lieu*.

XI. L'arrestation du débiteur devrait être annulée, si elle avait été faite dans une maison sans l'assistance du juge de paix, quand même, sur la réquisition de l'huissier, ce magistrat aurait ordonné son transport, si ce transport n'avait eu lieu qu'après l'arrestation achevée. (M. Pardessus, *Droit commercial*, t. 5, p. 332.)

Un arrêt de la cour royale de Limoges, du 27 mars 1828, décide même que le débiteur qui s'est enfui de la maison où l'huissier a pénétré avec le juge de paix, ne peut être arrêté dans son nouvel asile avant l'arrivée du magistrat.

XII. Le Code de Procédure, en statuant, au titre de l'emprisonnement, que le débiteur ne pourra être arrêté avant le lever et après le coucher du soleil, a dérogé à la règle générale prescrite par l'art. 1033, lequel ne peut concerner, dès lors, que les exécutions autres que celles qui s'opèrent par l'arrestation personnelle du débiteur. Ainsi l'arrestation d'un débiteur est nulle pour avoir été faite une minute après le coucher du soleil. (*Cour royale de Colmar*, 16 *thermidor an* 12; *Cour de Bruxelles*, 1er *mars* 1813; Pardessus, *Droit commercial*, t. 5, p. 233; Favard, *Nouveau Répertoire*, au mot *Contrainte par corps*, § 4, n° 5.)

XIII. « Si, dans l'exercice de ces attributions, dit M. Carré, il était commis quelques excès, proféré des injures, etc., le juge de paix les ferait constater au procès-verbal de l'huissier, sauf aux parties intéressées à se pourvoir par les voies légales, ainsi qu'elles le jugeront convenable. Mais si ces excès, violences ou injures étaient de nature à caractériser un fait punissable en vertu des dispositions du Code pénal, nous pensons que ce ne serait pas à l'huissier à les constater sur son procès-verbal; le juge de paix en dresserait un séparément en sa qualité d'officier de police judiciaire, auxiliaire du procureur du roi, et il l'adresserait, soit à ce magistrat, soit au juge d'instruction. »

CONTRAT JUDICIAIRE. C'est un accord que font les parties en présence du juge.

I. Il en est de deux espèces, l'un *exprès*, résultant d'actes positifs, l'autre *tacite*, résultant de la manière d'agir des parties. (*Merlin, Berriat-Saint-Prix.*)

II. Pour former un contrat judiciaire, il ne suffit pas qu'il y ait consentement donné en justice par une partie, il faut qu'il y ait acceptation par l'autre. Tant que cette acceptation n'a pas lieu, la partie qui a donné son consentement conserve la faculté de le révoquer. (*Cour de cass.*, 13 *mai* 1824.)

III Il y a cependant une distinction à faire. Ainsi, une demande est formée par exploit contre une partie qui déclare y acquiescer. Dès ce moment il y a, entre cette partie et le demandeur, un contrat judiciaire. L'acquiescement ne pourrait pas même être rétracté, sous prétexte que le demandeur ne l'aurait pas encore accepté. Si c'est le demandeur, au contraire, qui se désiste de sa demande, ce désistement n'est obligatoire qu'après l'acceptation du défendeur. (Merlin, *Répert.*, vº *Contrat judiciaire.*)

IV. C'est par l'effet du contrat judiciaire qu'une partie assignée en justice par un exploit nul ne peut plus, après avoir proposé une exception, même dilatoire, demander l'annulation de cet exploit. (*Cour de cass.*, 14 *janvier* 1807.)

V. Lorsque les parties transigent en justice sur le fond de la cause, l'acte judiciaire qui constate cette convention prend le nom de *jugement d'expédient*. (Poncet, *Traité des Jugements*, nº 19.)

VI. La déclaration que font les parties dans le cas de l'art. 7 du Code de Procédure, a le caractère d'un contrat judiciaire, tellement que cette déclaration, authentiquement constatée par le juge de paix, lui attribue, soit en dernier ressort, soit à charge d'appel, une compétence qu'il n'avait, ni à raison du domicile du défendeur, ni à raison de la situation de l'objet litigieux. (*Cour de cass.*, 3 *octobre* 1808.)

VII. Mais les transactions qui peuvent intervenir au bureau de paix ne constituent pas le contrat judiciaire. L'art. 54 du Code de Procédure ne leur attribue que force d'obligation privée.

VIII. Le contrat judiciaire, une fois formé, lie irrévocablement les parties, et ne peut plus être rétracté par l'une d'elles. Ainsi, Paul défère le serment à Pierre sur le fait en litige. Pierre l'accepte, et déclare qu'il est prêt à affirmer. Paul ne peut plus, même avant l'affirmation, rétracter la délation de serment par lui faite à Pierre : le contrat judiciaire est formé.

IX. Le contrat judiciaire doit être restreint à son objet précis. S'il n'embrasse qu'une partie de la contestation, le surplus demeure soumis à la décision du juge.

X. L'acte qui constate ce contrat n'est pas susceptible des voies ouvertes contre les jugements. Cela vient de ce qu'un pareil contrat a le caractère d'une transaction. (*Poncet*, n° 18.)

CONTRAVENTION. On lit dans le *Répertoire de Jurisprudence* de M. Merlin, au mot *Contravention*, que « c'est l'action par laquelle on contrevient à une loi, à un réglement, à un traité ou à une convention que l'on a faite. »

Cette définition ne peut convenir à la *contravention*, telle que nous la comprenons d'après les lois nouvelles. On entend, en effet, par ce mot, l'infraction commise à une loi ou à un réglement d'ordre public, pouvant donner lieu à l'application d'une peine de simple police. Or, méconnaître l'exécution d'un traité ou manquer à une convention, c'est donner ouverture à une action en dommages-intérêts, mais ce n'est point se rendre coupable d'une infraction, et par conséquent passible d'une peine.

Nous examinerons successivement dans cet article :

1° Ce qu'il faut entendre par les contraventions, et quelles peines elles entraînent;

2° Comment les contraventions doivent être constatées et poursuivies;

3° Quel tribunal est compétent pour statuer sur les contraventions;

4° Comment on prescrit contre la contravention ou contre la peine qui a été prononcée à son occasion.

§ Ier. *Contraventions et peines.*

I. Cet article paraissant après celui où il a été traité de l'action civile et de l'action publique (*voir ces mots dans le premier volume de l'Encyclopédie*) indique assez qu'on ne veut s'occuper spécialement ici de la contravention que comme d'un fait donnant lieu à des poursuites devant les tribunaux de simple police, en motivant l'application d'une peine, indépendamment de tous dommages-intérêts.

Or, on lit dans l'art. 137 du Code d'Instr. crim, : « Sont considérés comme contravention de police simple, les faits qui, d'après les dispositions du quatrième livre du Code pénal, peuvent donner lieu, soit à quinze francs d'amende, soit à cinq jours d'emprisonnement, ou au-dessous, qu'il y ait ou non confiscation des choses saisies et quelle qu'en soit la valeur. »

Cette définition est reproduite, résumée et complétée par les art. 1er, 464 et 471, n° 15, du Code pénal.

Art. 1er. « *L'infraction que les lois punissent des peines de police, est une contravention.*

Art. 464. « Les peines de police sont : *l'emprisonnement, l'amende* et la *confiscation de certains objets saisis.* »

Enfin l'art. 471, n° 15, soumet aux peines de police et par conséquent désigne comme prévenus de contravention *ceux qui auront contrevenu aux réglements légalement faits par l'autorité administrative; et ceux qui ne se seront pas conformés aux réglements ou arrêtés publiés par l'autorité municipale, en vertu des art. 3 et 4, tit. 11, de la loi du 24 août 1790, ou de l'article 46, tit. 1er, de la loi du 22 juillet 1791.*

II. Ainsi deux sources de contraventions sont indiquées par le législateur.

Le livre 4 du Code pénal de 1810, révisé en 1832, signale la première. Les contraventions y sont divisées en trois classes; elles donnent lieu à l'application de l'une ou de plusieurs des peines de police énoncées dans l'art. 464 de ce Code; elles peuvent même motiver l'accumulation des trois peines, suivant les circonstances.

III. La répression de ces contraventions nombreuses ne peut soulever de graves difficultés. Elles sont en effet clairement définies par la loi, et régies par un droit dont l'application est facile, et à la compétence duquel il est impossible au délinquant de se dérober.

IV. Les contraventions prévues et réprimées par le Code sont classées d'après leur gravité progressive, et les articles de la loi qui leur sont spécialement applicables sont au nombre de huit, à compter de l'art. 475 jusqu'à l'art. 483 inclusivement. Tous les faits qui y sont définis donnent lieu à l'application isolée ou cumulée des peines portées en l'art. 464, c'est-à-dire que, suivant la nature ou la gravité de ces faits, l'amende, l'emprisonnement et la confiscation de certains objets peuvent être prononcés: la seule différence qui doive être signalée dans ces trois classes de contraventions, c'est la graduation des peines.

V. Ainsi, à l'occasion des faits définis dans les quinze paragraphes de l'art. 471 du Code pénal, qui complètent la première classe, il ne peut être prononcé une amende excédant 5 fr., un emprisonnement de plus de trois jours (*voir les art. 471 et 473 du Code penal*); la confiscation ne peut frapper que les objets désignés dans les nos 2 et 7 de l'art. 471 (*voir l'art. 472*).

VI. Dans la seconde classe des contraventions, où des faits plus graves sont réprimés, les peines sont progressives. Ainsi l'amende ne sera pas au-dessous de 6 fr., et pourra être élevée jusqu'à 10; l'emprisonnement pourra être de trois jours, et de cinq en cas de récidive; et il faut observer que les peines d'emprisonnement et de confiscation, rarement indiquées à l'occasion des faits réprimés par l'art. 471, peuvent être d'une application fréquente, lorsqu'il s'agit de faits prévus par l'art. 475 du Code pénal. (*Voir les art.* 476 *et* 477.)

VII. L'art. 479 définit les faits qui constituent les contraventions de la troisième classe, punies d'une amende de 11 à 15 fr. Quelques-uns de ces faits peuvent donner lieu à la peine de cinq jours d'emprisonnement, ou à celle de la confiscation. (*Voir les art.* 480 *et* 481.)

VIII. Il faut observer ici que la peine de l'emprisonnement est toujours facultative, lorsqu'il s'agit d'une première répression, ou, pour parler plus juste, lorsque le contrevenant ne se trouve pas dans la double hypothèse prévue par l'art. 483 du Code pénal, et sauf l'observation qui sera faite sur le dernier paragraphe de cet article. (*Voir l'art.* 483.)

En effet, les faits spéciaux entraînant la peine de l'emprisonnement soit pendant trois jours, soit pendant cinq jours, sont laissés à la libre appréciation du juge chargé de prononcer sur ces faits. Dans les art. 473, 476 et 480, où ces faits sont classés, le langage du législateur est remarquable; l'opportunité de la peine de l'emprisonnement est confiée à la sagesse du magistrat; *elle pourra être prononcée.* Il résulte de cette rédaction que cette peine est essentiellement facultative, et que, soit que le juge l'inflige, ou qu'il s'abstienne de la prononcer, sa décision est à l'abri de toute censure, quant à l'appréciation bienveillante ou rigoureuse qu'il aura pu faire des circonstances de la contravention qui lui est déférée.

IX. Mais l'emprisonnement est la seule peine qu'il soit permis d'appliquer ainsi suivant les circonstances. En effet, l'amende et la confiscation (dans les cas où cette dernière peine doit être prononcée), sont toujours de rigueur, et un tribunal de simple police qui n'infligerait pas la peine de la confiscation, dans le cas où elle est prévue, ferait une fausse application de la loi, et rendrait inévitable la cassation du jugement. (Voy. *Amende et Confiscation.*)

X. La même observation s'applique au cas où les contrevenants sont en état de récidive. — Alors, et suivant la classe dans laquelle ils se trouvent compris par le jugement, la peine de l'emprisonnement *doit* être prononcée contre eux, si une condamnation intervient : telle est, *en principe,* la conséquence des art. 474, 478 et 482 du Code pénal.

Or, il y a récidive en matière de contravention, toutes les fois « qu'il a été rendu contre le contrevenant, dans les douze mois précédents, un premier jugement pour contravention de police commise dans le ressort du même tribunal. » (*Voir l'art.* 483 *du Code pénal.*)

La double condition qui constitue la récidive est rigoureusement nécessaire pour motiver l'aggravation de la peine que le juge est obligé de prononcer.

XI. D'après les modifications apportées par la loi du 28 avril 1832 au Code pénal, il est une contravention qui, dans le cas de récidive, peut donner lieu au renvoi des prévenus devant le tribunal de police correctionnelle. Ce cas est prévu par le second alinéa de l'art. 478, combiné avec le n° 5 de l'art. 475. Ainsi, le tribunal de simple police devant lequel serait traduit, en état de récidive, un individu inculpé « d'avoir établi ou tenu dans les rues, chemins, places ou lieux publics, des jeux de loterie ou autres jeux de hasard », devrait se déclarer incompétent, et renvoyer cet inculpé devant le tribunal de police correctionnelle. Mais, pour motiver cette décision, il faut que l'état de récidive soit matériellement prouvé, car la récidive seule autorise l'aggravation de la peine et le changement de la juridiction.

XII. Cette modification n'est pas la seule que la loi de 1832 ait fait éprouver au Code qui a régi les contraventions depuis 1810 : le dernier alinéa de l'art. 483 est ainsi conçu : « L'art. 463 est applicable à toutes les contraventions ci-dessus indiquées. »

Cette disposition est nouvelle, et, pour bien l'apprécier, il faut combiner cette partie de l'article avec le dernier alinéa de l'art. 463, dans lequel on lit : « Dans tous les cas où la peine de l'emprisonnement et celle de l'amende sont prononcées par le Code pénal, si les circonstances paraissent atténuantes, les tribunaux correctionnels sont autorisés, même en cas de récidive, à réduire l'emprisonnement même au-dessous de six jours, et l'amende même au-dessous de 16 fr. Ils pourront aussi prononcer séparément l'une ou l'autre de ces peines, et même substituer l'amende à l'emprisonnement, sans qu'en aucun cas elle puisse être au-dessous des peines de simple police. »

XIII. On se demande si la disposition de l'art. 483 est conciliable : 1° avec celles des art. 474, 478 et 482 qui le précèdent, et où la peine d'emprisonnement est prononcée d'une manière absolue ; 2° avec les art. 472, 477 et 481, qui ordonnent la confiscation dans certains cas.

Selon nous, il faut distinguer : d'abord, pour ce qui concerne la suppression de la peine d'emprisonnement, dans le cas même de récidive, si les circonstances sont déclarées atténuantes, nous pensons qu'il ne peut y avoir de doute sur la faculté laissée au juge de ne pas prononcer cette peine.

En effet, le rang qu'occupe le paragraphe nouveau à la suite des articles où la peine de l'emprisonnement est expressément prescrite, démontre que la modification nouvelle est applicable à ces mêmes articles. En second lieu, le texte de l'art. 483 ne permet pas d'établir une distinction qui aurait pour but de rétrécir l'application d'une disposition bienveillante et généreuse. Enfin, et pour dernier argument, les termes mêmes consacrés par l'art. 463, prouvent que l'état de récidive ne saurait faire obstacle à l'application de cette disposition, puisqu'on y lit que l'emprisonnement et l'amende y sont facultatifs et réductibles, même *en cas de récidive.* Il y a même motif de solution pour une contravention que pour un délit.

Ainsi, en ce qui touche la peine de l'emprisonnement, il ne paraît pas douteux que le contrevenant, même en état de récidive, ne puisse en être affranchi, sous l'empire de la loi actuelle, s'il existe des circonstances atténuantes qui seront constatées par le jugement.

Mais, pour ce qui regarde la confiscation de certains objets, nous pensons qu'il n'y a pas la même raison de décider. L'article 463 ne renferme de pouvoirs discrétionnaires qu'en ce qui concerne *l'amende* ou *l'emprisonnement;* le dernier alinéa de l'art. 483, qui n'est qu'une énumération du principe contenu dans le premier de ces articles, ne peut donc avoir d'effet qu'en ce qui touche *l'amende* et *l'emprisonnement.* Les dispositions des art. 472, 477 et 481 ne perdent rien de ce qu'elles ont d'absolu, en présence même de l'art. 483, qui modifie presque toute la législation pénale qui le précède, et la peine de la confiscation ne cesse pas d'être attachée aux faits qui la motivent d'après les articles ci-dessus cités.

On conçoit d'ailleurs la tolérance permise par le législateur au juge, lorsqu'il s'agit de la remise d'une peine que l'ignorance ou la faiblesse a pu faire encourir, que le repentir ou d'autres considérations rachètent aux yeux du magistrat. Mais pour les instruments de la contravention, pour les objets matériels qui ont servi à la commettre, et qui seraient peut-être un sujet de tentation pour celui auquel on les laisserait, la pitié n'est pas admissible, la tolérance ne serait pas rationnelle.

Nous croyons donc que l'art. 483 modifie les art. 471 et suivants, même dans les cas de récidive, mais seulement pour ce qui concerne l'application de l'amende ou de l'emprisonnement, et que les articles qui prononcent la confiscation doivent être appliqués dans le sens absolu que le premier législateur leur avait attribué.

XIV. C'est un bienfait du Code pénal de 1832, que la nouvelle disposition de l'art. 471, n° 15 : le législateur y a résumé, en termes précis et exempts de toute interprétation, une multitude de cas dans lesquels l'application de la peine due aux contraventions peut être faite.

Ainsi toute désobéissance à un arrêté de l'autorité administrative ou municipale, constitue une contravention, si l'autorité de laquelle est émané le réglement n'est point sortie de sa sphère légale, si elle a procédé en vertu des art. 3 et 4 du titre 11 de la loi du 24 août 1790, ou de l'art. 46, titre 1er, de la loi du 22 juillet 1791.

La conséquence de cette rédaction, c'est que les peines de l'art. 471 ne peuvent s'appliquer à des actes qu'il n'était pas dans les attributions du pouvoir administratif ou municipal d'interdire, et que le fait, l'existence d'un arrêté, sa représentation matérielle, ne sont pas suffisants pour contraindre le tribunal à sanctionner de tels réglements, s'il y a eu usurpation de pouvoirs de la part de l'autorité qui les a promulgués.

En ajoutant le n° 15 à l'art. 471, les législateurs de 1832 ont déféré aux vœux des publicistes qui se sont occupés de la jurisprudence criminelle; ils ont fait passer dans la loi les doctrines si sages créées et maintenues par les arrêts de la cour de cassation; ils se sont approprié enfin cette opinion d'un illustre magistrat :

« En garantissant l'exécution des réglements de police municipale, en imposant aux juges l'obligation de les faire respecter par des condamnations contre les infracteurs, il ne pouvait pas être dans l'intention de la loi de sanctionner indistinctement, et sans restriction, tout ce qu'il plairait à des officiers municipaux de défendre ou d'ordonner par des délibérations en forme de réglement de police. Une confiance aussi aveugle aurait eu pour résultat de conférer la puissance législative aux corps municipaux; et jamais une pareille idée n'a pu se présenter à l'esprit d'aucun législateur.

» Aussi trouvons-nous dans les lois nouvelles une nomenclature très-exacte des objets qu'elles entendent placer dans les attributions de la police municipale; et, comme les réglements qui statuent dans le cercle de cette nomenclature sont les seuls dont la loi garantit l'exécution, ce sont aussi les seuls que les juges de paix sont chargés de faire respecter, par des condamnations contre ceux qui les enfreignent. » (Henrion de Pansey, *du Pouvoir municipal*, p. 153.)

XV. On a vu, à l'article *Autorité municipale*, sect. 1re,

quelles sont les attributions dont le pouvoir municipal a été investi par les lois du 14 décembre 1789, du 24 août 1790, et du 22 juillet 1791. Nous croyons devoir répéter ici les dispositions de l'art. 46 de cette dernière loi :

« Aucun tribunal de police municipale, ni aucun corps municipal ne pourra faire de réglement. Le corps municipal néanmoins pourra, sous le nom et l'intitulé de *délibération*, et sauf la réformation, s'il y a lieu, par l'administration de département, faire des arrêtés sur les objets qui suivent :

» 1°. Lorsqu'il s'agira d'ordonner les précautions locales, sur les objets confiés à sa vigilance par les art. 3 et 4 du tit. 11 de la loi du 24 août 1790;

» 2°. De publier de nouveau les lois et réglements de police, ou de rappeler les citoyens à leur observation. »

Ainsi, un arrêté pris en dehors des limites fixées par les art. 3 et 4 de la loi du 24 août 1790, ne peut donner lieu à l'application d'une peine, et le magistrat doit lui refuser la sanction de la justice.

XVI. Mais un arrêté municipal pris dans le cercle de la loi, ne doit-il pas être revêtu de l'approbation de l'autorité administrative supérieure, pour obtenir la sanction des tribunaux ?

Il semble que la surveillance et l'inspection attribuées aux préfets par la loi du 14 décembre 1789, ne peuvent être révélées que par l'approbation qu'ils donnent aux actes de l'autorité municipale. Cette approbation est donc de l'essence de l'arrêté même, et il manquerait d'une de ses conditions vitales, il ne serait point investi de l'autorité législative nécessaire pour son exécution, s'il n'était approuvé par le préfet.

On peut invoquer encore à l'appui de cette opinion, l'art. 46 de la loi du 22 juillet 1791, qui interdit au corps municipal le pouvoir de faire des réglements, et qui limite cette faculté, sauf réformation, s'il y a lieu, à quelques cas urgents et exceptionnels.

Cependant la cour de cassation a jugé maintes fois qu'un tribunal de simple police ne peut refuser d'appliquer la peine portée par l'arrêté d'un maire rendu sur des objets de sa compétence, sur le fondement que cet arrêté n'a point reçu l'approbation du préfet. (Voy. *Autorité municipale*, sect. 1re, § 1er, nos 26 et 29; § 2, n° 1.)

La cour royale de Paris, chambres réunies, a rendu, le 6 janvier 1834, sur une question analogue, un arrêt que nous croyons devoir mettre sous les yeux de nos lecteurs.

Le sieur Barrois, marchand de vin, rue de l'Université, n° 51, avait été assigné devant le tribunal de police municipale de Paris, pour avoir contrevenu aux réglements et ordonnances de police en ouvrant un bal public, sans autorisation du préfet de police. Il répondit que les lois sur lesquelles se fondait l'ordonnance du préfet, donnaient bien à ce magistrat un droit de surveillance, mais qu'elles lui refusaient le droit exorbitant de paralyser le libre exercice des professions.

Le tribunal rendit, le 17 janvier 1833, le jugement suivant :

« Attendu que, s'il est vrai que les réglements de police rendus sur des objets placés par la loi dans la compétence de l'autorité municipale, sont obligatoires pour tous les citoyens comme pour les tribunaux, tant qu'ils n'ont pas été modifiés ou rapportés par l'autorité administrative supérieure, ce principe reçoit exception pour les cas où les mesures prescrites par ces réglements violent ouvertement les droits ou les libertés garantis aux citoyens par les lois en vigueur;

» Qu'en effet, s'il est reconnu que, sous le gouvernement libre qui régit notre monarchie constitutionnelle, les tribunaux ne doivent pas avoir égard aux ordonnances royales, lorsque leurs dispositions sont contraires aux lois existantes, à plus forte raison doit-il en être ainsi des réglements de police publiés par un maire ou par un préfet;

» Attendu que le n° 3 de l'art. 3 du tit. 11 de la loi du 24 août 1790, confère au préfet de police le droit de veiller au maintien du bon ordre dans les lieux où il se fait de grands rassemblements d'hommes, tels que les foires, marchés, spectacles, jeux, cafés, églises et autres lieux publics;

» Que ce droit de surveillance peut bien comprendre celui d'*obliger* toute personne qui veut ouvrir un bal public *à une déclaration préalable*, pour mettre l'administration de la police à même d'exercer sa surveillance dans cet établissement;

» Mais il ne peut aller jusqu'à défendre à tout entrepreneur de bal public de s'établir sans la permission de la préfecture de police, comme M. le préfet de police l'a fait par son ordonnance du 30 novembre 1830; que cette défense d'établir un bal public, sans la permission de la préfecture de police, qui ne fait pas même connaître à quelles conditions, communes à tous, cette permission sera accordée, n'est pas une mesure de surveillance tendant à maintenir le bon ordre dans les bals publics, mais une prohibition formelle d'exercer cette industrie sans le bon plaisir de la police, et conséquemment qu'elle est la violation du libre exercice des professions, négoces, arts et métiers, assurés aux citoyens par l'art 7 de la loi du 2-17 mars 1791;

» Qu'en vain on oppose que cette liberté n'a été accordée qu'à la charge de se conformer aux réglements de police faits et à faire, puisqu'il est évident que le législateur n'a entendu parler que des réglements faits ou à faire pour l'exécution de la loi, et non de réglements destructifs de la loi ellemême;

» Que toutes les fois que l'autorité a jugé convenable, dans l'intérêt public, de déroger à la liberté absolue du commerce et de l'industrie, proclamée par la loi du 2-17 mars 1791, cette dérogation à la loi commune a été établie par des lois spéciales ou par des décrets insérés au Bulletin des Lois, ayant force de loi, et qu'il n'en existe point pour les bals publics;

» Qu'il suit de là, que l'ordonnance de police du 30 novembre 1830 n'est pas obligatoire pour les tribunaux, et qu'ils ne peuvent infliger aucune peine pour désobéissance à la défense qu'elle fait d'établir des bals publics sans la permission de la préfecture de police;

» Attendu d'ailleurs, que par les démarches qu'il a faites auprès de l'administration de la police, et les demandes qu'il lui a adressées avant d'ouvrir son bal public, le sieur Barrois l'a suffisamment avertie de l'intention où il était de tenir bal public dans sa maison, et l'a mise à même d'exercer sa surveillance;

» Le tribunal renvoie Barrois des poursuites, sans dépens. »

Ce jugement, déféré à la cour de cassation, fut cassé, et l'affaire, renvoyée devant le tribunal de police municipale de Saint-Denis, fut jugée le 5 juillet 1833, comme elle l'avait été à Paris le 17 janvier de la même année. Sur le nouveau pourvoi du ministère public, la cour de cassation, chambres réunies, cassa, par son arrêt du 7 novembre 1833, le jugement du tribunal de simple police du canton de Saint-Denis, renvoya la cause et les parties devant la cour royale de Paris, et ordonna qu'il en serait référé au roi pour être ultérieurement procédé par ses ordres à l'interprétation de la loi.

Voici l'arrêt de cette cour :

« La cour, statuant par suite de l'arrêt de la cour de cassation susdaté, et en exécution de la loi du 30 juillet 1828, toutes chambres assemblées, faisant droit, et après en avoir délibéré;

» Vu le réglement du préfet de police, en date du 30 novembre 1830, et notamment l'art. 1er, ainsi conçu: « A compter » du jour de la publication de la présente ordonnance, et à l'a- » venir, tous marchands de vin, cabaretiers, traiteurs, maîtres » de danse, propriétaires de cafés, estaminets, redoutes, waux- » halls, guinguettes et autres lieux publics, dont les établisse- » ments seront situés dans la ville de Paris et dans les communes » rurales du département de la Seine, ainsi que dans celles de

» Saint-Cloud, Sèvres et Meudon, département de Seine-et-» Oise, ne pourront ouvrir de bals et donner à danser en aucun » temps, qu'après en avoir préalablement obtenu l'autorisation » de la préfecture de police, pour Paris et les communes *extra* » *muros*, où la perception du droit des pauvres lui est confiée » par les réglements d'administration publique, et des autorités » locales pour les autres communes du département de la Seine, » et pour celles de Saint-Cloud, Sèvres et Meudon; »

» Vu l'art. 3, § 3, du tit. 11 de la loi du 24 août 1790, l'art. 46 de la loi du 22 juillet 1791 :

» Considérant que, d'après ce dernier article, le préfet de police est autorisé, sauf la réformation s'il y a lieu par l'autorité administrative supérieure, à faire des arrêtés lorsqu'il s'agit d'ordonner les précautions locales, sur les objets confiés à sa vigilance et à son autorité par la disposition ci-dessus visée de la loi du 24 août 1790, et par conséquent pour le maintien du bon ordre dans les lieux publics, ce qui comprend nécessairement les bals publics;

» Considérant que la disposition par laquelle l'arrêté du 30 novembre 1830 a défendu l'ouverture de tout bal public sans autorisation préalable, est un réglement de police de cette nature; que dès lors elle est obligatoire pour les citoyens et exécutoire pour les tribunaux;

» Considérant en fait, qu'au mépris de la prohibition à lui notifiée le 9 novembre 1832 par le préfet de police, Barrois a ouvert un bal public sans avoir obtenu de l'autorité supérieure administrative la réformation des décisions qui le concernaient;

» Faisant application de l'art. 471 du Code pénal,

» Condamne Barrois à 5 fr. d'amende et aux frais. »

Ainsi, tout en consacrant par son arrêt le droit qu'a exercé le préfet de police, la cour a expressément jugé qu'elle n'adoptait son arrêté que parce qu'il était *légalement fait*, et parce que le préfet avait puisé son droit dans les lois des 24 août 1790 et 22 juillet 1791, aux deux sources indiquées par l'art. 471, n° 15.

Au reste, le droit d'examen et d'appréciation que nous reconnaissons aux tribunaux de police, quant à la légalité des arrêtés du pouvoir municipal ou du préfet de police, la cour de cassation vient de le proclamer de nouveau, dans un arrêt du 18 janvier 1834, dont voici l'espèce :

Le 1er avril 1833, le préfet de police de la Seine avait rendu une ordonnance qui enjoignait aux architectes de soumettre le pied de la toise métrique dont ils font usage, à la vérification annuelle. M. Dubreuil, architecte, refuse de se soumettre à cette ordonnance. Il est cité devant le tribunal de simple police de la Seine, comme prévenu d'avoir contrevenu à l'ordonnance du préfet, et condamné à 1 fr. d'amende et aux dépens.

M. Dubreuil se pourvoit en cassation.

M. Martin (du Nord), avocat général, donne ses conclusions en ces termes :

« Le Code pénal déclare exécutoires et obligatoires pour les tribunaux, les réglements légalement faits par l'autorité municipale ; il faut donc que ces réglements, pour devenir obligatoires, se renferment dans le cercle tracé par la loi, car, s'il en est autrement, ils doivent, en définitive, s'ils sont appliqués, venir se briser devant la cour de cassation. »

Arrêt : « Considérant qu'un architecte ne débite aucune des denrées qui se vendent au poids, à l'aune ou à la mesure ; que les débiteurs de ces denrées sont seuls soumis par l'art. 3 de la loi du 24 août 1790 à l'autorité des corps municipaux ;

» Que l'ordonnance du 1er avril 1833, en étendant la vérification aux architectes, qui ne sont pas compris dans ladite loi, est un acte illégal, et qu'en en faisant l'application, le tribunal de police municipale de la Seine a fait une fausse application de l'art. 471 du Code pénal ;

» Par ces motifs, la cour casse et annule le jugement dont s'agit ; et, attendu qu'il n'y a pas de contravention commise, dit qu'il n'y a lieu à renvoi devant un autre tribunal. »

XVII. La peine des contraventions résultant de l'inexécution des réglements émanés de l'autorité municipale, est fixée par l'art. 471 : elle est d'une amende de 5 fr. au plus, d'un franc au moins. Ces contraventions ne peuvent donner lieu à l'emprisonnement que dans le cas de récidive, et dans les termes de l'art. 483 du Code pénal. (*Voir cet article et l'art.* 474.)

XVIII. Le pouvoir confié aux maires de promulguer des réglements et arrêtés, a fourni matière à un grand nombre d'arrêts de la cour suprême. On conçoit, en effet, que la puissance quasi-législative, déléguée à des administrateurs qui pouvaient n'être pas suffisamment préparés à ce qu'il y avait de difficile et d'important dans leur mission, est devenue souvent, pour plusieurs, l'occasion d'un excès de pouvoir ou d'une fausse interprétation de la loi. On conçoit également que les tribunaux de police ont pu être embarrassés quelquefois pour apprécier la légalité de ces mesures administratives. On trouvera, à l'article *Autorité municipale*, un grand nombre d'arrêts que les juges de paix consulteront avec fruit. Nous en citerons quelques autres pour compléter la jurisprudence sur ce point.

XIX. Les maires peuvent faire, pour la fermeture des cafés à certaines heures, les réglements jugés nécessaires, et les tribunaux ne peuvent se dispenser d'appliquer les peines portées par ces réglements, sous le prétexte que les circonstances qui les ont provoqués n'existant plus, ils ont cessé d'être obligatoires. (*Cour de cass.*, 17 *février* 1814.)

XX. Lorsqu'un réglement de l'autorité municipale défend aux aubergistes, cabaretiers, limonadiers, de recevoir ou de garder personne après une certaine heure du soir, il y a contravention à cet arrêté par toute réunion, fût-elle de parents ou d'amis, alors même qu'on n'y boit, ni mange, ni joue. (*Cour de cass.*, 8 *mars* 1822, *et* 4 *avril* 1823.)

XXI. Un maire peut, par un réglement, prescrire la suppression des gouttières et l'établissement des conduits pour l'écoulement des eaux pluviales d'une commune. (*Cour de cass.*, 14 *octobre* 1813.)

XXII. L'autorité municipale ne peut pas établir une taxe pour l'exécution des réglements qu'elle est autorisée à faire, et notamment elle ne peut pas soumettre les bouchers à payer aux individus préposés à l'inspection des viandes, une rétribution qui les indemnise du temps employé à la visite des bestiaux. (*Cour de cass.*, 22 *février* 1825.)

XXIII. Il est dans les attributions du maire de faire un réglement de police pour contraindre tous les individus logeant des étrangers, à tenir un registre où soient inscrits les noms de ces derniers, leur demeure, etc. ; un semblable réglement est obligatoire. (*Cour de cass.*, 29 *avril* 1831.)

XXIV. Le réglement de police qui impose à tout individu voulant exercer la profession de boucher dans une commune, l'obligation de se munir d'une patente, à peine de confiscation des marchandises, sort des attributions de l'autorité municipale, et, par suite, n'est pas obligatoire pour les tribunaux. Mais l'autorité municipale a le droit de soumettre à une inscription préalable à la mairie, tous ceux qui veulent exercer la profession de boucher dans la commune. (*Cour de cass.*, 26 *mars* 1831.)

XXV. La défense à toutes personnes de conduire dans les rues et les places publiques plus de trois chevaux, d'en faire marcher plus de deux de front, et de faire claquer les fouets, peut être l'objet d'un réglement municipal, à l'exécution duquel le tribunal de police ne peut apporter ni modification ni exception.

XXVI. L'arrêté par lequel un maire, dans la vue de fournir aux habitants de la commune des moyens d'arrosement dont l'usage leur était prescrit, ordonne en termes généraux et sans distinction, que les eaux de la fontaine commune suivront leur cours naturel, sans interruption, pendant deux jours de la semaine, rentre dans le cercle des attributions municipales. Ainsi, un tribunal de police ne peut déclarer un arrêté de cette nature inapplicable à un habitant de la commune prévenu de contravention, sous prétexte d'un droit de propriété sur le cours d'eau, ni en suspendre l'exécution jusqu'au jugement sur la question de propriété. (*Cour de cass.*, *5 novembre* 1825.)

XXVII. Les maires ne peuvent dispenser les habitants de leur commune d'exécuter les réglements de police légalement établis. (*Cour de cass.*, 1er *juillet* 1830.)

XXVIII. Un tribunal de police ne peut se dispenser de réprimer la contravention à un arrêté de police municipale, qui ordonne aux marchands forains qui apportent des denrées dans la ville, de se rendre au marché destiné à leur débit, et qui défend à toutes personnes d'aller au-devant des marchandises en chemin, et de les arrher ou acheter au préjudice des approvisionnements des habitants. (*Cour de cass.*, 4 *février* 1826.)

XXIX. Un arrêté municipal ne doit être publié que dans la commune du maire dont il émane, et il oblige même les étrangers non domiciliés qui se trouvent sur son territoire. (*Cour de cass.*, 15 *février* 1828.)

XXX. L'art. 484 du Code pénal est ainsi conçu : « Dans toutes les matières qui n'ont pas été réglées par le présent Code, et qui sont régies par les lois et réglements particuliers, les cours et les tribunaux continueront de les observer. »

Cet article se rapporte aux lois qui régissent des matières spéciales, et à d'anciens réglements de police qui n'ont point été abrogés expressément, et qui continuent de recevoir leur application dans plusieurs localités, et notamment à Paris.

Mais l'art. 484 doit s'entendre et s'appliquer dans un sens essentiellement restrictif, et le législateur n'a voulu évidemment maintenir que les réglements et les lois non abrogés.

Ainsi, par arrêt du 11 juin 1818, la cour de cassation a décidé que là où existent des réglements nouveaux, même locaux, prononçant une peine de simple police, il n'est pas permis d'appliquer une peine correctionnelle qui serait prononcée par un réglement général plus ancien.

Ainsi, le 3 octobre 1823, la même cour a jugé que le réglement ancien du 29 juillet 1786, qui déclare punissables des scènes de débauche et des tapages habituels dans une maison particulière, est maintenu par l'art. 484 ; il suffit que le Code pénal ne contienne aucune disposition sur les faits de cette nature.

Voir au surplus les articles *Délits ruraux et forestiers*, *Douanes*, *Etablissement insalubre*, *Fêtes et Dimanches*, *Préfet*, *Préfet de Police* et *Tribunal de Police*.

§ II. *Comment les contraventions doivent-elles être constatées et poursuivies.*

I. Les contraventions sont prouvées soit par des procès-verbaux ou rapports, soit par des témoins, à défaut de procès-verbaux, ou à leur appui. (*Art.* 154 *du Code d'Instruction criminelle.*)

Il résulte de cette rédaction que la *partie civile ou le ministère public* peut suppléer aux procès-verbaux par une citation contenant le libellé des faits dénoncés comme contravention. La cour de cassation a jugé plusieurs fois, et notamment le 7 avril 1809, qu'il n'est pas nécessaire que les contraventions aux réglements de police soient constatées par des procès-verbaux avant d'être poursuivies.

II. L'art. 154 ajoute : « Nul ne sera admis, à peine de nullité, à faire preuve par témoins outre et contre le contenu aux procès-verbaux ou rapports des officiers de police ayant reçu de la loi le pouvoir de constater les délits ou les contraventions jusqu'à inscription de faux. Quant aux procès-verbaux et rapports faits par des agents, préposés ou officiers auxquels la loi n'a pas accordé le droit d'en être crus jusqu'à inscription de faux, ils pourront être débattus par des preuves contraires, soit écrites, soit testimoniales, si le tribunal juge à propos de les admettre. »

III. Nous ferons remarquer ici que les contraventions prévues et réprimées par le livre 4 du Code pénal, peuvent toujours être débattues par la preuve contraire, lorsqu'elles ont été constatées par des procès-verbaux ou rapports.

En effet, les officiers de police judiciaire, spécialement chargés de les constater, ne sont pas au nombre de ceux aux procès-verbaux desquels la loi ajoute le privilége d'être crus jusqu'à inscription de faux.

Ce pouvoir exorbitant n'est reconnu qu'en faveur des agents et gardes forestiers (lorsqu'il s'agit de délits forestiers), des préposés des douanes, des employés des droits-réunis et de ceux chargés de la surveillance de la garantie des matières d'or ou d'argent.

L'art. 9 du Code d'Instruction criminelle, qui désigne les officiers de police judiciaire auxquels est confiée la recherche des crimes, délits et contraventions, ne dispose pas que les procès-verbaux de ces officiers de police seront crus jusqu'à inscription de faux.

Néanmoins le procès-verbal rapporté par un officier de police judiciaire ne saurait être considéré comme un simple renseignement; il fait foi par lui-même lorsqu'il est revêtu des formalités voulues par la loi. En conséquence, si le contrevenant ne peut détruire ce procès-verbal par une preuve contraire, les faits mis à sa charge sont considérés comme prouvés et motivent suffisamment la condamnation. (Voyez *Procès-verbal.*)

IV. L'individu, prévenu de contravention, est cité devant le tribunal de simple police à la requête du ministère public ou de la partie qui réclame. La citation doit être notifiée par un huissier (*art.* 145 *du Code d'Instr. crim.*). Cependant ce mode de procédure par le ministère d'un huissier n'est pas absolument nécessaire, car l'art. 147 porte que les parties pourront comparaître volontairement, et sur un simple avertissement, sans qu'il soit besoin de citation.

V. Un délai de vingt-quatre heures, outre un jour par trois myriamètres, est exigé entre la citation et le jugement, à peine de nullité de l'une et de l'autre. Toutefois cette nullité ne peut être proposée qu'à la première audience, avant toute exception et défense.

Il est aussi une exception à cette règle : la loi autorise le juge, dans les *cas urgents*, à abréger les délais et à faire assigner les parties à une heure indiquée. Mais il faut alors une cédule du juge (*art.* 146 *du Code d'Instr. crim.*). Voyez *Cédule.*

La loi ne définit pas ce qu'on doit entendre par *cas urgents :* l'appréciation s'en trouve donc abandonnée à la sagesse du magistrat, qui se décidera suivant les circonstances, et souvent même d'après l'intérêt des parties, qui peuvent avoir des motifs pour solliciter une prompte décision.

VI. L'individu cité doit comparaître en personne ; cependant on peut se faire représenter par un fondé de pouvoir spécial (*art.* 149 *et* 152 *du Code d'Instr. crim.*). Dans tous les cas, le prévenu peut se faire assister par un défenseur.

VII. Les règles de la procédure tracée pour parvenir à la répression des contraventions, sont écrites dans les art. 153 et suivants du Code d'Instruction criminelle ; les dispositions de la loi sont tellement claires, que nous ne pouvons que renvoyer à ces articles, qui n'ont pas besoin de commentaire. (Voy. *Citation.*)

VIII. « Les matières de police sont des choses de chaque instant, et il ne s'agit ordinairement que de peu, a dit Montesquieu ; il ne faut donc guère de formalités. »

Cette vérité a été accueillie par le législateur ; elle doit être constamment pratiquée par les magistrats chargés de la poursuite ou du jugement des contraventions.

Aussi, et sauf de très-rares exceptions, les prévenus de contraventions sont-ils traduits devant les tribunaux de police, en vertu d'une simple citation et sans instruction préalable. Le peu d'importance des faits et la nécessité de punir de suite les contrevenants, exigent impérieusement cette marche, dont on ne doit s'écarter que lorsque, par quelques circonstances extraordinaires, le fait qui donne lieu à des poursuites a d'abord été considéré comme présentant le caractère d'un crime ou d'un délit, et reconnu ensuite pour une simple contravention. (*Voir les art.* 129, 192 *et* 230 *du Code d'Instr. crim.*)

IX. Les tribunaux de police peuvent donc être saisis, soit par ordonnance de la chambre du conseil, soit par arrêt de la chambre des mises en accusation, lorsque le fait sur lequel il a été instruit ne présente qu'une contravention de police.

Hors ces cas exceptionnels, il serait tout-à-fait ridicule, dit M. Legraverend, de faire précéder le jugement de ces sortes d'affaires (les contraventions) d'une instruction régulière, toujours plus ou moins longue et dispendieuse, et il convient, en général, que le ministère public laisse la partie intéressée agir directement, pour ne pas surcharger le trésor public de frais frustratoires.

X. L'appel des jugements des tribunaux de police doit être porté devant les tribunaux correctionnels. (Voy. *Appel.*)

Il n'est recevable que lorsque le jugement attaqué a prononcé la peine de l'emprisonnement, ou lorsque les amendes et restitutions, et autres réparations civiles, excèdent la somme de cinq francs, outre les dépens. (*Art.* 172, 173 *et* 174 *du Code d'Instr. crim.*)

Ainsi, à la différence de ce qui a lieu pour le civil, c'est la condamnation et non la demande qui règle le ressort. Par conséquent, à quelque somme que la partie civile et l'inculpé aient respectivement élevé leur demande en dommages et intérêts, si le tribunal n'a pas prononcé d'emprisonnement, ou n'a pas adjugé, soit en amende, soit en réparations civiles, de quelque nature qu'elles soient, une somme excédant celle de cinq francs, son jugement n'est point sujet à l'appel.

Mais l'appel est recevable, même contre la partie civile, si le tribunal, ayant prononcé une amende qui excède cinq francs, indépendamment des dépens tenant lieu de réparation, n'a point accordé des dommages et intérêts à cette partie sur sa demande.

§ III. *Devant quel tribunal doivent être poursuivies les contraventions.*

I. Cette question sera traitée avec tous les développements qu'elle exige au mot *Tribunal de police.* Il nous suffira de rappeler ici que les art. 139 et 166 du Code d'Instruction criminelle indiquent deux juridictions devant lesquelles doivent être traduits les individus prévenus de contravention.

Ces deux tribunaux se composent, l'un du juge de paix : sa juridiction s'étend sur tout le canton ; à lui seul appartient la connaissance des faits définis par les sept paragraphes de l'art. 139 ;

L'autre, du maire : ce tribunal peut s'établir à tout instant et, suivant la circonstance, dans chaque commune : sa juridiction est réglée par l'art. 166 du Code d'Instruction criminelle.

Cette juridiction, toute paternelle et d'ailleurs peu usitée, est circonscrite dans des limites fort étroites. Les tribunaux de police de cette classe ne peuvent, sans excès de pouvoir, s'attribuer la connaissance des faits soumis à leur juridiction, hors les cas mentionnés dans l'art. 166. Ils doivent surtout se conformer rigoureusement au dernier paragraphe de cet article. (Voy. *Juge de Paix, Maire, Tribunal de Police.*)

§ IV. *De la prescription.*

I. L'action publique et l'action civile auxquelles donnent lieu les contraventions, s'éteignent par la prescription.

II. La prescription, qui en matière civile est un moyen d'acquérir la propriété, est en matière criminelle un moyen d'obtenir l'impunité ou l'affranchissement de la peine prononcée.

III. Dans le Code d'Instruction criminelle, deux articles seulement sont consacrés aux règles de la prescription, en ce qui concerne les contraventions : ce sont les art. 639 et 640.

Le premier dispose que les peines prononcées pour contraventions de police, sont prescrites après deux années révolues, à compter du jour de la décision définitive qui a statué sur la contravention.

Le second, que l'action civile et l'action publique sont prescrites après une année révolue, à compter du jour où la contravention a été commise, même lorsqu'il y a eu procès-verbal, saisie, instruction ou poursuite, si, dans cet intervalle, il n'est point intervenu de condamnation.

IV. En comparant ces deux articles aux art. 635, 636, 637 et 638, qui les précèdent, on remarque la différence qui existe entre les conditions à l'accomplissement desquelles se trouve subordonnée la prescription, suivant qu'il s'agit de crimes, de délits ou de contraventions.

S'agit-il, en effet, de la prescription de la peine en matière de crime? vingt années révolues, à compter de l'arrêt, sont exigées; encore, après ce long délai, le condamné ne peut résider dans le département où demeuraient, soit celui sur lequel ou contre la propriété duquel le crime aurait été commis, soit ses héritiers directs (*art.* 635 *du Code d'Instr. crim.*); le condamné se trouve placé sous la surveillance du gouvernement.

S'agit-il d'un délit? cinq années après le jugement ou l'arrêt devenu définitif, la prescription est acquise au condamné : aucune autre condition n'est imposée. (*Art.* 636.)

Mais en matière de simple police, il suffit que l'exécution du jugement ait été négligée pendant un an révolu, pour que la peine soit prescrite. (*Art.* 639.)

V. « On a élevé, dit M. Legraverend, relativement à la prescription des peines en matière correctionnelle et *en matière de police*, la question de savoir comment cette prescription doit être supputée, lorsque les jugements, ayant été rendus par défaut, n'ont point été notifiés dans le délai que la loi accorde pour prescrire, parce que les délais de l'appel ne doivent pas courir tant que ceux de l'opposition ne sont pas expirés. Mais cette question n'était pas même de nature à être agitée, parce que, si on a laissé écouler, non pas cinq ans, mais seulement trois ans, sans notifier un jugement par défaut en matière correctionnelle, il est évident que *l'action est prescrite*, et qu'il ne s'agit plus alors de consulter les dispositions du Code qui traitent *de la prescription des peines*, mais bien celles qui sont relatives *à la prescription de l'action;* et il en est de même si *une année entière* s'est écoulée depuis un jugement rendu par défaut *en matière de simple police*, sans qu'on ait pris soin de le faire notifier. »

VI. Mais s'il s'agit de la prescription de l'action publique ou civile en matière de crime, de délit ou de contravention, les nuances adoptées par le législateur dans les différents articles où cette prescription est réglée, sont bien plus importantes à saisir.

Suivant les articles cités, la prescription de l'action publique ou civile est difficile à acquérir, lorsque la répression d'un crime ou d'un délit est poursuivie, car les délais qui font courir la prescription, dans ce double cas, peuvent être fréquemment interrompus ou renouvelés, et des actes d'instruction et de poursuite, même non suivis de jugements, suffisent pour raviver cette action.

En matière de contravention, au contraire, le cours de la prescription ne peut être interrompu que par un jugement intervenu dans l'année à compter du jour où la contravention a été commise. Une citation, une comparution même devant le juge serait insuffisante pour arrêter la prescription; il y a plus, dans le cas où un jugement définitif de première instance et de nature à être attaqué par la voie de l'appel (*art. 172 du Code d'Instr. crim.*) aurait été rendu, l'action civile et l'action publique seraient prescrites après une année révolue à compter de la notification de l'appel qui en aurait été interjeté.

VII. L'action civile et l'action publique peuvent donc être prescrites même après une condamnation contradictoire, mais à deux conditions cependant : la première, c'est que le jugement *soit de nature à être attaqué par la voie de l'appel.* Si donc la sentence était du nombre de celles auxquelles l'article 172 du Code d'Instruction criminelle attribue un caractère définitif, le condamné ne pourrait, dans ce cas, invoquer la prescription d'un an; il ne pourrait se prévaloir que de la prescription accordée par l'art. 239, si le délai de deux années lui était acquis. La seconde condition nécessaire dans l'hypothèse qui nous occupe, c'est la notification au ministère public ou à la partie civile de l'appel interjeté. La date de cette notification est indispensable pour fixer le cours et les délais de la prescription.

Une grande exactitude est donc nécessaire tant pour la poursuite des contraventions que pour l'exécution des jugements qui en assurent la répression.

VIII. La prescription, telle qu'elle est définie par les articles 639 et 640, ne frappe que sur les contraventions de simple police, prévues par le livre 4 du Code pénal. Les délits ruraux qui, dans quelques circonstances, sont de la compétence des tribunaux de simple police, sont régis par des prescriptions particulières. (Voy. *Prescription* et *l'art.* 643 *du Code d'Instr. crim.*)

IX. En matière de police, comme en toute matière criminelle, la prescription est de droit public. Quoique le prévenu ne l'invoque pas, le juge doit suppléer à son silence et lui en appliquer le bénéfice, si elle se trouve accomplie au moment où il prononce son jugement. La cour de cassation l'a ainsi jugé, contre les conclusions du ministère public, par arrêts du 26 février 1807 et des 28 janvier et 12 août 1808. Il s'agissait de délits forestiers.

« Le magistrat qui portait la parole, dit M. Legraverend, considérait que la question est de pur droit privé, lorsqu'elle ne tend qu'à écarter une action civile par son objet, quoique correctionnelle par sa forme. Mais la cour n'accueillit point cette distinction, et suivant son arrêt (26 février 1807), que la prescription soit alléguée ou non par les *contrevenants*, par les prévenus ou par les accusés, le juge doit, dans tous les cas et pour tous les faits qui peuvent donner lieu à des poursuites criminelles, correctionnelles ou de police, ordonner la cessation des poursuites lorsqu'on atteint le terme fixé par la loi pour l'exercice de l'action publique et de l'action civile. »

X. Plus loin le même publiciste ajoute : « La règle établie par le Code civil (*art.* 2223) n'est applicable qu'en matière civile. Quelques auteurs pensent pourtant que la prescription doit être opposée par le prévenu par forme d'exception, et qu'autrement elle ne peut lui profiter. Mais cette opinion, combattue par d'autres jurisconsultes, ne nous paraît pas fondée. Je crois cependant qu'il faut faire, à cet égard, une distinction entre la peine et la réparation civile; que, dans le premier cas, la prescription doit être suppléée par le juge, mais que, dans le second, on doit l'opposer, de même qu'en matière civile. »

Il est toujours temps d'opposer la prescription; en matière criminelle, elle est favorable. Aussi, selon M. Legraverend, la démence n'empêche point la prescription de courir en faveur de celui qui, ayant été déclaré atteint de cette maladie, n'a point été poursuivi pour un crime commis par lui ou dont il était prévenu d'être complice. La démence peut bien empêcher la prescription de courir au préjudice de l'insensé, mais non en sa faveur. (Voy. *Action civile*, sect. 6, et *Action publique*, sect. 5.)

LABOURT, ancien magistrat, avocat à la cour royale de Paris.

CONTREBANDE. C'est le commerce ou le transport de marchandises qui se fait en contravention aux lois qui en prohibent l'exportation ou l'importation, ou la circulation dans l'étendue du territoire soumis à la police des douanes, sans quittances, acquits-à-caution ou passavants. (Voy. *Douanes*.)

CONTRE-ENQUÊTE. Voy. *Enquête.*

CONTRIBUTIONS. Ce sont les impositions qui se lèvent au profit de l'Etat.

I. Lorsqu'un percepteur a fait à un contribuable l'avance de ses impositions, il peut en poursuivre le remboursement devant le juge de paix, si sa demande n'excède pas 100 fr. (*Conseil-d'état*, 16 *février* 1826.)

II. La prescription de trois ans, en matière d'impôts, établie par l'art. 149 de la loi du 3 frimaire an 7, ne peut être opposée qu'à l'administration. Si un individu, soit par erreur, soit volontairement, a payé les contributions d'un autre, c'est là une créance ordinaire, qui n'est plus soumise qu'à la prescription trentenaire. (*Cour de cass.*, 30 *août* 1808; 22 *janvier* 1828. Voy. *le Juge de Paix*, t. 3, p. 67.)

III. Ceux qui ne paient pas 6 fr. de contributions sont dispensés de consigner l'amende lorsqu'ils se pourvoient en cassation. (Voy. *Cassation*, sect. 1re, § 2, n° 9.)

IV. Lorsque le receveur particulier est informé d'un divertissement de deniers, il doit faire à l'instant toutes les saisies et actes conservatoires. Il peut, en outre, décerner une contrainte par corps contre le percepteur; mais cette contrainte n'est susceptible d'exécution que lorsqu'elle a reçu le *visa* du juge de paix. (*Loi du* 4 *août* 1800, *art.* 33.)

CONTRIBUTIONS INDIRECTES. Voy. *Contrainte*, n. 5.

CONTREFAÇON. Voy. *Brevets d'invention.*

CONVENTION. Voy. *Obligation.*

CONVENTIONS MATRIMONIALES. On nomme ainsi les conventions que deux époux font, avant leur mariage, relativement à leurs biens et au mode de les administrer.

I. « Lorsqu'il sera question du mariage de l'enfant d'un interdit, la dot ou l'avancement d'hoirie, et les autres conventions matrimoniales seront réglés par un avis du conseil de famille, homologué par le tribunal, sur les conclusions du procureur du roi » (*Code civil*, *art.* 511). Ce conseil de famille est celui de l'interdit, et non pas celui de l'enfant qui se marie, car il s'agit de disposer des biens de l'interdit, et non pas de ceux de l'enfant.

II. Le conseil de famille est encore appelé à régler les conventions matrimoniales dans le cas de l'art. 160, c'est-à-dire lorsque le mineur n'a ni père, ni mère, ni aïeuls, ni aïeules, ou qu'ils sont tous dans l'impossibilité de manifester leur volonté. Alors, en effet, le mariage ne peut être contracté que du consentement du conseil de famille. Or, l'art. 1309, portant « que le mineur n'est point restituable contre les conventions portées en son contrat de mariage, lorsqu'elles ont été faites *avec le consentement et l'assistance* de ceux dont le consentement est requis pour la validité de son mariage », il est évident que le réglement de ces conventions appartient au conseil, puisque autrement le mineur pourrait se faire restituer contre elles. (Carré, *Droit français*, t. 3, n° 2024.)

CONVOL. Synonyme de second mariage. (Voy. *Mère.*)

COPIE. C'est la transcription d'un acte, d'un écrit, qu'on appelle *original* ou *minute.*

I. D'après l'art. 1er du décret du 29 août 1813, « les copies d'actes, de jugements, d'arrêts et de toutes autres pièces qui sont faites par les huissiers, doivent être correctes et lisibles, à peine de rejet de la taxe, ainsi qu'il a été ordonné par l'art. 28 du décret impérial du 16 février 1807, pour les copies de pièces faites par les avoués.

» Les papiers employés à ces copies ne pourront contenir plus de trente-cinq lignes par page de petit papier, plus de quarante lignes par page de moyen papier, et plus de cinquante lignes par page de grand papier, à peine de l'amende de vingt-cinq francs prononcée, pour les expéditions, par l'art. 26 de la loi du 13 brumaire an 7. »

II. « L'huissier qui aura signifié une copie de citation ou d'exploit, de jugement ou d'arrêt, qui serait illisible, sera condamné à l'amende de vingt-cinq francs, sur la seule provocation du ministère public, et par la cour ou le tribunal devant lequel cette copie aura été produite.

» Si la copie a été faite et signée par un avoué, l'huissier qui l'aura signifiée sera également condamné à l'amende, sauf son recours contre l'avoué, ainsi qu'il avisera. » (*Art.* 2.)

III. Le ministère public a qualité pour agir directement, et malgré le silence des parties, contre les huissiers qui signifient des copies illisibles. (*Cour de cass.*, 17 *décembre* 1828.)

IV. L'art. 45 du décret du 14 juin 1813 porte : « Tout huissier qui ne remettra pas lui-même à personne ou domicile l'exploit et les copies des pièces qu'il aura été chargé de signifier, sera condamné, par voie de police correctionnelle, à une suspension de trois mois, à une amende qui ne pourra être moindre de trois cents francs, ni excéder deux mille francs, et aux dommages-intérêts des parties. Si néanmoins il résulte de l'instruction qu'il a agi frauduleusement, il sera poursuivi criminellement, et puni d'après l'art. 146 du Code pénal. »

V. Les avoués n'ont droit de faire, concurremment avec

les huissiers, les copies de pièces à signifier en tête des exploits, et, en conséquence, d'en percevoir les émoluments, qu'autant que ces significations se rattachent à un procès dans lequel les avoués sont constitués. A l'égard de toutes autres significations, il appartient exclusivement aux huissiers de dresser les copies et d'en toucher les émoluments (*Cour de cass.*, 24 *août* 1831). Voy. *Huissier*.

CORPS DE DÉLIT. C'est l'objet qui sert à prouver matériellement son existence. Ainsi, le vol est constaté par la *découverte de la chose volée;* dans le cas d'homicide, on acquiert la certitude du crime par la *vue du cadavre de la victime*, portant des marques apparentes de blessures, des vestiges de la violence exercée sur elle.

II. On conçoit toute l'importance de bien constater le corps du délit, car, quoique cette preuve ne soit pas toujours nécessaire pour la punition du coupable, cependant il est plusieurs cas où son absence pourrait amener une dangereuse impunité. (Voy. *Flagrant délit* et *Officiers de police auxiliaires.*)

CORRESPONDANCE. Voy. *Franchise de port.*

COSTUME. Celui des juges de paix et de leurs greffiers a été fixé ainsi qu'il suit par l'arrêté du gouvernement du 2 nivôse an 11.

Aux audiences ordinaires, simarre et toge de laine noire à grandes manches; ceinture de laine noire pendante; toque de laine noire unie, bordée de velours noir; cheveux longs ou ronds.

Aux audiences solennelles et cérémonies publiques, même costume avec les modifications suivantes : une simarre de soie noire; une ceinture de soie, couleur bleu clair, à franges de soie; un galon d'argent au bas de la toque.

La toque des greffiers ne doit pas être bordée.

II. Quoique l'art. 7 de la loi citée fasse une obligation aux juges de paix de se revêtir de ce costume *dans l'exercice de leurs fonctions*, cependant leurs jugements et autres actes ne seraient point frappés de nullité, par cela seul qu'au moment où il y a été procédé, le juge et le greffier n'étaient pas revêtus de leur costume. C'est ce que l'on peut induire de plusieurs arrêts de la cour de cassation, et notamment de celui du 9 nivôse an 11. Il est vrai que ces arrêts n'ont pas été rendus relativement à des actes émanés de juges de paix; mais ils leur sont évidemment applicables, puisqu'ils statuent sur l'application d'un principe commun, savoir, l'obligation imposée à tout fonctionnaire auquel la loi impose un costume, de le porter dans l'exercice de ses fonctions.

III. Cette obligation se concilie mal avec quelques-uns des actes d'instruction auxquels les juges de paix doivent procéder par eux-mêmes, par exemple, lorsqu'ils se transportent sur les lieux pour en vérifier et en constater l'état ou pour entendre des témoins. Aussi ne pensons-nous pas qu'un juge de paix fût blâmable d'y procéder en habit de ville. Mais il en est autrement pour les audiences publiques : la dignité de la magistrature et l'intérêt personnel du magistrat exigent qu'il soit revêtu de son costume distinctif.

CO-TUTEUR. Lorsque la mère, tutrice de ses enfants mineurs, passe à de secondes noces, et que le conseil de famille, dûment convoqué, lui conserve la tutelle, il doit nécessairement lui donner pour co-tuteur le second mari, qui devient solidairement responsable avec elle de la gestion postérieure au mariage. (*Code civ.*, *art.* 396.)

II. La loi ne distingue pas si le second mari est majeur ou mineur; la co-tutelle lui appartient dans l'un et l'autre cas. Il s'était élevé des doutes sur ce point, d'après la rédaction de l'art. 442, qui exclut de la tutelle les mineurs autres que le père et la mère. Mais cet article parle de la *tutelle*, et ne s'applique point au cas particulier de l'art. 396, qui attribue au second mari de la femme, maintenue dans la tutelle de ses enfants, non pas la qualité de *tuteur*, mais celle de *co-tuteur*. Ainsi il est de toute évidence que les art. 442 et 396 statuent sur des cas différents. (Favard de Langlade, *Répert.*, v° *Tutelle*, § 1, n° 2.)

III. Le second mari, co-tuteur, peut-il, sans le concours de sa femme, administrer les biens des mineurs? Il faut décider l'affirmative. Cela résulte de la solidarité que la loi établit entre la femme et le second mari. Telle était la décision du droit romain quand il existait deux tuteurs ou curateurs du même individu (L. 3, *ff. de Administ. et peric. tut.*). D'ailleurs, dans notre droit, le mari exerce toutes les actions de sa femme (*Biblioth. du Barreau*, 1810, p. 329; *Bellot*, t. 1, p. 458; Rolland de Villargues, *Répert. du Notar.*, v°. *Tutelle*, n° 48).

IV. Mais la tutelle du second mari ne concerne que l'administration des biens; elle ne modifie pas les droits de la femme sur le gouvernement de la personne des enfants, qui continue de lui appartenir en vertu de la puissance paternelle.

V. Si le co-tuteur était suspendu de ses fonctions pour incapacité ou autre cause, la tutelle de la mère serait suspendue de plein droit pendant le mariage. (*Cour d'appel de Bruxelles*, 18 *juillet* 1810.)

COUPS. Voy. *Voies de fait.*

COUR DE CASSATION. Voy. *Cassation.*

COURS D'EAU. Voy. *Eau.*

CRÉANCIERS. Voy. *Scellés.*

CRIEURS. Voy. *Afficheurs.*

CRIME. C'est l'acte qui occupe le plus haut degré dans l'échelle des faits punissables. Viennent ensuite les *délits* et puis les *contraventions.*

On trouvera, à l'article *Officiers de police auxiliaires,* les devoirs des juges de paix relativement à la constatation des crimes.

CUMUL. Voy. *Action possessoire,* sect. 4.

CUMUL DE PEINES. L'art. 365 du Code d'Instruction criminelle dispose qu'en cas de conviction de plusieurs crimes ou délits, la peine la plus forte sera seule prononcée.

II. « La prohibition portée par cet article contre la cumulation des peines, dit M. Legraverend dans son *Traité de la Législation criminelle*, t. 2, p. 611, a fait naître la question de savoir si l'auteur de plusieurs délits qui donnent lieu à des amendes ou à d'autres réparations civiles ne devait également subir que la peine *pécuniaire* la plus forte, applicable à l'un de ces délits. Mais il faut tenir la négative pour constante, et celui qui a commis, avant qu'il soit intervenu de jugement de condamnation contre lui, plusieurs délits de nature à entraîner soit des condamnations pécuniaires seulement, soit des peines de cette espèce concurremment avec l'emprisonnement, doit être poursuivi, jugé et condamné, s'il y a lieu, à toutes les peines pécuniaires qu'il a encourues par chacun des délits, et tous les jugements rendus contre lui doivent être mis à exécution en ce qui concerne les condamnations pécuniaires, sauf à ne lui faire subir que le plus long emprisonnement encouru par le condamné, dans le cas où il en aurait été prononcé plusieurs, soit par le même tribunal, soit par des tribunaux différents. La loi défend de cumuler les peines, et son vœu est rempli en ne prononçant ou en ne faisant subir que l'emprisonnement le plus long; mais elle veut que les délits soient réparés, et les amendes, comme la confiscation des objets du délit, comme les autres condamnations pécuniaires, ne sont réellement que la réparation du délit, prononcée par les tribunaux de répression au lieu de l'être par les tribunaux civils. Cette doctrine, conforme d'ailleurs aux instructions ministérielles et à l'usage universellement suivi, est encore fondée sur la jurisprudence de la cour de cassation. »

III. Nous ne savons pas jusqu'à quel point il faut admettre cette distinction entre l'emprisonnement et l'amende ; l'un et l'autre sont également considérés comme des *peines de police* par l'art. 464 du Code d'Instruction criminelle. Comment dès lors ne pas appliquer à l'amende comme à l'emprisonnement la disposition de l'art. 365? Telle est l'opinion de M. Bourguignon : « Les peines pécuniaires, dit-il, ne peuvent être cumulées que jusqu'à concurrence du *maximum.* Ainsi l'individu qui a été condamné à dix francs d'amende pour une contravention qui pouvait entraîner une amende de quinze francs, ne devra, s'il est jugé une seconde fois pour une contravention antérieure à la première condamnation, et qui serait passible d'une amende de dix francs, être condamné qu'à cinq francs, parce que ces cinq francs forment le *maximum* de la peine infligée à la plus grave des contraventions qu'il avait commises.

Cependant nous ne dissimulerons pas qu'un arrêt de la cour de cassation en date du 26 août 1830, a jugé dans le sens de M. Legraverend. Cet arrêt est ainsi analysé par M. Dalloz, *Jurisprudence générale,* tome de 1830, 1re partie, page 363 : « L'art. 365 du Code d'Instruction criminelle, qui prohibe la cumulation des peines, ne fait pas obstacle à ce que l'individu, poursuivi pour déficit dans le poids et pour mauvaise qualité de pain, soit condamné par un premier jugement à une amende sur le premier fait, et par un autre jugement à une amende sur le second. » Attendu, porte l'arrêt, qu'il n'a été prononcé à raison de cette contravention (*la seconde*) qu'une condamnation à une simple amende, et que ce n'est pas le cas d'appliquer les dispositions de l'art. 365, qui interdit la cumulation des peines *pour des faits compris dans une poursuite collective.* — Ce n'est donc point parce que l'amende n'est pas *une peine,* mais parce que la poursuite des deux contraventions n'avait pas été *collective,* que la cour suprême a maintenu la seconde condamnation. Ce motif, nous ne craignons pas de le dire, nous paraît tout aussi peu fondé que celui sur lequel s'appuie M. Legraverend, car il met le sort du prévenu entre les mains du ministère public. Un individu, en effet, a commis trois ou quatre contraventions différentes. Si le ministère public les englobe dans la même citation, il n'y aura qu'une seule amende, parce que la poursuite aura été collective. S'il les divise, quatre amendes pourront être prononcées successivement. Cette distinction, qui n'est pas dans la loi, a été repoussée par vingt autres décisions de la même cour, qui, toutes, permettent seulement, lorsque des crimes ou des délits antérieurs à une première condamnation sont poursuivis postérieurement, d'infliger au condamné le *maximum* de la peine encourue par le plus grave de ces crimes, déduction faite de la première condamnation, c'est-à-dire que si un individu a été condamné à quinze ans de travaux forcés pour un crime qui était passible de vingt ans, la seconde condamnation ne pourra que compléter ce terme.

Nous persistons donc à penser que lorsque plusieurs contraventions ont été commises avant un premier jugement, il n'y a lieu qu'à l'application d'une seule amende, de l'amende la plus forte.

IV. Mais la règle qui prohibe le cumul des peines ne s'applique qu'aux crimes et délits ordinaires, et non point à ceux qui sont régis par des lois spéciales. Elle ne s'applique pas notamment aux contraventions en matière de contributions indirectes. En cette matière, les peines encourues pour plusieurs contraventions ne peuvent, en aucun cas, être réduites à une seule. (*Cour de cass.*, 26 *mars* 1825 *et* 11 *octobre* 1827.)

V. Lorsque la loi a prononcé deux peines cumulativement pour la répression du même délit, on ne peut prononcer l'une et remettre l'autre. (*Cour de cass.*, 28 *oct.* 1807. Voy. *Confiscation.*)

CURATEUR. C'est une espèce de guide, de protecteur, donné, soit par un conseil de famille, soit par justice, à celui qui est dans l'incapacité ou dans l'impuissance d'administrer ses biens, ou de surveiller ses intérêts.

I. La curatelle est, comme la tutelle, une charge publique. On ne peut la refuser sans motifs légitimes, parce qu'il est de l'intérêt de la société que ceux qui ont besoin de secours pour la conservation de leurs droits, ne restent pas sans défense.

II. Voici les divers cas où il y a lieu à la nomination d'un curateur : 1° absence ; 2° minorité ; 3° mort civile ; 4° succession vacante ; 5° bénéfice d'inventaire ; 6° grossesse de femme veuve ; 7° délaissement par hypothèque ; 8° révision de condamnation.

III. Il y a encore lieu à la nomination d'un curateur, lorsqu'une donation entre-vifs est faite à un sourd-muet qui ne sait pas écrire. Aux termes de l'art. 936 du Code civil, l'acceptation doit en être faite par un curateur nommé à cet effet, suivant les règles établies au titre de la minorité, de la tutelle et de l'émancipation. (Voy. *Tuteur.*)

IV. Avant les modifications apportées en 1832 au Code pénal de 1810, un curateur devait être donné, pendant la durée de sa peine, à tout individu condamné aux travaux forcés à temps, ou à la réclusion. Cette disposition a été changée. Le conseil de famille nomme maintenant au condamné un tuteur et un subrogé tuteur pour administrer ses biens, dans les formes prescrites pour la nomination des tuteurs et subrogés tuteurs aux interdits.

§ Ier. *Absence.*

On a vu, au mot *Absence*, sect. 1re, que la nomination d'un curateur pour gérer les affaires d'une personne qui a quitté depuis long-temps son domicile sans avoir donné de ses nouvelles, appartient au tribunal de première instance. Ce curateur reçoit du jugement non-seulement son titre, mais encore la spécification des divers actes dont se compose sa mission, par conséquent la mesure même et l'étendue de ses pouvoirs. Il peut plaider en sa qualité, sans autorisation expresse, interjeter appel, et représenter l'absent dans l'instance sur l'appel. (*Cour de cass.*, 25 *août* 1813.)

§ II. *Minorité.*

I. M. Rolland de Villargues, dans son *Répertoire de la Jurisprudence du Notariat*, vº *Curateur*, sect. 2, nº 15, trace ainsi l'ordre analytique des dispositions de la loi sur cette matière. « Le mineur proprement dit est directement représenté par son tuteur, jusqu'à l'époque de son émancipation. Cependant les résolutions graves qui peuvent intéresser soit sa personne (*art.* 160), soit ses biens (*art.* 450 *et suivants*), ne peuvent être prises qu'avec l'autorisation du conseil de famille. Parvenu à l'émancipation, il figure lui-même en nom dans les actes de la vie civile ; mais il est assisté d'un curateur qui supplée à ce que l'âge et l'expérience laissent encore à désirer dans sa personne. Cependant, même avec son curateur, il ne peut faire que des actes d'administration déterminés par la loi ; et l'autorisation du conseil de famille est toujours indispensable, comme au simple mineur, pour tous les actes plus graves auxquels sa fortune peut se trouver intéressée. »

Mais la femme mineure, émancipée par le mariage, ne tombe point en curatelle. « Il serait indécent, dit l'auteur du *Répertoire de Jurisprudence*, de la mettre sous l'autorité de toute autre personne que de celui dont elle dépend naturellement. »

II. Les fonctions du curateur consistent à assister le mineur émancipé dans l'audition du compte qui doit lui être rendu par son tuteur (*art.* 480), dans la réception de ses capitaux mobiliers, dans l'emploi des capitaux reçus, et dans les actions immobilières qu'il intente, ou contre lesquelles il se défend (*art.* 482).

III. S'il s'agit d'inscriptions de rente sur le grand-livre, le mineur émancipé ne peut les transférer, même avec l'assistance de son curateur, qu'autant qu'elles n'excèdent pas cinquante francs. Dans le cas contraire, il doit y être autorisé par le conseil de famille. (*Loi du* 24 *mars* 1806.)

IV. Quoique la curatelle soit une charge publique, elle est néanmoins, comme la tutelle, plus particulièrement une charge de famille. Ainsi, il est conforme à la raison et à l'esprit de la loi, que le choix du curateur se porte plutôt sur les parents que sur les étrangers, et même, en premier lieu, sur les plus proches parents. Cependant les dispositions de la loi, à cet égard, n'étant que persuasives ou de conseil, des raisons graves peuvent faire quelquefois préférer des amis à des parents éloignés. (Rolland de Villargues, *loco citato*, n° 10.)

V. La mère et l'aïeule, pouvant être tutrices, peuvent, à plus forte raison, être chargées de la curatelle de leurs fils et petit-fils. Cette exception a été introduite, disent les auteurs du *Nouveau Denisart*, v° *Curatelle*, § 3, n° 2, à cause du droit que la naissance donne à une femme sur ses enfants ou petits-enfants.

VI. C'est le conseil de famille qui seul peut nommer un curateur au mineur émancipé. (Voy. *Conseil de Famille*, § 1er, n. 23, *Emancipation* et *Mineur*.)

§ III. *Mort civile.*

I. La mort civile est l'état d'une personne qui est privée de toute participation aux droits civils. Toute condamnation à mort, aux travaux forcés à perpétuité, ou à la déportation, entraîne la mort civile. (*Code civ.*, *art.* 23 ; *Code pén.*, *art.* 18.)

II. « Par la mort civile, le condamné perd la propriété de tous les biens qu'il possédait ; sa succession est ouverte au profit de ses héritiers, auxquels ses biens sont dévolus de la même manière que s'il était mort naturellement et sans testament.

» Il ne peut plus ni recueillir aucune succession, ni transmettre à ce titre les biens qu'il a acquis par la suite.

» Il ne peut ni disposer de ses biens, en tout ou en partie, soit par donation entre vifs, soit par testament, ni recevoir à ce titre, si ce n'est pour cause d'aliments.

»Il ne peut être nommé tuteur, ni concourir aux opérations relatives à la tutelle.

»Il ne peut être témoin dans un acte solennel ou authentique, ni être admis à porter témoignage en justice.

»Il ne peut procéder en justice, ni en défendant ni en demandant, que sous le nom et par le ministère d'un *curateur spécial*, qui lui est nommé par le tribunal où l'action est portée. » (*Code civ.*, *art.* 25.)

§ IV. *Succession vacante.*

I. « Lorsque, après l'expiration des délais pour faire inventaire et pour délibérer, il ne se présente personne qui réclame une succession, qu'il n'y a pas d'héritiers connus, ou que les héritiers connus y ont renoncé, cette succession est réputée vacante. » (*Code civ.*, *art.* 811.)

II. « Le tribunal de première instance dans l'arrondissement duquel elle est ouverte, nomme un curateur sur la demande des personnes intéressées, ou sur la réquisition du procureur du roi. » (*Art.* 812.)

§ V. *Bénéfice d'inventaire.*

I. L'acceptation sous bénéfice d'inventaire ayant pour effet d'empêcher la confusion personnelle des biens de l'héritier avec ceux de la succession, il en résulte que lorsqu'il n'y a pas d'héritier pur et simple contre lequel l'héritier bénéficiaire puisse exercer ses actions, ou lorsque tous les héritiers ont accepté sous bénéfice d'inventaire, la succession est encore une espèce de succession vacante, et il y a lieu à lui créer un curateur contre lequel ces actions pourront être utilement intentées. C'est le tribunal de première instance qui est encore chargé de cette nomination. (*Code de Procédure*, *art.* 996.)

§ VI. *Grossesse de femme veuve.*

I. Lorsqu'au décès du mari la femme est enceinte, il doit être nommé un *curateur au ventre* par le conseil de famille. A la naissance de l'enfant, la mère en devient tutrice, et le curateur en est de plein droit le subrogé tuteur. (*Code civ.*, *art.* 393.)

II. La principale fonction de ce curateur est d'empêcher la supposition de part.

III. Il n'est pas nécessaire que la grossesse de la veuve soit constatée par des gens de l'art ; sa simple déclaration qu'elle est enceinte suffit pour motiver la nomination du curateur au ventre. (*Cour d'Aix, 19 mars 1807.*)

§ VII. *Délaissement par hypothèque.*

I. Le délaissement par hypothèque est l'abandonnement d'un immeuble fait par celui qui en est propriétaire, pour se libérer des poursuites d'un créancier auquel il n'est pas obligé personnellement, mais qui a une hypothèque sur cet immeuble.

II. D'après l'art. 2174 du Code civil, il doit être créé, à la requête du plus diligent des intéressés, à l'immeuble ainsi délaissé, un curateur sur lequel la vente de l'immeuble est poursuivie dans les formes prescrites pour les expropriations. Ce curateur est nommé par le tribunal.

§ VIII. *Révision de condamnation.*

« Lorsqu'il y aura lieu de réviser une condamnation pour la cause exprimée en l'art. 444, et que cette condamnation aura été portée contre un individu mort depuis, la cour de cassation créera un curateur à sa mémoire, avec lequel se fera l'instruction, et qui exercera tous les droits du condamné. » (*Code d'Instr. crim., art. 447.*)

D.

DATE. C'est l'indication du jour, du mois et de l'année où un acte a été passé. (Voy. *Acte sous seing privé*, sect. 1re, *Exploit* et *Procès-verbal.*)

DATE CERTAINE. Voy. *Acte sous seing privé*, sect. 2, § 1, n° 7.

DATION EN PAIEMENT. On appelle ainsi l'acte par lequel un débiteur transfère à son créancier qui l'accepte, la propriété d'une chose en paiement d'une autre chose ou d'une somme qu'il lui devait.

DÉBATS. C'est, en matière de police, la partie de l'instruction qui se fait publiquement, et qui consiste dans l'interrogatoire du prévenu, dans l'audition des témoins, les plaidoiries de la partie plaignante, du ministère public et du prévenu ou de son défenseur. (Voy. *Audience.*)

DÉBITANTS DE BOISSONS. Voy. *Boissons*, *Boissons falsifiées* et *Fêtes et Dimanches.*

DÉBOURSÉS. Ce sont les avances que fait un greffier, un huissier, ou tout autre officier ministériel, pour le compte d'une partie ou d'un client.

I. On compte parmi les déboursés, dans les justices de paix, les droits de timbre et d'enregistrement, les frais de légalisation, ceux de correspondance, etc.

II. Les déboursés ne sont pas soumis à la taxe comme les honoraires. (Voy. *Honoraires.*)

DÉBOUTÉ D'OPPOSITION. C'est le nom que l'on donne au jugement ou à l'arrêt qui rejette une opposition à un jugement ou arrêt par défaut.

DÉCÈS. Un arrêté du gouvernement, du 22 prairial an 5, porte que dans chaque commune où ne réside pas un juge de paix, l'officier de l'état civil est tenu de donner avis, sans aucun délai, au juge paix résidant dans le canton, de la mort de toute personne de son arrondissement qui laisse pour héritiers des pupilles, des mineurs ou des absents.

Cette disposition a pour but de mettre le juge de paix à même d'apposer le scellé d'office dans le cas de l'art. 911 du Code de Procédure.

DÉCHARGE. C'est le nom qu'on donne à l'acte qui constate la remise qu'un dépositaire quelconque a faite à l'ayant-droit des deniers, pièces ou autres objets qu'il détenait.

I. Cette définition fait sentir toute la différence qui existe entre la *quittance* et la *décharge*. La quittance se donne au débiteur et la décharge à celui qui, par suite de ses fonctions ou d'une circonstance quelconque, a été momentanément chargé d'argent, de pièces ou autres objets appartenant à autrui.

II. Toutes les fois qu'il est constaté qu'un officier public a été chargé de deniers ou autres objets appartenant à autrui, il doit exiger une décharge lors de leur remise.

III. La première et la plus essentielle qualité d'une décharge, c'est d'être donnée par une personne ayant *qualité* et *capacité* pour la délivrer; c'est-à-dire, qu'il faut qu'elle soit signée par la personne à qui l'objet devait être remis, et que cette personne ne doit être ni mineur, ni femme non autorisée, ni failli ne pouvant administrer, etc., lesquels, dans ce cas, comme dans les autres, doivent agir par les personnes qui les représentent, leur tuteur, leur mari, leurs syndics, etc.

IV. Les décharges de prix de ventes mobilières faites par les notaires, greffiers, commissaires-priseurs et huissiers, peuvent être mises à la suite ou en marge des procès-verbaux de vente dressés par ces officiers et sur la même feuille de papier timbré que le procès-verbal déchargé. Cette forme offre un avantage pour les officiers publics et leurs successeurs, en ce qu'une décharge ainsi donnée n'est pas susceptible de s'égarer. (*Loi du 13 brumaire an 7, art. 13; Avis du conseil-d'état des 7-21 oct. 1809.*)

V. Dans ce cas, les quittances et décharges doivent être rédigées en forme authentique; c'est-à-dire que l'officier public attestera que la partie a comparu devant lui pour régler le reliquat de la vente, dont elle lui donnera décharge, et que cet acte sera signé tant par l'officier que par la partie; et si la partie ne sait pas (ou ne peut pas) signer, par un second officier de la même qualité, ou par deux témoins. (*Même avis du conseil-d'état.*)

VI. On voit, par la disposition ci-dessus, que le principe : *nul ne peut se faire un titre à lui-même*, s'applique aux officiers publics comme aux simples citoyens, mais que la présence d'un autre officier public ou même de deux témoins, donne à la décharge le caractère d'acte authentique, et par conséquent fait foi en justice jusqu'à inscription de faux.

VII. Il faut remarquer aussi que le second officier public appelé pour suppléer au degré de confiance que l'intérêt personnel diminue dans l'officier public qui se fait décharger, doit être un officier de la même qualité, c'est-à-dire un huissier pour assister un huissier, un notaire pour assister un notaire; mais quant aux greffiers de justice de paix, comme il n'y en a qu'un dans chaque canton, si la partie ne sait pas signer, ils sont obligés, pour obtenir leur décharge, d'avoir recours à deux témoins.

VIII. Les quittances et décharges ainsi rédigées doivent être enregistrées dans les délais fixés par l'art. 20 de la loi du 22 frimaire an 7, savoir : pour les notaires, dans les dix ou quinze jours de leur date; pour les greffiers, dans les vingt jours; et pour les commissaires-priseurs et huissiers dans les quatre jours. Il n'est dû d'ailleurs qu'un droit fixe (*avis du conseil-d'état des* 7-21 *oct.* 1809). Ce droit est de deux francs (*loi du* 28 *avril* 1816, *art.* 46).

IX. Chaque décharge partielle ou définitive, mise à la suite ou en marge des procès-verbaux de vente de meubles, doit être enregistrée; il est dû pour chacune d'elles autant de droits fixes qu'il y a de comparutions *de propriétaires non communs* d'effets vendus. (*Déc. min. du* 8 *juin* 1821.)

X. Si, dans le cours d'une opération dans laquelle le greffier d'un juge de paix tient la plume, par exemple, d'une expertise (*Code de Proc., art.* 42), il est remis au juge ou au greffier une ou plusieurs pièces, il est de la prudence qu'en les rendant, le greffier en fasse mention dans son procès-verbal, qu'il fera signer par ceux à qui ces pièces appartiennent (analogie, *Code de Proc., art.* 229).

Coin-Delisle, *avocat à la cour royale de Paris.*

DÉCHÉANCE. C'est la perte d'un droit par le défaut d'exercice dans un temps donné, ou lorsqu'on a négligé de remplir les conditions ou formalités qui étaient prescrites ou que l'on s'était imposées.

On peut appliquer aux déchéances toutes les règles propres aux prescriptions libératoires, à moins que la loi n'en dispose autrement, soit en termes exprès, soit d'une manière implicite par rapport à quelques-unes. (Voy. *Prescription.*)

DÉCISOIRE. Voy. *Serment.*

DÉCLARATION D'ABSENCE. Voy. *Absence*, sect. 2.

DÉCLARATION DE GROSSESSE. Un édit de Henri II, du mois de février 1566, prescrivait à toute fille ou veuve enceinte de déclarer sa grossesse, sous peine d'être condamnée comme coupable d'infanticide, par cela seul qu'elle aurait celé sa grossesse et son accouchement, si l'enfant venait à disparaître.

I. Cette disposition, trop rigoureuse dans la partie pénale, mais utile et prudente dans son but, n'a point été maintenue par la législation moderne. Cependant l'usage des déclarations de grossesse n'est point complétement aboli. Il arrive quelquefois qu'une fille ou une veuve, pour prévenir les conséquences fâcheuses que l'on pourrait tirer de son silence si son enfant venait à périr en naissant, fait la déclaration de son état devant un officier public. Cet officier peut être le maire ou son adjoint, le juge de paix ou son greffier, le procureur du roi, etc. (Biret, *Recueil général de Jurispr.*, t. 2, v° *Officier de l'état civil;* Rolland de Villargues, *Répert. du Not.*. v° *Déclaration de grossesse,* n° 3.)

II. Les déclarations de grossesse, faites même devant notaire, ne sont pas sujettes à l'enregistrement dans un délai déterminé. Cette formalité n'est exigée que pour les expéditions qui en seraient délivrées. (*Décision du ministre des finances, des* 28 *juin* 1808 *et* 20 *février* 1818.)

DÉCLARATION DE TIERS SAISI. Voy. *Tiers Saisi.*

DÉCLARATION DE VENTE DE MEUBLES. Voy. *Officiers-priseurs.*

DÉCLINATOIRE. C'est l'exception par laquelle une partie assignée devant un juge, demande, pour cause d'incompétence, son renvoi devant un autre juge. (*Code de Procéd., art.* 168.)

I. L'incompétence du juge est relative ou absolue. L'incompétence relative est celle qui résulte du domicile du défendeur ou de la situation de l'objet litigieux. Comme elle n'est établie qu'en faveur du défendeur, il a le droit d'y renoncer, et il est censé le faire lorsqu'il ne propose pas le déclinatoire préalablement à toutes autres exceptions et défenses. (*Art.* 169.)

II. Il y a incompétence absolue, *ratione materiæ*, lorsque l'action est intentée devant un juge d'exception, sur quelque matière qui ne lui est pas attribuée, ou lorsque la demande est portée devant un juge ordinaire, sur une matière que la loi a formellement distraite de sa juridiction. Cette incompétence, étant d'ordre public, ne peut être couverte par le consentement tacite ou exprès des parties. On peut la proposer en tout état de cause; et si le renvoi n'est pas demandé, le tribunal est tenu de renvoyer d'office devant qui de droit. (*Code de Procéd., art.* 170 *et* 424.)

III. Le défendeur qui a un déclinatoire à proposer, ne peut s'adresser au tribunal auquel il prétend qu'appartient la connaissance de l'affaire, pour en provoquer l'évocation. Il est tenu de comparaître devant le tribunal où il est assigné, parce que ce tribunal est seul compétent pour décider s'il y a lieu d'accorder ou de refuser le renvoi demandé. (*Cour de cass., 7 juin* 1810.)

IV. Un jugement par défaut ne fait point obstacle à ce que le déclinatoire soit proposé plus tard. Mais, en formant opposition, le défaillant doit présenter son exception avant tous autres moyens de défense.

V. Si, après avoir laissé passer le délai de l'opposition, le défaillant se pourvoit par appel, l'exception déclinatoire lui est encore ouverte, parce qu'étant dispensé de déduire ses moyens au fond dans l'acte d'appel, ainsi que l'ont jugé deux arrêts de la cour de cassation des 4 décembre 1809 et 1er mars 1810, il se trouve, devant le tribunal d'appel, dans un état qui précède toute proposition d'exceptions et de défenses, en sorte que sa demande en renvoi est opposée *in limine litis.* (Favard de Langlade, *Répert.*, v° *Exception,* § 2, n° 5.)

VI. Le défendeur qui a comparu au bureau de paix où il était cité comme domicilié dans le canton, sans proposer son déclinatoire, peut cependant décliner le tribunal dans l'arrondissement duquel se trouve ce bureau; car la comparution au bureau de paix n'a pour objet que la conciliation; elle n'est ni exception ni défense à la demande qui n'est pas encore formée. C'est ce qu'a jugé la cour de cassation par deux arrêts des 30 ventôse et 18 fructidor an 13. (Voy. *Exception.*)

DÉDIT. Ce mot signifie le refus de tenir une promesse, la rétractation que l'on fait d'une parole ou d'une obligation. En jurisprudence, on entend par *dédit* la peine stipulée dans un acte contre celui des contractants qui ne voudra pas l'exécuter.

I. Il y a cette différence entre le dédit et la *clause pénale* ajoutée à une obligation, que la stipulation de dédit forme seule une obligation principale, tandis que la clause pénale ne forme qu'une obligation accessoire. En effet, l'objet de la clause pénale est toujours d'assurer l'exécution d'une première obligation; elle ne peut exister sans cette obligation; elle suppose nécessairement deux promesses et deux stipulations (*Code civ., art.* 1226 *et* 1227). Au contraire, le dédit stipulé n'a pour but d'assurer l'exécution d'aucune obligation principale; il forme lui-même la seule obligation du contrat. Exemples:

1°. Pierre promet à Paul de supprimer une servitude d'égout établie sur son héritage, avec la clause que si, dans six mois, cette suppression n'a pas lieu, Pierre paiera cent francs à Paul. Voilà une clause pénale, parce qu'il y a réellement dans cette formule deux promesses distinctes, la première, de supprimer la servitude, la seconde, de payer cent francs : celle-là primitive et pure et simple, celle-ci secondaire et conditionnelle.

2°. Pierre stipule, dans un acte, que, s'il ne supprime pas une servitude d'égout qui nuit à Paul, il lui donnera cent francs. Voilà un dédit, parce qu'il n'y a là qu'une obligation, celle de donner cent francs, Paul ne pouvant en effet contraindre Pierre à supprimer la servitude, mais seulement à payer la peine, dans le cas où Pierre ne ferait pas cette suppression. (Rolland de Villargues, *Répert. du Notariat*, v° *Dédit.*)

II. Cette distinction est importante pour les juges de paix. Il en résulte qu'ils ne peuvent statuer sur la clause pénale, qu'autant que l'obligation principale entre dans leur compétence ; tandis que, la stipulation de dédit donnant naissance à une action personnelle et mobilière, ils peuvent en connaître toutes les fois que la demande n'excède pas cent francs.

III. Un exemple fréquent de la convention de dédit, c'est la dation d'arrhes pour assurer la conclusion d'un marché projeté. (Favard de Langlade, *Répert.*, v° *Dédit.*)

IV. Suivant l'ancienne coutume de Normandie, il était permis de se dédire dans les vingt-quatre heures après la signature du contrat; mais cet usage, contraire à la raison, est depuis long-temps aboli. Il l'a été notamment par l'art. 1134 du Code civil.

V. La peine d'un dédit, en la supposant valablement stipulée, ne peut consister que dans le paiement d'une somme d'argent, ou dans la privation de l'exercice de quelque action, de quelque faculté ou autre droit. Cette peine ne saurait donc être ni corporelle, ni afflictive ou infamante. (Merlin, *Répert.*, v° *Dédit.*)

VI. La peine du dédit est exigible aussitôt après l'événement prévu. Elle est encourue de plein droit, sans que le débiteur puisse alléguer aucune excuse. Mais aussi le créancier ne peut demander rien autre chose que la peine ; il ne peut exiger l'accomplissement de la chose ou du fait qui était l'objet qu'il se proposait principalement d'obtenir. (Toullier, *Droit civil français*, t. 6, n° 807.)

VII. Le dédit stipulé dans une promesse de mariage contre celle des deux parties qui manquerait à son engagement, n'est point valable, parce qu'il est contraire à la liberté des mariages et aux bonnes mœurs. Mais si, par l'effet de cette promesse, et dans la confiance qu'elle serait exécutée, l'une des parties avait éprouvé quelque préjudice ou fait quelque dépense, il lui serait ouvert une action en dommages-intérêts, dont le juge de paix pourrait connaître si elle n'excédait pas le taux de sa compétence.

DÉFAUT. Voy. *Jugement par défaut.*

DÉFENDEUR. C'est celui contre lequel une demande est formée en justice.

DÉFENSE. Ce sont les moyens que le défendeur oppose à la demande formée contre lui, pour en prouver l'injustice et la faire déclarer mal fondée. La preuve des faits qui les établissent est à sa charge, de même que celle des faits sur lesquels est fondée l'action du demandeur, est à la sienne.

I. La défense des parties est toute verbale devant les tribunaux de paix. Elles ne peuvent signifier aucune écriture. (*Code de Proc., art.* 9.)

II. Il ne faut pas conclure de là, cependant, qu'une partie ne puisse lire, à l'audience, soit des observations écrites, soit un mémoire, soit une consultation. Mais les frais qu'elle aurait pu faire à ce sujet n'entreraient point dans la taxe des dépens.

DÉFENSE (LÉGITIME). Action par laquelle on repousse une attaque, un outrage, ou par laquelle on y résiste. (Voyez *Injures.*)

DÉFENSEUR OFFICIEUX. On donna ce nom, dans la révolution, aux hommes de loi qui se chargeaient de la défense des particuliers devant les tribunaux. (Voy. *Avoués.*)

DÉGEL. Voy. *Barrières.*

DÉGRADATIONS, DESTRUCTIONS. *Dégrader* une chose, c'est en altérer l'état; la détruire, c'est l'anéantir, soit qu'il en reste ou non des débris.

I. Détruire ou dégrader sa propre chose n'est qu'un acte de propriété irrépréhensible aux yeux de la loi, à moins que des tiers ne soient intéressés à la conservation de cette chose. Ainsi celui dont les meubles ont été saisis par un créancier, devrait des dommages-intérêts s'il les détériorait ou les brisait avec intention.

II. La dégradation ou la destruction de la chose mobilière d'autrui donne lieu à une action devant les tribunaux civils, ou devant les tribunaux de paix selon le montant de la demande.

III. Il y a cependant diverses espèces de dégradations dont les juges de paix connaissent, à quelque somme que la demande puisse monter (*loi du 24 août 1790, art. 10*) : 1° les dommages faits, soit par les hommes, soit par les animaux, aux champs, fruits et récoltes (voy. le mot *Dommages*);

2° Les réparations locatives des maisons et fermes (cette matière a été traitée avec les développements qu'elle mérite sous le mot *Bail*, sect. 1re, § 1er, t. 1er, p. 221);

3° Les dégradations alléguées par le propriétaire (*voy.* le mot *Bail*, sect. 1re, § 2, t. 1er. p. 234).

IV. Dans toutes les actions en réparations de dommages et dégradations pour lesquelles le juge de paix a une compétence illimitée, le tribunal de paix compétent est celui de la situation de l'objet litigieux. (*Cod. de Proc., art. 2.*)

V. Quand les dégradations et destructions ont été faites méchamment et à dessein, elles sont des crimes ou des délits.

Les crimes et les délits ne sont pas du plan de cet ouvrage : nous devons donc nous borner à signaler à l'attention de nos lecteurs les art. 434 à 462 du Code pénal, sous la rubrique *Destructions, Dégradations, Dommages.*

VI. Quelquefois aussi les dégradations ou les destructions sont punies comme simples contraventions de police : «Seront punis d'une amende de onze à quinze francs inclusivement : 1° ceux qui, hors les cas prévus depuis l'art. 434 jusques et compris l'art. 462, auront *volontairement* causé du dommage aux propriétés mobilières d'autrui.» (*Cod. pén., art. 479*).

VII. Cette disposition est remarquable, en ce qu'il ne suffit pas d'avoir causé du dommage, mais qu'il faut l'avoir *volontairement* causé, pour être frappé de la peine qu'elle prononce, ce qui est une exception à la règle que les contraventions se commettent par le seul fait, indépendamment de l'intention.

VIII. Mais, pour l'application de cette disposition, il n'est pas nécessaire que le contrevenant ait eu la volonté de causer un dommage : c'est assez qu'il ait eu celle de commettre un fait susceptible d'en causer.

IX. Cette disposition a eu pour objet de compléter la législation pénale sur une foule de faits que les autres lois pénales n'ont pu prévoir. Ainsi l'empoisonnement volontaire de volailles dans un lieu qui n'appartient pas au propriétaire de ces animaux, n'est point un délit puni, soit par l'art. 452, qui ne les comprend pas dans son énumération, soit par l'art. 454, dont les mots *animal domestique* peuvent comprendre les volailles, mais qui exige que la mort leur ait été donnée sur le terrain du maître; cet empoisonnement ne serait donc pas puni, si l'art. 479 ne venait atteindre le dommage volontairement causé aux propriétés mobilières d'autrui. (*Cour de cass., 17 août 1822.*)

X. Pour les dégradations causées par les inondations ou la transmission des eaux d'une manière nuisible, voy. *Inondations.*

COIN-DELISLE, *avocat à la cour royale de Paris.*

DÉLAI. C'est le temps accordé par la loi, le juge ou les parties, pour faire quelque chose.

I. Les délais fixés par la loi en matière de procédure sont indiqués aux articles *Citation*, *Opposition*, *Appel*, *Cassation*, *Enquête*, etc. Il en est d'autres également fixés par la loi pour l'exercice de certains droits ou de certaines actions. L'article *Prescription* en offrira plusieurs exemples.

II. Quant à ceux dont les parties sont convenues entre elles pour l'exécution de leurs obligations, ils doivent être suivis, à moins que les tribunaux ne jugent convenable de les proroger dans certains cas, en vertu de l'art. 1244 du Code civil, qui leur recommande, à cet égard, la plus grande réserve.

III. Lorsqu'un jugement, soit contradictoire, soit par défaut, ordonne de faire quelque chose dans un délai déterminé, ce délai ne commence à courir que du jour de la signification du jugement.

IV. Il n'en est pas de même du délai de grâce accordé par le tribunal pour l'exécution de sa sentence. Ce délai court à partir de la prononciation du jugement, s'il est contradictoire. C'est seulement dans le cas où le jugement a été rendu par défaut, que la signification en est nécessaire pour faire courir le délai. (*Code de Proc., art.* 122 *et* 123.)

V. Le débiteur ne peut obtenir aucun délai ni jouir de celui qui a été accordé, si ses biens sont vendus à la requête d'autres créanciers, s'il est en état de faillite, de contumace, ou s'il est constitué prisonnier, ni enfin lorsque, par son fait, il a diminué les sûretés qu'il avait données par le contrat à son créancier. (*Art.* 124.)

VI. Les délais se comptent différemment, selon qu'il s'agit d'obligations, de déchéances ou d'actes de procédure.

VII. Dans tous les délais fixés pour les actes de procédure qui doivent être signifiés à personne ou domicile, comme ajournements, citations, sommations, etc., il est de règle qu'on ne comprend ni le jour de la signification, *dies à quo*, ni celui de l'échéance, *dies ad quem*; qu'ils doivent être augmentés d'un jour à raison de trois myriamètres de distance, et que, quand il y a lieu à voyage, ou envoi et retour, l'augmentation est double. (*Code de Proc., art.* 1033.)

VIII. Les délais fixés par *jour* ne doivent point être comptés par *heures*. (*Cour de cass.*, 9 *nov.* 1808.)

IX. Mais si le délai est fixé par heures et non par jour, il se compte *de momento ad momentum*, et non pas *de die ad diem*. Ainsi lorsque la loi porte : *Dans les vingt-quatre heures qui suivront tel acte, telle chose sera faite*, ces vingt-quatre heures ne comprennent pas tout le jour qui suit celui dont l'acte porte la date. Si cet acte a été fait le 20 à midi, le délai expirera le lendemain à la même heure (*cour de cass.*, 5 *janvier* 1809; voy. *Affirmation des procès-verbaux*, § 2 *et* 7). Cette décision, cependant, n'est applicable qu'au cas où la loi exige que l'heure soit indiquée dans l'acte; dans le cas contraire, on doit avoir tout le jour suivant (*Berriat-Saint-Prix*, p. 150).

X. Relativement aux délais fixés par les conventions des parties et à ceux dans lesquels la loi a restreint l'exercice de certains droits ou de certaines actions, il existe d'autres règles sur lesquelles tous les docteurs ne sont pas d'accord.

« Doit-on, dit Merlin, *Répert.*, v° *Délai*, sect. 1, § 3, comprendre dans les délais dont il s'agit, le jour d'où ils partent et celui où ils échoient? On vient de voir que ni l'un ni l'autre ne sont comptés dans les délais des ajournements et des autres actes de procédure qui doivent être signifiés à personne ou domicile; mais cette règle ne doit pas être tirée à conséquence pour les autres matières, et il faut pour celles-ci distinguer le jour où finit le délai d'avec celui où il commence, ou, pour parler le langage des docteurs, le jour du terme *ad quem* d'avec le jour du terme *à quo*.

» Le premier est incontestablement compris dans le délai; c'est un principe que la loi 1, § 9, D., *de Successorio edicto*, met dans la plus grande évidence.

» En est-il de même du jour du terme *à quo?* Tiraqueau, *de Retractu gentilitio*, § 11, gl. 1, n° 16 et suivants, soutient l'affirmative. Telle est aussi l'opinion de Dumoulin sur l'ancienne coutume de Paris, § 10. Mais l'usage l'a emporté sur les raisons de ces deux jurisconsultes, et Dumoulin lui-même en convient. « Dans l'usage, dit-il, on ne compte pas le jour du terme *à quo*, à moins que la qualité du sujet ou les expressions de la loi n'exigent qu'on les comprenne dans le délai. Cet usage paraît fort ancien, car il est énoncé comme constant dans le chap. 8, aux *Décrétales*, *de in integrum Restitutione*. »

XI. « Celui qui a un terme pour payer, ou pour délivrer, ou pour faire autre chose, dit Domat, liv. 1, tit. 1, sect. 3, n° 7, n'est pas en retard et ne peut être poursuivi qu'après le dernier moment du terme expiré; car on ne peut pas dire qu'il n'ait point satisfait jusqu'à ce que le délai entier se soit écoulé. Ainsi, celui qui doit dans une année, dans un mois, dans un jour, a, pour son délai, tous les moments de l'année, du mois et du jour. »

XII. Les délais qui se comptent par mois se calculent du jour du départ à pareil jour du mois où expire le délai, *de quantième à quantième*, sans égard au nombre de jours que contiennent les mois (*arg. des art.* 2261 *du Cod. civ. et* 132 *du Code de Commerce*). Ainsi une obligation contractée le 1er février, à un mois d'échéance, arrivera à son terme le 1er mars, comme une obligation contractée le 1er janvier sera échue le 1er février, quoique le mois de février ait trois jours de moins que celui de janvier. Mais dans l'un et l'autre cas, on ne peut en exiger le paiement que le 2, parce que c'est alors seulement que le terme est écoulé.

XIII. Par suite du même principe, *dies termini non computatur in termino*, si un acte passé le 1er juin porte, sous peine de déchéance, l'obligation de payer dans dix jours, le débiteur aura toute la journée du 11 pour satisfaire à son obligation, et la déchéance ne sera encourue que s'il laisse arriver le 12 sans avoir payé.

XIV. Il faut remarquer que, dans le temps d'un délai quelconque, tous les jours sont continus et se comptent comme ils se rencontrent, sans distinction des dimanches ni des fêtes. (*Cour de cass.*, 1er *fruct. an* 8 ; *cour de Turin*, 14 *mai* 1808.)

DÉLAI POUR FAIRE INVENTAIRE ET DÉLIBÉRER. Voy. *Inventaire*.

DÉLÉGATION DE JURIDICTION. C'est la commission par laquelle un juge en charge un autre de remplir ses fonctions. (Voy. *Juridiction.*)

I. La loi du 16 ventôse an 12, qui, en cas d'empêchement d'un juge de paix et de ses suppléants, autorise le tribunal de première instance à renvoyer les parties, sur leur demande, devant le juge de paix du canton le plus voisin, n'autorise pas, pour cela, le tribunal, sous prétexte de rendre son cours provisoire à l'administration de la justice, à déléguer d'avance à ce juge de paix la connaissance des autres contestations nées ou à naître dans le canton dont les juges et les suppléants sont absents ou empêchés. Le tribunal doit statuer sur chaque contestation particulière ; mais il ne peut, par voie de disposition générale et réglementaire, confier l'autorité judiciaire à un magistrat dans un territoire où il était incompétent. (*Cour de cass.*, 1er *octobre* 1830.)

II. D'après un arrêt de la cour royale de Nîmes, la délégation d'attributions faite à un juge de paix par un tribunal supérieur, est toute personnelle, et ne peut passer à un suppléant. Mais cette doctrine est erronée, à notre avis, et la cour royale de Poitiers en a adopté une plus saine dans l'arrêt suivant :

« Considérant que lorsque, par son arrêt du 9 juillet 1830, la cour a commis, pour recevoir l'enquête ordonnée par elle, le juge de paix du canton de ...., elle n'a délégué ni entendu déléguer spécialement la personne du juge de paix, mais bien le magistrat qui était revêtu du caractère de juge de paix, et qui reçoit de la loi les attributions attachées à ce titre; que ce n'est que de cette manière que la délégation pouvait être faite, parce qu'il est de principe que le juge saisi d'une affaire qu'il est toujours obligé de juger lui-même, peut déléguer, non à ceux qu'il lui plairait de choisir, mais à des hommes revêtus du caractère de juge, les actes d'instruction qui exigeraient son transport dans des lieux trop éloignés; qu'ainsi la délégation faite par la cour, qui ne pouvait pas avoir en vue telle personne plutôt qu'une autre, était essentiellement adressée *à la justice de paix* du canton de ...., dans la personne du magistrat qui en a le caractère et les attributions; considérant que le juge de paix n'a point transmis, par une délégation à son premier suppléant, la délégation qu'il recevait de la cour; que c'est au juge de paix lui-même qu'a été adressée par la partie poursuivante la requête tendant à l'ouverture et à la confection de l'enquête, et que si elle a été répondue par l'ordonnance du premier suppléant, c'est parce que le juge de paix était empêché pour cause de maladie, d'où il suit que, dans cette circonstance, le suppléant qui a remplacé le juge de paix pour une cause prévue par la loi, était dans le cercle de ses attributions, que l'enquête reçue par lui est aussi régulière que si elle avait été reçue par le juge de paix, et, qu'à bien dire, il était lui-même juge de paix, puisque, dans le cas donné, les fonctions lui en étaient attribuées par la loi; la cour rejette le moyen de nullité. »

DÉLIT. C'est, dans le langage du Code pénal, une infraction coupable que la loi punit de peine correctionnelle. (*Code pénal, art.* 1er.)

I. Le Code d'Instruction criminelle et le Code pénal ont, en effet, voulu introduire sur ce point une exactitude presque mathématique dans le langage légal. Ainsi toute infraction qu'une loi punit d'une peine afflictive ou infamante (ces peines sont énumérées dans les art. 7 et 8 du Code pénal), est un *crime*. Si l'infraction est punie de peines correctionnelles, c'est-à-dire de l'interdiction à temps de certains droits civiques, civils ou de famille, ou d'un emprisonnement de *plus de cinq jours*, ou d'une amende de *plus de quinze francs*, elle est qualifiée de *délit*. Si la loi ne punit pas cette infraction d'une peine excédant soit *quinze francs* d'amende, soit *cinq jours* d'emprisonnement, elle prend le nom de *contravention*. (*Code pénal, art.* 1 *et* 464.)

II. En matière criminelle, les juges de paix exercent deux fonctions différentes : ou ils sont *officiers de police judiciaire*, ou ils sont *juges*.

Leurs fonctions comme officiers de police judiciaire ont pour objet de rechercher les *crimes* et les *délits* commis dans l'étendue de leur canton, d'en rassembler les preuves et d'en livrer les auteurs aux tribunaux chargés de les punir.

Nous n'avons pas dit, avec l'art. 8 du Code d'Instruction criminelle, rechercher les *crimes*, *délits* et *contraventions*, parce que le juge de paix, étant appelé à prononcer en qualité de juge sur les contraventions, ne peut se livrer à leur recherche. Ce serait cumuler les deux qualités incompatibles d'accusateur et de juge.

C'est à l'article *Officiers de police judiciaire* qu'on trouvera les détails nécessaires sur cette branche importante des fonctions du juge de paix.

Comme juges, ils ne connaissent que des simples contraventions, et ne peuvent, dans aucun cas, statuer sur un délit.

Voyez *Contravention*, *Action civile*, *Action publique* et *Tribunal de simple police*.

III. Doit-on classer parmi les *délits* de la compétence des tribunaux correctionnels ou parmi les *contraventions* soumises aux juges de paix comme juges de police, les infractions que des lois antérieures au Code pénal punissent d'une amende de plus de trois journées de travail ?

La valeur de la journée de travail était, suivant l'art. 11 de la loi du 18 février 1791, l'art. 2 du tit. 2 de la loi du 28 mai, et l'art. 2 du tit. 4 de la loi du 28 septembre même année, fixée pour chaque district par le directoire du département, remplacé aujourd'hui par le préfet. C'est donc la fixation qui en est faite annuellement par le préfet qui détermine la valeur de la journée de travail dans chaque arrondissement.

Or, si l'art. 600 du Code du 3 brumaire an 4 attribuait aux tribunaux de simple police les faits punis d'une peine qui n'excédait pas la valeur de *trois journées* de travail, et aux tribunaux correctionnels les amendes supérieures à ce taux, cette loi a été abrogée, quant à la compétence, par l'art. 137 du Code d'Instruction criminelle de 1808, qui a élevé la compétence des tribunaux de simple police jusqu'aux amendes qui n'excèdent pas quinze francs.

Par conséquent, si l'amende excède trois journées de travail, et que le nombre de journées multiplié par la fixation administrative de la journée ne produise pas plus de quinze francs, l'infraction ne sera qu'une contravention de la compétence du tribunal de simple police.

Au-delà, ce sera un véritable délit de la compétence des tribunaux correctionnels.

IV. Il est important de remarquer que cette signification légale des mots *Délits* et *Contraventions* est une innovation législative.

Délit, dans le sens générique du mot, signifie *l'abandon* d'un devoir, ainsi que l'atteste son étymologie, *delictum*, de *delinquere*.

Il a long-temps signifié, en termes de jurisprudence, toute infraction à une loi pénale. « Faire ce que défendent et ne pas » faire ce qu'ordonnent les lois sous la menace d'une peine, est » un délit » (*Code des Délits et des Peines*). Et la loi du 25 frimaire an 8 employait le mot *délit* comme synonyme de crime. C'est aussi par le mot *crime* que l'Académie explique le mot délit.

C'est parce que le mot délit comprenait alors, dans son acception, toutes les infractions aux lois pénales que le Code rural de 1791 appelle *délits ruraux*, tous les faits qu'il défend, quelle que soit la juridiction qui en doive connaître.

Le sens propre du mot *contravention* désignait les infractions aux lois de police qui étaient punies indépendamment de toute intention coupable, quelque élevée que fût la peine.

Ainsi, pour décider de leur compétence, les juges de paix ne doivent pas toujours s'arrêter au nom de délit ou de contravention donné à une infraction, soit par la loi, soit par les auteurs. C'est la peine fixée par la loi qui, seule, détermine la juridiction.

V. Il n'est pas de notre sujet de faire l'énumération des crimes, des délits et des contraventions. On trouvera, dans ce Recueil, les contraventions les plus importantes sous les mots qui les concernent, et nous nous étendrons particulièrement sur des délits spéciaux, tels que les délits ruraux et forestiers.

Coin-Delisle, *avocat*
à la cour royale de Paris.

DÉLITS DE CHASSE ET DE PÊCHE. Voy. *Chasse* et *Pêche*.

DÉLITS RURAUX ET FORESTIERS. Ce sont les violations des lois pénales sur la police des campagnes et des forêts.

Ces deux genres de délits ont des points de contact qui auraient obligé à des redites inutiles dans deux articles séparés; ils présentent aussi des différences qui seront plus faciles à saisir par le rapprochement. Nous nous bornerons, dans cet article, à spécifier les contraventions rurales et forestières, à indiquer les peines qui y doivent être appliquées, et les difficultés de compétence. Cette tâche, déjà si laborieuse à cause des lois successives dont l'abrogation n'est souvent que partielle, sera divisée en quatre paragraphes : 1° des délits ruraux, des peines et de la compétence; 2° des délits forestiers et des fonctions des juges de paix en cette matière; 3° de la récidive et des circonstances aggravantes en matière rurale et forestière; 4° des condamnations accessoires aux contraventions rurales et forestières.

Les règles de droit sur le mode de preuve de ces délits et contraventions se trouvent aux mots *Affirmation*, *Gardes champêtres*, *Gardes forestiers*, *Preuve* et *Procès-Verbal;* et nous traiterons des fins de non recevoir à opposer aux actions, sous les mots *Nullité*, *Preuve*, *Prescription* et *Question préjudicielle*.

§ Ier. *Des délits ruraux, des peines et de la compétence.*

I. L'ordre alphabétique exigerait que les délits forestiers précédassent les délits ruraux; mais ceux-ci sont le genre; les autres, l'espèce. Sous un autre rapport, les lois forestières sont postérieures et dérogent à la loi rurale. Il faut donc commencer par l'explication de la première loi pour suivre l'ordre rationnel des idées.

II. On appelle *délits ruraux*, en général, les faits commis en contravention aux lois sur la police des campagnes, soit que, par la peine qui y doit être appliquée, ces faits constituent un délit correctionnel, soient qu'ils ne constituent qu'une contravention de simple police. C'est un des cas où le mot délit est générique. (Voy. *Délit*, n° 4.)

III. La loi principale sur la matière est le tit. 2 de la loi du 28 septembre-6 octobre 1791. On sait que, tout incomplète qu'est cette loi, elle porte le nom de Code rural.

Elle a été depuis en partie modifiée, en partie abrogée par le Code de brumaire an 4, par la loi du 23 thermidor an 4, par le Code pénal de 1810, par la loi du 28 avril 1832, et même par quelques articles du Code forestier.

Toutes ces modifications nous obligent à reproduire ici le texte de cette loi et de celles qui l'ont suivie jusqu'au Code pénal, en l'accompagnant de courtes annotations.

LOI DU 28 SEPTEMBRE-6 OCTOBRE 1791.

TIT. II. *De la police rurale.*

Art. 1er. La police des campagnes est spécialement sous la juridiction des juges de paix et des officiers municipaux, et sous la surveillance des gardes champêtres et de la gendarmerie nationale.

Aujourd'hui les officiers municipaux n'ont plus de juridiction : la police des campagnes, comme celle des villes, est sous la juridiction des cours royales, des tribunaux d'arrondissement et des juges de paix, selon qu'il est déterminé par les lois de compétence.

Art. 2. Tous les délits ci-après mentionnés sont, suivant leur nature, de la compétence du juge de paix ou de la municipalité du lieu où ils auront été commis.

La compétence du juge de paix n'existe plus que lorsque la nature de la peine réduit le *délit rural* à une *contravention* de simple police ; et si les maires de communes peuvent encore connaître de quelques contraventions rurales, ce n'est que lorsque ces communes ne sont pas chef-lieu de canton, et seulement dans les cas déterminés par l'art. 166 du Code d'Instruction criminelle.

Art. 3. Tout délit rural ci-après mentionné sera punissable d'une amende ou d'une détention, soit municipale, soit correctionnelle, ou de détention et d'amende réunies, suivant les circonstances et la gravité du délit, sans préjudice de l'indemnité qui pourra être due à celui qui aura souffert le dommage. Dans tous les cas, cette indemnité sera payable par préférence à l'amende. L'indemnité et l'amende sont dues solidairement par les délinquants.

La *détention municipale* était l'emprisonnement, auquel les municipalités pouvaient, suivant la loi du 16-24 août 1790, titre 11, art. 5, condamner tout contrevenant aux lois de police pour un temps qui ne pouvait excéder trois jours dans les campagnes, et huit jours dans les villes. Tout emprisonnement plus long était une peine correctionnelle.

Art. 4. Les moindres amendes seront de la valeur d'une journée de travail, au taux du pays, déterminée par le directoire du département (*aujourd'hui par le préfet*). Toutes les amendes ordinaires qui n'excéderont pas la somme de trois journées de travail, seront doubles en cas de récidive dans l'espace d'une année, ou si le délit a été commis avant le lever ou après le coucher du soleil. Elles seront triples quand les deux circonstances précédentes se trouveront réunies. Elles seront versées dans la caisse de la municipalité du lieu.

Les moindres amendes sont aujourd'hui de trois journées de travail. (Voy. *la loi du 23 thermidor an 4.*)

Art. 5. Le défaut de paiement des amendes et des dédommagements ou indemnités n'entraînera la contrainte par corps que vingt-quatre heures après le commandement. La détention remplacera l'amende à l'égard des insolvables; mais sa durée en commutation de peine ne pourra excéder un mois. Dans les délits pour lesquels cette peine n'est point prononcée, et dans les cas graves où la détention est jointe à l'amende, elle pourra être prolongée du quart du temps prescrit par la loi.

Cet article est entièrement abrogé par l'art. 46 de la loi du 17 avril 1832 sur la contrainte par corps, et remplacé par les art. 33, 35 et 36 de la même loi, ainsi que par l'art. 467 du Code pénal.

Art. 6. Les délits mentionnés au présent décret, qui entraîneraient une détention de plus de trois jours dans les campagnes, et de plus de huit jours dans les villes, seront jugés par voie de police correctionnelle: les autres le seront par voie de police municipale.

Les règles de compétence ont changé, et cet article est abrogé.

Art. 7. Les maris, pères, mères, tuteurs, maîtres, entrepreneurs de toute espèce, seront civilement responsables des délits commis par leurs femmes et enfants, pupilles, mineurs, n'ayant pas plus de vingt ans et non mariés, domestiques, ouvriers, voituriers et autres subordonnés. L'estimation du dommage sera toujours faite par le juge de paix ou ses assesseurs, ou par des experts par eux nommés.

Voyez le mot *Responsabilité civile*.

Art. 8. Les domestiques, ouvriers, voituriers ou autres subordonnés seront à leur tour responsables de leurs délits envers ceux qui les emploient.

Conforme au droit commun. *Voy.* l'art. 1382 et suivants du Code civil.

Art. 9. Les officiers municipaux veilleront généralement à la tranquillité, à la salubrité et à la sûreté des campagnes; ils seront tenus particulièrement de faire, au moins une fois par an, la visite des fours et cheminées de toutes maisons et de tous bâtiments éloignés de moins de cent toises d'autres habitations : ces visites seront préalablement annoncées huit jours d'avance.

Après la visite, ils ordonneront la réparation ou la démolition des fours et des cheminées qui se trouveront dans un état de délabrement qui pourrait occasioner un incendie ou d'autres accidents. Il pourra y avoir lieu à une amende de six livres et au plus de vingt-quatre livres.

La peine portée par cet article contre la négligence d'entretien, de réparation ou de nettoiement est fixée à une amende d'un franc à cinq francs par l'art. 471, n° 1er, du Code pénal.

Art. 10. Toute personne qui aura allumé du feu dans les champs plus près que cinquante toises des maisons, bois, bruyères, vergers, haies, meules de grains, de paille ou de foin, sera condamnée à une amende égale à la valeur de douze journées de travail, et paiera en outre le dommage qne le feu aurait occasioné. Le délinquant pourra de plus, suivant les circonstances, être condamné à la détention de police municipale.

Modifié par l'art. 458 du Code pénal, et par l'art. 148 du Code forestier. Voy. *Incendie.*

Art. 11. Celui qui achètera des bestiaux hors des foires et marchés, sera tenu de les restituer gratuitement au propriétaire, en l'état où ils se trouveront dans le cas où ils auraient été volés.

. Voy. *Bestiaux.*

Cet article n'est qu'une disposition de la loi civile, abrogée et remplacée par les art. 2279 et 2280 du Code civil. Ainsi, si les bestiaux volés ont été achetés de bonne foi d'un *marchand vendant choses pareilles*, quoique HORS *des foires et marchés*, le possesseur a droit d'exiger du propriétaire originaire la restitution du prix; ainsi encore l'action en restitution dure trois ans; ainsi enfin ce que l'art. 11 du Code rural dit des bestiaux volés doit s'étendre aux bestiaux perdus.

Art. 12. Les dégâts que les bestiaux de toute espèce, laissés à l'abandon, feront sur les propriétés d'autrui, soit dans l'enceinte des habitations, soit dans un enclos rural, soit dans les champs ouverts, seront payés par les personnes qui ont la jouissance des bestiaux; si elles sont insolvables, ces dégâts seront payés par celles qui en ont la propriété. Le propriétaire qui éprouvera le dommage, aura le droit de saisir les bestiaux, sous l'obligation de les faire conduire, dans les vingt-quatre heures, au dépôt qui sera désigné à cet effet par la municipalité.

Il sera satisfait aux dégâts par la vente des bestiaux, s'ils ne sont pas réclamés, ou si le dommage n'a point été payé dans la huitaine du jour du délit.

Si ce sont des volailles, de quelque espèce que ce soit, qui causent le dommage, le propriétaire, le détenteur ou le fermier qui l'éprouvera, pourra les tuer, mais seulement sur le lieu, au moment du dégât.

Voy. le mot *Bestiaux*, n° 2, et le mot *Volailles.*

Art. 13. Les bestiaux morts seront enfouis dans la journée à quatre pieds de profondeur par le propriétaire et dans son terrain, ou voiturés à l'endroit désigné par la municipalité pour y être également enfouis, sous peine par le délinquant de payer une amende de la valeur d'une journée de travail, et les frais de transport et d'enfouissement.

Voy. *Bestiaux*, n° 3.

Art. 14. Ceux qui détruiront les greffes des arbres fruitiers ou autres, ceux qui écorceront ou couperont, en tout ou en partie, des arbres sur pied qui ne leur appartiendront pas, seront condamnés à une amende double du dédommagement dû au propriétaire, et à une détention de police correctionnelle qui ne pourra excéder six mois.

Abrogé par les art. 446, 447 et 448 du Code pénal.

L'art. 446 veut même, pour que le délit soit punissable, que l'arbre ait été mutilé, coupé ou écorcé *de manière à le faire périr;* de sorte que l'*écorchure* faite à un arbre ne constitue ni délit correctionnel ni contravention de police si elle n'est pas de nature à le faire périr. (*Cour de cass.*, 27 *février* 1828.)

Cependant si l'écorchure, si la coupe d'une branche, sans être de nature à faire périr l'arbre, causent un préjudice au propriétaire, par exemple en le privant de la récolte des fruits que la branche portait, il y aura lieu, suivant les circonstances, à une action civile, que sa quotité placera presque toujours dans les attributions du juge de paix.

Art. 15. Personne ne pourra inonder l'héritage de son voisin, ni lui transmettre volontairement les eaux d'une manière nuisible, sous peine de payer le dommage, et une amende qui ne pourra excéder la somme du dédommagement.

Art. 16. Les propriétaires ou fermiers de moulins et usines construits ou à construire, seront garants de tous dommages que les eaux pourraient causer aux chemins ou aux propriétés voisines par la trop grande élévation du déversoir ou autrement. Ils seront forcés de tenir les eaux à une hauteur qui ne nuise à personne, et qui sera fixée par le directoire du département (*par le préfet*), d'après l'avis du directoire de district (*du sous-préfet de l'arrondissement*). En cas de contravention, la peine sera une amende qui ne pourra excéder la somme du dédommagement.

L'art. 457 du Code pénal remplace la seconde partie de cet article, pour le cas où l'autorité administrative a fixé la hauteur du déversoir; et les deux art. 15 et 16 subsistent pour les autres cas. (Voy. *Inondation.*)

Art. 17. Il est défendu à toute personne de recombler les fossés, de dégrader les clôtures, de couper des branches des haies vives, d'enlever des bois secs des haies, sous peine d'une amende de la valeur de trois journées de travail. Le dédommagement sera payé au propriétaire; et, suivant la gravité des circonstances, la détention pourra avoir lieu, mais au plus pour un mois.

Remplacé par la première partie de l'art. 456 du Code pénal.

Art. 18. Dans les lieux qui ne sont sujets ni au parcours ni à la vaine pâture, pour toute chèvre qui sera trouvée sur l'héritage d'autrui contre le gré du propriétaire de l'héritage, il sera payé une amende de la valeur d'une journée de travail par le propriétaire de la chèvre.

Dans les pays de parcours ou de vaine pâture où les chèvres ne sont pas rassemblées et conduites en troupeau commun, celui qui aura des animaux de cette espèce ne pourra les mener aux champs qu'attachées, sous peine d'une amende d'une journée de travail par tête d'animal.

En quelque circonstance que ce soit, lorsqu'elles auront fait du dommage aux arbres fruitiers ou autres, haies, vignes, jardins, l'amende sera double, sans préjudice du dédommagement dû au propriétaire.

Cet article n'est pas applicable aux bois et forêts, dans lesquels le délit de dépaissance est réglé par les art. 54, 56, 70, 77, 78, 119, 200 et 201 du Code forestier. (Voy. *Parcours*, *Pâturage*, *Vaine pâture.*)

Art. 19. Les propriétaires ou les fermiers d'un même canton ne pourront se coaliser pour faire baisser ou fixer à vil prix la journée des ouvriers ou les gages des domestiques, sous peine d'une amende du quart de la contribution mobilière des délinquants, et même de la détention de police municipale, s'il y a lieu.

Art. 20. Les moissonneurs, les domestiques et ouvriers de la campagne ne pourront se liguer entre eux pour faire hausser et déterminer le prix des gages ou les salaires, sous peine d'une amende qui ne pourra excéder la valeur de douze journées de travail, et en outre de la détention de police municipale.

Voy. *Coalition*.

Art. 21. Les glaneurs, les rateleurs et les grapilleurs, dans les lieux où les usages de glaner, de rateler ou de grapiller sont reçus, n'entreront dans les champs, prés et vignes récoltés et ouverts, qu'après l'enlèvement entier des fruits.

En cas de contravention, les produits du glanage, ratelage et grapillage seront confisqués, et, suivant les circonstances, il pourra y avoir lieu à la détention de police municipale.

Le glanage, le ratelage et le grapillage sont interdits dans tout enclos rural, tel qu'il est défini à l'art. 6 de la 4e sect. du tit. 1er du présent décret.

Cet article est modifié par l'art. 471, n° 10, du Code pénal. Voy. au surplus le mot *Glanage*.

Art. 22. Dans les lieux de parcours ou de vaine pâture, comme dans ceux où ces usages ne sont point établis, les pâtres et les bergers ne pourront mener les troupeaux d'aucune espèce dans les champs moissonnés et ouverts que deux jours après la récolte entière, sous peine d'une amende de la valeur d'une journée de travail; l'amende sera double si les bestiaux d'autrui ont pénétré dans un enclos rural.

Art. 23. Un troupeau atteint de la maladie contagieuse, qui sera rencontré au pâturage sur les terres du parcours ou de la vaine pâture, autres que celles qui auraient été désignées pour lui seul, pourra être saisi par les gardes champêtres, et même par toute personne; il sera ensuite mené au lieu du dépôt qui sera indiqué à cet effet par la municipalité.

Le maître de ce troupeau sera condamné à une amende de la valeur d'une journée de travail par tête de bête à laine, et d'une amende triple par tête d'autre bétail.

Il pourra, en outre, suivant la gravité des circonstances, être responsable du dommage que son troupeau aurait occasioné, sans que cette responsabilité puisse s'étendre au-delà des limites de la municipalité.

A plus forte raison cette amende et cette responsabilité auront lieu, si ce troupeau a été saisi sur les terres qui ne sont point sujettes au parcours ou à la vaine pâture.

Voy. les art. 459, 460 et 461 du Code pénal, qui n'abrogent pas entièrement cet article, mais qui y dérogent sur plusieurs points.

Art. 24. Il est défendu de mener sur le terrain d'autrui des bestiaux d'aucune espèce, et en aucun temps dans les prairies artificielles, dans les vignes, oseraies, dans les plants de capucines, dans ceux d'oliviers, de mûriers, de grenadiers, d'orangers et arbres du même genre, dans tous les plants ou pépinières d'arbres fruitiers ou autres faits de main d'homme.

L'amende encourue pour ce délit sera une somme de la valeur du dédommagement dû au propriétaire; l'amende sera double, si le dommage a été fait dans un enclos rural; et, suivant les circonstances, il pourra y avoir lieu à la détention de police municipale.

La première partie de cet article fait aujourd'hui le § 10 de l'art. 479 du Code pénal, et la peine attachée à la contravention est une amende de simple police de onze à quinze francs.

Mais la dernière partie, faite pour le cas où le dommage aurait été commis *dans un enclos rural*, n'a pas passé dans la nouvelle rédaction du Code pénal; d'où naît la question de savoir si cette dernière partie est abrogée.

Nous pensons qu'elle ne l'est pas.

Le mot terrain est un mot générique qui s'applique aux terres closes ou non closes; de sorte qu'on peut dire avec une apparence de raison qu'en punissant d'une peine nouvelle l'action de *mener des bestiaux sur le terrain d'autrui*, sans distinguer entre les terrains clos et les terrains ouverts, la loi nouvelle a abrogé la distinction que faisait l'art. 24 du Code rural; que, d'ailleurs, s'il y a destruction de clôture pour l'introduction des bestiaux, il y a lieu d'appliquer l'art. 456 du Code pénal.

Mais s'il est vrai qu'il y ait lieu à l'application de l'art. 456 en cas de destruction de clôture, cette réponse n'est pas satisfaisante pour le cas où les bestiaux auraient été introduits dans ces plants enclos, soit en ouvrant une barrière ou une porte, soit lorsqu'on les a trouvées ouvertes; et il y a tant de différence à mener à dessein des bestiaux dans un endroit libre de toute clôture, ou à les introduire, même sans briser ou arracher la clôture dans un lieu que le propriétaire a fait enclore, quelquefois loin de sa demeure, pour défendre ses plants de toute atteinte, qu'il répugne d'assimiler les deux espèces. Ce sont donc deux faits différents. En plaçant dans la nouvelle édition du Code pénal la première partie de l'art. 24 du Code rural, le législateur n'en a pas moins laissé subsister l'art. 484, qui conserve les lois et réglements particuliers dans toutes les matières que ne règle pas le Code pénal. Or, comme il ne règle pas l'*introduction des bestiaux dans l'enclos rural d'autrui*, il faut donc appliquer à ce fait non prévu par le Code pénal, l'art. 24 de la loi de 1791, et le punir d'une amende double du dédommagement, et, si les circonstances l'exigent, d'un emprisonnement de trois jours. Si le double du dédommagement excède quinze francs, ce fait sera un délit de la compétence des tribunaux correctionnels; s'il n'excède pas cette somme, le juge de paix en devra connaître, comme juge de police, même quand il prononcerait en outre l'emprisonnement.

Art. 25. Les conducteurs de bestiaux revenant des foires, ou les menant d'un lieu à un autre, même dans les pays de parcours ou de vaine pâture, ne pourront les laisser pacager sur les terres des particuliers ni sur les communaux, sous peine d'une amende de la valeur de deux journées de travail, en outre du dédommagement.

L'amende sera égale à la somme du dédommagement, si le dommage est fait sur un terrain ensemencé ou qui n'a pas été dépouillé de sa récolte, ou dans un enclos rural.

A défaut de paiement, les bestiaux pourront être saisis et vendus jusqu'à concurrence de ce qui sera dû pour l'indemnité, l'amende et autres frais y relatifs; il pourra même y avoir lieu envers les conducteurs à la détention de police municipale, suivant les circonstances.

Art. 26. Quiconque sera trouvé gardant à vue ses bestiaux dans les récoltes d'autrui, sera condamné, en outre du paiement du dommage, à une amende égale à la somme du dédommagement, et pourra l'être, suivant les circonstances, à une détention qui n'excédera pas une année.

Voyez sur tous ces articles les mots *Bestiaux, Parcours, Pâturage, Vaine pâture.*

Art. 27. Celui qui entrera à cheval dans les champs ensemencés, si ce n'est le propriétaire ou ses agents, paiera le dommage et une amende de la valeur d'une journée de travail : l'amende sera double si le délinquant y est entré en voiture. Si les blés sont en tuyaux, et que quelqu'un y entre, même à pied, ainsi que dans toute autre récolte pendante, l'amende sera au moins de la valeur de trois journées de travail, et pourra être d'une somme égale à celle due pour dédommagement au propriétaire.

Article entièrement abrogé, et remplacé par les §§ 13 et 14 de l'art. 471, et 9 et 10 de l'art. 475 du Code pénal, qui réduisent ces délits à des contraventions de simple police.

Art. 28. Si quelqu'un, avant leur maturité, coupe ou détruit de petites parties de blé en vert ou d'autres productions de la terre, sans intention manifeste de les voler, il paiera en dédommagement au propriétaire une somme égale à la valeur que l'objet aurait eue dans sa maturité; il sera condamné à une amende égale à la somme du dédommagement, et il pourra l'être à la détention municipale.

Il ne faut pas confondre ce délit rural avec celui prévu par l'art. 450 du Code pénal, qui punit d'un emprisonnement de vingt jours au moins, et de quatre mois au plus, quiconque aura coupé des grains en vert, qu'il savait appartenir à autrui, et qui s'applique à la moisson anticipée du champ d'autrui.

Il pouvait s'appliquer, avant la publication de l'art. 471, § 9, du Code pénal de 1810, à ceux qui coupaient ou cueillaient, sans intention de se les approprier, des blés ou des fruits verts sur le terrain d'autrui; mais l'art. 471 étant aujourd'hui applicable à *ceux qui ont cueilli des fruits appartenant à autrui*, même sans intention de se les approprier, et ne faisant point de distinction entre l'époque de la maturité et celle qui la précède, l'art. 28 du Code rural est donc remplacé, pour cette espèce, par le § 9 de l'art. 471.

Mais il reste un fait qui ne constitue ni la cueille des fruits verts, ni leur moisson ou récolte anticipée, et qui, présentant cependant la destruction de blés en vert ou d'autres productions de la terre, reste soumis à l'application de l'art. 28 du Code rural : c'est ce que l'on appelle *reprise de terre*. Lorsqu'un cultivateur s'est aperçu, ou qu'il a cru s'apercevoir que son voisin, en labourant, a anticipé sur son propre terrain, et qu'au lieu d'intenter la complainte possessoire, *il détruit* par ses propres labours ou autrement la partie de la récolte d'autrui qui se trouve sur son propre champ, dans ce cas il ne commet pas un vol, comme dans l'espèce des art. 449 et 450, puisqu'il n'a d'autre intention que de reprendre ce dont il se croit injustement dépouillé; il ne cause même pas de dommage aux propriétés mobilières d'autrui, contraventions prévues par l'art. 471, § 1er, puisque, sauf l'obligation de rembourser les semences, ce qui croît sur son terrain devient sa propriété par accession. Mais, en se faisant justice à lui-même, au mépris de la loi qui défend les voies de fait, il détruit des parties de blé en vert, ou d'autres productions, ce qui rentre dans l'application de notre article.

Art. 29. Quiconque sera convaincu d'avoir dévasté des récoltes sur pied ou abattu des plants venus naturellement ou faits de main d'homme, sera puni d'une amende double du dédommagement dû au propriétaire, et d'une détention qui ne pourra excéder deux années.

Abrogé et remplacé par l'art. 444 du Code pénal, qui attribue ces faits au tribunal correctionnel.

Art. 30. Toute personne convaincue d'avoir, de dessein prémédité ou méchamment, sur le territoire d'autrui, blessé ou tué des bestiaux ou chiens de garde, sera condamnée à une amende double de la somme du dédommagement. Le délinquant pourra être détenu un mois si l'animal n'a été que blessé, et six mois si l'animal est mort de sa blessure ou est resté estropié : la détention pourra être du double, si le délit a été commis la nuit ou dans un enclos rural.

L'art. 30 est remplacé, quant au fait de mort volontaire des animaux, par les art. 453, 454 et 455 du Code pénal, qui soumettent aussi les faits qu'ils prévoient à la juridiction correctionnelle, et le fait de blessures volontaires est toujours demeuré soumis à l'art. 30 du Code rural, et aux tribunaux correctionnels (*Cour de cass.*, 5 *février* 1818). Mais il faut remarquer que, sous l'empire du Code pénal, comme sous celui du Code rural, il faut, pour donner lieu à la peine correctionnelle, 1° que l'animal tué soit au nombre des animaux domestiques, sans quoi le fait ne constituera plus que la simple *contravention de police* d'avoir volontairement causé du dommage aux propriétés mobilières d'autrui (*Code pén.*, *art.* 479, *n°* 1); 2° qu'il y ait volonté de tuer ou de blesser, sans quoi il n'y a plus qu'une *contravention de simple police*, prévue par les §§ 2, 3 et 4 de l'art. 479. C'est ainsi qu'en voulant s'opposer au passage d'un troupeau dans un chemin vicinal, un individu avait frappé d'un bâton les bêtes qui composaient ce troupeau, et avait cassé une patte à l'un des agneaux. Or, comme il ne résultait pas des faits que le prévenu eût eu l'intention coupable de blesser ou d'estropier les animaux dont ce troupeau était composé, la cour de cassation, par arrêt du 29 juin 1821, déclara que le fait ne constituait que la contravention prévue et punie par l'art. 479, n° 3, du Code pénal, puisque, si l'un de ces animaux avait eu une jambe fracturée, ce dommage devait être, *à défaut de volonté prouvée*, réputé *l'effet de l'emploi ou de l'usage sans précaution ou avec maladresse* du bâton que le prévenu tenait à la main, et qui, étant un instrument contondant, se trouvait compris dans le mot *armes*, d'après l'art. 101 du Code pénal; 3° enfin, s'il s'agit de la mort donnée volontairement et sans nécessité à un animal domestique, autre que ceux compris dans l'énumération de l'art. 452 du même Code, il n'y a de peines correctionnelles qu'autant que cet animal a été tué chez son maître. Ainsi, le fait d'avoir donné la mort à des volailles en les empoisonnant, ailleurs que chez leur maître, est *une contravention de simple police*, réprimée par l'art. 479, n° 1, du Code pénal.

Art. 31. Toute rupture ou destruction d'instruments de l'exploitation des terres, qui aura été commise dans les champs ouverts, sera punie d'une amende égale à la somme du dédommagement dû au cultivateur, et d'une détention qui ne sera jamais de moins d'un mois, et qui pourra être prolongée jusqu'à six, suivant la gravité des circonstances.

Abrogé par l'art. 451 du Code pénal, qui ajoute à ces faits ceux de rupture ou destruction de parcs de bestiaux et cabanes de gardiens, et les punit aussi correctionnellement.

Art. 32. Quiconque aura déplacé ou supprimé des bornes ou pieds corniers, ou autres arbres plantés ou reconnus pour établir les limites entre différents héritages, pourra, en outre du paiement du dommage et des frais de remplacement des bornes, être condamné à une amende de la valeur de douze journées de travail, et sera puni par une détention dont la durée, proportionnée à la gravité des circonstances, n'excédera pas une année. La détention cependant pourra être de deux années, s'il y a transposition de bornes à fin d'usurpation.

Abrogé par l'art. 456 du Code pénal. *Peines correctionnelles.*

Art. 33. Celui qui, sans la permission du propriétaire, enlèvera de fumiers, de la marne ou tous autres engrais portés sur les terres, sera condamné à une amende qui n'excédera pas la valeur de six journées de travail, en outre du dédommagement, et pourra l'être à la détention de police municipale. L'amende sera de douze journées, et la détention pourra être de trois mois, si le délinquant a fait tourner à son profit lesdits engrais.

Cet article prévoit deux délits ruraux différents. Le premier est une véritable contravention de police de la compétence des juges de paix, qui consiste à détruire les travaux qu'a faits un cultivateur pour engraisser ses terres ; c'est souvent l'ouvrage de la malveillance et de l'envie. Ce peut être aussi le fait d'ouvriers de la campagne, à l'insu de leurs maîtres, pour s'épargner un nouveau voyage. Le second fait est plus coupable ; c'est une espèce de vol, de la compétence des tribunaux correctionnels.

Art. 34. Quiconque maraudera, dérobera des productions de la terre qui peuvent servir à la nourriture des hommes, ou d'autres productions utiles, sera condamné à une amende égale au dédommagement dû au propriétaire ou fermier; il pourra aussi, suivant les circonstances du délit, être condamné à la détention de police municipale.

Abrogé et remplacé, quant à la soustraction de productions *sur pied*, par le § 15 de l'art. 475 du Code pénal, qui qualifie ce fait de contravention de simple police ; et, quant à la simple soustraction frauduleuse de fruits *séparés du sol*, par le troisième alinéa de l'art. 388. *Police correctionnelle.*

Art. 35. Pour tout vol de récoltes, fait avec des paniers ou des sacs, ou à l'aide des animaux de charge, l'amende sera double du dédommagement, et la détention, qui aura toujours lieu, pourra être de trois mois, suivant la gravité des circonstances.

Abrogé et remplacé par l'art. 388 du Code pénal, quatrième, cinquième et sixième alinéa. *Peines correctionnelles.*

Art. 36. Le maraudage ou enlèvement de bois fait à dos d'homme dans les bois taillis ou futaies ou *autres plantations d'arbres* des particuliers ou communautés, sera puni d'une amende double du dédommagement dû au propriétaire. La peine de la détention pourra être la même que celle portée en l'article précédent.

Remplacé par les art. 192 et 193 du Code forestier, en ce qui concerne les bois et forêts *seulement.* Cet article n'est donc plus applicable qu'aux plantations qui ne sont ni bois ni forêts.

Art. 37. Le vol dans les bois taillis, futaies et *autres plantations d'arbres* des particuliers ou communautés, exécuté à charge de bête de somme ou de charrette, sera puni par une détention qui ne pourra être de moins de trois jours, ni excéder six mois. Le coupable paiera en outre une amende triple de la valeur du dédommagement dû au propriétaire.

Remplacé par l'art. 194 du Code forestier en ce qui concerne les bois et forêts; en vigueur pour les autres plantations.

Art. 38. Les dégâts faits dans les bois taillis des particuliers ou des communautés par des bestiaux ou troupeaux, seront punis de la manière suivante :

Il sera payé d'amende pour une bête à laine, *une* livre; pour une chèvre, *deux* livres; pour un cheval ou autre bête de somme, *deux* livres; pour un bœuf, une vache ou un veau, *trois* livres.

Si les bois taillis sont dans les six premières années de leur croissance, l'amende sera double.

Si les dégâts sont commis en présence du pâtre, et dans les bois taillis de moins de six années, l'amende sera triple.

S'il y a récidive dans l'année, l'amende sera double ; et s'il y a réunion des deux circonstances précédentes, ou récidive avec une des circonstances précédentes, l'amende sera quadruple.

Le dédommagement dû au propriétaire sera estimé de gré à gré ou à dire d'expert.

Abrogé entièrement par les art. 199 et suivants du Code forestier, car cet article ne parle pas, comme les précédents, des *autres plantations des particuliers.* Les dégâts causés par les bestiaux aux plantations autres que les bois et forêts, étaient en effet réglés par le dernier paragraphe de l'art. 18.

Art. 39. Conformément au décret sur les fonctions de la gendarmerie nationale, tout dévastateur des bois, des récoltes, ou chasseur masqué, pris sur le fait, pourra être saisi par tout gendarme national sans aucune réquisition d'officier civil.

Art. 40. Les cultivateurs ou tous autres qui auront dégradé ou détérioré, de quelque manière que ce soit, des chemins publics ou usurpé sur leur largeur, seront condamnés à la réparation ou à la restitution, et à une amende qui ne pourra être moindre de *trois* livres ni excéder *vingt-quatre* livres.

Cet article est abrogé et remplacé par le § 11, ajouté à l'art. 479 du Code pénal, et par conséquent le fait qu'il réprime rentre dans les attributions du tribunal de simple police.

Art. 41. Tout voyageur qui déclorra un champ pour se faire un passage dans sa route, paiera le dommage fait au propriétaire, et de plus une amende de la valeur de trois journées de travail, *à moins que* le juge de paix du canton ne décide que le chemin public était impraticable; et alors le dommage et les frais de reclôture seront à la charge de la communauté.

Voyez le mot *Passage sur le terrain d'autrui.*

Art. 42. Le voyageur qui, par la rapidité de sa voiture ou de sa monture, tuera ou blessera des bestiaux sur les chemins, sera condamné à une amende égale à la somme du dédommagement dû au propriétaire des bestiaux.

Article abrogé : le fait qu'il réprime est mis au nombre des contraventions de police par la dernière disposition du § 2 de l'art. 479 du Code pénal.

Art. 43. Quiconque aura coupé ou détérioré des arbres plantés sur les routes, sera condamné à une amende du triple de la valeur des arbres, et à une détention qui ne pourra excéder six mois.

Abrogé par l'art. 448 du Code pénal. *Peines correctionnelles.*

Art. 44. Les gazons, les terres et les pierres des chemins publics ne pourront être enlevés en aucun cas sans l'autorisation du directoire du département. Les terres ou matériaux appartenant aux communautés ne pourront être enlevés, si ce n'est par suite d'un usage général établi dans la commune, et non aboli par une délibération du conseil général.

Celui qui commettra l'un de ces délits sera, en outre de la réparation du dommage, condamné, suivant la gravité des circonstances, à une amende qui ne pourra excéder *vingt-quatre livres* ni être moindre de trois livres; il pourra de plus être condamné à la détention de police municipale.

La pénalité de cet article est abrogée et remplacée par le § 12 de l'art. 479 du Code pénal, nouvelle édition, qui fait rentrer ce fait dans les contraventions de simple police.

IV. Sous l'empire de cette seule loi du 28 septembre - 6 octobre 1791, les règles de compétence étaient tracées par l'article 6. La loi établissait deux espèces de détention, *la détention municipale*, qui avait lieu quand, dans les campagnes, la loi ne punissait l'infraction que d'un emprisonnement qui n'excédait pas trois jours; *la détention correctionnelle*, quand, dans les campagnes, l'emprisonnement s'élevait à plus de trois jours. La détention municipale devait être prononcée par *les tribunaux de police municipale;* la détention correctionnelle, par les tribunaux correctionnels, tels qu'ils étaient alors organisés.

Quant aux *délits ruraux*, qui n'étaient punis que *d'une simple amende*, sans emprisonnement, ou d'une amende et d'un emprisonnement qui n'excédait pas la durée de la détention municipale, les tribunaux de police municipale avaient seuls le droit d'en connaître, quelque élevé que fût le taux de cette amende.

Ainsi *l'emprisonnement correctionnel* était le seul cas où la connaissance des délits ruraux était distraite des tribunaux de police municipale.

Mais ces règles de compétence furent changées par le Code des Délits et des Peines du 3 brumaire an 4, qui supprima tous les tribunaux de police municipale, leur substitua les tribunaux de simple police, et prit pour base de la compétence des tribunaux, la mesure de la peine, soit emprisonnement, soit amende.

CODE DES DÉLITS ET DES PEINES DU 3 BRUMAIRE AN 4.

Art. 600. Les peines de simple police sont celles qui consistent dans une amende de la valeur de trois journées de travail ou au-dessous, ou dans un emprisonnement qui n'excède pas trois jours.

Elles se prononcent par les tribunaux de simple police.

Art. 601. Les peines correctionnelles sont celles qui consistent ou dans une amende au-dessus de la valeur de trois journées de travail, ou dans un emprisonnement de plus de trois jours. Elles se prononcent par les tribunaux correctionnels.

Art. 605. Sont punies des peines de simple police :.... 1° les personnes coupables des délits mentionnés dans le tit. 2 de la loi du 28 septembre 1791 sur la police rurale, lesquelles, d'après ses dispositions,.... étaient dans le cas d'être jugées par voie de police municipale.

Art. 606. Le tribunal de police gradue, selon les circonstances et le plus ou moins de gravité du délit, les peines qu'il est chargé de prononcer, sans néanmoins qu'elles puissent, en aucun cas, ni être au-dessous d'une amende de la valeur d'une journée de travail ou d'un jour d'emprisonnement, ni s'élever au-dessus de la valeur de trois journées de travail ou de trois jours d'emprisonnement.

Art. 607. En cas de récidive, les peines suivent la proportion réglée par les lois des 19 juillet et 28 septembre 1791, et ne peuvent en conséquence être prononcées que par le tribunal correctionnel.

Art. 608. Pour qu'il y ait lieu à une augmentation de peines pour cause de récidive, il faut qu'il y ait eu un premier jugement rendu contre le prévenu pour pareil délit, dans les douze mois précédents, et dans le ressort du même tribunal de police.

Art. 609. En attendant que les dispositions de l'ordonnance des eaux et forêts de 1669, les lois des 19 juillet et 28 septembre 1791, celle du 20 messidor de l'an 3, et les autres relatives à la police municipale, correctionnelle, rurale et forestière aient pu être révisées, les tribunaux correctionnels appliqueront aux délits qui sont de leur compétence les peines qu'elles prononcent.

On voit que le Code des Délits et des Peines était à la fois une loi réglementaire de la *peine* et de la *compétence*.

Pour conférer aux tribunaux de simple police la connaissance des mêmes délits ruraux que jugeaient auparavant les tribunaux de police municipale, en même temps que l'article 600 réduisait à la modique amende de trois journées de travail ou à un emprisonnement de trois jours au plus, la compétence de ces nouveaux tribunaux, il fallut changer le système pénal en matière de délits ruraux, et c'est ce que fit l'art. 606, en diminuant les peines applicables aux délits ruraux, auparavant punis de peines municipales, et en leur fixant un *minimum* et un *maximum* dans les limites des peines de simple police.

Les désordres qui se manifestèrent dans les campagnes appelèrent bientôt une répression plus sévère; c'est alors que parut la loi suivante, qui donna lieu à une des plus graves questions de compétence.

LOI DU 23 THERMIDOR AN 4.

Art. 2. La *peine* d'une amende de la valeur d'une journée de travail ou d'un jour d'emprisonnement, fixée comme la moindre par l'art. 606 du Code des Délits et des Peines, *ne pourra*, pour tout délit rural et forestier, *être au-dessous* de *trois* journées de travail ou de *trois* jours d'emprisonnement.

Art. 3. Les lois rendues sur la police rurale seront au surplus exécutées.

Cette loi fut d'abord entendue en ce sens, qu'elle se bornait à détruire le *minimum* fixé par l'art. 606 du Code de brumaire, sans en élever le *maximum;* en sorte que tous les délits ruraux susceptibles d'être jugés sous l'empire du Code rural par le tribunal de police municipale, ou sous l'empire du Code des Délits et des Peines par le tribunal de simple police, seraient, depuis la publication de la loi du 23 thermidor an 4, restés indistinctement dans la juridiction des tribunanx de simple police, et tous également punis de trois jours d'emprisonnement ou d'une amende égale à la valeur de trois journées de travail.

C'est ainsi que l'avait pensé la cour de cassation elle-même, lors d'un arrêt du 24 brumaire an 8, sur le pourvoi du commissaire du gouvernement près le tribunal de simple police de Mezin, pour cause d'incompétence contre un jugement de ce tribunal, qui avait connu d'une plainte contre Marie Dubarry, prévenue d'avoir volontairement transmis ses eaux d'une manière nuisible à l'héritage de son voisin, délit prévu par l'art. 15 du Code rural, et puni d'une amende qui ne peut excéder la somme du dédommagement. Le commissaire du gouvernement prétendait que la valeur du dommage étant indéterminée, et pouvant s'élever au-dessus de celle de trois journées de travail, l'affaire était, à ce seul titre, du ressort des tribunaux correctionnels; mais son recours en cassation fut rejeté, «attendu que le délit dont il s'agissait dans l'espèce n'étant pas, d'après l'art. 15 du titre 2 du Code rural, punissable d'un emprisonnement, devait, d'après l'art. 6 du titre 2, être jugé par voie de police municipale; attendu qu'aux termes du § 9 de l'art. 605 du Code des Délits et des Peines, tous les délits qui, d'après les dispositions dudit Code rural, étaient dans le cas d'être jugés par voie de police municipale, sont maintenant de la compétence des tribunaux de simple police, sauf seulement la limitation de la peine à y appliquer, conformément aux dispositions de l'art. 606 dudit Code des Délits et des Peines, et de la loi du 23 thermidor an 4, d'où il résulte qu'il ne pouvait pas y avoir, dans le cas présent, de doute sur la compétence du tribunal de simple police.»

Mais la cour suprême a changé de jurisprudence par un arrêt du 27 messidor an 8, malgré l'arrêt du 24 brumaire et les efforts de M. Merlin, alors procureur général (voy. son *Répertoire*, v° *Délit rural*, § 2); et depuis elle a constamment annulé, pour cause d'incompétence, les jugements par lesquels les tribunaux de police avaient prononcé sur des délits que le Code rural soumettait à la police municipale, en les punissant d'amendes au-dessus de la valeur de trois journées de travail.

En effet, l'art. 3 de la loi du 23 thermidor an 4 portait que les lois sur la police rurale seraient *au surplus* exécutées. Son intention, au milieu des désordres qui affligeaient alors les campagnes, était donc d'abroger l'exéquation que le Code des Délits et des Peines avait faite de tous les délits ruraux qu'il avait attribués aux tribunaux de simple police, et de rétablir ces peines telles qu'elles avaient été fixées par le Code rural de 1791; mais avec cette modification, que toutes celles que ce Code avait fixées au-dessous de l'amende de trois journées de travail ou de l'emprisonnement de trois jours, seraient élevées à ce taux; et comme le Code des Délits et des Peines était la loi réglementaire de la compétence des tribunaux de police, l'élévation des peines en matière rurale a soustrait tout-à-coup le plus grand nombre des délits ruraux à la juridiction de simple police, pour les transférer aux tribunaux de police correctionnelle.

Il est donc de principe que les délits punis par le Code rural, d'amendes qui excèdent l'amende de simple police, doivent être portés devant le tribunal correctionnel, depuis la loi du 23 thermidor an 4.

Il est encore de principe que, depuis la publication de la même loi, les simples contraventions soumises aux tribunaux de simple police, ne peuvent être punies d'une amende au-dessous de trois journées de travail, ou d'un emprisonnement moindre de trois jours.

Le Code d'Instruction criminelle et le Code pénal sont ensuite venus modifier la législation sous un double rapport, celui de la compétence et celui de la fixation des peines.

Sous le rapport de la compétence, toutes les fois que l'amende prononcée par le Code rural ne s'élève pas au-dessus de quinze francs, bien qu'elle excède la valeur de trois journées de travail, le délit rural ne sera qu'une contravention. (Voy. *Délit*, n° 3.)

Sous le rapport de la fixation des peines, il faut consulter attentivement le Code pénal, surtout la nouvelle édition législative de 1832; et, s'il prévoit le délit ou la contravention, c'est ce Code qu'il faut appliquer, et non le Code rural, d'après la maxime que les lois nouvelles dérogent aux lois précédentes.

C'est afin de guider sûrement le lecteur dans cet examen, que nous avons apporté le soin le plus minutieux à indiquer, sous chaque article du tit. 2 du Code rural, les articles de lois qui l'ont modifié ou abrogé.

Mais, quand le Code pénal et les autres lois postérieures à 1791 sont muettes sur un point, c'est au Code rural qu'il faut avoir nécessairement recours, d'après la règle *in toto jure, generi per speciem derogatur*. Aussi l'art. 484 du Code pénal, conservé dans l'édition de 1832, porte : « Dans toutes les matières qui n'ont pas été réglées par le présent Code, et qui sont régies par des lois et réglements particuliers, les cours et les tribunaux continueront de les observer. »

Et l'orateur du gouvernement qui présentait le Code pénal au Corps-Législatif disait sur l'art. 484 : « Cet article *maintient* les lois et réglements actuellement en vigueur, relatifs aux dispositions du Code rural *qui ne sont point entrées dans ce Code.* »

Maintenant que la législation est connue, nous devons exposer les difficultés que peuvent présenter les questions de compétence.

IV. *Des cas où certains articles du Code rural portent que le délinquant sera puni d'une amende égale ou proportionnelle au dédommagement dû au propriétaire, sans prononcer d'emprisonnement.*

On peut se demander quel tribunal est alors compétent, la police correctionnelle ou la police simple?

La question a pu se présenter sur l'art. 15 du Code rural, aujourd'hui conservé ; sur l'art. 16, aujourd'hui abrogé par l'art. 457 du Code pénal ; sur l'art. 24, remplacé en partie par l'art. 479, § 10 ; et sur l'art. 42, aujourd'hui remplacé par l'art. 479, § 2 ; de sorte qu'elle n'offre d'intérêt actuel pour la compétence, que dans les cas d'application de l'art. 15, et quelquefois de l'art. 24.

Pas de difficulté si le plaignant *a déterminé*, par sa plainte ou par la citation, *le montant* du dédommagement auquel il prétend. Comme ce dédommagement est la mesure de l'amende, s'il n'est pas au-dessus de quinze francs, quand l'amende lui est égale, ou au-dessus de sept francs cinquante centimes, quand l'amende en est le double, le délit rural n'est qu'une contravention de simple police. Au contraire, quand le dédommagement *requis* est assez élevé pour que l'amende proportionnelle excède quinze francs, le fait est un délit de la compétence des tribunaux correctionnels.

Si le demandeur n'a pas fixé la valeur du dédommagement, le juge de paix, tenant le tribunal de simple police, renverra-t-il devant le tribunal correctionnel, ou fera-t-il procéder à une estimation du dommage, afin de fixer sa compétence?

M. Merlin est de ce dernier avis (*Répert.*, v° *Délit rural*, § 3, *à la note*) : « Il y a, dit-il, un moyen fort simple de prévenir le renvoi au tribunal correctionnel ; c'est que le juge de paix, avant de prononcer, fasse estimer le dommage » ; et il renvoie à l'art. 148 du Code d'Instruction criminelle.

M. le président Henrion de Pansey, qui avait adopté cette opinion dans sa *Compétence des Juges de Paix*, a embrassé l'avis contraire dans son Traité *des Biens communaux et de la Police rurale* : « En effet, dit-il, la compétence des juges de paix, en matière de police, est subordonnée à la quotité de l'amende, et ici cette quotité est indéterminée, puisque celle du dédommagement n'est pas encore connue. Une expertise préalable la fixerait ; mais le juge de paix n'aurait pas le droit de l'ordonner, parce que, même pour rendre un jugement interlocutoire, il faut être compétent pour connaître de l'affaire, c'est-à-dire pour la juger définitivement. En un mot, toutes les fois que la valeur du dédommagement n'est pas fixée dès le principe, soit par la nature du fait, soit par la reconnaissance de la partie, la somme à laquelle doit s'élever l'amende est inconnue, et cela seul suffit pour rendre le juge incompétent. »

Cette dernière opinion de M. Henrion nous paraît la plus juridique ; et, si on lit attentivement l'art. 148 du Code d'Instruction criminelle, on verra que le législateur a entendu parler des estimations qui requièrent célérité, parce que l'état de la chose contentieuse peut changer, et non pas d'une estimation, à l'effet de fixer la compétence que l'art. 148 suppose exister.

Que décidera-t-on si le procès-verbal qui constate le fait, constatait en même temps qu'il n'y a pas de dommage? Il se peut, par exemple, que l'inondation de l'héritage voisin (*art.* 15) ait eu lieu dans un temps où elle ne pouvait être nuisible. Dans ce cas, et autres semblables, le tribunal de police simple sera seul compétent ; mais le dommage cessera d'être la mesure de l'amende. Il faudra recourir à la loi du 23 thermidor an 4, qui défend (*art.* 2) de prononcer en matière rurale une amende inférieure à la valeur de trois journées de travail.

De même, si l'amende calculée sur le dommage constaté ou sur le dédommagement réclamé ne produisait pas une somme égale à la valeur de trois journées de travail, ce serait encore l'amende égale à trois journées de travail que le juge de simple police devrait prononcer.

Ces solutions recevront un degré d'évidence de plus de la question que nous allons examiner dans le numéro suivant.

V. *Du cas où un article en vigueur du tit. 2 du Code rural ne prononce pas de peines.*

L'art. 12 de ce titre ne prononce pas de peines, et ne s'occupe que du dédommagement de la partie civile. S'ensuit-il qu'il n'entraîne qu'une réparation civile?

Non ; car avant l'énumération des délits mentionnés dans le tit. 2, vient l'art. 3, portant : *Tous les délits* CI-APRÈS MENTIONNÉS sont PUNISSABLES d'une amende ou d'une détention, soit municipale, soit correctionnelle..... Et cet article 3 domine tous les articles subséquents. Il faut donc nécessairement punir *tous* les délits *mentionnés* dans les articles qui suivent l'art. 3, soit d'une amende, soit d'une détention.

Or, par ces mots, *dans la huitaine du jour du délit*, placés à la fin du second alinéa de l'art. 12, cet article déclare *délit*, les dégâts causés par des bestiaux de toute espèce laissés à l'abandon. Dès que ces dégâts sont qualifiés délits, ils doivent donc donner lieu et à l'action publique et à l'action civile, et sont punissables aux termes de l'art. 3.

Il en sera de même des dégâts commis par des volailles sur le terrain d'autrui, car la relation grammaticale qui existe entre les diverses parties de l'art. 12 « *Les dégâts que les bestiaux... feront sur les propriétés d'autrui..... Et si ce sont des volailles qui causent le dommage...* » ne permet pas de douter que le législateur n'ait compris dans sa pensée, comme deux faits semblables, les dégâts commis sur les propriétés d'autrui par les bestiaux et par les volailles que le propriétaire était également dans l'obligation de garder chez lui, et de ne pas laisser à l'abandon. (*Cour de cass.*, 11 *août* 1808.)

Dès que ces délits ruraux sont punissables, quelle peine leur doit être appliquée ?

L'art. 6 du Code rural ne soumettait à la police correctionnelle que les délits qui, aux termes de ladite loi, entraînaient une détention correctionnelle.

La peine des délits mentionnés dans l'art. 12 était donc une peine de police municipale.

Il faut donc les punir aujourd'hui ou d'un emprisonnement de trois jours, ou d'une amende égale à la valeur de trois journées de travail; et le tribunal compétent sera le tribunal de simple police.

Mais nous pensons avec l'auteur de l'article *Bestiaux* (n° 1), qu'on ne doit pas appliquer cette doctrine à l'art. 11 du Code rural, qui ordonne la restitution gratuite au propriétaire des bestiaux achetés hors des foires et marchés, dans le cas où ils lui auraient été volés.

Car on peut dire que ce fait, qui en lui-même n'est qu'une imprudence, n'est pas qualifié délit par l'art. 11, comme les dégâts commis par les bestiaux sont qualifiés délits par l'art 12. Il est d'ailleurs plus sérieux et moins subtil de dire que l'art. 11 a rappelé simplement une règle de droit civil, que le législateur a voulu faire connaître aux habitants des campagnes. Il a donc appliqué aux bestiaux les règles que les parlements avaient jusqu'alors appliquées à la revendication des objets volés entre les mains des tiers acquéreurs de bonne foi, qui cependant avaient commis la faute de les avoir achetés trop légèrement, et n'a pas voulu restreindre la liberté des conventions. L'art. 11 est donc une loi purement civile, qui n'entraîne avec elle qu'une sanction purement civile aussi; et l'on doit même ajouter qu'elle est aujourd'hui remplacée par les art. 2279 et 2280 du Code civil, de sorte que la revendication ne serait pas admise, quoique la bête originairement volée eût été achetée hors des foires et marchés, si elle l'avait été chez un marchand de bestiaux.

VI. *Du cas où le Code rural, en prononçant une amende égale ou proportionnelle au dommage, y ajoute la détention soit municipale, soit correctionnelle.*

Quand le dommage excède quinze francs, maximum de l'amende de simple police, il est évident que l'amende égale au dommage devient une peine correctionnelle, et que le tribunal correctionnel est seul compétent.

Il en est de même quand le dédommagement est indéterminé, ainsi que nous l'avons expliqué sous le n° 4.

Quand le dédommagement n'excède pas quinze francs, et que la détention prononcée par le Code rural est la *détention correctionnelle*, il faut encore décider que la compétence n'appartient qu'aux tribunaux correctionnels, puisque l'emprisonnement au-dessus de trois jours est une peine correctionnelle que les tribunaux de simple police ne peuvent appliquer.

Mais si le dédommagement est fixé à quinze francs ou au-dessous par la plainte ou la citation, et qu'à l'amende égale au dédommagement le Code rural *ajoute* la *détention municipale*, il ne faut pas aujourd'hui consulter, sur la compétence, le Code de brumaire, qui ne permettait pas aux tribunaux de simple police de cumuler l'amende et l'emprisonnement. L'art. 137 du Code d'Instruction criminelle offre cependant la même idée dans sa rédaction; mais les art. 473 et 476 du Code pénal, qui prononcent, contre certaines contraventions de simple police, l'emprisonnement de trois jours au plus, *outre l'amende* prescrite par l'art. 471 ou par l'art. 475, prouvent que les tribunaux de simple police peuvent, quand la loi pénale l'ordonne, appliquer simultanément et l'amende et l'emprisonnement dans les limites de leur compétence. Ainsi, dans le cas donné, le tribunal de police sera compétent, et prononcera l'amende proportionnée au dommage et l'emprisonnement sans qu'il puisse excéder trois jours.

VII. *Concurrence de la juridiction des juges de paix et des maires.*

C'est surtout pour les *contraventions rurales* que les maires des communes ont concurrence avec les juges de paix; car, à des délits multipliés, il faut, pour ainsi dire, une juridiction de tous les instants ; mais les maires n'ont cette concurrence que lorsque les cinq circonstances suivantes se réunissent : 1° si la commune n'est pas chef-lieu de canton ; 2° si la contravention a été commise sur le territoire de la commune par des personnes qui y résident ou y sont présentes, ou par une personne qui a été prise en flagrant délit ; 3° si les témoins sont aussi résidents ou présents dans la commune ; 4° si la partie réclamante conclut pour ses dommages-intérêts *à une somme déterminée qui n'excède pas quinze francs* ; 5° et enfin si la contravention n'est point par une loi spéciale exclusivement attribuée au juge de paix (*Code d'Instr. crim., art.* 166). Quand l'une de ces cinq conditions vient à manquer, le maire ne peut jamais juger une contravention rurale.

VIII. *Expressions propres au Code rural de* 1791.

Après avoir indiqué les difficultés de compétence qui se trouvent dans l'application du petit nombre d'articles non abrogés de la loi de 1791, nous devons, pour la parfaite intelligence de cette loi, faire quelques observations sur les expressions qu'elle emploie.

1°. Le mot *bestiaux* est un terme collectif qui s'emploie ordinairement pour désigner les quadrupèdes domestiques qu'on réunit en troupeau, tels que les vaches, chèvres, moutons, etc. ; donc, les mules, mulets et chevaux ne sont pas compris dans l'expression générique *bestiaux*. Ainsi jugé en matière de douanes par la cour de cassation, le 17 juin 1806.

Néanmoins nous pensons que dans le langage du Code rural de 1791, le mot *bestiaux* est pris dans une acception plus étendue, et qu'il comprend les bêtes de trait et de somme. Ainsi l'art. 13, sur l'enfouissement des bestiaux morts, comprend évidemment les chevaux dans sa signification, car il y a même raison de salubrité. Ainsi l'art. 11, sur l'obligation imposée à l'acheteur imprudent de rendre au propriétaire les bestiaux qu'on lui a volés, nous paraît comprendre aussi bien les chevaux de labour que les bœufs. D'où il faut conclure que, par exemple, si des chevaux laissés à l'abandon commettaient des dégâts dans les propriétés d'autrui, l'art. 12 serait applicable à cette espèce comme au cas où les dégâts auraient été causés par d'autres bestiaux.

2°. Les mots *enclos rural* méritent aussi une observation, parce que souvent la circonstance qu'un méfait s'est passé dans un enclos rural augmente la peine et peut changer la compétence.

Le Code pénal répute *enclos* tout terrain environné de fossés ou de toute espèce de clôture, quelles qu'en soient la hauteur, la vétusté et la dégradation, même quand il n'y aurait pas de portes (*Code pénal, art.* 391). Il faut donc appliquer cet article aux délits et contraventions prévues par le Code pénal.

Mais s'il s'agit d'une disposition du Code rural de 1791, il faut, pour que le lieu où le délit a été commis puisse s'appeler *enclos rural*, et pour qu'il y ait changement ou augmentation de peine, que la clôture soit conforme à l'art. 5 du tit. 1 de la loi du 28 septembre-6 octobre 1791 : « L'héritage sera réputé clos lorsqu'il sera entouré d'un mur de *quatre* pieds de hauteur, avec *barrière* ou *porte*, ou lorsqu'il sera *exactement* fermé et entouré de palissades, ou d'une haie sèche faite avec des pieux, ou cordelée avec des branches, ou de toute autre manière de faire les haies *en usage* dans chaque localité, ou enfin d'un fossé de *quatre pieds* de large à l'ouverture, et de *deux pieds* de profondeur. »

3° Par les mots *terrain d'autrui*, la loi n'entend pas seulement le terrain dont *autrui est propriétaire*, mais celui même dont il a la simple jouissance, si le délinquant nuit à cette jouissance.

§ II. *Délits forestiers.*

I. En matière forestière, on distingue entre les délits et les contraventions, suivant le droit commun. Il y a *contravention* quand la peine fixée par la loi n'excède pas les peines de simple police, *délit* quand le *maximum* de la peine s'élève au-dessus.

II. Quand les bois et forêts sont soumis au régime forestier, c'est-à-dire qu'ils n'appartiennent pas à des particuliers, les actions en réparation, soit de *délits*, soit de *contraventions*, sont *toujours* portées devant les tribunaux de police correctionnelle, et le tribunal de simple police est incompétent. (*Code d'Instr. crim., art.* 179; *Code forest., art.* 171.)

III. Quand, au contraire, une infraction aux lois forestières a été commise dans un bois de particulier, on doit suivre les règles ordinaires de compétence, et porter les *délits* devant le tribunal correctionnel, et les *contraventions* devant le tribunal de simple police. (*Code d'Instr. crim., art.* 139, n° 4; *Code forest., art.* 190.)

IV. Il faut remarquer qu'à la différence des délits ruraux (voy. *ci-dessus*, n° VII), les contraventions forestières ne peuvent *jamais* être portées devant le *maire* de la commune, et sont exclusivement de la compétence du tribunal de police tenu par *le juge de paix* (*Code d'Instr. crim., art.* 139, n° 4 et 166, *combinés avec l'art.* 190 *du Code forest.*).

V. Même en matière de *délits forestiers*, commis, soit dans les bois soumis au régime forestier, soit dans les bois des particuliers, les juges de paix ont plusieurs fonctions judiciaires fort importantes :

VI. 1°. Ils assistent les agents et gardes de l'administration, lorsqu'en suivant les objets enlevés par les délinquants, ils veulent s'introduire dans les maisons, bâtiments, cours adjacentes et enclos (*Code forestier, art.* 161, et *Code d'Instr. crim., art.* 16) ; et, à plus forte raison, les gardes des bois des particuliers dans les mêmes circonstances (*Code forest., art.* 189). Le suppléant du juge de paix, le maire ou l'adjoint de la commune peuvent aussi remplir cette mission.

Le juge de paix requis par un garde, soit de l'administration, soit d'un bois de particulier, pour assister à des perquisitions, ne peut se refuser à l'accompagner *sur-le-champ*, et est, en outre, tenu de signer le procès-verbal du séquestre ou de la perquisition faite en sa présence. (*Code forest. articles* 162 *et* 189.)

Les gardes forestiers étant des officiers de police judiciaire *spécialement* chargés de la recherche des délits forestiers, c'est à eux d'apprécier s'il y a lieu à visite domiciliaire, et les fonctionnaires qui les doivent assister n'ont pas le droit d'examiner si la perquisition est ou non indispensable.

VII. 2°. Ils procèdent à la reconnaissance des délinquants, aux termes de l'art. 163 du Code forestier. « Les gardes arrêteront et conduiront devant le juge de paix ou devant le maire tout inconnu qu'ils auront surpris en flagrant délit. »

Cet article est plus étendu que le § 4 de l'art. 16 du Code d'Instruction criminelle, qui ne permettait cette arrestation que lorsque le délit *emportait la peine d'emprisonnement ou une peine plus grave.*

Il n'est pas besoin aujourd'hui, en matière forestière, de ce degré de gravité pour motiver l'arrestation : il suffit que le délinquant soit inconnu du garde.

L'art. 163 n'a pour but que d'empêcher les délinquants de donner de faux renseignements. Aussitôt qu'ils se sont fait connaître, le juge de paix ou le maire doit les renvoyer, à moins qu'ils ne soient prévenus de crime ou délit emportant peine afflictive ou infamante. (*Code d'Instr. crim., art.* 106.)

Si les délinquants refusent de se nommer et de justifier qui ils peuvent être, ils se trouvent naturellement sous une prévention de vagabondage qui peut motiver leur renvoi devant le juge d'instruction.

VIII. 3°. Ils recevront l'affirmation des procès-verbaux dressés par les gardes de l'administration ou des bois des particuliers, constatant les délits et contraventions en matière forestière commis dans l'étendue du canton du juge de paix. L'affirmation peut être reçue également par l'un des suppléants du juge de paix, ou par le maire ou l'adjoint soit de la commune de la résidence du garde, soit de celle où le délit a été commis ou constaté. (*Code forestier, art.* 165 *et* 189.)

A ce qui a été dit à l'article *Affirmation des procès-verbaux*, § VII, t. 1, p. 120, nous devons ajouter ici quelques observations spéciales aux matières forestières.

Le Code forestier n'exige plus, comme la loi du 28 floréal an 10, que l'un des officiers chargés de recevoir l'affirmation soit absent ou empêché. Les gardes forestiers ont aujourd'hui le choix, et n'ont à consulter que leur commodité et la rapidité du service.

L'affirmation est tellement de l'essence des procès-verbaux des gardes forestiers, que la présence à la saisie et la signature sur le procès-verbal d'un fonctionnaire capable de recevoir l'affirmation, ne la remplacerait pas à notre avis. Mais, comme la loi n'indique pas de lieu spécial pour la recevoir, elle pourrait être faite, immédiatement après la clôture du procès-verbal, sur le lieu même où le délit aurait été constaté.

« Si, par suite d'un empêchement quelconque, le procès-verbal est seulement signé par le garde, mais non écrit en entier de sa main, l'officier public qui en recevra l'affirmation devra lui en donner préalablement lecture, et faire ensuite mention de cette formalité, à peine de nullité. » (*Code forest., art.* 165 *et* 189.)

Le législateur a craint que lorsque le garde est forcé de recourir à une main étrangère, il ne fût trompé par le rédacteur.

Quand deux gardes ont concouru à un même procès-verbal, le juge de paix qui reçoit leur affirmation, doit encore, selon nous, en donner lecture au garde qui n'a pas tenu la plume. La même raison subsiste, car la confiance est plus grande et l'abus plus facile entre personnes remplissant les mêmes fonctions, et d'ailleurs, la loi ne distingue pas.

Si un procès-verbal de délits forestiers est dressé par plus de deux gardes de l'administration, il suffira que deux gardes l'affirment, quel que soit le montant des condamnations auxquelles il pourra donner ouverture, et qu'il soit affirmé par un seul si le délit ou la contravention n'entraîne pas une condamnation de plus de cent francs, tant pour amende que pour dommages-intérêts. Cette solution est une conséquence des art. 176 et 177 du Code forestier, qui n'exige que le concours de deux gardes dans le premier cas, et la présence d'un seul dans l'autre pour donner aux procès-verbaux la foi due aux actes authentiques. (*Arg. des motifs de trois arrêts de cassation, des* 6 *février* 1806 *et* 9 *mars* 1807.)

Malgré la régularité de l'affirmation, les procès-verbaux des gardes des particuliers ne font foi que jusqu'à preuve contraire. (*Code d'Instr. crim., art.* 154; *Code forest., art.* 188.)

IX. 4°. Arrivons à la quatrième fonction judiciaire attribuée aux juges de paix, relativement aux délits forestiers commis dans les bois de l'État.

Souvent il se fait, en cette matière, des saisies importantes. Outre les bois de délit, les gardes sont autorisés à saisir les bestiaux trouvés en délit, les instruments, voitures et attelages des délinquants et à les mettre en séquestre. (*Code forest., art.* 161.)

Le garde doit, dans les vingt-quatre heures après l'affirmation de son procès-verbal, en déposer une expédition au greffe de la justice de paix, pour qu'il en puisse être donné communication à ceux qui réclameraient les objets saisis. (*Code forest., art.* 167.)

Les juges de paix pourront donner main-levée provisoire des objets saisis, à la charge du paiement des frais de séquestre, et moyennant une bonne et solvable caution. En cas de contestation sur la solvabilité de la caution, il sera statué par le juge de paix. (*Code forest., art.* 168.)

Le juge de paix compétent pour statuer sur la main-levée demandée, paraît être celui du lieu où les effets ont été séquestrés. Tel était le texte positif de la loi du 29 septembre 1791, tit. 9, art. 3, et la même règle doit encore être suivie aujourd'hui. C'est en effet une demande de mise en possession de corps certains, et par conséquent la demande, quoique mobilière, est réelle, et doit être portée devant le juge du lieu où se trouvent les objets réclamés.

C'est donc aux juges de paix à examiner si la main-levée provisoire doit être accordée. Ils seront sans doute plus faciles sur la remise provisoire des bestiaux et attelages, dont les frais de séquestre sont toujours plus coûteux. Ils doivent l'être beaucoup moins sur celle des instruments de délit, qui sont soumis à la confiscation, aux termes des art. 146 et 198 du Code forestier. Enfin, quand il s'agit de bois ou autres productions des forêts, saisis entre les mains des délinquants, la main-levée provisoire n'en doit être accordée qu'autant que l'innocence du prévenu serait probable, et que son droit à la propriété des objets saisis paraîtrait fondé. Autrement ce serait remettre entre ses mains des valeurs appartenant au propriétaire de la forêt.

Si le juge de paix accorde cette main-levée provisoire, et que le délit ait été commis dans les bois soumis au régime forestier, le juge de paix doit en donner avis à l'agent forestier local. (*Ord. du 1er août 1827, art. 184.*)

X. Passons à la compétence judiciaire des juges de paix, comme juges de simple police, pour la *répression* des *contraventions* forestières commises dans les *bois des particuliers.* Nous en avons posé les principes généraux dans les nos 1, 3 et 4 du présent paragraphe : il s'agit maintenant de leur application aux cas particuliers.

Pour entendre sainement le Code forestier, en ce qui concerne les délits et les contraventions commis dans les bois des particuliers, il ne faut pas oublier que toute la partie de ce Code qui traite des *bois soumis au régime forestier*, est de *droit exceptionnel*, et que par conséquent les *peines* qu'il prononce ne sont applicables aux bois des particuliers que lorsqu'une *disposition formelle* ordonne cette application.

Ainsi, par exemple, toutes les obligations imposées aux adjudicataires des coupes de bois dans les forêts de l'état, sous peine d'une amende ou d'un emprisonnement, peuvent être imposées également aux adjudicataires des coupes des particuliers; mais leur *violation* n'entraînerait alors qu'une *réparation civile* qui ne pourrait être portée devant les tribunaux de répression, et dont le juge de paix ne pourrait connaître que si la demande formée devant lui, comme juge civil, n'excédait pas 100 francs. Ce serait *violation* de contrat, et *non pas délit.*

XI. Nous allons réunir ici les diverses contraventions forestières qui, lorsqu'elles sont commises dans les bois des particuliers, peuvent être jugées par les tribunaux de simple police.

XII. 1°. CONTRAVENTIONS AUX LOIS SUR LE PATURAGE. *Amendes progressives.* « Les *propriétaires* d'animaux trouvés *de jour* en délit, dans les bois de *dix ans et au-dessus*, seront condamnés à une amende de un franc pour un cochon, deux francs pour une bête à laine, trois francs pour un cheval ou autre bête de somme, quatre francs pour une chèvre, cinq francs pour un bœuf, une vache ou un veau. Si les bois ont *moins de dix ans*, l'amende sera *double.* » (*Code forest.*, *art.* 199.)

XIII. Les *usagers* ne peuvent jouir des droits de pâturage et de pacage pour les bestiaux *dont ils font commerce*, à peine d'une amende de deux francs pour un cochon, quatre francs pour une bête à laine, six francs pour un cheval ou autre bête de somme, huit francs pour une chèvre, dix francs pour un bœuf, une vache ou un veau, si le délit est commis dans un bois de *dix ans ou au-dessus ;* si les bois ont *moins* de dix ans, l'amende sera *double.* (*Code forest., art.* 70, 120, 199.)

XIV. Si les habitants des communes usagères conduisent *eux-mêmes* ou font conduire *à garde séparée* leurs bestiaux dans les bois *soumis à l'usage*, au lieu de les confier aux pâtres *communs*, choisis par l'autorité municipale, ils seront punis de deux francs d'amende par tête de bétail. (*Code forest., art.* 72 *et* 120.)

XV. Les porcs et bestiaux que les usagers envoient en forêt avec le troupeau commun d'une commune ou d'une section de commune, doivent être marqués d'une marque particulière pour chaque commune ou section de commune usagère; sinon il y a lieu à trois francs d'amende pour chaque tête de porc ou de bétail non marqué. (*Code forest., art.* 73 *et* 120.)

XVI. Les usagers doivent mettre des clochettes au cou de tous les animaux admis au pâturage, sous peine de deux francs d'amende pour chaque bête qui serait trouvée sans clochette dans les forêts. (*Code forest., art.* 75 *et* 120.)

XVII. Défense est faite à tous usagers (*nonobstant tous titres et possession contraires*, qui ne peuvent donner lieu qu'à la réclamation d'une indemnité) de conduire ou faire conduire des *chèvres*, des *brebis* ou des *moutons*, dans les forêts ou sur les terrains qui en dépendent, à peine d'une amende de quatre francs par tête de bête à laine, et de huit francs par tête de chèvre, si les bois sont de dix ans et au-dessus ; et de huit francs par mouton ou brebis, et seize francs par chèvre, si les bois ont moins de dix ans (*Code forest., art.* 78, 120 *et* 199). Cependant le pacage des moutons peut être autorisé dans certaines localités par ordonnance du roi.

XVIII. Ainsi il y a, pour l'examen de la compétence, deux éléments nécessaires : le nombre de bêtes et les circonstances du fait qui détermine l'amende.

Si le nombre de bêtes, multiplié par l'amende, produit plus de quinze francs, la *contravention* devient *délit*, et cesse d'être de la compétence de la simple police pour être attribuée au tribunal correctionnel.

Si l'amende est doublée parce que les bois ont moins de dix ans, le montant de l'amende ainsi doublée est la règle de la compétence. Ainsi, dans le cas des art. 70 et 78, si le délit a eu lieu dans un de ces jeunes bois, il suffira d'une seule chèvre pour payer seize francs d'amende, et aller en police correctionnelle.

XIX. 2°. CONTRAVENTIONS SUR LE PATURAGE. *Amendes fixes*. La loi veut que les porcs ou bestiaux de chaque commune ou section de commune usagère, forment un troupeau particulier et sans mélange de bestiaux d'une autre commune et section; et, en cas de *contravention*, prononce contre le *pâtre* une amende de cinq à dix francs, ce qui est une peine de simple police.

Mais si le pâtre, tombant en récidive, faisait une seconde fois ce mélange, le fait deviendrait délit, et *en outre* de l'amende de cinq à dix francs, le *pâtre* serait condamné à cinq ou dix jours de prison, ce qui est une peine correctionnelle. (*Cod. forest., art.* 72 *et* 120.)

XX. Outre l'amende proportionnelle contre les propriétaires de chèvres, brebis ou moutons, qui les conduisent ou les font conduire dans les bois soumis à l'usage, l'art. 78 en prononce une de quinze francs contre les pâtres ou bergers, ce qui est une peine de simple police.

Mais la récidive est, contre les pâtres, du ressort de la police correctionnelle, puisqu'elle leur fait encourir, outre l'amende, un emprisonnement de cinq à quinze jours.

XXI. 3°. CONTRAVENTIONS CONTRE LES BOIS. *Amendes progressives*. La loi fixe les amendes forestières sur la combinaison de divers éléments. Tant qu'il n'y a pas de circonstances aggravantes, elle ne considère que la grosseur des arbres et leur essence.

Elle divise les arbres en deux classes : la première comprend les chênes, hêtres, charmes, ormes, frênes, érables, platanes, pins, sapins, mélèzes, châtaigniers, noyers, aliziers, sorbiers, cormiers, merisiers et autres arbres fruitiers ; la seconde se compose des aulnes, tilleuls, bouleaux, trembles, peupliers, saules, et de toutes les espèces non comprises dans la première classe.

La coupe ou l'enlèvement d'arbres ayant deux centimètres de tour et au-dessus, est punie des amendes suivantes, d'après l'essence et la circonférence des arbres coupés ou enlevés, mesurée à un mètre du sol.

Arbres de première classe :

	f.	c.
De 2 déc. de circonf., amende.	2	»
De 3	3	30
De 4	4	80
De 5	6	50
De 6	8	40
De 7	10	50
De 8	12	80

Jusque là la coupe ou l'enlèvement d'un arbre fruitier de première classe constitue une simple contravention ; mais lorsque la circonférence est de neuf décimètres et au-dessus, comme l'amende va toujours croissant, la grosseur de l'arbre convertit la contravention en délit, et le tribunal correctionnel seul en peut connaître.

Arbres de seconde classe :

	f.	c.
De 2 déc. de circonf., amende.	1	»
De 3	1	65
De 4	2	40
De 5	3	25
De 6	4	20
De 7	5	25
De 8	6	40
De 9	7	65
De 10	9	»
De 11	10	45
De 12	12	»
De 13	13	65

A partir de quatorze décimètres de tour, l'amende progressive excède quinze francs, et le fait constitue un délit correctionnel.

Cette amende est due par chaque arbre coupé ou enlevé : ainsi le nombre des arbres doit être consulté pour savoir si le fait est contravention ou délit. Par exemple, si l'on a coupé deux arbres de seconde classe de sept décimètres de tour chacun, l'amende de cinq francs vingt-cinq centimes produira dix francs cinquante centimes, et le juge de paix sera compétent ; mais si l'on en a coupé *trois* de cette dimension, l'amende produira quinze francs vingt-cinq centimes, et dès lors le fait sera un délit correctionnel. (Voy. *Code forest., art.* 192 *et le tableau qui y est annexé.*)

XXII. *Éhouper* (c'est-à-dire enlever la cime), *écorcer* ou *mutiler* des arbres forestiers, en *couper les principales branches*, sont des délits ou des contraventions punis des mêmes peines que si l'on avait *coupé* les arbres par le pied, et par conséquent il faut suivre la progression ci-dessus indiquée pour connaître la compétence. (*Code forest., art.* 196.)

XXIII. Si les arbres ont été enlevés, et qu'on les ait saisis avant d'être façonnés, on doit encore prendre la circonférence à un mètre du sol. S'ils ont été façonnés, c'est sur leur souche que le tour en sera mesuré. Si la souche a été également enlevée, le tour sera calculé dans la proportion d'un cinquième en sus de la dimension totale des quatre faces de l'arbre équarri ; et, selon les circonstances, le fait sera de la compétence de la simple police ou du tribunal correctionnel.

Mais lorsque l'arbre et la souche auront disparu, l'amende sera calculée suivant la grosseur de l'arbre, arbitrée par le tribunal, d'après les documents du procès; et comme dans ce cas la grosseur n'est pas déterminée quand la demande est présentée devant le juge de paix, ce magistrat n'en peut connaître, d'après les principes que nous avons développés n° 4 du 1er § de cet article.

Si le bois n'a pas *deux décimètres* de tour, la progression de l'amende ne s'établit plus sur sa grosseur, mais sur la quantité enlevée ou coupée, et sera, *pour chaque charretée*, de dix francs par *bête attelée;* de cinq francs par *chaque charge de bête de somme*, et de deux francs par *fagot, fouée,* ou *charge d'homme.* (*Code forest.*, *art.* 194.)

Ainsi, par exemple, si un délinquant a enlevé ou coupé sept fagots, l'amende, s'élevant à quatorze francs, peut être prononcée par le juge de paix; s'il en a coupé huit, le fait est un délit correctionnel.

Les mots *charge d'homme* ont été insérés dans la loi pour le cas où les délinquants n'auraient pas lié en fagots le bois de délit. Ainsi, si le bois était en fagots, ce serait violer la loi, que d'estimer combien de voyages a faits le délinquant, quoiqu'il pût emporter plusieurs fagots en une même charge : il faut nécessairement baser l'amende sur le nombre des fagots. (*Cour de cass.*, 20 *mars* 1828.)

XXV. Il faut remarquer aussi que, bien que le bois *n'ait pas deux* décimètres de tour, s'il s'agit d'arbres *semés ou plantés* dans les forêts *depuis moins de cinq ans*, la peine est *toujours* correctionnelle. (*Art.* 194.)

XXVI. Toutes ces règles sont applicables à *l'enlèvement* des chablis (ou arbres abattus par le vent), et à celui des bois de délit. Quoique le délinquant ne les ait pas abattus lui-même, il doit être condamné aux mêmes amendes et restitutions, que s'il les avait abattus sur pied. (*Code forest.*, *art.* 197.)

XXVII. L'extraction ou enlèvement non autorisé de pierres, sable, minerai, terre ou gazon, tourbe, bruyères, genêts, herbages, feuilles vertes ou mortes, engrais existant sur le sol des forêts, glands, faînes et autres fruits ou semences des bois et forêts, donne lieu aussi à des amendes progressives, qui, *selon les quantités extraites ou enlevées*, placent la répression du fait dans les attributions de la simple police ou de la police correctionnelle, savoir : *par charretée ou tombereau*, de dix à trente francs par chaque bête attelée, ce qui est toujours un délit correctionnel; *par chaque charge de bête de somme*, de cinq à quinze francs, de sorte que, s'il y a deux bêtes de somme chargées, le juge de paix est incompétent; *par chaque charge d'homme*, de deux à six francs; d'où il suit que, s'il y avait trois charges d'homme, le tribunal correctionnel serait seul compétent, puisque c'est sur le maximum de la peine que se fixe la compétence. (*Code forest.*, *art.* 144.)

XXVIII. Pour préserver les bois, il a fallu aussi considérer la présence des moyens d'enlèvement comme un délit ou une contravention. En conséquence, même sans qu'il y ait coupe, enlèvement ni pâturage, ceux dont les voitures, bestiaux, animaux de charge ou de monture, seront trouvés dans les forêts, hors des *routes et chemins ordinaires*, seront condamnés, savoir : *par chaque voiture*, à une amende de dix francs, pour les bois de dix ans et au-dessus (*police simple*, s'il n'y a qu'une voiture); et de vingt francs pour les bois *au-dessous* de dix ans (*police correctionnelle*); et *par chaque tête ou espèce* de bestiaux non attelés, aux amendes fixées pour le délit de pâturage, par l'art. 199. (*Code forest.*, *art.* 147.)

XXIX. 4°. Contraventions contre les bois. *Amendes fixes.* Quiconque sera trouvé dans les bois et forêts, *hors des routes et chemins ordinaires*, avec serpes, cognées, haches, scies et autres instruments de même nature, sera condamné à une amende de dix francs, et à la confiscation desdits instruments (*Code forest.*, *art.* 146). Cette peine est du ressort de la simple police.

L'expression *chemins ordinaires* mérite d'être remarquée. Un chemin est *ordinaire*, relativement au public, quand il est pris communément pour aller d'un lieu à un autre; c'est celui que suivent réciproquement les habitants de deux villages ou communes. Un chemin est *ordinaire*, relativement aux individus, quand il est dans l'ordre légal de leurs habitudes de le pratiquer, quoiqu'il soit peu fréquenté du public. Tels peuvent être les chemins que prennent les adjudicataires des coupes et leurs ouvriers pour rejoindre le chemin public; ceux désignés à des usagers, pour aller au lieu où ils exercent leurs droits d'usage; celui par lequel un particulier exercerait une servitude de passage pour arriver, soit à son habitation, soit à un cantonnement. Dans ces cas et autres semblables, suivre ces chemins, c'est, pour ces individus, rester dans les chemins ordinaires.

XXX. Une autre amende fixe, dont la quotité attribue l'application au tribunal de simple police, est celle de trois francs, prononcée contre les usagers au bois mort, sec ou gisant, qui se serviraient, pour l'exercice de ce droit, de crochets ou ferrements de toute espèce. (*Code forest.*, *art.* 80 *et* 120.)

Les autres amendes fixes, prononcées par le Code forestier, sont au-dessus de quinze francs, et par conséquent ne sont pas de la compétence des juges de paix.

§ III. *De la récidive et des circonstances aggravantes en matière rurale et forestière.*

I. Outre les règles que nous venons de développer sur la compétence en matière de contraventions rurales et forestières, il y a des circonstances qui augmentent la peine, et peuvent par conséquent, en donnant à la contravention le caractère de délit, la soustraire à la juridiction du tribunal de simple police. Ce sont, 1° la récidive; 2° la nuit; 3° l'emploi de la scie pour couper les arbres sur pied.

II. La récidive est, grammaticalement parlant, la rechute dans une même faute; mais, dans le langage légal, le sens de ce mot est déterminé par les conditions qu'exige la loi pour que le fait ait le caractère de récidive.

S'il s'agit de *contraventions rurales* prévues par un article du Code pénal (*Code pén.*, *art.* 471, §§ 1, 2, 5, 7, 8, 9, 10, 13, 14, 15; 475, §§ 1, 9, 10, 12, 15, *et* 479, §§ 1, 2, 3, 10, 11, 12), il faudra, pour constituer la *récidive*, qu'il y ait eu, dans *les douze mois* qui ont précédé cette contravention, un *premier jugement* rendu contre le contrevenant, pour *contravention de police* commise dans le *ressort du même* tribunal (*Code pén.*, *art.* 483). Ainsi, il ne suffit pas qu'il y ait eu deux contraventions successives, il faut que la première ait été punie par une condamnation, et qu'il ne se soit pas écoulé plus de douze mois depuis le jugement. On ne peut pas non plus, pour constituer la récidive, rechercher si, dans les douze mois précédents, une contravention de police aurait été commise et réprimée dans le ressort d'un autre tribunal, même dans le délai fixé par l'article; il faut nécessairement que la première contravention ait été *commise* dans le *même ressort* que la seconde, sans quoi, pas de récidive.

Mais, dans toutes les matières *prévues par le Code pénal*, la loi n'exige pas, pour constituer la récidive, une rechute dans la *même* faute; il suffit que le premier jugement porte sur une contravention de police *quelconque*, sans *aucune analogie* entre les deux faits, même sur une contravention rurale ou forestière.

Quant aux peines qu'entraîne la récidive des *contraventions rurales*, prévues par les articles ci-dessus cités du *Code pénal*, elles sont déterminées par les art. 474, 478 et 482 du même Code.

Et, comme ces peines sont toutes de la compétence des tribunaux de simple police, la *récidive* ne change pas la nature de l'infraction, qui demeure toujours *contravention de police*, et doit être réprimée par les juges de paix.

III. Mais, si la *contravention rurale* qu'il s'agit de punir est du nombre de celles que régit encore la loi du 6 octobre 1791, la récidive est réglée par l'art. 4 du Code rural, et par les art. 607 et 608 du Code de brumaire. (En *voir le texte ci-dessus*, § 1.)

On y verra qu'il faut aussi, pour constituer la récidive, qu'il y ait eu un *premier jugement*, dans les *douze mois précédents*, et dans le ressort du *même tribunal* de police. Mais la loi exige, en outre, que ce premier jugement ait été rendu, *non* pour une contravention de police *quelconque*, mais pour un *pareil délit*.

Il n'y a donc récidive, pour les cas dans lesquels on a recours au Code rural de 1791, que lorsque le prévenu est retombé dans la même faute qui avait déjà fait prononcer contre lui des condamnations, sans égard aux autres contraventions de police.

Et, dans ce cas, c'est devant les tribunaux correctionnels que l'action pénale doit être portée; car la récidive entraîne en cette matière un *doublement* de peine, et les contraventions punies par le Code rural entraînant au *minimum*, soit une amende de *trois journées* de travail, soit un emprisonnement de *trois jours*, il s'ensuit que ces contraventions peuvent, quand elles ont eu lieu *par récidive*, être punies d'un emprisonnement de SIX JOURS, ce qui excède les attributions des tribunaux de simple police. (*Cour de cass.*, 4 *juin* 1824.)

IV. Cependant un arrêt de la cour de cassation, *du* 19 *mars* 1825, a été rendu contradictoirement à cette doctrine. Il décide que, lorsqu'un particulier est tombé dans la récidive d'une contravention à un réglement du pouvoir municipal, il y a violation de l'art. 607 du Code de brumaire, si le tribunal de police ne double pas la peine; mais que le tribunal de simple police n'est cependant pas tenu de renvoyer devant le tribunal de police correctionnelle, si le doublement de l'amende n'excède pas quinze francs, parce que ce tribunal, ayant le choix de prononcer une amende dans les limites de sa compétence, ou un emprisonnement qui en excède les limites, peut se dispenser de prononcer cet emprisonnement, et par conséquent ne pas excéder ses pouvoirs.

Malgré notre respect pour les arrêts de la cour de cassation, nous devons élever la voix contre cet arrêt et quelques autres rendus dans les mêmes principes. Dès que la loi laisse au juge le choix de deux peines de genre différent, l'amende de six journées, et l'emprisonnement de six jours, la première, susceptible d'être prononcée par le juge de simple police, la seconde, de la compétence exclusive des tribunaux correctionnels, il est évident que le tribunal de police correctionnelle est seul compétent, puisque seul il peut apprécier s'il y a lieu d'appliquer l'un ou l'autre genre de peine. Si le tribunal de police reste saisi, jamais il ne pourra, en matière de récidive, appliquer l'emprisonnement; jamais il ne pourra faire l'option que la loi défère au juge de la récidive; il n'est donc pas le juge de la récidive, puisqu'il n'aurait pas le pouvoir de choisir, et que la compétence se fixe, non par la peine prononcée, mais par le maximum de la peine que le juge peut infliger.

Il y a donc nécessité d'appliquer la jurisprudence antérieure à 1825.

V. En fait de délits forestiers, il y a *récidive*, lorsque, dans les douze mois précédents, il a été rendu contre le délinquant ou contrevenant un premier jugement pour délit ou contravention en matière forestière. (*Code forest.*, *art.* 200.)

Ainsi les contraventions de police simple ou même les contraventions rurales punies par des jugements antérieurs à une contravention forestière, ne pourront faire appliquer à celle-ci les peines de la récidive.

Mais il suffit qu'il y ait un premier jugement rendu dans les douze mois précédents, en matière forestière, pour que les peines de la récidive puissent être appliquées, et l'on ne doit pas examiner, en cette matière spéciale, si la première contravention a eu lieu dans le ressort du même tribunal; la loi exige seulement qu'un premier jugement existe, soit qu'il ait été rendu par un autre tribunal de simple police, soit qu'il l'ait été par un tribunal de police correctionnelle.

Dans les cas de récidive, la peine sera *toujours* doublée (*Code forest.*, *art.* 200); d'où la conséquence que si le *doublement* de la peine en élève le maximum au-dessus des peines de simple police, le tribunal correctionnel sera seul compétent.

Par exemple, l'amende prononcée pour la coupe d'un arbre de première classe de cinq décimètres de tour, est de 6 francs 50 centimes. Si le contrevenant est en récidive, l'amende double sera de treize francs, et le tribunal de police sera compétent; mais si, dans le cas de récidive, l'arbre coupé en délit a six décimètres de tour, l'amende simple étant de huit francs quarante centimes, l'amende double sera de seize francs quatre-vingts centimes, et la contravention deviendra un délit de la compétence des tribunaux correctionnels.

Toutes les fois que le premier fait est puni par la loi forestière, il y a récidive. Ainsi une première contravention pour délit de pâturage *dans les bois*, fera prononcer les peines de la récidive pour une coupe faite en délit.

Cependant il y a deux cas où la loi forestière exige que la récidive soit *spécialement* la réitération du même fait. (Voy. *les* n°s 19 *et* 20 *du* § 2.)

VI. *Circonstance de nuit.* Si les contraventions à la loi rurale sont commises la nuit, les peines sont doublées (*Code rural, art.* 4). Si les délits et contraventions en matière forestière ont été commis la nuit, les peines seront également doublées (*Code forest.*, *art.* 101).

Les contraventions rurales commises la nuit deviennent donc toujours des délits, puisque l'emprisonnement est dans ce cas de six jours au moins; et pour savoir si cette circonstance exige le renvoi en police correctionnelle en matière forestière, il faut examiner quelle est l'élévation de la peine d'après les principes développés au numéro précédent.

On entend par *nuit* tout l'intervalle compris entre le coucher et le lever du soleil (*cass.*, 4 *juillet* 1823); la loi rurale, qui emploie les mots *depuis le coucher du soleil jusqu'à son lever*, sert naturellement d'interprétation à la loi forestière, qui contient le mot *nuit*.

Cette circonstance de *nuit* est indifférente pour les contraventions rurales prévues par le Code pénal, à moins que la circonstance de nuit ne constitue par elle-même la contravention, comme en matière de *glanage*. (*Code pén.*, *art.* 471, § 10.)

VII. *Bois coupé à la scie.* Les peines seront *également doublées* lorsque les délinquants auront fait *usage de la scie* pour couper les arbres *sur pied.* (*Code forest.*, *art.* 201.)

Cette circonstance aggravante n'a lieu qu'en matière forestière, et non en matière rurale.

VIII. *Concours de circonstances aggravantes.* Pas de difficulté en matière rurale; si les *deux circonstances* de nuit et de récidive se trouvent *réunies*, la peine doit être *triplée* (*Code rural, art.* 4); et par conséquent le minimum de l'emprisonnement étant de *neuf* jours, le tribunal de simple police devra toujours se dessaisir.

En matière forestière, l'amende suit la même proportion; elle est doublée s'il y a *récidive*, ou *nuit*, ou *délit par scie;* triplée si *deux* de ces circonstances sont réunies; quadruplée s'il y a concours des trois circonstances aggravantes.

Cette interprétation est conforme au texte de l'art. 201, qui dit : *Les peines seront également doublées*, après l'art. 200, qui ordonne le doublement en cas de récidive. Or, le doublement, dans le cas de l'art. 200, n'est autre chose que l'addition de la peine principale à elle-même. Il faut donc l'ajouter à elle-même autant de fois qu'il y a de circonstances aggravantes; de cette manière, la gravité des contraventions obtient une juste proportion de peines, et le système du Code forestier est en harmonie avec le système de la loi rurale.

C'est en suivant cette progression qu'on connaîtra la compétence respective des tribunaux de simple police et des tribunaux correctionnels.

Ainsi l'enlèvement d'un arbre de première classe de trois décimètres de tour, donnant lieu à une amende simple de trois francs trente centimes, ne cessera pas d'appartenir à la simple police, malgré la réunion des trois circonstances aggravantes, puisque l'amende quadruple sera de treize francs 20 centimes.

Si cet arbre avait quatre décimètres, l'amende simple étant de quatre francs quatre-vingts centimes, la réunion des trois circonstances la porterait à dix-neuf francs vingt centimes, et attribuerait la cause à la police correctionnelle; mais s'il n'y avait concours que de deux circonstances, l'amende triple étant de quatorze francs quarante centimes, le tribunal de simple police en retiendrait la connaissance.

Ces exemples suffisent pour servir de guide sur la compétence.

IX. Il ne faut pas confondre avec les *doublements d'amende*, les cas où le rédacteur de la loi forestière a infligé, pour un délit déterminé, une amende double de celle déterminée pour un autre délit, ou une autre contravention du même genre; par exemple, l'art. 70 du Code forestier, qui punit le pacage des bestiaux dont les usagers font commerce, d'amendes doubles de celles prononcées par l'art. 199. Ces mots *amende double de celle......* sont employés par le législateur *brevitatis causâ*, pour ne pas retomber dans une énumération fastidieuse, ou pour exprimer le rapport de gravité entre les délits du même genre; mais l'amende, quoique plus forte que celle de l'article corrélatif, n'en est pas moins la *peine simple* relativement au délit spécial. Elle doit donc être doublée en cas d'une des circonstances de récidive, de nuit ou de scie, et si plusieurs des circonstances concourent, il y a lieu d'établir la progression arithmétique du double, du triple, du quadruple, en prenant toujours pour base le résultat des articles spéciaux.

Ainsi, dans l'art. 199, l'amende pour un cheval trouvé au

pâturage dans les bois de dix ans et au-dessus est de trois francs; *l'amende sera double*, ajoute l'article, *si les bois ont moins de dix ans;* c'est comme si la loi disait : « *Le délit de pâturage* dans les bois au-dessous de dix ans sera puni d'une amende de six francs pour chaque cheval. » En conséquence, si un cheval est trouvé en délit pendant la nuit dans un bois au-dessous de dix ans, l'amende sera de douze francs. (*Cour roy. d'Orléans*, *7 janvier* 1828.)

§ IV. *Des condamnations accessoires aux contraventions rurales et forestières.*

I. Les condamnations accessoires à ces contraventions sont : 1° la confiscation; 2° les restitutions; 3° les dommages-intérêts; 4° les frais; et 5° la contrainte par corps.

II. La confiscation, dans les cas où elle est prononcée par la loi, n'est point une peine, et ne change rien à la compétence.

III. Les restitutions doivent toujours être ordonnées lorsqu'il y a eu enlèvement ou séquestration des choses enlevées.

IV. Les dommages-intérêts ou réparation du préjudice causé, se déterminent, *en matière rurale*, par l'estimation qu'en fait le juge de paix par lui-même ou par des experts qu'il nomme (*Code rural*, *art.* 7, *in fin.*). On aura souvent recours au même mode d'appréciation *en matière forestière.*

V. Mais en matière forestière, quand il y a lieu à des dommages-intérêts, *ils ne pourront être inférieurs* à l'amende *simple* prononcée par le jugement. (*Code forest.*, *art.* 102.)

Les mots *amende simple prononcée par le jugement* doivent s'entendre d'après les principes exposés dans le n° IX du précédent paragraphe. Si la loi inflige à une contravention déterminée une amende double de l'amende ordinaire, cette amende est simple par rapport à cette contravention spéciale, et les dommages-intérêts doivent s'élever au moins à cette amende spéciale. Ainsi, dans l'espèce de l'arrêt d'Orléans cité au même endroit, le *minimum* des dommages-intérêts devrait être de six francs par cheval, tandis que si le pâturage avait eu lieu dans des bois de dix ans, ce *minimum* n'eût été que de trois francs. — Il en sera de même dans les cas des art. 70 et 78, où les délits des usagers sont plus grièvement punis que les délits semblables commis par des individus étrangers à la forêt. C'est l'amende à eux *spécialement* applicable qui sera la règle du minimum des dommages-intérêts : autrement les rédacteurs auraient dit : l'amende simple *prononcée par la loi*, et non *par le jugement.*

VI. Mais si l'amende est *doublée* à cause seulement d'une des trois *circonstances aggravantes* de la *récidive*, de la *nuit* ou de la *scie*, c'est l'amende encourue par le délit dépouillé de ces circonstances qui forme la base du *minimum* des dommages-intérêts, sans qu'il soit besoin d'y joindre le doublement qu'entraîne la circonstance aggravante. Alors, en effet, le tribunal pourrait prononcer en premier lieu l'amende infligée par la loi au délit, et, attendu la circonstance qui s'y joint, prononcer une seconde amende égale à la première. Si, dans la rédaction du jugement, la peine et son doublement sont cumulés en une seule condamnation, la raison demande qu'on en fasse la division quand il s'agit de dommages-intérêts.

VII. Les dommages ne sont jamais, en matière forestière, la base de la compétence des tribunaux de répression, tandis qu'ils servent souvent de mesure à leur compétence en matière rurale, ainsi qu'on l'a vu plus haut.

VIII. Quant aux frais, il faut toujours, en cette matière comme en toute autre, y condamner le contrevenant. On trouvera tout ce qui concerne la condamnation à l'emprisonnement comme moyen de contrainte, au mot *Contrainte par corps*.

COIN-DELISLE, *avocat à la cour royale de Paris.*

DÉLIT (FLAGRANT). Le flagrant délit est celui qui se commet actuellement, ou qui vient de se commettre. Le cas de flagrant délit, dit Jousse sur l'art. 4, tit. 6, de l'ordonnance de 1670, est lorsqu'un crime vient de se commettre, et que le corps de délit est exposé à la vue de tout le monde, comme lorsqu'une maison vient d'être incendiée, un mur percé, ou qu'un homme vient d'être tué ou blessé, ou s'il arrive une émotion populaire, etc.; dans ce cas, les témoins sont ordinairement encore sur le lieu.

Est aussi réputé flagrant délit, le cas où le prévenu est poursuivi par la clameur publique, et celui où le prévenu est trouvé saisi d'effets, armes, instruments, ou papiers faisant présumer qu'il est auteur ou complice, pourvu que ce soit dans un temps voisin du délit. (*Cod. d'Instr. crim., art.* 41.)

La durée du flagrant délit est déterminée par les circonstances. Par exemple, un voleur surpris dans le temps qu'il faisait le vol, et poursuivi à la clameur publique, s'est sauvé dans une maison dont le peuple a occupé la porte pour l'empêcher de sortir, en attendant que le juge vînt. Tant que le peuple n'abandonne pas la porte, le flagrant délit continue; mais si les témoins se dispersent, il n'y a plus de flagrant délit. (*Levasseur*, n° 340, § 7.)

I. Le législateur a tellement senti l'avantage de saisir, dans ce premier instant, tous les indices du crime, qu'il a chargé les procureurs du roi, et, à leur défaut, les juges de paix, les officiers de gendarmerie, les commissaires généraux de police, les maires, adjoints de maire, et les commissaires de police, de se transporter, sans aucun retard, sur le lieu, pour y dresser les procès-verbaux nécessaires, à l'effet de constater le corps du délit, son état, l'état des lieux, et pour recevoir les déclarations des personnes qui auraient été présentes, ou qui auraient des renseignements à donner. Le procureur du roi doit donner avis de son transport au juge d'instruction, sans être toutefois tenu de l'attendre pour procéder. (*Art.* 32, 48, 49 *et* 50.)

II. Il est essentiel de remarquer que le procureur du roi et les officiers de police auxiliaires ne sont autorisés à agir ainsi que lorsqu'il est question de constater un crime *de nature à entraîner une peine afflictive et infamante* (*art.* 32). S'il s'agissait d'un simple délit correctionnel, la *flagrance* ne donnerait pas au procureur du roi ou à ses auxiliaires le pouvoir de faire les actes attribués aux juges d'instruction (Legraverend, *Traité de la Législation criminelle*, t. 1, p. 180; Bourguignon, *Manuel d'Instruct. crim.*, note 3 sur l'art. 32).

III. Mais la réquisition du chef d'une maison, dans l'intérieur de laquelle se commet ou a été commis un simple *délit*, autorise le procureur du roi et ses auxiliaires à procéder aux opérations mentionnées dans l'art. 32. Cela résulte de la contexture de l'art. 46, qui dispose pour le cas où il s'agit d'*un crime ou délit, même non flagrant*. La nécessité de protéger spécialement et promptement les citoyens dans leur domicile, a dicté cette disposition législative, et motivé la différence qui existe entre l'art. 32 et l'art. 46.

IV. Dans les cas de concurrence entre le procureur du roi et les officiers de police auxiliaires, le procureur du roi doit faire tous les actes attribués à la police judiciaire. S'il a été prévenu, il peut continuer la procédure, ou autoriser l'officier qui l'a commencée à la suivre (*art.* 51). Il peut enfin, s'il le juge utile, charger un officier de police auxiliaire de partie des actes de sa compétence (*art.* 52). Mais dans ce cas, il faut qu'il lui remette ou lui adresse une réquisition écrite, pour déterminer sa mission.

Lorsque la concurrence s'établit entre le juge d'instruction et les auxiliaires du procureur du roi, les fonctions de ces derniers cessent immédiatement.

V. Outre l'obligation de dresser les procès-verbaux du corps de délit, de ses circonstances et de l'état des lieux, de recevoir les déclarations des personnes qui sont ou qui ont été présentes à l'exécution du crime, lorsqu'il y a flagrant délit, ou du délit, lorsqu'on procède à la réquisition d'un chef de maison, la loi trace ainsi les opérations du procureur du roi et de ses auxiliaires.

VI. On appelle au procès-verbal les parents, les voisins ou domestiques, présumés en état de donner des éclaircissements sur le fait; on reçoit leurs déclarations, et ces déclarations, ainsi que celles des personnes qui se sont trouvées sur le lieu du délit, et de toutes celles qui comparaissent au procès-verbal, doivent être signées par les parties, ou, en cas de refus, il en est fait mention. (*Art.* 33.)

VII. Le but de ces déclarations étant uniquement de faciliter les recherches de l'officier de police judiciaire, il n'est pas nécessaire qu'elles soient précédées du serment. Le législateur l'a donné clairement à entendre, en se servant du mot *déclaration*, qui exprime un témoignage non assermenté. (Voy. *le Juge de Paix*, t. 2; p. 68.)

VIII. On peut défendre que qui que ce soit sorte de la maison ou s'éloigne du lieu, jusqu'après la clôture du procès-verbal (*art.* 34). Cette précaution doit empêcher que les premières preuves du crime, celles qui sont pour ainsi dire prises à sa source, ne disparaissent ou ne soient dénaturées. Les témoins, frappés encore de ce qu'ils viennent de voir et d'entendre, étrangers à toute espèce de suggestions ou de considérations, n'ont point eu le temps de réfléchir sur les effets de leurs déclarations, d'en calculer les résultats; et les détails que l'on reçoit de leur bouche, dans le premier moment, sont d'autant plus précieux, que la vérité seule les dirige et les inspire. Nous croyons devoir retracer ici les sages instructions données par le procureur du roi près le tribunal de la Seine aux officiers de police judiciaire.

« Les recherches les plus promptes sont, dit-il, les plus fructueuses; le moindre retard peut faire disparaître des indices souvent fugitifs. Lorsque l'officier de police auxiliaire a négligé de constater le fait, ou qu'en le constatant il a omis de recueillir des indices essentiels, cette omission est presque toujours sans remède. Aussi, messieurs, ces premières recherches exigent-elles tout votre zèle, toute votre activité, toute votre attention.

» Un crime ou un délit vous sont-ils déférés, vous devez vous transporter sans retard sur les lieux; en décrire scrupuleusement l'état; vous saisir des armes, des instruments, et de tout ce qui aurait servi à commettre le crime; des objets suspects que le prévenu aurait abandonnés, ou bien oubliés;

des choses qui seraient le produit du crime, ou qui pourraient servir à la manifestation de la vérité ; entendre les personnes lésées, si elles n'ont pas encore porté plainte, ou si elles ont de nouvelles explications à fournir ; recevoir les déclarations des personnes présentes qui auraient des renseignements à donner ; appeler au procès-verbal les parents, voisins, amis, domestiques, et tous autres présumés en état de donner des éclaircissements ; rechercher et entendre en leurs déclarations les personnes qui, dans des instants rapprochés du délit, auraient rencontré ou vu rôder le prévenu dans le lieu ou aux environs du lieu de l'infraction ; appeler les personnes qui, par leur art ou profession, sont capables d'apprécier la nature du fait et ses circonstances ; défendre, si cela est nécessaire, à qui que ce soit, de sortir de la maison ou de s'éloigner des lieux jusques après la clôture du procès-verbal, de peur que l'indiscrétion ou la connivence ne trahissent le secret de vos opérations ; faire comparaître devant vous le prévenu, en vertu d'un mandat d'amener, s'il est connu ou suffisamment désigné ; l'interroger sur l'emploi de son temps avant, pendant et après le délit, sur le délit même et ses circonstances ; vérifier sur-le-champ ses réponses ; le confronter, s'il est utile, aux plaignants, aux témoins et aux autres prévenus ; vous saisir, au moment même de son arrestation, des armes, instruments, effets et papiers qui auraient rapport au délit ou qui seraient suspects ; faire sans délai perquisition dans ses divers domiciles, dans ceux de ses concubines ou de ses affidés, dans les lieux où il aurait une retraite ou un dépôt d'effets ; vous y saisir également de tous instruments, armes ou objets suspects ; représenter au prévenu les choses saisies, soit sur le lieu du délit, soit sur sa personne, soit dans son domicile, soit chez ses concubines ou ses affidés ; le faire expliquer sur ces choses, sur la possession qu'il en aurait eue ou l'usage qu'il en aurait fait, appeler et entendre en leurs déclarations les personnes qui pourraient déposer de cette possession ou de cet usage, celles de qui le prévenu tiendrait ces choses, ou qui les auraient seulement aperçues dans ses mains peu d'instants avant le délit ; recueillir des hommes de la force publique qui ont été appelés sur les lieux ou qui ont concouru à l'arrestation, ou de toutes autres personnes, les aveux ou discours suspects qui seraient échappés au prévenu sur le lieu du délit, lors de son arrestation, au corps-de-garde ou pendant sa translation devant l'officier public ; approfondir sans délai les relations qui existeraient entre lui et les personnes avec qui il aurait prié de le laisser communiquer ; vérifier, surtout en cas de vol, la légitimité de la possession des reconnaissances du Mont-depiété, saisies chez le prévenu ou sur sa personne; constater avec les mêmes détails les autres crimes et délits connexes ou non connexes, que les recherches feront découvrir; veiller à ce que le prévenu ne jette ou ne détruise pas des pièces à conviction ou des objets suspects, et ne communique avec personne; désigner, autant que faire se pourra, les noms, prénoms, âge, professions et domiciles des parties lésées, des personnes inculpées, des témoins, des hommes de la force publique et des experts, afin qu'en procédant à l'instruction on puisse les retrouver et les appeler facilement; vous faire donner par les plaignants, dénonciateurs et témoins, et consigner dans la procédure le signalement exact et détaillé de la personne et des vêtements des inculpés non arrêtés, avec l'indication des signes particuliers qui rendraient le signalement plus frappant, afin de faciliter la recherche et de donner plus de poids à la reconnaissance ultérieure des inculpés par ces diverses personnes; interpeller de même le prévenu sur le signalement des complices dont il aurait parlé dans ses aveux; enfin recueillir scrupuleusement tous les indices, tous les renseignements relatifs à la passion ou à l'intérêt qui auraient déterminé le crime; tel est, messieurs, le sommaire des principales opérations que vous avez à faire; opérations qui doivent être effectuées avec ordre et détail, et consignées avec clarté, précision et concision, en vous servant, autant que possible, des expressions des plaignants, dénonciateurs, témoins et prévenus, et en employant toujours les termes techniques des experts. »

IX. Tout contrevenant à la défense dont nous avons parlé au commencement du numéro qui précède, sera, s'il peut être saisi, déposé dans la maison d'arrêt, et la peine encourue pour cette contravention, qui peut être de dix jours d'emprisonnement et de cent francs d'amende, sera prononcée par le juge d'instruction, sur les conclusions du procureur du roi, après que le contrevenant aura été cité et entendu; ou par défaut, s'il ne comparaît pas, sans autre formalité, ni délai, et sans opposition, ni appel. (*Art.* 34.)

X. Le procureur du roi ou ses auxiliaires se saisiront des armes et de tout ce qui paraîtra avoir servi ou avoir été destiné à commettre le crime ou le délit, ainsi que de tout ce qui paraîtra en avoir été le produit, enfin de tout ce qui pourra servir à la manifestation de la vérité Ils interpelleront le prévenu de s'expliquer sur les choses saisies qui lui seront représentées, et dresseront du tout procès-verbal, qui sera signé par le prévenu, ou mention sera faite de son refus. (*Art.* 35.)

XI. Le procès-verbal doit constater l'état de ces armes. Par exemple, lorsqu'on a trouvé un pistolet, il faut expliquer s'il est ou non chargé, s'il paraît avoir été tiré depuis peu de temps; quant c'est un poignard ou un couteau, s'il est émoussé, teint de sang, etc.

XII. Lorsque la nature du crime ou du délit est telle que la preuve puisse vraisemblablement être acquise par les papiers ou autres pièces et effets en la possession du prévenu, le procureur du roi ou ses auxiliaires se transporteront de suite dans le domicile du prévenu, pour y faire la perquisition des objets qu'ils jugeront utiles à la manifestation de la vérité. (*Art.* 36.)

XIII. S'il existe, dans le domicile du prévenu, des papiers ou effets qui puissent servir à conviction ou à décharge, on en dressera procès-verbal, et l'on se saisira desdits effets ou papiers (*art.* 37). Mais il faut que tout cela puisse se faire dans la même séance. Si les papiers sont trop nombreux pour que l'examen puisse en être fait sur-le-champ, le juge de paix doit apposer les scellés, qui seront ensuite levés, en la présence du prévenu, par le magistrat chargé de l'examen (*Levasseur*, n° 340, § III).

XIV. Les objets saisis seront clos et cachetés, si faire se peut. S'ils ne sont pas susceptibles de recevoir des caractères d'écriture, ils seront mis dans un vase ou dans un sac, sur lequel l'officier de police judiciaire attachera une bande de papier qu'il scellera de son sceau. (*Art.* 38.)

XV. Comme ces diverses opérations doivent être faites en présence du prévenu, s'il est arrêté, ou d'un fondé de pouvoir que la loi l'autorise à nommer lorsqu'il ne veut ou ne peut y assister, les objets doivent lui être présentés au moment de la saisie, pour qu'il les reconnaisse et les paraphe s'il le juge convenable. En cas de refus, le procès-verbal doit en faire mention. (*Art.* 39.)

M. Carré demande s'il faut que la procuration soit donnée par un acte spécial en forme authentique ou sous signature privée. Nous ne le pensons pas, répond-il. Il suffirait, puisque la loi porte : *En présence d'un fondé de pouvoir qu'il pourra nommer*, qu'il fît verbalement cette nomination, et que sa déclaration fût consignée au procès-verbal.

XVI. Hors le cas de réquisition de la part d'un chef de maison, les officiers de police judiciaire peuvent-ils s'introduire, la nuit, dans le domicile d'un citoyen, même en cas de flagrant délit?

Non : ils doivent se conformer à l'art. 76 de la Constitution de l'an 8, qui déclare la maison de toute personne habitant le territoire français, un asile inviolable. Pendant la nuit, nul n'a le droit d'y entrer que dans le cas d'incendie, d'inondation ou de réclamation faite de l'intérieur de la maison. Pendant le jour on peut y entrer pour un objet spécial déterminé ou par une loi, ou par un ordre émané de l'autorité publique. En sorte que, si un officier de police judiciaire commence sa procédure la nuit, il ne peut s'introduire dans le domicile du prévenu, sans commettre un attentat, et sans s'exposer à la peine portée par l'art. 184 du Code pénal. Il doit se borner, suivant la circulaire du ministre de la justice, du 23 germinal an 4, à donner des ordres pour faire entourer la maison par la force armée, sauf à se présenter lui-même à la pointe du jour pour faire les perquisitions nécessaires. (*Bourguignon*, not. 1 sur l'art. 36; *Legraverend*, t. 1, p. 239; Carré, *Droit français*, t. 4, n° 3280.)

XVII. Un décret impérial, du 4 août 1806, dispose que le *temps de nuit* durant lequel il est défendu d'entrer dans la maison des citoyens, est réglé par l'art. 1037 du Code de Procédure civile. « En conséquence, y est-il dit, la gendarmerie ne pourra, sauf les exceptions établies par la loi du 28 germinal an 6, entrer dans les maisons, savoir : depuis le 1er octobre jusqu'au 31 mars avant six heures du matin et après six heures du soir, et depuis le 1er avril jusqu'au 30 septembre avant quatre heures du matin et après neuf heures du soir. »

La première exception établie par la loi du 28 germinal an 6, est relative aux *auberges, cabarets et autres maisons ouvertes au public*, dans lesquelles la force armée peut s'introduire, même pendant la nuit, *jusqu'à l'heure où lesdites maisons doivent être fermées* d'après les réglements de police, pour y faire la recherche des personnes qui lui auraient été signalées. (*Art.* 129.)

L'art. 131 de la même loi répète les exceptions portées par l'art. 76 de la Constitution de l'an 8 : *sauf*, dit-il, *les cas d'incendie, d'inondation, ou de réclamation venant de l'intérieur de la maison.*

Un décret de la Convention nationale du 24 septembre 1792, déclare, que les lois de police qui autorisent les visites domiciliaires pendant la nuit, *dans les maisons de jeu et lieux de débauche*, subsistent dans leur intégrité. Or, une loi du 22 juillet 1791 autorisait ces visites sur la simple désignation de deux individus domiciliés.

XVIII. On a mis en doute si, pour entrer dans le domicile d'un citoyen, le procureur du roi ou l'officier auxiliaire doit avoir préalablement rendu une ordonnance à cet effet. Levasseur est pour l'affirmative. « Le juge de paix, dit-il, rend une ordonnance qui s'exécute sur-le-champ, car il doit faire toute la procédure sans désemparer et sans remise. Autrement le flagrant délit n'existerait plus, et le juge de paix ne pourrait plus opérer. Il n'est pas nécessaire que cette ordonnance soit signifiée au prévenu, ni par conséquent expédiée. On la lui notifie verbalement au moment où on l'exécute. »

M. Bourguignon professe une opinion contraire, qu'il fonde sur ce que l'officier de police auxiliaire est investi de l'autorité publique, et agit en vertu de la loi, sans qu'il soit nécessaire de rendre préalablement une ordonnance pour déclarer la personne et les objets qui donnent lieu à la visite, l'ordonnance d'*accedit*, ajoute-t-il, n'étant plus indispensable désormais, suivant la jurisprudence de la cour de cassation. Nous nous rangeons à cette opinion, qui est également adoptée par M. Carré.

XIX. Les visites domiciliaires que le procureur du roi et ses auxiliaires sont autorisés à faire sur-le-champ, dans les cas déterminés par la loi, ne doivent être faites que dans le lieu même où a été commis le crime ou le délit, ou dans le domicile du prévenu, sauf les cas où il s'agit de fausse monnaie, de contrefaçon des sceaux de l'Etat, de faux papiers nationaux, de faux billets de la banque de France ou des banques de département. On sait que, dans ces cas, l'art. 464 du Code d'Instruction criminelle autorise les présidents des cours d'assises ou spéciales, les procureurs généraux ou leurs substituts, les juges d'instruction et les juges de paix à continuer, même hors de leur ressort, les visites nécessaires chez les personnes soupçonnées d'avoir participé au crime, soit par la fabrication, soit par l'introduction, soit par la distribution des objets entachés de faux.

XX. Si, hors de ces cas exceptionnels, l'instruction de la procédure exige d'autres visites domiciliaires, le procureur du roi ou ses auxiliaires peuvent faire, à cet égard, toute réquisition convenable au juge d'instruction qui doit y procéder; mais la loi ayant tracé avec exactitude la ligne qui sépare les fonctions des juges instructeurs de celles des procureurs du roi, il faut s'en tenir à ce qu'elle a prescrit.

XXI. Cependant si, lorsque le procureur du roi ou ses auxiliaires font directement des actes de procédure dans les cas où ils y sont autorisés, ils étaient informés que les instruments ou les produits du crime ou du délit, et les pièces de conviction, existent et viennent d'être transportés dans un lieu quelconque qui n'est pas le domicile du prévenu, ils pourraient et devraient même s'y rendre de suite, ou déléguer quelqu'un par commission rogatoire pour les suppléer dans cette opération, puisque cette circonstance serait caractéristique du *flagrant délit*, suivant la définition de la loi, et qu'ils sont expressément chargés par elle de faire, dans le premier moment, *tous les actes* qui peuvent servir à la manifestation de la vérité. (*Legraverend*, t. 1, p. 182.)

XXII. Le procureur du roi ou ses auxiliaires doivent, au cas de flagrant délit, et lorsque le fait est de nature à entraîner une peine afflictive ou infamante, faire saisir les prévenus présents, contre lesquels il existerait des indices graves. Il y a indice grave si, par exemple, dans un lieu où un meurtre vient d'être commis, on trouve l'habit, le chapeau de celui qui en est indiqué comme l'auteur. Ce n'est pas une preuve, mais c'est un indice grave qui suffit pour arrêter. Il en est de même si l'inculpé avait été vu sortant de la maison quelques instants après le crime, et qu'on sût qu'il y avait inimitié entre lui et le défunt. (*Levasseur*, n° 340, § 4.)

Si le prévenu n'est pas présent, il est décerné contre lui, par l'officier de police judiciaire, une ordonnance à l'effet de le faire comparaître. Cette ordonnance s'appelle *mandat d'amener*.

La dénonciation seule ne constitue pas une présomption suffisante pour décerner cette ordonnance contre un individu ayant domicile. Il en serait autrement contre les gens sans aveu et les vagabonds. On ne doit pas les mêmes égards à ces individus qui ne tiennent à rien, dont la disparition est si facile, qu'on n'a plus ensuite presque aucun moyen de retrouver, et qu'on peut, sans injustice, soupçonner bien plus aisément, parce que, malheureusement, leurs moyens d'existence ne sont, le plus communément, fondés que sur le crime. Ils sont les ennemis habituels et naturels de la société. (*Levasseur*, n° 340, § 6.)

Lorsque le prévenu est amené devant le procureur du roi ou ses auxiliaires, il doit être interrogé sur-le-champ. (*Code d'Instr. crim., art.* 40.)

XXIII. En cas de délit emportant peine afflictive, le juge de paix peut-il mettre en liberté le prévenu amené devant lui ?

« On peut donner des raisons pour et contre, dit Levasseur, n° 307. D'un côté, la loi autorise le juge de paix, en pareil cas, à faire conduire en prison le prévenu *contre lequel il y a des indices suffisants*. Ainsi, toutes les fois qu'il n'y a pas d'indices suffisants, il ne peut pas le faire détenir; il doit le renvoyer en liberté. Telle paraît être la conséquence naturelle de la disposition.

» Cette décision, dira-t-on d'un autre côté, est contraire à l'esprit de la loi, qui n'accorde aucune juridiction au juge de paix. C'est lui en donner une que de lui laisser la faculté d'élargir. Ainsi il ne peut avoir cette faculté. Le prévenu, une fois saisi, doit être conduit en prison.

» Dans ce combat entre la lettre et l'esprit de la loi, c'est à son esprit qu'il faut s'arrêter.

» Il est certain que le juge de paix n'a point de juridiction. Il ne peut ni condamner, ni absoudre; il ne lui est permis que d'ordonner des mesures provisoires.

» S'il ne juge pas devoir constituer le prévenu en état d'arrestation, il ne peut pas non plus le mettre en liberté. Il faut alors l'envoyer au juge d'instruction, avec les pièces et son avis.

» Si cependant l'innocence paraissait évidente, et que le prévenu fût domicilié, je pense, ajoute Levasseur, que le juge de paix pourrait le renvoyer sous un mandat de comparution. »

M. Carré blâme cette marche. « D'abord, dit-il, nous ne trouvons dans le Code aucune disposition qui autorise le procureur du roi ou l'officier auxiliaire à constituer le prévenu en état d'arrestation, *d l'envoyer en prison*, ou à le mettre en liberté, mais sous le coup d'un mandat de comparution. Il faut ici comparer avec les dispositions de l'art. 45 celles de l'art. 40. Or, celui-ci ne parle que du droit que la loi donne au procureur du roi ou à l'officier auxiliaire, de faire saisir les prévenus présents, ou de décerner un mandat d'amener contre ceux qui sont détenus. Il ne dit rien de plus. Il faut donc revenir à l'art. 45, qui dispose que *les prévenus resteront sous la main de la justice en état de mandat d'amener*. Mais, dit avec raison M. Bourguignon dans sa *Jurisprudence des Codes criminels*, t. 1, p. 149, cette phrase ne peut signifier autre chose, sinon que le procureur du roi (ou l'officier auxiliaire) n'a pas le droit de lancer un mandat de dépôt, ni d'envoyer le prévenu en prison. Lorsque les trois circonstances que nous avons indiquées ci-dessus existent simultanément, il doit se borner, après l'avoir entendu, à le renvoyer devant le juge d'instruction en état de *mandat d'amener*, ce qui signifie qu'il restera *sous la garde* de l'huissier ou de l'agent de la force publique qui aura notifié ce mandat, jusqu'à ce que le juge d'instruction ait statué sur la mise en liberté, ou décerné un mandat de dépôt ou d'arrêt.

« Mais, dit encore M. Bourguignon, si ces trois circonstances dans lesquelles le procureur du roi et les officiers auxiliaires sont autorisés à faire saisir le prévenu s'évanouissent entièrement et de prime-abord; si, par exemple, il est reconnu qu'une personne prétendue *assassinée* a péri par un suicide, ou que des objets prétendus volés n'étaient qu'égarés et sont retrouvés; enfin, si les indices qui s'élevaient contre le prévenu sont entièrement dissipés, nul doute que le procureur du roi ou l'officier auxiliaire ne doive faire cesser l'état d'arrestation provisoire, et laisser le prévenu en liberté. »

En voyant où conduirait la doctrine contraire, il est impossible de ne pas adopter celle-ci.

XXIV. Le respect du législateur pour la liberté individuelle se manifeste dans les conditions qu'il exige pour qu'il puisse y être porté atteinte. Il faut, 1° le flagrant délit; 2° que le fait soit de nature à entraîner une peine afflictive ou infamante; 3° qu'il existe contre le prévenu des indices graves. Les magistrats doivent imiter cette sage circonspection de la loi.

XXV. Il est plusieurs agents du gouvernement, dignitaires ou fonctionnaires publics, contre lesquels on ne peut exercer de poursuites qu'après l'accomplissement de certaines formalités. Aussi l'art. 121 du Code pénal déclare-t-il coupables de forfaiture tout officier de police judiciaire, tous procureurs généraux et du roi, tous substituts, tous juges, qui ont provoqué, donné ou signé un jugement, une ordonnance ou un mandat tendant à la poursuite personnelle ou accusation, soit d'un ministre, soit d'un membre de la Chambre des Pairs, du conseil-d'état ou du corps législatif, sans les autorisations prescrites par les constitutions, ou qui ont, sans les mêmes autorisations, donné ou signé l'ordre ou le mandat de saisir ou arrêter un ou plusieurs ministres, ou membres des deux Chambres ou du conseil-d'état. Mais il y a, dans les mêmes articles, exception pour le cas de flagrant délit; et cette exception se retrouve dans l'art. 44 de la Charte constitutionnelle, qui défend d'arrêter, en matière criminelle, un membre de la Chambre des Députés, pendant la session, sans la permission de la Chambre, *sauf le cas de flagrant délit.* Les officiers de police judiciaire sont alors autorisés à décerner des mandats d'amener, comme si le prévenu était un simple citoyen. A plus forte raison le peuvent-ils contre les fonctionnaires et les agents du gouvernement d'un ordre inférieur, contre les agents et préposés des administrations fiscales, qui ne peuvent être ordinairement poursuivis, pour délits relatifs à l'exercice de leurs fonctions, qu'en vertu d'une décision du conseil-d'état, approuvée par le roi, ou d'après les autorisations particulières des directeurs généraux ou administrateurs supérieurs auxquels ils sont respectivement subordonnés (voy. *Garantie des fonctionnaires publics*). Mais aussitôt que le flagrant délit est constaté, le procureur du roi ou ses auxiliaires doivent renvoyer le prévenu avec les pièces devant ses juges légaux.

XXVI. Tout dépositaire de la force publique, et même toute personne est tenue de saisir le prévenu surpris en flagrant délit, ou poursuivi soit par la clameur publique, soit dans les cas assimilés au flagrant délit, et de le conduire devant le procureur du roi, sans qu'il soit besoin de mandat d'amener, si le crime ou délit emporte peine afflictive ou infamante. (*Code d'Instr. crim., art.* 106.)

XXVII. Les procès-verbaux des officiers de police judiciaire, faits en exécution des dispositions législatives sur le flagrant délit et la réquisition d'un chef de maison, doivent être rédigés en la présence, et revêtus de la signature du commissaire de police de la commune dans laquelle le crime ou le délit a été commis, ou du maire, ou de l'adjoint du maire, ou de deux citoyens domiciliés dans la même commune. On remarquera que le juge de paix n'a pas besoin de témoins lorsqu'il est assisté de son greffier. C'est là un témoin légal dont la présence suffit pour rendre un acte authentique. (*Levasseur*, n° 339.)

Le commissaire de police, le maire ou adjoint d'une autre commune ne seraient point compétents; ils n'ont de qualité que sur leur territoire.

Les habitants d'une autre commune ne seraient pas non plus des *témoins* capables; la loi veut que ce soient des habitants de la commune où le crime a été commis.

Les témoins dont il s'agit ici sont des témoins instrumentaires, des témoins de solennité. En conséquence on ne pourrait pas choisir des femmes.

On ne doit pas non plus les prendre parmi ceux du fait qu'il s'agit de constater, parce que, d'une part, on ne peut pas être témoin dans sa propre cause, et que, d'un autre côté, il est évident, par la rédaction même de l'article, que le Code exige des personnes étrangères au crime, et absolument désintéressées. (*Levasseur*, ibid.)

Les procès-verbaux peuvent cependant être dressés sans assistance de témoins, lorsqu'il n'y a pas eu possibilité de s'en procurer de suite.

Chaque feuillet du procès-verbal doit être signé par l'officier rédacteur, et par les personnes qui y ont assisté. En cas de refus ou d'impossibilité de signer de la part de celles-ci, il en est fait mention. (*Art.* 42.)

XXVIII. Le procureur du roi ou ses auxiliaires se feront accompagner, au besoin, d'une ou de deux personnes présumées capables, par leur art ou profession, d'apprécier la nature et les circonstances du crime ou délit. (*Art.* 43.)

XXIX. S'il s'agit d'une mort violente ou d'une mort dont la cause soit inconnue et suspecte, ils se feront assister d'un ou de deux officiers de santé, qui feront leur rapport sur les causes de la mort et sur l'état du cadavre. (*Art.* 44.)

Comme ces rapports sont de la plus haute importance, et qu'ils fournissent ordinairement, lorsqu'ils sont bien faits, des moyens décisifs, soit à l'accusation, soit à l'accusé, les magistrats chargés de la constatation du corps de délit doivent avoir soin d'appeler, pour cette opération délicate, les officiers de santé, les médecins et les chirurgiens les plus instruits.

XXX. Les cas de mort violente, ou dont la cause est inconnue et suspecte, et ceux de blessures graves, de viols, d'empoisonnement, ne sont pas les seuls où les officiers de police judiciaire doivent se faire accompagner de personnes capables d'apprécier la nature et les circonstances du crime ou du délit. Cette mesure est nécessaire toutes les fois que la nature du crime à constater exige des connaissances spéciales. Ainsi, pour les vols avec fausses clefs, avec effraction extérieure ou intérieure, avec escalade, pour le bris de prisons, etc., on doit appeler des serruriers, des maçons, des couvreurs, à l'effet de reconnaître et d'affirmer les circonstances de l'acte incriminé, comme il est indispensable en matière de faux en écritures, de faire vérifier par des experts écrivains, les pièces arguées de faux; comme en matière de fausse monnaie, ou de vente à faux titre d'objets d'or ou d'argent, ou de bijoux, il faut que la contrefaçon, l'altération et la fraude soient constatées par les agents des monnaies, ou, à leur défaut, par des orfèvres ou des bijoutiers.

XXXI. Les personnes appelées pour apprécier, d'après leurs connaissances spéciales, la nature et les circonstances des crimes et des délits, ne peuvent opérer régulièrement qu'après avoir prêté, entre les mains de l'officier de police judiciaire, le serment de faire leur rapport et de donner leur avis en leur honneur et conscience (*art.* 44). La loi, en employant le mot *rapport* pour exprimer le résultat des opérations, indique assez qu'en général les personnes dont il s'agit ne doivent point dresser de procès-verbaux séparés et distincts, et que les vérifications des gens de l'art n'étant qu'une partie de l'opération générale, qui a pour objet de constater exactement le fait et les circonstances du fait, ces vérifications doivent être consignées dans le procès-verbal que dresse l'officier de police judiciaire.

C'est, en effet, la règle à laquelle il convient de se conformer exactement. Ce mode, tracé par la loi, a d'ailleurs l'avantage de réunir dans un seul cadre tous les premiers éléments des poursuites; et l'on doit éviter soigneusement de multiplier sans nécessité les actes de procédure.

Cependant, comme les opérations des gens de l'art peuvent être de nature à durer long-temps; que la diversité d'opinions entre eux peut aussi entraîner de longs retards, et nécessiter des rapports différents ou contradictoires, et que la présence de l'officier de police judiciaire peut être nécessaire sur d'autres points, le procès-verbal qui serait dressé séparément en son absence, ne pourrait pas être regardé comme un acte irrégulier, pourvu toutefois que la prestation de serment exigée par la loi eût été faite en ses mains, et que son propre procès-verbal en fît mention expresse. La jonction qui serait faite, en ce cas, du rapport séparé des gens de l'art, suppléerait à son insertion dans le procès-verbal de l'officier de police judiciaire, et la procédure ne pourrait en être viciée. (*Legraverend*, t. 1, p. 209.)

XXXII. Il est accordé une indemnité aux médecins, chirurgiens, sages-femmes, experts, interprètes, témoins, jurés, huissiers et gardes champêtres et forestiers, lorsque, à raison des fonctions qu'ils doivent remplir, et notamment dans les cas prévus par les art. 20, 43 et 44 du Code d'Instruction criminelle, ils sont obligés de se transporter à plus de deux kilomètres de leur résidence, soit dans le canton, soit au-delà. Cette indemnité est fixée, pour chaque myriamètre, parcouru, en allant et en revenant, savoir : 1° Pour les médecins, chirurgiens, experts, interprètes et jurés, à deux francs cinquante centimes;

2° Pour les sages-femmes, témoins, huissiers, gardes champêtres et forestiers, à un franc cinquante centimes.

L'indemnité est réglée par myriamètre et demi-myriamètre. Les fractions de huit ou neuf kilomètres sont comptées pour un myriamètre, et celles de trois à sept kilomètres pour un demi-myriamètre (*décret du* 18 *juin* 1811, *art.* 90, 91, *et* 92). L'indemnité de deux francs cinquante centimes est portée à trois francs, et celle de un franc cinquante centimes à deux francs, pendant les mois de novembre, décembre, janvier et février (*art.* 94).

L'officier de police judiciaire qui, en cette qualité, a requis des gens de l'art pour constater les circonstances d'un crime ou d'un délit, ne saurait être personnellement tenu de payer leurs honoraires. (*Cour de cass.*, 19 *juin* 1816.)

XXXIII. Les procès-verbaux, actes, pièces et instruments, dressés ou saisis par le juge de paix dans le cas de flagrant délit ou de réquisition d'un chef de maison, doivent être transmis sans délai au procureur du roi (*Code d'Instr. crim.*, *art.* 53). Voy. *Dénonciation*, n°. 16.

PROCÉDURE EN CAS DE FLAGRANT DÉLIT (1).

1°. *Dénonciation.*

L'an mil huit cent , le , heure , par-devant nous (*indiquer la qualité de l'officier qui reçoit la dénonciation*), officier de police, auxiliaire de M. le procureur du roi;

Est comparu le sieur Jacques M. (*profession*), demeurant (*ou bien si la dénonciation est faite par un fondé de procuration*), est comparu le sieur Jean L (*profession*), demeurant à , au nom et comme fondé de la procuration spéciale du sieur Jacques M (*profession*), demeurant à , laquelle procuration, passée devant Me , notaire à , le , est demeurée annexée au présent (*dans le narré des faits, au lieu de faire parler le comparant personnellement, on le fait parler au nom de son commettant*);

Lequel nous a requis (audit nom, *si la dénonciation est faite par un fondé de procuration*) de recevoir la dénonciation des faits ci-après détaillés, ce que nous avons fait sur la déclaration du comparant, ainsi qu'il suit :

Cette nuit, vers une heure du matin, en rentrant plus tard que de coutume, j'ai aperçu, de la cour, de la lumière provenant de l'appartement du sieur A. , qui demeure au-dessous de moi dans le même escalier; en passant sur son carré, à l'aide de la lumière donnée par le portier à mon domestique, dont j'étais accompagné, j'ai vu que la clef de l'appartement du sieur A. était à sa porte; craignant qu'il ne lui fût arrivé quelque accident, je suis entré; à peine avais-je fait quelques pas, qu'au-devant de moi s'est précipité un individu inconnu qui était couvert de sang, et qui a voulu se faire faire passage. Mon domestique et moi nous lui avons barré le chemin, nous avons lutté contre lui en appelant du secours, et à nos cris sont arrivés le portier et plusieurs voisins, qui nous ont aidés à nous assurer de cet inconnu. Etant ensuite entrés dans l'appartement du sieur A. , nous l'avons vu dans son lit, percé de coups et rendant les derniers soupirs.

En conséquence, je suis venu sur-le-champ vous dénoncer l'attentat qui paraît avoir été commis sur sa personne.

Lecture faite au comparant de sa dénonciation, il y a persisté, l'a affirmée sincère et véritable (audit nom, *si le comparant n'est que fondé de procuration*), et l'a signée avec nous à chaque feuillet; (*ou*) interpellé de signer, il a déclaré ne le savoir, et nous avons signé à chaque feuillet.

Si la dénonciation est rédigée par le dénonciateur ou son fondé de pouvoir, elle est faite et reçue dans la forme suivante :

A monsieur (*indiquer la qualité de l'officier*), officier de police, auxiliaire de M. le procureur du roi.

Le sieur Jacques M. , etc., (*ou*) le sieur Jean L , au nom et comme fondé de la procuration, etc.;

Expose les faits suivants :

Cette nuit, etc.

Fait à , le , mil huit cent

(1) Nous avons emprunté toutes les formules suivantes à l'*Instruction du procureur du roi près le tribunal de la Seine à MM. les officiers de police judiciaire,* parce qu'elles ont un caractère presque officiel.

Signature à chaque feuillet et au bas de la dénonciation (*l'officier de police met à la suite l'article suivant*) :

L'an mil huit cent , le , heure par-devant nous (*indiquer la qualité de l'officier*), officier de police, auxiliaire du procureur du roi,

Est comparu le sieur Jacques M. , etc. (*ou*) le sieur Jean L au nom et comme fondé de la procuration, etc. ;

Lequel nous a remis et déposé la dénonciation ci-dessus, toute rédigée et signée par lui à chaque feuillet (*ou si le rédacteur ne sait signer*), lequel nous a remis non signée, la dénonciation ci-dessus, de laquelle, sur sa réquisition, nous lui avons donné acte.

Lecture à lui faite de cette dénonciation, il y a persisté, l'a affirmée sincère et véritable (audit nom, *si le comparant est un fondé de procuration*).

Nous avons signé ladite dénonciation à chaque feuillet, et le comparant a signé avec nous le présent, dont lecture lui a été préalablement faite. (*Si la plainte a un crime de faux pour objet, on fait signer et parapher, et l'on signe et paraphe de même, à toutes les pages, les pièces arguées de faux, et celles de comparaison que dépose le dénonciateur ou le plaignant, et l'on énonce l'observation de cette formalité.*)

2°. *Procès-verbal.*

L'an mil huit cent , le , heure de ,

Nous (*exprimer la qualité de l'officier qui procède*), officier de police, auxiliaire de M. le procureur du roi ; instruit par la dénonciation à l'instant faite devant nous par le sieur Jacques M. (*si l'avis vient d'une autre part, on met*) : par la plainte rendue devant nous le , (*ou*) par l'avis qui nous a été donné, (*ou*) par la voie (*ou*) clameur publique, qu'un homicide venait de se commettre sur la personne du sieur A...., domicilié dans une maison sise en cette commune (*ou*) ville, rue , n° ;

Procédant en cas de flagrant délit, conformément aux art. 32 et 48 (*ajouter l'art. 50, quand c'est ou un maire, ou un adjoint du maire, ou un commissaire de police qui agit*) du Code d'Instruction criminelle, nous nous sommes transporté dans ladite maison, dont nous avons fait garder l'intérieur et les issues, avec défense, à qui que ce soit, de sortir de la maison et de s'éloigner du lieu jusques après la clôture de notre procès-verbal, sous les peines de l'art. 34 du même Code.

Monté au premier étage par un escalier à droite, au fond de la cour, nous avons été introduit dans un appartement composé de cinq pièces, donnant sur la cour et sur un jardin dépendant de la maison, où nous avons trouvé réunis, 1° le nommé Jean E...., domestique du sieur A...; 2° les sieurs Louis G... et Jean H..., voisins, demeurant dans la maison ; 3° et un individu que l'on nous a désigné comme étant celui arrêté par le sieur Jacques M..., dénonciateur, et par son domestique.

Sur notre interpellation, cet individu nous a déclaré se nommer Nicolas B..., etc. Nous l'avons remis entre les mains de la force publique, en recommandant de veiller à ce qu'il ne communiquât avec personne, et ne jetât ou ne détruisît rien de suspect.

En présence, tant de cet individu que des personnes ci-dessus nommées, nous avons constaté le corps du délit et ses circonstances ainsi qu'il suit :

Dans une troisième pièce donnant sur le jardin et servant de chambre a coucher, nous avons vu sur un lit, dont les draps, la couverture et les matelas étaient inondés de sang, un cadavre du sexe masculin que le nommé E..., domestique, et les sieurs G... et H..., voisins du sieur A..., nous ont déclaré être celui dudit sieur A....

Ce cadavre était couché sur le dos; il était vêtu d'une simple chemise et coiffé d'un bonnet de coton. La chemise et le bonnet sont ensanglantés; la chemise est, de plus, percée de plusieurs trous dans la partie antérieure.

Le sang avait jailli jusque sur la muraille du côté de la ruelle.

Par terre, à peu de distance du lit, était un poignard teint de sang, à manche de bois d'ébène, dont la lame est de centimètres de longueur, et ne porte aucun nom ou marque de fabricant.

Sur une commode placée à droite en entrant dans la chambre à coucher, était posée une lanterne sourde, toute neuve, en fer-blanc et garni d'un verre, lequel se cache au moyen d'une plaque de fer-blanc qui se rabat par dessus; dans cette lanterne était un bout de bougie éteint et presque consumé.

Requis par nous de procéder à l'examen des causes de la mort du sieur A..., les sieurs ...., docteurs, l'un en médecine, l'autre en chirurgie, ont prêté entre nos mains le serment de faire leur rapport en leur honneur et conscience.

Leur examen terminé, ils nous ont rapporté qu'inspection faite de l'extérieur du cadavre, ils ont reconnu......

Qu'ouverture faite du cadavre, ils ont trouvé......

Qu'ayant sur notre réquisition rapproché de *telles* et *telles* blessures, les trous faits à la chemise dont est vêtu le défunt, ils ont reconnu que ces coupures correspondaient à ces blessures par leur situation et direction; qu'elles avaient la même longueur et étaient faites par le même instrument tranchant;

Qu'ayant également, sur notre réquisition, rapproché la lame du poignard trouvé dans la chambre, des blessures faites au défunt, et des trous observés à sa chemise, ils ont reconnu que la largeur de la lame était de la longueur des plaies et trous;

Que d'après toutes ces observations, ils estiment que *telles* et *telles* blessures n'étaient pas mortelles, que *telles* et *telles* étaient essentiellement mortelles, et ont causé une mort très-prompte;

Que *telles* et *telles* blessures, ainsi que les coupures de la chemise, ont été produites par le même instrument tranchant, et que cet instrument est le poignard en question;

Que le nombre des blessures, et surtout la multitude des écorchures qui se voient au visage et aux mains du défunt, font présumer qu'il a cherché à se défendre contre son assassin.

Nous avons requis les hommes de l'art de visiter l'inculpé arrêté; ce qu'ayant effectué, ils nous ont rapporté que son visage, ses mains, son habit, son gilet, sa chemise et sa cravate sont ensanglantés, ce que nous avons nous-même vérifié; qu'il existe à sa main droite et à son poignet gauche plusieurs écorchures, et à *tels* et *tels* doigts de la même main des traces de morsures; que ces écorchures et morsures sont tellement récentes qu'elles sont encore sanguinolentes.

Ce rapport terminé, nous avons observé qu'il n'existait dans les divers objets et meubles de l'appartement aucune effraction ou dérangement qui pût faire présumer qu'on y eût volé ou qu'on eût eu le temps d'y voler.

Voulant constater comment on avait pénétré dans l'appartement, nous avons remarqué qu'il n'existait à la porte d'entrée aucune trace d'effraction. Une clef était dans la serrure à l'extérieur; cette clef n'étant ni neuve ni nouvellement limée, et s'ajustant d'ailleurs très-bien à la serrure, qui est une serrure de sûreté, nous avons présumé que cette clef était la véritable clef de la serrure.

Instruit qu'une porte qui donne du jardin sur la rue avait été trouvée entr'ouverte, et présumant que l'assassin était entré par ce côté dans la maison, le jardin n'étant séparé de la cour que par un mur d'appui dans lequel est une porte fermant seulement au loquet, nous nous sommes rendu à la porte de ce jardin par l'extérieur pour ne point effacer ni confondre les empreintes de pas qu'aurait pu laisser l'assassin dans l'intérieur du jardin.

La rue étant pavée, nous n'avons rien vu au-dehors ; mais dans une des allées qui conduisent intérieurement de la porte du jardin à la maison, nous avons remarqué sur la terre amollie par la pluie qui a tombé hier, des empreintes de pas qui se dirigeaient de la porte à la maison ; que ces empreintes, toutes de même grandeur, appartenaient à deux souliers différents, les uns portant l'empreinte de trente clous au talon, les autres ne portant au talon que vingt-huit clous, une empreinte de clou manquant au milieu du talon.

Nous avons fait déchausser Nicolas B......., et nous avons vu que le soulier de son pied gauche s'adaptait parfaitement aux empreintes où se voit la trace de trente clous, et que le soulier de son pied droit s'adapte parfaitement aux empreintes où est la trace de vingt-huit clous ; qu'à ce soulier il manque un clou à la même place qu'à ces dernières empreintes.

Nous avons ensuite fait fouiller Nicolas B..... ; il ne s'est trouvé sur lui qu'un passe-partout, que nous avons essayé à la porte du jardin, et qui l'ouvre avec peu de difficulté.

Nous nous sommes transporté dans le domicile de Nicolas B ....., rue , et là, en sa présence, nous avons fait une perquisition dans tous les lieux qui dépendent de sa location, et nous n'y avons rien trouvé, si ce n'est un billet sans signature, portant son adresse, qui était caché derrière la glace, et qui contient ces mots : *Retardez jusqu'à demain soir ; je vous en dirai la raison demain matin, à notre rendez-vous ordinaire.*

Sur notre réquisition, Nicolas B...... a signé et paraphé avec nous ce billet, dont nous nous sommes saisi.

D'après l'interrogatoire de Nicolas B....., rédigé séparément du présent procès-verbal, des soupçons graves s'élevant sur Jacques D....., neveu du défunt, nous nous sommes transporté à son domicile, rue . Cet individu étant absent, nous avons fait ouvrir la porte de son logement par le sieur........, serrurier, rue , par nous requis ; nous avons fait dans tous les lieux dépendant de la location de D........, une perquisition par l'effet de laquelle nous n'avons rien trouvé de suspect.

Jacques D....... ayant été arrêté en vertu de notre mandat d'amener, pendant le cours de nos opérations, immédiatement après son interrogatoire, nous l'avons confronté avec le cadavre de son oncle, dans le domicile duquel nous étions retourné. A la vue du cadavre, il a pâli et s'est troublé ; nous lui avons demandé s'il le reconnaissait, il nous a déclaré, en balbutiant, que c'était celui de son oncle, et que ses assassins étaient bien criminels.

Nous nous sommes emparé, pour servir à conviction, de la chemise, du bonnet de coton, des draps et de la couverture de lit du défunt, du poignard, de la lanterne, de la clef de l'appartement, du passe-partout saisi sur Nicolas B........, de l'habit, du gilet et des souliers de cet inculpé, à qui nous en avons fait prendre d'autres lors de la perquisition faite chez lui, (*ou*) à qui nous en avons fait fournir d'autres par le sieur......, marchand fripier, rue (*dans ce cas les vêtements sont payés sur la taxe qui en est faite*).

L'information et les interrogatoires terminés, nous avons renfermé les objets par nous saisis dans un sac de toile, que nous avons fermé au moyen d'une corde sans nœuds, aux deux bouts de laquelle nous avons adapté une feuille de papier au moyen de cire à cacheter rouge, que nous avons scellée de notre sceau. Sur notre interpellation, B...., inculpé, a signé et paraphé avec nous cette bande de papier. Quant à D....., second inculpé, il a déclaré ne vouloir la signer et parapher, ce dont nous avons fait mention sur ladite bande.

Personne ne pouvant nous donner les renseignements nécessaires pour la rédaction de l'acte du décès du sieur A......, et étant instruit par le sieur G......, l'un des voisins présents, que l'acte de naissance du sieur A...... était renfermé dans son secrétaire, nous avons ouvert ce meuble à l'aide de la clef, que nous avons trouvée dans la poche du pantalon du défunt, et nous avons trouvé, dans un des tiroirs, ledit acte de naissance, duquel il résulte que le sieur A...... porte les prénoms de , et qu'il est né à , le , du sieur et de la demoiselle , son épouse.

Les sieurs G...... et H....... nous ont déclaré que le défunt n'avait jamais été marié, et que ses père et mère étaient décédés sans qu'ils pussent indiquer le lieu ni le temps de leur décès.

Nous avons averti le juge de paix de cet arrondissement (*ou*) canton, du décès du sieur A....., à l'effet par lui d'apposer les scellés à la conservation des droits de qui il appartiendra, et à son arrivée nous lui avons remis la clef du secrétaire. (*Si c'est le juge de paix lui-même qui procède, il appose les scellés immédiatement après avoir constaté le délit, et par un procès-verbal séparé et rédigé selon les formes civiles.*) Et attendu que Nicolas B....... est inculpé d'être auteur de l'assassinat du sieur Jean-Baptiste A......; que Jacques D...... est inculpé de s'être rendu complice de ce crime, en provoquant, par promesse, B....... à le commettre, et en lui procurant les instructions et moyens de le consommer, nous avons ordonné qu'ils resteront sous la main de la justice, en état de mandat d'amener, et nous avons dressé le présent procès-verbal en présence du maire, (*ou*) de l'adjoint du maire, (*ou*) du commissaire de police, (*ou*) des sieurs........., tous deux domiciliés en cette ville, (*ou*) commune, rue..... par nous requis; (*ou*) sans assistance de témoins, n'ayant pu nous en procurer tout de suite.

Lecture faite du présent procès-verbal aux inculpés et aux personnes y dénommées, ils l'ont signé à chaque feuillet avec nous, excepté Jean E..., qui a déclaré ne savoir signer, et Jacques D..., qui a refusé de signer, de ce interpellé selon la loi.

3°. *Information.*

L'an mil huit cent , le , heure de , nous (*indiquer la qualité de l'officier qui procède*), officier de police, auxiliaire de M. le procureur du roi;

Procédant, en cas de flagrant délit, par suite de notre procès-verbal de ce jour, nous avons fait comparaître devant nous, en la maison du sieur A..., rue , où nous nous étions transporté, les personnes ci-après nommées, à nous indiquées comme pouvant nous donner des renseignements sur l'homicide du sieur A...; elles nous ont fait successivement et séparément les unes des autres, leurs dépositions ainsi qu'il suit :

1°. Louis D..., âgé de , domestique au service du sieur M...., demeurant chez son maître, en cette maison, nous a déclaré :

Cette nuit, vers une heure, rentrant avec mon maître, nous avons, de la cour, aperçu de la lumière chez le sieur A..., et trouvé la clef sur sa porte; craignant quelque accident, mon maître et moi nous sommes entrés dans son appartement; à peine y avions-nous mis le pied, qu'un individu couvert de sang a voulu se faire passage; nous lui avons barré le chemin, une lutte a eu lieu entre lui et nous; mais plusieurs voisins étant accourus à nos cris, nous nous sommes assurés de sa personne. Cet individu est celui qui vous a déclaré être Nicolas B... Étant entrés dans la chambre du sieur A..., nous avons vu celui-ci couché dans son lit et rendant les derniers soupirs.

Lecture à lui faite de sa déclaration, il a dit qu'elle contient vérité, qu'il y persiste, et l'a signée avec nous à chaque feuillet, (*ou*) a déclaré ne savoir signer, de ce interpellé, et nous avons signé à chaque feuillet.

(*Signature du témoin et du greffier.*)

2°. Jean E.... âgé de , domestique au service du sieur A..., demeurant en cette maison, chez son maître, nous a déclaré :

Cette nuit, j'ai été réveillé par les cris du sieur M... et de son domestique; je suis descendu de ma chambre, qui est au quatrième étage; j'ai aidé le sieur M... et son domestique à arrêter Nicolas B...,qui était couvert de sang, et j'ai vu mon maître expirant dans son lit. Tous les soirs, j'avais coutume de le déshabiller, et je me retirais dans ma chambre après avoir fermé derrière moi la porte de l'appartement,dont mon maître m'avait remis la double clef. Il y a trois jours ma double clef est disparue. Comme pendant la journée il n'était venu dans la maison que le sieur D..., neveu de mon maître, en qui je ne soupçonnais aucun mauvais dessein, j'ai cru avoir égaré ou perdu la clef, et mon maître m'avait prêté la sienne jusqu'à ce que j'eusse retrouvé la mienne ou qu'il en eût fait faire une autre.

Représentation faite au témoin de la clef trouvée par nous cette nuit à la porte de l'appartement, et du passe-partout saisi sur Nicolas B...,

Le témoin nous a dit reconnaître la clef pour être la double clef qui était disparue; quant au passe-partout, il nous a dit ne l'avoir jamais vu. Sur notre interpellation, il nous a fait voir la véritable clef du jardin, qui était déposée dans sa chambre, et dont il nous a dit être ordinairement le dépositaire.

Lecture, etc.

3°. François R..., âgé de , marchand de , demeurant, etc., nous a déclaré :

Il y a trois jours, pendant le cours de la journée, il m'a été acheté, dans ma boutique, une lanterne sourde, par un jeune homme de l'âge d'environ ans. Ce jeune homme était coiffé de , vêtu de ; il m'a paru de la taille de , etc. Je le reconnaîtrais si je le voyais, ainsi que la lanterne que je lui ai vendue.

Représentation faite au témoin de la personne de Jacques D..., il a dit qu'il le reconnaissait à sa taille, à ses traits et à ses habits, qui sont les mêmes, pour être l'individu dont il vient de nous parler.

Représentation également faite au témoin de la lanterne formant une des pièces de conviction, le témoin l'a reconnue pour être celle qu'il a vendue à l'individu en question.

Lecture, etc.

4°. *Interrogatoires.*

L'an mil huit cent , le , heure de ,

Nous (*exprimer la qualité de l'officier qui instruit*), officier de police, auxiliaire de M. le procureur du roi;

Procédant, en cas de flagrant délit, par suite de notre procès-verbal de ce jour, dans la maison du sieur A..., rue de , n° ;

Nous avons fait subir, au ci-après nommé, arrêté en ladite maison, l'interrogatoire suivant :

D. Quels sont vos nom, prénoms, âge, profession, domicile, et le lieu de votre naissance?

R. Nicolas B..., etc.

D. Arrêté dans cette maison même, au moment où le sieur A.... venait d'y être assassiné, n'êtes-vous pas l'auteur de ce crime?

R. Je ne puis nier l'évidence; j'ai eu le malheur de faire la connaissance du nommé D..., neveu du sieur A..., dans la maison de , où nous allions souvent jouer l'un et l'autre. Le jeu et la dissipation nous ayant ruinés, D... m'a fait entendre que nous pourrions réparer les chances du jeu en assassinant son oncle, qui était fort riche, et dont nous partagerions la fortune, parce qu'il était son seul héritier. Après avoir hésité, j'ai consenti à ce crime, et me suis chargé de le commettre. D... a acheté un poignard et une lanterne sourde, qui devaient me servir pour l'exécution de mon dessein. Il y a trois jours, en allant voir son oncle, il s'est furtivement emparé de la double clef de l'appartement. Antérieurement il avait reconnu qu'un passe-partout, dont il était possesseur, ouvrait la porte du jardin, par laquelle on pourrait entrer dans la maison. Le crime devait se commettre dans la précédente nuit; mais le sieur A... étant allé coucher à la campagne, D.... m'a écrit le billet que vous avez saisi dans mon domicile. Comme nous évitions de nous trouver ensemble dans nos deux logements, je suis allé le voir à , où nous nous donnions rendez-vous. L'exécution ayant été définitivement fixée à cette nuit, je me suis rendu à minuit et demi à la porte du jardin du sieur A... ; à l'aide du passe-partout et de la double clef, je suis parvenu jusque dans son appartement; j'ai posé ma lanterne sur la commode; le sieur A... était endormi; je lui ai porté un premier coup mal assuré; il s'est réveillé, s'est défendu, a cherché à se débarrasser de ma main gauche, avec laquelle je voulais lui fermer la bouche, et m'a mordu à plusieurs doigts. J'ai précipité mes coups; j'avais cessé de frapper; mais remarquant qu'il respirait encore, j'allais redoubler, lorsque j'ai entendu du bruit. Je me suis troublé, me souvenant que j'avais laissé la clef à la porte d'entrée; j'ai jeté le poignard, et j'ai voulu sortir de l'appartement, espérant qu'étant inconnu, je pourrais échapper sans danger; mais j'ai été arrêté. Si j'eusse pu sortir de la maison, j'aurais supprimé les clefs dont je m'étais servi. Je serais rentré chez moi, au moyen du passe-partout de mon allée, et j'aurais lavé ou détruit celles de mes hardes qui étaient tachées de sang.

D. Chez quels marchands D.... a-t-il acheté la lanterne et le poignard?

R. Je ne m'en suis pas informé.

D. Avez-vous déjà été arrêté ou repris de justice?

R. Jamais.

Représentation faite à B..... de la chemise, etc. (*énumérer ici les pièces de conviction*), il a reconnu la chemise et le bonnet de coton pour être ceux dont était vêtu et coiffé le sieur A.... au moment de l'homicide; les draps et la couverture pour être ceux dont était garni son lit au même instant; la lanterne, la clef, le passe-partout et le poignard, pour lui avoir servi à commettre le crime, comme il vient de nous l'expliquer; l'habit, le gilet et les souliers, pour lui appartenir à lui-même.

Lecture faite de son interrogatoire, il a dit que ses réponses contiennent vérité; il y a persisté, et a signé à chaque feuillet avec nous;

(*ou*) interpellé de signer, il a déclaré ne le savoir, et nous avons signé à chaque feuillet.

Et le même jour, à heure, étant dans ladite maison, nous avons fait subir l'interrogatoire suivant à D...., arrêté en vertu de notre mandat d'amener de ce jour.

D. Quels sont vos noms?

R. Jacques D.. ..

D. N'êtes-vous pas neveu du sieur A.....?

R. Oui. Je suis son neveu par ma mère.

D. N'êtes-vous pas aussi son présomptif héritier?

R. Oui.

D. Depuis combien de temps êtes-vous allé le voir?

R. Je ne l'ai pas vu depuis huit jours.

D. N'êtes-vous pas allé le voir, au contraire, il y a trois jours?

R. Non.

D. Savez-vous si votre oncle s'est absenté avant-hier, après votre visite?

R. Je n'en sais rien.

D. Cependant je suis instruit que vous avez parlé à quelqu'un de son absence.

R. Cela n'est pas.

D. Qu'avez-vous fait hier?

R. Rien. Je me suis promené.

D. N'avez-vous pas donné un rendez-vous à quelqu'un?

R. Non, monsieur.

D. Ne fréquentiez-vous pas la maison de D...., rue....?

R. J'y vais quelquefois.

D. N'y avez-vous pas souvent joué?

R. Je n'y ai joué que rarement.

D. Connaissez-vous un sieur Nicolas B....?

R. Non.

D. Cependant, il fréquente la même maison?

R. C'est possible.

D. Je suis instruit que vous lui avez écrit.

R. Cela est faux.

D. Avant votre arrestation, saviez-vous que votre oncle avait été assassiné?

R. Non.

D. Je vous fais observer que Nicolas B ....., arrêté en flagrant délit au moment de cet assassinat, vous accuse de l'avoir provoqué, et de lui avoir donné les moyens de commettre ce crime?

R. Il ne dit pas la vérité.

D. Ses aveux sont très-probables, en ce que, ne connaissant pas les êtres, il n'a pu commettre ce crime qu'avec des instructions, et en ce que, d'ailleurs, c'est avec la véritable clef qu'il s'est introduit dans l'appartement?

R. Ce n'est pas par moi que les instructions lui ont été données et la clef remise.

D. Non-seulement il vous accuse, mais encore vous avez été reconnu par le marchand qui vous a vendu la lanterne dont s'est éclairé l'assassin; avant de vous voir, ce marchand avait exactement signalé votre taille, vos traits et vos habits, choses qu'il n'aurait pu connaître s'il ne vous avait vu.

R. Ce marchand se trompe.

D. Reconnaissez-vous, pour l'avoir écrit, ce billet adressé à B...., et contenant ces mots, etc.?

R. Non.

D. Voulez-vous signer et parapher ce billet?

R. Cela n'est pas nécessaire.

Jacques D..... ayant refusé de signer et parapher cette pièce, nous l'avons signée et paraphée devant lui.

En ce moment, nous avons fait comparaître devant Jacques D..... le nommé Nicolas B.....; ce dernier a reconnu D.... pour être l'individu dont il a parlé dans ses aveux : il a réitéré ces mêmes aveux en présence de D...., et a persisté à soutenir qu'ils étaient sincères.

Jacques D...., d'abord déconcerté et interdit, n'a pas répondu ; mais ensuite il a soutenu que tout ce que disait B.... était faux.

Nous avons représenté à Jacques D.... la lanterne, etc. (*énoncer ici les pièces de conviction*), et D.... nous a dit qu'il ne connaissait pas ces objets.

D. Avez-vous déjà été arrêté ou repris de justice?

R. Jamais.

Lecture faite à D..... et à B.... de l'interrogatoire et de la confrontation ci-dessus, chacun d'eux a persisté dans ses réponses; B.... a signé avec nous à chaque feuillet, et D.... a refusé de signer, de ce interpellé, selon la loi.

PROCÉDURE EN CAS DE RÉQUISITION DE CHEF DE MAISON.

1°. *Plainte.*

L'an mil huit cent , le , heure de , par-devant nous (*indiquer la qualité de l'officier qui reçoit la plainte*), officier de police, auxiliaire de M. le procureur du roi;

Est comparu le sieur Louis N.... (*profession*), demeurant ;

Lequel nous a requis de recevoir la plainte des faits ci-après détaillés, ce que nous avons fait sur la déclaration du comparant, ainsi qu'il suit :

Il y a huit jours, je me suis absenté de mon domicile avec ma famille. Je suis parti le dernier, et en partant j'ai fermé à double tour la porte de mon appartement. Aujourd'hui, à mon retour, je me suis aperçu que ma serrure n'était plus fermée qu'au pêne. Entré dans mon appartement, j'ai vu que tout était bouleversé, que mes armoires, auxquelles j'avais laissé les clefs, étaient ouvertes et presque vides, que mon secrétaire était forcé.

Un examen rapide a fait reconnaître qu'on m'avait volé dans mon secrétaire.... pièces de vingt francs, et.... pièces de cinq francs, et dans mes armoires, meubles et autres endroits de mon appartement, tels et tels objets. (*Les désigner bien exactement en n'omettant pas les marques de l'argenterie et du linge, ainsi que les marques accidentelles qui pourraient faciliter la découverte et la reconnaissance de certains objets.*)

Je suis sûr d'avoir fermé ma porte à double tour, parce qu'en partant, étant accompagné du sieur M......, mon ami, j'ai remonté mon escalier avec lui pour mieux m'assurer que j'avais bien fermé ma porte.

J'avais aussi fermé toutes mes fenêtres et les volets, et cependant, en rentrant, j'ai trouvé ouverte une fenêtre donnant sur la rue.

Le vol paraissant avoir été commis par une personne qui connaissait les êtres de la maison, et qui savait que j'étais absent, mes soupçons ne peuvent tomber que sur le nommé François, commissionnaire, que j'employais quelquefois, et qui est venu chez moi le jour même de mon départ. Cet homme est de la taille, etc. (*Signaler la personne et ses vêtements.*)

Lecture faite au comparant de sa plainte, il y a persisté, l'a affirmée sincère et véritable, et l'a signée avec nous à chaque feuillet; (*ou*) interpellé de signer, il a déclaré ne le savoir, et nous avons signé à chaque feuillet.

2°. *Procès-Verbal.*

L'an mil huit cent , le , heure , nous (*exprimer la qualité de l'officier qui procède*), officier de police, auxiliaire de M. le procureur du roi ;

Procédant sur la réquisition du sieur Louis N......., plaignant, en vertu des art. 32, 46 et 49 (*ajouter l'art. 50 quand c'est un maire, ou un adjoint, ou un commissaire de police qui agit*) du Code d'Instruction criminelle, nous nous sommes transporté dans une maison, sise en cette commune, (*ou*) ville, rue n°

Nous avons été introduit par le sieur N......., plaignant, dans son appartement, sis au premier étage, composé de six pièces, et donnant partie sur la rue et partie sur la cour.

Nous y avons vu que toutes les armoires étaient ouvertes et presque vides ; que le peu d'objets qui y restaient, étaient bouleversés ; que le même dérangement se faisait remarquer dans toutes les parties de l'appartement, où l'on voyait des effets jetés çà et là.

Le battant qui servait à fermer la partie haute du secrétaire placé dans le cabinet du sieur N........, était ouvert, et la serrure brisée ; nous avons reconnu qu'on avait ouvert ce battant au moyen de diverses pesées faites près de la serrure et aux deux côtés du battant.

Dans ce même cabinet, il s'est trouvé un long morceau de fer plat, formant pince par le bout, et que le sieur N....... a dit ne pas provenir de chez lui. Rapproché des pesées par le bout formant pince, ce morceau de fer s'est trouvé de la même largeur que les pesées, et s'y est adapté. Présumant, en conséquence, que cet instrument avait servi à effectuer l'effraction du secrétaire, nous nous en sommes saisi. Nous avons observé qu'une des fenêtres du salon, du côté de la cheminée, était ouverte. Examen fait de cette fenêtre, ainsi que des autres fenêtres, et particulièrement de la porte d'entrée, nous n'y avons trouvé aucune trace d'effraction.

Ressorti de l'appartement, nous avons vu que la maison dont il fait partie forme l'encoignure des rues , que le devant du bâtiment donne sur la rue de , et le derrière sur la cour qui en dépend, et qui est entourée par des cours et bâtiments voisins, excepté du côté de la rue , dont cette cour est séparée par un mur élevé de .

Vers le milieu de ce mur, nous avons aperçu au chaperon des dégradations récentes, par l'effet desquelles des plâtras étaient tombés dans la cour et dans la rue ; le mur étant peu élevé, vieux et rempli de trous, il nous a paru très-facile de l'escalader. La cour et la rue étant pavées, nous n'y avons aperçu aucune empreinte de pas.

D'après ces diverses observations, nous avons conjecturé que le voleur ou les voleurs s'étaient introduits dans la cour en escaladant le mur ; qu'ils avaient pénétré dans l'appartement à l'aide d'une fausse clef, crochet ou rossignol ; que de l'intérieur ils avaient ouvert la fenêtre du salon et descendu ou jeté par cette fenêtre des effets volés qui, probablement, avaient été reçus en bas par des complices.

Le sieur François E..., orfèvre, entendu comme témoin, nous ayant déposé six couverts et une cuiller à ragoût, en argent, nous avons représenté ces objets au sieur N...., plaignant ; il les a reconnus pour faire partie des objets qui lui ont été volés, et contenir sa marque.

Nous avons, en effet, observé que chacune de ces pièces d'argenterie est marquée des lettres initiales L. N.

Par suite de nos informations, nous nous sommes transporté dans une maison sise en cette commune (*ou*) ville, rue , n° , où étant arrivé, nous avons été conduit à un logement situé au quatrième étage, et dont la porte nous a été ouverte par la nommée Marianne R... Après lui avoir déclaré quel était l'objet de notre transport, nous avons fait dans son logement une perquisition très-exacte sans avoir rien trouvé de suspect. Pendant le cours de notre perquisition, nous avons observé que la fille R... s'était emparée d'une clef qu'elle a cherché à cacher; nous avons vu que cette clef était vieille, mais récemment limée; nous nous en sommes emparé, et l'ayant essayée, en présence de Marie-Anne R..., à la porte de l'appartement du sieur N..., plaignant, chez lequel nous sommes retourné, nous avons reconnu qu'elle ouvrait très-facilement la serrure de cette porte.

Par suite de l'interrogatoire subi par ladite R...., nous nous sommes transporté dans une boutique dépendant d'une maison sise en cette commune (*ou*) ville, rue , n° , et occupée par le nommé François T..., marchand revendeur. Après avoir déclaré à T... le sujet de notre transport, nous avons fait, dans cette boutique et ses dépendances, une perquisition exacte, mais nous n'y avons rien trouvé.

T.... nous avait déclaré n'occuper aucun autre lieu dans la maison; mais, ayant appris qu'il dépendait de sa location une petite chambre séparée et située au fond de la cour, nous nous sommes rendu dans cette chambre, et ayant fait perquisition en présence de T..., nous y avons trouvé *tels* et *tels* effets (*les spécifier*) que le sieur N..., plaignant, a reconnus pour faire partie du vol effectué chez lui, et dont nous nous sommes emparé.

Nous avons sommé T.... de nous représenter son registre de police; ce qu'ayant fait, nous n'y avons trouvé inscrit aucun des objets saisis, et nous avons vu qu'il n'avait pas été visé depuis plus de mois.

En examinant les objets saisis, nous avons reconnu que telles et telles pièces de linge étaient déjà démarquées, et que telles et telles autres étaient encore marquées d'une marque que le sieur N..., plaignant, a reconnue pour être la sienne.

Pour servir de pièces de comparaison, tant des objets démarqués, que de ceux qui sont encore marqués, le sieur N.... nous a représenté et déposé tels et tels objets, que nous avons reconnus pour être de même toile, de même couleur, de même dessin et de même grandeur que tels et tels objets saisis, etc. (*Constater ici toutes les ressemblances et annexer les pièces de comparaison.*)

Pour ne pas confondre les pièces de comparaison produites par le sieur N..., nous les avons liées ensemble avec une ficelle sans nœuds, aux deux bouts de laquelle nous avons adapté une bande de papier au moyen de cire rouge, que nous avons scellée de notre sceau. Sur notre interpellation de signer et de parapher cette bande, l'inculpée R.... a déclaré ne savoir signer, ce dont nous avons fait mention sur ladite bande, que nous avons signée et paraphée avec l'inculpé T...

Nos opérations terminées, nous avons renfermé dans un sac les pièces de comparaison. Le morceau de fer trouvé dans le domicile du sieur N......, les pièces d'argenterie déposées par le sieur E......, orfèvre; la clef saisie sur la fille R........, et les effets saisis chez T.........; nous avons fermé ce sac avec une corde sans nœuds, à laquelle nous avons adapté une bande de papier, que nous avons scellée de la même manière que celle appliquée à la ficelle dont sont liées les pièces de comparaison ci-dessus énoncées. La bande de papier a été signée et paraphée par l'inculpé T....... et par nous, et mention y a été faite de la cause du défaut de signature de la part de l'inculpée R.

Attendu que L..... , dit François, est inculpé d'être auteur d'un vol commis à l'aide d'escalade de clôtures extérieures, de fausse clef et d'effraction intérieure, la nuit, dans une maison habitée; que G..... est inculpé d'avoir procuré à L....... le moyen de commettre ce vol en ajustant lui-même la fausse clef et en la lui remettant, et de l'avoir en outre aidé et assisté dans les faits qui ont consommé le vol; que la fille R...... est inculpée d'avoir sciemment recélé une partie des effets volés, et que T........ est inculpé d'avoir acheté sciemment une autre partie de ces effets; attendu que L...... et G....... n'ont pu être encore arrêtés sur notre mandat d'amener, nous avons ordonné que, etc. (Voyez *la clôture du procès-verbal dressé en flagrant délit.*)

3°. *Information.*

L'an mil huit cent , le , heure de par-devant nous (*exprimer la qualité de l'officier*), officier de police, auxiliaire de M. le procureur du roi, procédant sur la réquisition du sieur N........., chef de maison, par suite de notre procès-verbal de ce jour,

Sont comparues en la maison dudit sieur N......, rue , n° , où nous nous étions transporté, les personnes ci-après nommées, à nous indiquées comme pouvant nous donner des renseignements sur un vol commis en ladite maison; elles nous ont fait, successivement et séparément les unes des autres, leurs dépositions, ainsi qu'il suit :

1°. Jacques B........, âgé de , portier de la maison où nous sommes, y demeurant, nous a déclaré :

Je ne sais rien du vol commis chez le sieur N........., si ce n'est que le lendemain du départ de ce locataire pour la campagne, j'ai vu que l'une des fenêtres de son salon, donnant sur la rue, était ouverte; ne soupçonnant pas de vol, et présumant seulement un oubli, j'ai fait part de cette circonstance au propriétaire de la maison, qui a dû écrire au sieur N...... pour le prévenir.

Lecture faite de sa déclaration, il a dit qu'elle contient vérité, qu'il y persiste, et l'a signée avec nous à chaque feuillet; (*ou*) a déclaré ne savoir signer, de ce interpellé, et nous avons signé à chaque feuillet.

2°. Joseph M......, âgé de , (*profession*) demeurant, etc., nous a déclaré :

J'accompagnais le sieur N......., il y a trois jours, lorsqu'il a quitté son domicile pour aller rejoindre sa famille à la campagne. Il a fermé, devant moi, sa porte à double tour; pour être certain qu'il l'avait fermée, il a remonté l'escalier; je l'ai suivi, et j'ai vu, par la vérification qu'il a faite, que la porte était en effet exactement fermée à double tour.

Lecture, etc.

3°. François E....., âgé de , orfèvre, demeurant en cette ville (*ou*) commune, rue , n° , nous a déclaré :

Ce matin une femme à moi inconnue, et qui s'est donné le nom de Marie-Anne R......, est venue me proposer à acheter six couverts et une grande cuiller à ragoût, en argent, qu'elle a dit être dans la nécessité de vendre. Cette femme m'ayant paru suspecte, je lui ai déclaré que je n'achèterais ces pièces d'argenterie que quand elle m'aurait amené un répondant, et que jusque là je les garderais. Pendant qu'elle insistait auprès de ma femme pour que je lui rendisse l'argenterie, j'ai secrètement donné ordre au sieur......, l'un de mes ouvriers, de sortir et de suivre cette femme quand elle sortirait elle-même. Le sieur........, à son retour, m'a dit que cette femme était entrée dans une maison, située rue , n° . Je me suis de suite rendu à votre demeure, d'où l'on m'a envoyé dans cette maison, en me disant que vous informiez sur un vol.

Je représente et dépose en vos mains les pièces d'argenterie en question.

Lecture, etc.

4°. *Interrogatoires.*

L'an mil huit cent , le , heure de , nous, (*exprimer la qualité de l'officier*) procédant sur la réquisition du sieur N......., par suite de notre procès-verbal de ce jour;

Nous avons fait subir à la ci-après nommée, dans son domicile, où nous nous étions transporté, l'interrogatoire suivant :

D. Quels sont vos nom, prénoms, âge, profession, demeure, et le lieu de votre naissance?

R. Marie-Anne R......., née à , âgée de , (*profession*), demeurant en cette commune (*ou*) ville, rue , n° .

D. Ce matin n'avez-vous pas offert à un orfèvre de la rue , de lui vendre six couverts et une cuiller à ragoût, en argent?

R. Oui, monsieur.

D. D'où vous provient cette argenterie?

R. Elle m'appartient depuis long-temps.

D. Vous ne paraissez pas avoir assez de moyens pour posséder de tels objets?

R. Ils sont cependant à moi.

D. Par quel hasard cette argenterie porte-t-elle la marque du sieur N...., qui déclare qu'elle lui a été volée depuis trois jours?

R. C'est à tort qu'il la reconnaît pour être à lui; je l'ai achetée.

D. Pourquoi avez-vous essayé de cacher la clef que j'ai saisie lors de notre perquisition chez vous?

R. Cette clef appartient à François L..., *dit* François, commissionnaire, avec lequel je vis, et je voulais la serrer à sa place, de peur qu'il ne la cherchât.

D. Comment se fait-il que cette clef ouvre la porte de l'appartement de M. N....?

R. Je n'en sais rien.

D. Plutôt que de résister à l'évidence, vous devriez dire la vérité?

R. Je vais tout vous avouer. L...., *dit* François, était quelquefois employé à faire les commissions du sieur N.... Il a fait connaissance d'un nommé G...., ouvrier serrurier, dont j'ignore la demeure. G.... lui a suggéré de profiter de l'absence du sieur N..... pour le voler; L..... a eu la faiblesse d'y consentir. En allant chez le sieur N...., il a furtivement pris l'empreinte de la clef de la porte de l'appartement, et G.... a, d'après cette empreinte, limé et disposé une vieille clef dans notre logement même. L..... et G.... se sont abouchés avec T...., brocanteur, rue , que G.... connaissait pour acheter des effets volés, mais que je n'ai jamais vu. Dans la nuit même du départ du sieur N...., L.... et G.... sont sortis ensemble; L...., qui connaissait les êtres, s'est chargé d'entrer dans l'appartement. Il a escaladé le mur de la cour, et est monté dans l'appartement, qu'il a ouvert avec la clef limée par G....; il s'était muni d'un briquet, et a allumé de la chandelle qu'il a trouvée dans l'appartement. G.... s'était placé au-dessous d'une des fenêtres dans la rue : L.... lui a jeté ou a descendu les paquets par cette fenêtre. Ils ont de suite porté le tout au brocanteur T...., qui le leur a acheté moyennant la somme de...., excepté l'argenterie, qu'ils ont rapportée, parce qu'il ne leur en a offert que. . . . . Ils sont rentrés tous les deux dans notre logement à quatre heures du matin : ils y ont passé le reste de la nuit, et c'est alors qu'ils m'ont raconté les détails du vol, et qu'ils m'ont chargée de vendre l'argenterie, ne voulant pas paraître eux-mêmes. Avant ce matin, je l'avais proposée à plusieurs orfèvres, qui, ne me connaissant pas, n'avaient pas voulu l'acheter.

D. Quels sont les signalements de L.... et G...., et comment ces individus sont-ils habillés?

R. L.... est de la taille de...., etc., et G.... de la taille, etc.

Représentation faite à la fille R.... des pièces à conviction (*les énumérer*), elle a dit ne reconnaître que l'argenterie et la clef dont elle vient de nous parler, et ignorer comment L.... et G.... s'étaient procuré la barre de fer.

D. Avez-vous déjà été arrêtée ou reprise de justice?

R. J'ai été condamnée, il y a un an, pour vol par le tribunal correctionnel de.... à la peine de....

Lecture faite à Marie-Anne R.... de son interrogatoire, elle a déclaré que ses réponses contiennent vérité, y a persisté et a signé avec nous à chaque feuillet; (*ou*) a déclaré ne savoir signer, et nous avons signé à chaque feuillet.

Et le même jour nous avons fait subir au ci-après nommé l'interrogatoire suivant, dans son domicile, où nous nous étions transporté.

D. Quels sont vos noms, etc.?

R. François T...., etc.

D. D'où vous proviennent les objets que je viens de saisir chez vous?

R. Je les ai achetés en divers temps et à plusieurs personnes.

D. Pouvez-vous préciser les époques de ces achats, et nous indiquer les vendeurs?

R. Le dernier achat remonte au moins à un mois; les vendeurs me sont inconnus.

D. Pourquoi n'avez-vous pas inscrit ces effets, conformément aux ordonnances, sur votre registre de police?

R. J'ai eu tort.

D. Est-ce le jour ou la nuit que vous avez acheté ces objets?

R. C'est le jour. Je n'achète rien la nuit.

D. Connaissez-vous le nommé L...., *dit* François?

R. Non.

D. Connaissez-vous le nommé G....?

R. Pas davantage.

D. Je suis cependant instruit que c'est de ces deux individus que vous avez nuitamment acheté, il y a sept jours, les objets en question.

R. Cela est faux.

D. La preuve que vous ne les possédez pas depuis le temps que vous dites, c'est qu'ils n'ont été volés chez le sieur N....., rue......, que depuis sept jours.

R. Peut-être me suis-je trompé sur l'époque de mes achats.

Représentation faite à T.... des pièces à conviction (*les énumérer*), il nous a déclaré ne reconnaître que les objets saisis chez lui.

D. Avez-vous déjà été arrêté ou repris de justice?

R. J'ai été condamné le.... à l'amende par le tribunal correctionnel, pour inexactitude dans la tenue de mon livre de police.

Lecture, etc.

Mandat d'amener décerné en cas de flagrant délit, ou de fait assimilé au flagrant délit.

Nous (*exprimer la qualité de l'officier qui décerne le mandat*), officier de police, auxiliaire de M. le procureur du roi;

En vertu de l'art. 40 du Code d'Instruction criminelle;

Mandons et ordonnons à tous huissiers ou agents de la force publique d'amener par-devant nous, en se conformant à la loi, le nommé Pierre N..., né à , âgé de ans, (*profession*) demeurant à , rue , n° .

Signalement.

Taille de , cheveux , sourcils , front , yeux , nez , bouche , menton , visage , cicatrice (*ou*) signe , coiffé de , vêtu de , chaussé de .

Requérons tous dépositaires de la force publique de prêter main-forte, en cas de nécessité, pour l'exécution du présent mandat.

A l'effet de quoi nous l'avons signé et scellé de notre sceau.

Fait à , le , an .

(*Signature et sceau.*)

Procès-verbal dressé par le porteur du mandat d'amener.

Notifié le mandat d'amener ci-dessus, par moi (*exprimer la qualité du porteur*), à Pierre N.., trouvé (*désigner le lieu*), auquel j'en ai fait l'exhibition, et délivré copie, en m'assurant de sa personne pour être conduite devant (*indiquer l'officier qui a décerné le mandat*), dont acte.

(*Signature.*)

(*Si l'inculpé refuse d'obéir, le porteur procède ainsi :*)

(*Après ces mots,* AUQUEL J'EN AI DÉLIVRÉ COPIE, *il ajoute :*) Ledit , sur la réquisition que je lui ai faite de me suivre, m'a répondu qu'il ne voulait pas obéir audit mandat. Je lui ai vainement représenté que sa résistance était illégale, qu'il ne pouvait se dispenser d'obéir au mandement de la justice, et qu'il m'obligeait à user des moyens de force que la loi m'autorisait à employer. Ledit s'étant obstiné à refuser d'obéir au mandat (*ou*) après avoir déclaré qu'il était prêt d'obéir, ayant tenté de s'évader, je l'ai saisi et appréhendé au corps, assisté de (*indiquer les noms des agents de la force publique*), qui m'accompagnaient, (*ou*) dont j'ai requis l'assistance : j'ai conduit ledit devant (*désigner le fonctionnaire qui a délivré le mandat*), et j'ai dressé le présent procès-verbal, qui a été signé de moi et de , assistants, (*ou*) de moi seul, les sieurs , assistants, ayant déclaré ne savoir signer, de ce interpellés.

DEMANDE. C'est l'action qu'on intente en justice pour obtenir une chose à laquelle on croit avoir droit. *Demandeur* se dit de celui qui forme cette action. (Voy. *Action.*)

I. Une demande, pour être régulière, doit être exposée dans un exploit qui déduit, d'une manière claire et précise, les objets sur lesquels elle porte, et les motifs en vertu desquels on les réclame; c'est ce qui s'appelle libeller une demande. (Voy. *Citation.*)

II. On divise les demandes en *principales* et *incidentes*.

La demande principale est celle par laquelle on commence une contestation. On l'appelle aussi demande originaire, lorsqu'elle est suivie d'une demande en garantie.

La demande incidente est celle qui est formée pendant le cours de la contestation, ou par le demandeur, ou par le défendeur, ou même par un intervenant.

III. Le demandeur peut former des demandes incidentes en plusieurs cas, soit pour ajouter à la demande principale ce qu'il a omis en la formant;

Soit pour expliquer la demande principale lorsqu'il y a quelque ambiguité ou que l'autre partie prétend y en trouver;

Soit pour la restreindre lorsqu'il a porté ses prétentions trop loin, ou que, par des raisons particulières, il ne veut en exercer actuellement qu'une partie;

Soit pour demander un droit échu depuis la demande principale, et qui est lié avec le droit prétendu par cette demande; par exemple, lorsqu'il s'agit d'instance pour loyer, et que pendant le cours de cette instance il en échoit d'autres, celui à qui ils sont dus peut les demander incidemment, pour faire prononcer la condamnation de tous par un seul et même jugement. (*Pigeau*, t. 1, p. 472.)

IV. L'inscription de faux est une demande incidente commune au demandeur et au défendeur.

V. Si le défendeur prétend qu'il lui est dû par le demandeur une somme égale ou supérieure à celle que l'on réclame de lui, et qu'il oppose la compensation, cette demande incidente prend le nom de *réconvention*. (Voy. *ce mot.*)

VI. Enfin, lorsque le demandeur a fait un aveu qui paraît avantageux au défendeur, ou lorsqu'il lui a reconnu quelque droit, celui-ci peut en demander acte, et la demande qu'il forme à cet effet est incidente.

VII. Il y a encore la demande *subsidiaire*, qui tend à obtenir une chose différente ou la même chose modifiée, dans le cas où le juge ou la partie adverse ferait difficulté d'accorder l'objet de la demande principale.

VIII. La demande *provisoire* est celle qui tend à faire ordonner quelque chose par provision, en attendant le jugement définitif du litige. Lorsqu'une demande provisoire est formée séparément de la demande principale, elle peut être considérée comme une demande incidente.

IX. On verra, à l'article *Intervention*, les questions que peut faire naître ce genre de demande.

X. On ne peut légitimement demander que ce qui est dû. Cependant si l'on demandait au-delà, la demande ne laisserait pas d'être valable pour le montant de l'obligation ou de la dette. (Voy. *Plus-pétition.*)

XI. Dans les obligations alternatives, lorsqu'il est au choix de l'obligé de donner l'une des deux choses, le demandeur ne peut pas exiger nommément qu'une lui soit donnée plutôt que l'autre; il doit, en demandant, laisser l'alternative au défendeur ; autrement il s'expose à perdre les dépens, parce qu'on ne peut pas dire que la chose qui a été demandée soit précisément celle qui était due.

XII. L'alternative ne change point le caractère de la demande principale. Ainsi le demandeur en paiement d'une somme de cinquante francs, si mieux n'aime le défendeur livrer cent douzaines d'œufs, sera jugée en dernier ressort par le tribunal de paix. (*Le Juge de Paix*, t. 2, p. 276.)

XIII. La demande peut être modifiée en tout état de cause, c'est-à-dire que le demandeur peut l'augmenter ou la diminuer jusqu'au jugement, pourvu, toutefois, que ces modifications aient un rapport sensible avec ce qui avait été demandé en premier lieu. C'est par les conclusions définitives que se règlent la compétence et le ressort. (Voy. *Compétence* et *Ressort.*)

XIV. Il importe cependant de remarquer que cette dernière règle ne reçoit son application que lorsque le défendeur est présent. Si les conclusions nouvelles étaient prises en son absence et à son insu, la compétence et le ressort resteraient fixés par les conclusions originaires.

DEMANDE RÉCONVENTIONNELLE. Voy. *Réconvention.*

DÉMENCE, IMBÉCILLITÉ, FUREUR. Ces trois mots désignent l'état d'une personne dont la raison est ou aliénée, ou tellement affaiblie, qu'elle ne saurait l'aider à gouverner sa personne ou ses biens. Le majeur qui est dans un état habituel d'imbécillité, de démence ou de fureur, doit être interdit, même lorsque cet état présente des intervalles lucides (*Code civ., art.* 489). Voy. *Interdiction.*

II. « Il n'y a ni crime, ni délit, porte l'art. 64 du Code pénal, lorsque le prévenu était en état de démence au temps de l'action, ou lorsqu'il a été contraint par une force à laquelle il n'a pu résister. »

La disposition de cet article est-elle applicable aux simples contraventions?

Un premier motif de doute est puisé dans le principe général que tout crime, tout délit, se compose du fait et de l'intention, et qu'il n'y a point de crime sans intention criminelle. L'insensé et le furieux n'ayant pas de volonté proprement dite, il eût été injuste de les punir d'un acte dont ils étaient incapables de connaître la moralité et de prévoir les conséquences.

En matière de contravention, au contraire, le fait est tout, l'intention n'est rien. Il semble dès lors que l'homme en démence, qui a commis un acte qualifié tel par la loi, ne devrait pas plus être excusé que celui qui a commis le même acte dans la plénitude de sa raison, mais avec une entière bonne foi et dans l'ignorance des réglements auxquels il est contrevenu. Le tort matériel est le même dans les deux cas, et la bonne foi, aux yeux de la morale, n'est pas moins justificative que l'absence de la raison.

L'art. 64, d'ailleurs, ne parle que des crimes et des délits. Peut-on supposer un oubli de la part du législateur, et ne faut-il pas voir plutôt, dans son silence à l'égard des contraventions, sa volonté formelle de les placer en dehors de cette espèce d'amnistie qu'il proclame pour des faits d'une autre nature?

Tels sont les motifs qui pourraient appeler une peine de simple police sur le malheureux contre lequel, sans contredit, la société a droit de surveillance, mais que son triste état rend plus digne de pitié que de châtiment.

Nous y opposerons avec confiance les considérations suivantes :

D'abord, comme le dit fort judicieusement M. Boucher d'Argis, l'art. 64 n'est que l'expression d'un principe naturel, qui est de tous les temps et de tous les lieux, et qu'il est impossible, sous ce rapport, de ne pas considérer comme une règle générale applicable à toutes les espèces d'infractions prévues par la loi. Ainsi disparaît l'argument tiré du silence de l'art. 64, sur les contraventions.

En second lieu, si la bonne foi ne justifie pas une contravention, c'est que personne n'est censé ignorer les lois ni les réglements de police régulièrement publiés. Cette présomption existe-t-elle pour les imbéciles ou pour les furieux?

Que deviendrait enfin le respect dû à la justice si des scènes bizarres ou ridicules venaient se mêler à la solennité de ses audiences, ou si des outrages, nécessairement impunis à cause de la démence de leur auteur, pouvaient atteindre le magistrat sur son siége?

Notre conviction intime est donc que les contraventions, aussi bien que les crimes et les délits, ne sont passibles d'aucune peine, lorsque celui qui les a commises était en état de démence, ou lorsqu'il y a été poussé par une force à laquelle il n'a pu résister.

III. Mais la démence, qui garantit un prévenu des condamnations pénales, n'empêche pas qu'il ne puisse être condamné à des dommages-intérêts pour la réparation du tort qu'il a causé. Seulement, comme ces dommages-intérêts ne peuvent pas être prononcés sans que le fait qui y donne lieu ait été constaté avec une partie en état de se défendre, et comme on ne peut pas nommer un curateur à l'inculpé pour instruire avec lui la procédure criminelle, que l'instruction doit, au contraire, être arrêtée du moment où la démence est reconnue, la demande en dommages-intérêts ne peut être jugée que par les tribunaux civils, et l'affaire est poursuivie devant eux avec le curateur à la démence du prévenu. (Legraverend, *Traité de la Législation criminelle*, t. 1, p. 472.)

DEMEURE (MISE EN). C'est la demande ou interpellation qui est faite à un débiteur de remplir son obligation.

I. La mise en demeure peut s'opérer de plusieurs manières :

1° Par la convention des parties, lorsqu'elle porte que, sans qu'il soit besoin d'acte, et par la seule échéance du terme, le débiteur sera en demeure (*Code civil, art.* 1139);

2° Par une sommation ou par un autre acte équivalant (*ibid*) : une simple interpellation verbale ne suffirait pas, à moins qu'elle ne fût constatée dans un acte signé du débiteur;

3° Par la loi, comme dans le cas d'une vente à réméré (*art.* 1661); ou du prêt à usage (*art.* 1881); ou d'une rente constituée dont le paiement a été suspendu pendant deux années (*art.* 1912); ou d'une vente de denrées et effets mobiliers, qui est résolue de plein droit après l'expiration du terme convenu pour le retirement (*art.* 1657);

4° Par le seul fait de l'inexécution, lorsque la chose ne pouvait être faite ou donnée que dans un certain temps. Ainsi l'ouvrier qui se serait chargé d'étayer un édifice menaçant ruine, n'aurait pas besoin de sommation pour être mis en demeure; le simple fait de son retard suffit pour qu'on soit autorisé à recourir à d'autres secours. Ainsi, encore, le fabricant qui s'est obligé à fournir certaines marchandises pour être vendues à une foire, est mis en demeure par l'échéance du jour où la foire doit avoir lieu.

II. L'effet de la demeure est de conférer au créancier un droit acquis aux fruits de la chose due, et à une indemnité fixée par le juge ou déterminée d'avance par la convention. (*Code civil, art.* 1152.)

III. Le débiteur ne peut se soustraire à ces effets par des

offres tardives, à moins que le créancier ne les accepte. Le créancier a l'option ou de faire résoudre le contrat pour s'en tenir aux dommages-intérêts résultant de l'inexécution, ou de demander à la fois et l'exécution du contrat, et les dommages-intérêts occasionés par le retardement.

DEMI-SOLDE. Voy. *Certificat.*

DÉMISSION. Acte par lequel celui qui est pourvu d'une fonction publique, déclare qu'il y renonce.

I. L'art. 48 de la loi du 20 avril 1810 porte que les juges et les officiers du ministère public qui s'absenteront plus de six mois sans un congé délivré suivant les formes prescrites par la loi et les réglements, pourront être considérés comme *démissionnaires*, et remplacés. (Voy. *Congé.*)

II. « Seront coupables de forfaiture, et punis de la dégradation civique, les fonctionnaires publics qui auront, par délibération, arrêté de donner des démissions dont l'objet ou l'effet serait d'empêcher ou de suspendre soit l'administration de la justice, soit l'accomplissement d'un service quelconque. » (*Code pénal, art.* 126.)

III. L'officier public qui veut se démettre de ses fonctions, doit en continuer l'exercice jusqu'à ce que sa démission ait été acceptée.

DÉNI DE JUSTICE. C'est le refus que fait un juge de rendre la justice, quand elle lui est légalement demandée.

I. Il y a déni de justice, porte l'art. 506 du Code de Procédure, lorsque les juges refusent de répondre les requêtes, ou négligent de juger les affaires en état et en tour d'être jugées.

II. Il y a encore déni de justice, aux termes de l'art. 4 du Code civil, lorsque le juge refuse de juger, sous prétexte du silence, de l'obscurité ou de l'insuffisance de la loi. Si la loi est obscure, dit Pigeau, il doit l'interpréter; si elle est insuffisante, il doit suppléer à l'expression qui manque à la loi, en étendant la loi à ce qui paraît compris dans son intention. Enfin, si elle est muette, il y supplée par la loi naturelle, qui gouvernait les hommes avant la loi positive, et qui continue encore de les gouverner dans les cas sur lesquels la loi positive garde le silence.

III. « Tout juge ou tribunal, tout administrateur ou autre autorité administrative qui, sous quelque prétexte que ce soit, même du silence ou de l'obscurité de la loi, aura dénié de rendre la justice qu'il doit aux parties, après en avoir été requis, et qui aura persévéré dans son déni, après avertissement ou injonction de ses supérieurs, pourra être poursuivi, et sera puni d'une amende de deux cents francs au moins, et de cinq cents francs au plus, et de l'interdiction des fonctions publiques, depuis cinq ans jusqu'à vingt. » (*Code pén.*, *art.* 185.)

IV. « Le déni de justice sera constaté par deux réquisitions faites aux juges en la personne des greffiers, et signifiées de trois jours en trois jours au moins pour les juges de paix et de commerce, et de huitaine en huitaine au moins pour les autres juges. Tout huissier requis sera tenu de faire ces réquisitions, à peine d'interdiction. » (*Code de Procéd.*, *art.* 507.)

V. « Après les deux réquisitions, le juge pourra être pris à partie. » (Voy. *Prise à partie.*)

VI. Un juge de paix compétent, *ratione materiæ*, peut-il, sans déni de justice, refuser de juger des parties qui ne sont pas ses justiciables, lorsqu'elles sont d'accord pour lui soumettre leur différent?

Non, répond M. Carré avec les auteurs du *Praticien*, parce que la loi qui autorise les parties à se présenter devant lui, dit impérativement *qu'il jugera leur différent.*

Voyons si le texte de l'art. 7 du Code de Procédure contient en effet cette disposition *impérative* qu'on lui attribue.

« Les parties pourront toujours se présenter volontairement devant un juge de paix, auquel cas *il jugera* leur différent, soit en dernier ressort, si les lois ou les parties l'y autorisent, soit à la charge de l'appel, encore qu'il ne fût le juge naturel des parties, ni à raison du domicile du défendeur, ni à raison de la situation de l'objet litigieux. »

Nous n'examinerons pas si ces mots: *auquel cas il jugera leur différent*, ont grammaticalement la même force obligatoire que ceux-ci de l'art. 380 : « Tout juge qui saura cause de récusation en sa personne, *sera tenu* de le déclarer à la chambre, qui décidera s'il doit s'abstenir. » C'est une mauvaise manière d'interpréter les lois, que de s'attacher trop servilement à la lettre : le véritable sens d'une loi est celui qui satisfait davantage la raison.

Or, quand le législateur a placé un juge de paix dans chaque canton, il a supposé que l'accomplissement des devoirs de ce magistrat envers ses justiciables naturels, suffirait pour remplir tous les moments que l'on peut légitimement demander à un fonctionnaire public. « Et par quel motif, disait le savant avocat général Daniels à la cour de cassation, permettrait-on aux parties d'imposer au juge une charge qui pourrait lui devenir très-pénible? Peut-on prétendre raisonnablement que le juge soit tenu de se prêter à tout le monde, d'épuiser ses forces pour rendre justice à tous ceux qui, appelés devant lui, ne voudraient pas proposer le déclinatoire? Il n'aurait donc plus aucune excuse, pas même dans la multitude des causes dont le jugement lui appartient par la nature de ses fonctions, pas même dans l'impossibilité physique de suffire à tout ? »

Ces motifs, qui se rapportaient à un tribunal de commerce, ne sont pas moins puissants en faveur des autres tribunaux. Que dans trois cantons rapprochés, par exemple, il se trouve par hasard deux juges de paix sans instruction ou sans moralité, et un troisième qui sera environné de la considération générale, faudra-t-il, si les justiciables de ses deux collègues voisins le choisissent pour vider tous leurs différents, qu'il accepte, à peine de déni de justice, un surcroît d'occupations impossible à soutenir, et dont l'inévitable résultat serait au moins de préjudicier à ses justiciables de droit ?

Une interprétation qui conduit à l'impossible ou à l'absurde, ne saurait être admise ; et nous avons la ferme conviction qu'un juge de paix ne courrait aucune chance de prise à partie, en refusant de juger un différent dont il ne serait pas le juge naturel, à raison du domicile du défendeur, ou à raison de la situation de l'objet litigieux. Nous engageons cependant ces magistrats à accepter, toutes les fois qu'ils le pourront sans nuire à leurs travaux ordinaires, une mission honorable pour eux, et dans laquelle ils peuvent être utiles aux deux parties, en usant de leur influence, soit pour les amener à une transaction, soit pour éteindre le procès en première instance.

VII. Le Code de Procédure civile n'ouvre à celui qui a éprouvé un déni de justice, d'autre voie que celle de la prise à partie. On ne peut donc plus appeler comme de déni de justice. Et, en effet, de deux choses l'une : ou l'affaire dont il s'agit est de nature à être jugée en dernier ressort par le tribunal de première instance devant lequel elle a été portée, ou elle est de nature à subir deux degrés de juridiction. Au premier cas, il est clair qu'on ne peut pas la porter par appel devant le tribunal supérieur, et que celui-ci serait, *ratione materiæ*, incompétent pour en connaître. Au second cas, le tribunal supérieur ne pourrait en connaître qu'après qu'elle aurait subi un premier degré de juridiction.

VIII. Quel sera donc, en cas de déni de justice, le moyen de faire juger le fond ? Le Code de Procédure ne l'indique pas ; mais il est évident qu'on doit assimiler le cas où un tribunal de paix refuse de juger, au cas où il se trouve, par une cause quelconque, dans l'impuissance de remplir ses fonctions. Il faut donc, par argumentation des tit. 19 et 20 du Code de Procédure, se faire régler de juges par le tribunal de première instance (Merlin, *Répert.*, v° *Déni de justice*). Voy. *Réglement de juges.*

IX. Remarquons cependant que le tribunal supérieur pourrait juger le fond, si le déni de justice résultait d'un jugement par lequel le tribunal de première instance se serait mal à propos dessaisi d'une affaire disposée à recevoir une décision définitive. On en trouve la preuve dans un arrêt de la cour de cassation, du 27 août 1806, dont voici l'espèce :

Joseph Clément, propriétaire au Crestet, avait fait citer Laurent Aubery, propriétaire en la même commune, devant le juge de paix, à raison du trouble qu'il prétendait que celui-ci avait apporté dans la possession plus qu'annale où il était de couper et de faire couper le bois crû sur une portion de terrain tenant à la propriété de l'un et de l'autre, et il avait demandé à être maintenu dans cette possession.

Par un premier jugement, en date du 24 fructidor an 10, le juge de paix ordonna que les parties feraient preuve des faits par elles respectivement allégués, et qu'il se transporterait sur les lieux pour entendre les témoins. Clément en produisit sept, et Aubery six. Des reproches furent proposés de part et d'autre, et chacun conclut à la maintenue possessoire.

En cet état le juge de paix, après un délibéré, considérant ce qui résultait de l'enquête, déclara ne pouvoir faire droit aux parties, sans craindre de léser les intérêts de l'une d'elles, et les renvoya, en conséquence, devant le tribunal de première instance, pour faire statuer sur la maintenue en possession, qui avait été l'objet de la complainte.

Clément appela de ce jugement devant le tribunal d'Orange, et conclut comme devant le premier juge.

Aubery soutint que l'appel n'était pas recevable, 1° parce qu'il n'y avait pas véritablement de jugement rendu en première instance sur l'affaire ; 2° parce que, si l'on voulait considérer la déclaration faite par le juge de paix comme un déni de justice, il aurait fallu lui faire, préalablement à tout recours aux juges supérieurs, les sommations prescrites par la loi.

Ces moyens furent accueillis par le tribunal d'Orange, qui déclara l'appel non recevable, et renvoya les parties devant le premier assesseur du juge de paix.

Recours en cassation de la part de Clément. Arrêt : « Attendu que, dans l'espèce, l'instruction devant le juge de paix, comme juge de première instance, avait été complète sur le fond, et que les parties y avaient conclu respectivement ; que, dans cet état, quel qu'ait été le motif qui a déterminé le juge de paix à renvoyer devant le tribunal civil de l'arrondissement, pour faire droit sur la maintenue en possession demandée par Clément, et également réclamée par Aubery, cette décision était un véritable jugement, au moyen duquel le premier degré de juridiction s'est trouvé rempli et épuisé, et contre lequel on avait pu, en conséquence, recourir au juge supérieur, par la voie de l'appel; que le tribunal civil d'Orange, saisi par l'appel de Clément, et par les conclusions reprises devant lui par toutes les parties, de la connaissance du fond de la contestation, devait y statuer définitivement; que cependant, au lieu de vider ainsi le litige, il a renvoyé de nouveau devant le suppléant du juge de paix qui avait déjà prononcé, ce qui avait introduit sur la même affaire plus de deux degrés de juridiction, et par conséquent une contravention à la disposition formelle de la loi du 1er mai 1790; par ces motifs, la cour casse et annule le jugement rendu par le tribunal civil de l'arrondissement d'Orange, le 6 fructidor an 11. »

X. Ainsi que l'observe Merlin, cet arrêt décide non-seulement que le tribunal supérieur *peut* juger le fond, mais qu'il le *doit*, lorsque l'affaire sur laquelle il y a eu déni de justice est disposée à recevoir une décision définitive. Mais, depuis que le Code de Procédure est en activité, les tribunaux supérieurs ne sont plus obligés, en pareil cas, de statuer sur le fond; ils en ont seulement la faculté. Cela résulte clairement de l'art. 473.

XI. Il y a une autre espèce de déni de justice, qu'on peut assimiler à celui dont nous venons de parler. C'est lorsqu'un officier inférieur de justice refuse de prêter son ministère aux actes pour lesquels il est requis et nécessaire. Lorsque ce refus n'est point fondé sur des raisons légitimes, on peut obtenir contre cet officier une injonction du juge, au bas d'une simple requête donnée à cet effet; et l'officier est obligé d'y satisfaire à peine de tous dépens, dommages-intérêts, et même d'interdiction. (Merlin, *Répert.*, *loco citato.*)

XII. Il arrive aussi quelquefois qu'un huissier ne veut pas prêter son ministère pour des opérations qui intéressent des personnes en place. On peut obtenir de même, contre ces officiers, une ordonnance d'injonction; et si, après avoir présenté à l'un d'eux cette ordonnance en présence de témoins, il persiste dans son refus, c'est le cas de rendre plainte contre lui. On est même autorisé à le faire, sans qu'il y ait eu d'injonction, dans le cas où les ordonnances elles-mêmes enjoignent formellement aux huissiers de se prêter aux simples réquisitions qui leur sont faites, comme dans le cas, par exemple, où il s'agit de faire à un juge des sommations sur un déni de justice. S'il leur fallait, en pareil cas, une injonction particulière de la part du juge, il est clair qu'il serait aussi difficile de l'obtenir, que d'obtenir la justice même que l'on attend. (Merlin, *ibid.*)

XIII. L'art. 507 du Code de Procédure prononce la peine de l'interdiction contre l'huissier qui refuserait de signifier aux juges les réquisitions prescrites en cas de déni de justice.

DÉNONCIATION. Ce mot a deux significations différentes.

I. En matière civile, la dénonciation est l'acte par lequel on donne connaissance de quelque chose à un tiers. Ainsi, aux termes de l'art. 614 du Code civil, lorsque, pendant la durée de l'usufruit, un tiers commet quelque usurpation sur le fonds ou attente autrement aux droits du propriétaire, l'usufruitier est tenu de le dénoncer à celui-ci, faute de quoi il est responsable de tout le dommage qui peut en résulter pour le propriétaire, comme il le serait de dégradations commises par lui-même.

II. En matière criminelle, la dénonciation est une déclaration qu'on fait à la justice, d'un crime ou d'un délit, avec ou sans l'indication de l'individu qui en est présumé l'auteur.

III. Il y a deux espèces de dénonciation : la dénonciation *officielle* et la dénonciation *civique*.

IV. La première est celle dont parle l'art. 29 du Code d'Instruction criminelle : « Toute autorité constituée, tout fonctionnaire ou officier public qui, dans l'exercice de ses fonctions, acquerra la connaissance d'un crime ou d'un délit, sera tenu d'en donner avis sur-le-champ au procureur du roi près le tribunal dans le ressort duquel ce crime ou délit aura été commis, ou dans lequel le prévenu pourrait être trouvé, et de transmettre à ce magistrat tous les renseignements, procès-verbaux et actes qui y sont relatifs. »

V. Cette obligation est purement morale, comme celle qui est imposée à tous les citoyens par l'art. 30, et n'est sanctionnée par aucune peine, excepté dans les cas prévus par les art. 103, 104, 105, 106, 107, 108, 136, 137 et 138 du Code pénal.

VI. L'art. 358 du Code d'Instruction criminelle, qui autorise l'accusé acquitté à se pourvoir en dommages-intérêts contre les dénonciateurs, pour fait de calomnie, ajoute : « Sans, néanmoins, que les membres des autorités constituées puissent être ainsi poursuivis à raison des avis qu'ils sont tenus de donner concernant les délits dont ils ont cru acquérir la connaissance dans l'exercice de leurs fonctions, sauf, contre eux, la demande en prise à partie, s'il y a lieu. »

VII. Cette exception équitable ne pourrait être invoquée par le magistrat dénonciateur d'un crime dont il aurait acquis la connaissance hors de l'exercice de ses fonctions. Il ne devrait alors être considéré que comme un citoyen ordinaire et soumis aux mêmes règles.

VIII. La dénonciation civique est celle que toute personne, témoin d'un attentat, soit contre la sûreté publique, soit contre la vie ou la propriété d'un individu, est *tenue* de faire au procureur du roi, soit du lieu du crime ou du délit, soit du lieu où le prévenu peut être trouvé. (*Code d'Instr. crim., art.* 30.)

IX. Les magistrats qui reçoivent les dénonciations doivent avoir égard à la moralité du dénonciateur et du dénoncé, et agir avec précaution lorsque le premier n'offre pas toutes les garanties convenables; ils s'exposeraient, sans cela, soit à un désaveu, soit à une prise à partie.

X. Les dénonciations doivent être rédigées par les dénonciateurs ou par leurs fondés de procuration spéciale. Une procuration générale, en quelques termes qu'elle fût conçue, serait insuffisante en pareil cas. Elles sont signées, à chaque feuillet, par le magistrat qui les reçoit, et par les dénonciateurs ou leurs procureurs fondés.

La procuration demeure toujours annexée à la dénonciation, dont le dénonciateur peut se faire délivrer une copie à ses frais. (*Art.* 31.)

XI. Lorsque le dénonciateur ou son fondé de pouvoir ne sait ou ne veut pas signer, il en est fait mention. (*Même article.*)

Sous l'empire du Code de brumaire an 4, la dénonciation était comme non avenue, lorsque le dénonciateur refusait de la signer. M. Bourguignon pense que, malgré le silence du nouveau code à cet égard, il faudrait encore aujourd'hui décider de la même manière, parce qu'une dénonciation ou une plainte que le plaignant ou le dénonciateur refuserait de signer, ne serait qu'un acte imparfait et conséquemment nul, qui ne pourrait produire aucun effet, sauf au ministère public à agir d'office pour constater l'existence et poursuivre la répression du délit dénoncé par cet acte imparfait. Sans adopter entièrement cette opinion, qui crée une nullité non prononcée par la loi, nous croyons que le refus de signer, de la part du dénonciateur, doit être un motif pour que la dénonciation soit accueilli avec une grande méfiance. Elle ne serait pas nulle, cependant, si elle était reçue par d'autres fonctionnaires, pourvu que l'instruction fût faite par les magistrats compétents. (*Cour de cass.*, 8 *prair. an* 11.)

XI. La dénonciation peut aussi être rédigée par le procureur du roi ou par celui de ses auxiliaires à qui elle est faite. (*Art.* 31.)

XII. Les auxiliaires du procureur du roi qui peuvent recevoir des dénonciations sont les juges de paix, les officiers de gendarmerie, etc. (voy. *Officiers de police judiciaire*). Si c'est le greffier du juge de paix qui l'écrit sous la dictée de ce magistrat, il doit la signer à chaque feuillet et à la fin (*Levasseur*, n° 325).

XIII. On a vu, à l'article *Flagrant délit*, les attributions dont les officiers de police judiciaire sont investis dans ce cas; mais lorsque la dénonciation ne porte pas sur un délit flagrant, ces officiers ne doivent la recevoir que pour la transmettre sans délai, et sans faire aucun acte d'instruction, au procureur du roi, qui la remet au juge d'instruction avec son réquisitoire. (*Art.* 54.)

XIV. Il y a cependant une exception à cette règle pour quelques-uns des officiers de police judiciaire. Ainsi, lorsque la dénonciation est relative à une contravention de simple police, les commissaires de police, et, dans les communes où il n'y en a pas, les maires ou leurs adjoints doivent recevoir la dénonciation, constater au besoin la contravention par procès-verbal, conformément à l'art. 11, poursuivre ensuite l'action publique devant le tribunal de police, et s'il y a plusieurs commissaires, la faire poursuivre par l'un de ceux désignés par le procureur général pour remplir les fonctions du ministère public, ainsi qu'il est prescrit par les art. 15, 20, 21, 144, 145, 146, 148, 153, 165 et 167.

XV. S'il s'agit d'un délit rural ou forestier, de la nature de ceux mentionnés dans l'art. 16, les commissaires de police, maires ou adjoints les constateront comme il est dit dans les art. 11 et 16, et transmettront ensuite la dénonciation, leur procès-verbal et les pièces au procureur du roi, en conformité de l'art. 53. La raison de cette différence est que dans le cas d'une dénonciation de crime ou délit ordinaire, ces officiers n'agissent qu'en qualité d'auxiliaires, tandis qu'ils ont une mission directe et spéciale pour les contraventions et les délits ruraux et forestiers.

XVI. Il ne faut pas oublier que les dénonciations, procès-verbaux et autres actes rédigés pas les officiers de police judiciaire, doivent toujours être transmis en original au procureur du roi. Un extrait, ni même une copie, n'inspireraient pas la même confiance aux juges ou aux jurés à qui ces pièces peuvent être communiquées.

XVII. Les formalités prescrites pour la dénonciation civique ne sont point applicables à la dénonciation officielle. En effet, les fonctionnaires publics, les autorités constituées qui dénoncent un crime ou un délit dont la connaissance leur est parvenue dans l'exercice de leurs fonctions, ne sauraient être assimilés aux parties plaignantes ou aux dénonciateurs. Leurs dénonciations ne sont que des avertissements donnés à l'officier de police judiciaire. Elles peuvent donc être transmises sous la simple forme de la correspondance et sans déplacement, même dans les cas où la loi prescrit des formalités particulières, comme en matière de faux. La question a été décidée dans ce sens, sous l'empire du Code du 3 brumaire an 4, par un arrêt de cassation du 8 messidor an 13; et les raisons de décider sont encore les mêmes aujourd'hui. (*Legraverend*, t. 1, p. 192.)

Formule de dénonciation.

L'an mil huit cent , le , par-devant nous, etc., s'est présenté le sieur , habitant à , lequel nous a déclaré que, passant devant la rue de , cejourd'hui, six heures du matin, il a aperçu deux hommes vêtus de , taille de , lesquels, armés chacun d'un fusil, se sont saisis d'un particulier sortant d'une maison donnant sur ladite rue , numérotée , lequel, malgré sa résistance et après l'avoir maltraité, ils ont emmené et fait monter par force dans une voiture qui se trouvait au coin de ladite rue , vis-à-vis une maison où l'on entre par une allée étroite, fermée d'une petite porte; que là les deux particuliers et la personne par eux enlevée sont descendus de la voiture et entrés dans ladite allée, dont la porte a été sur-le-champ fermée; que ledit et deux voisins qu'il a conduits par-devant nous pour déposer desdits faits, s'étant approchés et ayant prêté l'oreille, ils ont entendu une voix qu'ils croient être celle du particulier maltraité, et qui se plaignait des mauvais traitements exercés sur lui; que ledit et les deux autres témoins ayant demandé au cocher qui conduisait ladite voiture, s'il connaissait les personnes entrées dans ladite maison, il leur a répondu qu'il soupçonnait, etc. (*détailler toutes les circonstances*); que ledit , certain que la maison où a été conduite la personne enlevée en sa présence, n'est pas un lieu de détention, et convaincu que cet acte de violence ne peut être que l'effet d'un abus d'autorité ou d'un complot criminel, est venu nous dénoncer ce crime, dont les témoins qu'il a amenés attesteront les circonstances qui sont à leur connaissance. Sur quoi, nous (*rappeler la qualité de l'officier de police*), ouï l'exposé dudit , nous lui avons demandé s'il était prêt à signer et affirmer la dénonciation. Ledit a répondu qu'il était prêt à signer sa déclaration et à en affirmer la vérité.

Attendu que le fait déclaré par ledit , s'il était avéré, serait un crime punissable, et qu'il importe à l'ordre public d'en vérifier l'existence et les circonstances;

Après avoir entendu la déclaration de et de ,

demeurant à , témoins amenés par ledit , lesquels nous ont dit, savoir , et l'autre ; laquelle déclaration est conforme à l'exposé dudit ; nous disons qu'à l'instant même, en exécution des articles du Code d'Instruction criminelle ; ou de la loi du (*on désigne les articles applicables soit à l'espèce du crime dénoncé, soit au fonctionnaire qui reçoit la dénonciation*), nous nous transporterons rue , dans la maison , à l'effet d'y faire perquisition, et de prendre tous les renseignements et éclaircissements nécessaires, pour être ensuite procédé par nous ainsi qu'il sera convenable, et conformément à la loi

DÉNONCIATION DE NOUVEL ŒUVRE. C'était, sous l'ancien droit, l'action par laquelle quelqu'un s'opposait, en justice, à la continuation d'une entreprise nouvelle qu'il croyait lui être préjudiciable.

Après avoir rapidement tracé les principes de la législation romaine sur cette matière, et rappelé la jurisprudence française antérieure à la promulgation du Code de Procédure, nous établirons que la dénonciation de nouvel œuvre, *operis novi nunciatio*, doit être maintenant comprise dans la catégorie générale des *actions possessoires*, qu'elle est assujettie aux mêmes règles que les autres, et qu'elle produit les mêmes effets. (Voy. *Action possessoire.*)

§ Ier. *Droit romain.*

I. La dénonciation de nouvel œuvre avait pour but de faire interdire la continuation du travail commencé, sans examiner le droit de l'entrepreneur, *sive jure, sive injuria opus fieret.*

II. On l'employait, soit pour conserver un droit privé ou public, soit pour se garantir d'un dommage dont on était menacé.

III. Il ne faut pas toutefois confondre cette action avec celle *de damno infecto*, qui avait lieu pour dommage non encore fait, mais que l'on avait juste sujet de craindre. Ainsi, la maison de mon voisin menace ruine, et peut, par sa chute, écraser la mienne. Je me sers de l'action *de damno infecto* pour l'obliger à réparer, à étayer, ou à démolir l'édifice ruiné.

Mais si mon voisin avait commencé de construire un bâtiment qui pouvait me préjudicier, c'était le cas d'intenter contre lui l'action en dénonciation de nouvel œuvre.

IV. Cette action pouvait être intentée toutes les fois que l'ancien état des choses éprouvait quelque changement, soit par une construction, soit par une démolition. Elle pouvait l'être non-seulement contre le voisin immédiat, mais même contre l'arrière-voisin, sans qu'il y eût aucune distinction à faire entre les villes et les campagnes.

V. Mais elle n'était plus recevable lorsque le nouvel œuvre était achevé. *Hoc autem remedium operis novi nunciatione adversus futura introductum est, non adversus præterita.* (L. 1, § 1er, ff. *de op. nov. nunc.*)

Dans ce cas, il fallait recourir à l'action *vi aut clam : nam si quid operis fuerit factum quod fieri non debuit, cessat edictum de operis novi nunciatione, et erit transeundum ad interdictum quod vi aut clam factum erit, ut restituatur.* (Ibid.)

VI. Il n'était pas nécessaire que la dénonciation fût faite au propriétaire en personne; il suffisait qu'elle le fût à celui qui dirigeait les travaux, à l'un de ses ouvriers, ou à tout autre qui, se trouvant sur les lieux, était à portée d'en faire part au propriétaire.

VII. Cette action s'exerçait de plusieurs manières, soit par de simples paroles adressées à ceux qui exécutaient les travaux, soit en obtenant des défenses du préteur, soit en jetant une petite pierre sur le terrain de celui à qui appartenaient les nouvelles constructions.

VIII. L'effet de la dénonciation de nouvel œuvre était de suspendre les travaux de plein droit. Si on les continuait au mépris de la défense, le juge devait ordonner la démolition de tout ce qui avait été fait depuis la dénonciation, à moins que le contrevenant n'eût été autorisé à poursuivre ses travaux en donnant caution de réparer le dommage qu'en pourrait souffrir le plaignant.

IX. Lorsque le terrain sur lequel se faisait le nouvel œuvre appartenait par indivis à plusieurs propriétaires, la dénonciation faite à l'un d'eux était censée faite à tous. Mais si l'un d'eux seulement se permettait de passer outre, l'action en dommages-intérêts n'était ouverte que contre lui.

§ II. *Ancienne jurisprudence française.*

I. On ne trouve ni dans les ordonnances, ni dans les coutumes, aucune disposition relative à la dénonciation de nouvel œuvre. Boutillier, dans sa *Somme rurale*, liv. 2, tit. 32, assure que, de son temps, cette dénonciation pouvait encore se faire verbalement. Mais il est formellement contredit par Charondas, qui écrivait un siècle après : « Nonciation de nouvel œuvre est une prohibition de ne bâtir et édifier nouvel œuvre. Elle se faisait ou par paroles du dénonciateur ou par autorité du préteur. On ne peut pratiquer en France que la dernière manière, par autorité du juge. Les parties étant ouïes par-devant lui, il ordonne si la dénonciation tiendra ou si celui qui a commencé de bâtir continuera en baillant caution. »

II. Il résulte de ces derniers termes que le juge n'était pas absolument tenu d'admettre l'auteur du nouvel œuvre à le continuer, moyennant caution de remettre les choses dans leur premier état. C'était par les circonstances de chaque affaire qu'il devait se déterminer sur ce point « Nous tenons, dit Henrys, à une distinction que nous croyons devoir servir de règle. Si, d'abord que l'œuvre est commencée, les intéressés s'en plaignent, et qu'il n'y ait rien qui presse, le juge ne doit pas lever les défenses ni permettre qu'on continue ce qu'on a entrepris de faire. Il doit plutôt entrer dans la connaissance du fond, et tâcher de juger le différent. Mais si les intéressés ont attendu d'en réclamer, s'ils ont souffert qu'on avançât l'œuvre, et qu'ayant préparé les matériaux, elle soit en état d'être achevée, ils ne peuvent pas empêcher qu'elle ne soit continuée en baillant caution. C'est parce qu'ils se doivent imputer la faute de n'en avoir pas réclamé plus tôt. Autrement il serait au choix d'un mauvais voisin d'attendre que l'œuvre soit bien avancée, à dessein d'engager l'entrepreneur en une dépense inutile. » *Et cela est fort juste*, ajoute Bretonnier, dans ses observations sur ce passage d'Henrys.

III. On a vu plus haut, § 1, n° 2, que, dans le droit romain, tout particulier était admis à la dénonciation du nouvel œuvre qui se faisait au préjudice du public. « Mais, dit Brillon au mot *Nouvel œuvre*, cela ne se pratique plus en France, où il serait nécessaire, en pareil cas, de prévenir les personnes chargées de l'inspection générale ou du détail des édifices publics. »

§ III. *Droit actuel.*

I. Tout le monde sait que depuis long-temps on ne s'arrête plus dans les tribunaux aux différences que le droit romain avait établies entre les actions judiciaires.

Il importe peu aujourd'hui que l'action soit qualifiée de telle ou telle manière ; il n'est pas même nécessaire de la désigner par un nom quelconque ; c'est par les conclusions seules du demandeur qu'elle doit être appréciée.

Or, la nature d'une action étant déterminée par son but, et le but de l'action en dénonciation de nouvel œuvre étant de faire cesser un trouble, un obstacle apporté par des constructions nouvelles à la jouissance d'une propriété, il est évident qu'elle appartient à la classe des actions possessoires. Aussi les

Romains lui donnaient-ils la qualification *d'interdit*, comme à la complainte et à la réintégrande. *Hoc interdictum*, porte la loi 20, § 6 et 7, ff. *de Operis novi nunciatione*, *perpetuo datur, et hœredi, cæterisque successoribus competit*; et la cour de cassation, dans plusieurs arrêts, et notamment dans ceux du 28 février 1814, du 13 avril 1819 et du 11 juillet 1820, a déclaré que la dénonciation de nouvel œuvre a tous les caractères d'une action possessoire. C'est une espèce de complainte, qui diffère de la complainte ordinaire en ce que celle-ci a lieu le plus souvent pour un trouble causé immédiatement sur notre fonds, tandis que la dénonciation de nouvel œuvre est également motivée par des ouvrages construits sur le fonds d'autrui, qui portent préjudice à notre jouissance.

II. Mais cette action a-t-elle encore, sous la législation actuelle, le caractère particulier que lui attribuaient soit le droit romain, soit notre ancienne jurisprudence?

Les jurisconsultes ne sont pas d'accord sur cette question, et la cour de cassation elle-même ne l'a pas toujours résolue de la même manière. MM. Henrion de Pansey, Favard de Langlade, Guichard, etc., prétendent que la dénonciation de nouvel œuvre est maintenue par notre droit actuel avec le caractère distinct et une partie des effets qu'elle avait sous l'ancien droit. J'ai démontré, ailleurs (1) l'erreur de cette opinion. Tous les auteurs qui ont écrit, depuis lors, sur cette matière, notamment M. Chauveau (*Journal des Avoués*) et M. Garnier (*Traité des Actions possessoires*), se sont ralliés à mon avis.

La loi du 16-24 août 1790, qui attribue aux juges de paix la connaissance des actions possessoires, et les art. 3 et 23 du Code de Procédure, qui en règlent l'exercice et les conditions, ne font aucune distinction entre les trois interdits anciennement appelés *complainte*, *réintégrande* et *dénonciation de nouvel œuvre*. Ces trois espèces d'action sont comprises sous une dénomination commune, et les principes de compétence, le mode de procéder, les conditions requises pour donner naissance au droit, s'appliquent également aux unes et aux autres.

Comment, dès lors, établir entre elles une différence qui ne se trouve point dans la loi, et que le législateur a sagement évité d'y introduire pour ne pas retomber dans des subtilités qui jetaient autrefois la confusion dans des matières déjà si difficiles?

(1) *Questions de Droit*, 4ᵉ édit., aux mots *Dénonciation de nouvel œuvre.*

Quelle base, d'ailleurs, adoptera-t-on, si l'on s'écarte de celles que le Code de Procédure a indiquées pour toutes les actions possessoires?

Invoquera-t-on le droit romain, et suffira-t-il de jeter une pierre sur le terrain où se font les constructions nouvelles, pour forcer l'innovateur à s'arrêter?

Le juge permettra-t-il au défendeur, quand l'instance est régulièrement introduite, et que les travaux ne sont pas achevés, de les continuer en donnant caution, comme on le pratiquait du temps d'Henrys?

Non, car, ainsi que l'observe fort bien M. Garnier, p. 364, le juge, en reconnaissant la possession annale qui fait présumer le droit au fond, ne pourrait se dispenser de réprimer l'atteinte qui y aurait été portée. La solution contraire, ajoute-t-il, serait une composition avec le droit de propriété, qui n'est admise que pour cause d'utilité publique.

Enfin, lorsque le défendeur, malgré la dénonciation à lui faite, a continué ses travaux, lui refusera-t-on audience jusqu'à ce qu'il ait rétabli les choses dans l'état où elles se trouvaient avant la sommation, ainsi que le prescrit la loi 1, § 7, ff. *de Operis novi nunciatione*? *Si is cui opus novum denunciatum est, antè remissionem ædificaverit, deindè cæperit agere jus sibi esse ita ædificatum habere, prætor actionem ei denegare debet, et interdictum in eum de opere restituendo reddere.*

Le juge de paix de la Bruguière et le tribunal de Castres avaient fait une application exacte de cette loi; mais la cour de cassation annula leur sentence par un arrêt du 11 juillet 1820, qu'il est important de rapporter :

« Vu l'art. 1041 du Code de Procédure civile; attendu que les juges seuls ont le droit de commander et de se faire obéir; que les parties intéressées ont bien le droit de forcer leurs adversaires, par actes extra-judiciaires, de faire ce qu'elles prétendent exiger d'eux; mais que de pareils actes ne peuvent produire d'autres effets que de constituer en demeure et de rendre passibles de dommages-intérêts ceux qui n'y ont pas déféré lorsque la demande se trouve juste et bien vérifiée; que ce principe général ne souffre pas d'exception au cas de dénonciation de nouvel œuvre; *que les lois romaines qui en disposaient autrement, n'ont jamais été observées en France, et qu'elles n'ont pu surtout être invoquées depuis la mise en activité du Code de Procédure*, qui, par son art. 1041, a déclaré abrogés toutes les lois, coutumes, usages et réglements antérieurs relatifs à la procédure civile; que, cependant, c'est par application des lois romaines que le tribunal de Castres s'est décidé à dénier justice au demandeur tant qu'il n'aurait pas remis les choses au même état qu'elles étaient lors de la défense qui lui avait été faite par acte extra-judiciaire, de continuer ses constructions ; que la forme de procéder en pareille matière était indiquée au tit. 1er du Code de Procédure, qui s'occupe des actions possessoires, et par suite de celle en dénonciation de nouvel œuvre, qui en a le véritable caractère ; Par ces motifs, la cour casse. »

III. S'il est reconnu que les lois romaines sur les actions possessoires n'ont jamais été observées en France, et si le Code de Procédure a aboli toutes les lois, coutumes, usages et réglements relatifs à la procédure civile, où puisera-t-on un prétexte pour modifier les dispositions générales des articles 3 et 23 de ce Code, et pour justifier les distinctions contre lesquelles je me suis élevé depuis long-temps?

Et, par exemple, l'art. 23 déclare que les actions possessoires sont recevables lorsqu'elles auront été formées dans l'année du trouble, par ceux qui, depuis une année au moins, étaient en possession paisible, par eux ou les leurs, à titre non précaire.

Il suffit donc que le trouble existe, et que le plaignant ne l'ait pas toléré plus d'une année, pour qu'il ait le droit d'intenter l'action possessoire, n'importe que les travaux qui constituent le trouble soient ou non achevés. Cependant la cour de cassation a décidé, le 14 mars 1827, que lorsqu'il s'agit d'une construction faite par le défendeur sur son propre terrain, il ne peut être formé d'autre demande qu'une action en dénonciation de nouvel œuvre, et que si les travaux sont terminés avant la demande, il ne peut plus être formé d'action possessoire.

Cette consécration des principes de l'ancien droit, qui nous paraît en opposition formelle avec l'arrêt du 11 juillet 1820, repose sur la distinction arbitraire que l'on veut établir entre les diverses actions possessoires.

Sans doute la dénonciation de nouvel œuvre, telle qu'on l'entendait jadis, ne serait plus admissible après la confection des travaux, car n'ayant été introduite que pour empêcher la continuation des ouvrages commencés, elle n'a plus d'objet une fois que l'innovateur a terminé cet ouvrage.

C'est ce que la loi 1, § 1, ff., *de Operis novi nunciatione*, décide de la manière la plus positive. *Si quid operis fuerit factum quod fieri non debuit, cessat edictum de Operis novi nunciatione.*

Mais s'ensuit-il de là que celui à la jouissance duquel nuit le nouvel œuvre, soit réduit à l'attaquer par la voie du pétitoire, et qu'il ne puisse plus en demander la destruction par voie de complainte?

La loi citée décide textuellement elle-même que, quoique l'interdit *novi Operis* soit en ce cas fermé, il en reste ouverts d'autres qui sont *restitutoires*, et par lesquels on peut obtenir la destruction du nouvel œuvre attentatoire à notre possession. Il faut alors, dit-elle, recourir soit à l'interdit accordé contre la violence et la clandestinité, soit à l'interdit accordé contre ceux qui font, au préjudice d'autrui, quelques ouvrages ou dans un fleuve ou sur une rive publique, ou dans un lieu sacré, ou dans un lieu devenu religieux par la sépulture d'un mort, tous interdits dont l'effet est de restituer le plaignant contre tout ce qui a été fait illicitement à son préjudice : *Et erit transeundum ad interdictum quod vi aut clam factum erit, ut restituatur ; et quod in loco sacro, religiosove, et quod in flumine publico, ripave publica factum erit; nam his interdictis restituetur, si quid illicitè factum est.*

D'ailleurs les interdits dont il est parlé dans ce texte n'y étant pas proposés d'une manière restrictive, mais seulement par forme d'exemple, on ne doit pas en conclure que l'interdit *uti possidetis*, c'est-à-dire l'action possessoire que nous nommons *complainte*, soit refusé à celui auquel préjudicie le nouvel œuvre qui a été non-seulement commencé, mais même terminé, soit sans violence et clandestinité, soit sur un terrain qui n'est ni un fleuve ni une rive publique, ni un lieu sacré ou religieux.

Et de là il résulte clairement que, nonobstant l'entier achèvement du nouvel œuvre, celui aux droits duquel il porte préjudice peut en demander la destruction par complainte ordinaire.

C'est effectivement ce qu'a jugé un arrêt de la cour de cassation, du 27 juin 1827, dont le Bulletin civil nous retrace ainsi l'espèce et le prononcé :

« Les hospices d'Arles, propriétaires du mas d'Angery, les héritiers Delorme, propriétaires de celui du Millet, et le sieur Nay, propriétaire de celui d'Azegat, domaines démembrés de celui de Biord, possédaient en commun, par *indivis*, depuis plus de cinquante ans, un *relarg* avec un abreuvoir, lorsqu'en 1822, le sieur Nay fit combler un ancien fossé et pratiquer un fossé nouveau par le moyen duquel il augmenta son jardin aux dépens de la chose commune.

» Le 6 mars 1822, citation, à la requête des hospices et des héritiers Delorme, devant le juge de paix d'Arles, en complainte et rétablissement des choses en leur premier état, avec dommages-intérêts.

»Le 13, en vertu d'un premier jugement par défaut, le juge de paix se transporte sur les lieux, y fait dresser procès-verbal de leur état, et procède de plus à une enquête.

»Deux fins de non recevoir sont proposées par le sieur Nay : la première, que la demande n'étant autre chose que ce que l'on nomme, en droit, *la dénonciation de nouvel œuvre*, elle n'était plus recevable, parce que le nouvel œuvre étant achevé, on n'était plus à temps de s'y opposer par cette voie;

»La deuxième, que l'action possessoire, complainte ou réintégrande, ne pouvait être admise de la part de communistes contre un communiste.

»Toutefois, en proposant ce moyen, le sieur Nay ne dissimulait pas qu'il entendait s'approprier exclusivement la partie du terrain qu'il avait enclose dans son jardin.

»Après de grandes discussions, jugement du 19 avril 1822, par lequel le juge de paix rejette les fins de non recevoir, déclare l'action possessoire bien formée, ordonne le rétablissement des lieux dans leur premier état, et condamne le sieur Nay à 100 fr. de dommages-intérêts et aux dépens.

»Sur l'appel porté devant le tribunal civil de Tarascon, jugement du 22 août 1822, qui infirme celui du juge de paix, et déclare la demande non recevable.

»Recours en cassation.

»Arrêt. — LA COUR; Vu les art. 10, n° 2, tit. 3, de la loi du 24 août 1790, 3 et 23 du Code de Procédure civile;

»Considérant qu'aux termes de l'art. 23, ci-dessus cité, toute action possessoire est recevable, lorsque les conditions énoncées en cet article s'y trouvent, et que la loi n'en impose pas d'autres;

»Qu'il n'est pas contesté que les demandeurs, comme propriétaires des mas d'Angery et du Millet, avaient en commun avec le sieur Nay, comme propriétaire du mas d'Azegat, la possession indivise du relarg et de l'abreuvoir lorsque le sieur Nay s'est permis de faire enclore de fossés une partie de ce relarg pour la joindre à son jardin et en faire sa propriété exclusive;

»Qu'ayant causé par ce fait un trouble à la possession commune, les demandeurs ont eu droit et intérêt d'agir par voie de complainte et de réintégrande pour faire cesser ce trouble; sans quoi ils se fussent exposés à perdre d'abord l'avantage de la possession annale, et par suite à ne pouvoir plus agir qu'au pétitoire, même à perdre la propriété par la prescription;

»Que les demandeurs ayant formé leur action dans l'année du trouble, action qui n'a rien de commun avec ce que le défendeur n'a voulu considérer que comme *dénonciation de nouvel œuvre*, on n'a pu les y déclarer non recevables, ni sous le prétexte qu'ils pouvaient y former opposition avant l'achèvement du fossé, ni sous le prétexte de l'indivis et de la jouissance commune, alors que le sieur Nay prétend s'attribuer à lui seul la possession et la propriété de la portion usurpée par lui;

» Qu'en infirmant la décision du juge de paix, lequel avait admis l'action possessoire et ordonné le rétablissement des lieux en leur premier état, par la suppression du fossé pratiqué, en réduisant les demandeurs à se pourvoir par la voie du pétitoire, le tribunal a commis un excès de pouvoir et violé les articles ci-dessus cités;

» Par ces motifs, la cour casse et annule le jugement rendu par le tribunal de Tarascon le 22 août 1822. »

Ce que juge cet arrêt pour le cas où le nouvel œuvre a été pratiqué sur un fonds commun entre l'innovateur et son voisin, et par conséquent sur un fonds dont le voisin de l'innovateur est propriétaire au moins en partie, il n'y a pas de raison pour qu'on ne le juge pas également dans le cas où le nouvel œuvre qui porte atteinte aux droits du voisin de l'innovateur, a été pratiqué sur un fonds qui n'appartient qu'à celui-ci, puisque la complainte du droit français, qui n'est que l'interdit *uti possidetis* du droit romain, n'a pas moins lieu dans le second cas que dans le premier, et que bien certainement elle n'est pas non recevable par cela seul que sont terminés les ouvrages contre la construction desquels elle est dirigée.

Il suffit, du reste, de bien apprécier l'objet des actions possessoires, pour repousser la doctrine adoptée dans l'arrêt du 14 mars 1829, et professée par plusieurs jurisconsultes, au nombre desquels on regrette de trouver le savant Henrion de Pansey.

« Celui qui était en possession d'un fonds ou de quelque droit, dit Domat, et qui y est troublé, ou qui en est dépouillé, peut intenter l'action possessoire pour être maintenu dans sa possession, s'il y est troublé, ou la recouvrer s'il l'a perdue. »

Il est certain qu'une construction faite sur le terrain d'autrui, peut, comme une construction sur mon propre terrain, apporter un trouble à ma jouissance. Cette construction donne donc ouverture à l'action possessoire.

Le trouble est-il moins grand quand l'ouvrage est terminé que lorsqu'il commence? Le mur qui me prive d'une vue qui m'appartient, dont je jouis depuis un an, me causera-t-il moins de préjudice lorsqu'il aura cinquante pieds d'élévation que lorsqu'on en pose les fondements?

L'action possessoire cesserait donc précisément alors que son secours devient plus nécessaire!

On conçoit fort bien que le Code ait déclaré le demandeur non recevable, lorsque la construction qui causait le trouble a plus d'une année. Ce long silence, en effet, suppose ou la reconnaissance d'un droit ou le peu de préjudice que l'ouvrage nouveau porte au demandeur.

L'intimé a, d'ailleurs, en ce cas, acquis par prescription la possession de l'objet du trouble, et le juge du possessoire serait obligé de la lui maintenir.

Mais si une construction se commence et s'achève assez rapidement pour que je n'aie pu en être informé, si, après huit jours d'absence, je découvre sur le fonds de mon voisin des travaux qui nuisent à mes droits, je ne pourrai plus invoquer les dispositions de l'art. 23 du Code de Procédure, et je serai forcé de subir les lenteurs et les frais d'une action au pétitoire!

Une pareille doctrine répugne trop à la raison, elle est trop contraire à l'esprit du législateur, qui a voulu simplifier les formes et diminuer les frais en cette matière, pour qu'elle ne soit pas enfin bannie de notre jurisprudence, comme elle l'a été, selon moi, de la moderne législation.

Aussi la cour de cassation a-t-elle rendu, le 22 mai 1833[1], un arrêt qui consacre de nouveau le principe opposé, qu'elle avait déjà reconnu le 27 juin 1827. Voici l'espèce :

Un cours d'eau mitoyen sépare les propriétés de Bayle et de Lautier.

Bayle établit un barrage avec vanne sur ce cours d'eau, mais plus bas, à un point où les deux rives lui appartiennent.

Action en complainte de la part de Lautier, qui soutient que ce barrage fait refluer les eaux sur son fonds, et le trouble par conséquent dans sa possession.

Bayle répond que les travaux ayant été exécutés sur son fonds, et terminés avant l'action, son adversaire, qui ne s'était pas pourvu devant le juge de paix pour les faire suspendre, n'a plus de ressources que dans l'action pétitoire. Cette défense est accueillie, et ce magistrat se déclare incompétent. Sur l'appel, le tribunal d'Orange infirme. Bayle se pourvoit en cassation. Son recours est admis; mais, après défenses contradictoires, il est rejeté par la chambre civile, « attendu que, d'après les art. 10, tit. 3, de la loi du 24 août 1790, et 3 du Code de Procédure civile, l'action possessoire est de la compétence exclusive du juge de paix, et a l'effet de faire rétablir la possession en l'état où elle se trouvait avant le trouble ; que le caractère de cette action n'est point dénaturé par la circonstance que les ouvrages qui constituent le trouble ont été faits et terminés sur le fonds du défendeur avant l'action ; qu'il suffit, au contraire, que l'action soit essentiellement possessoire, pour que le juge de paix soit seul compétent pour en connaître ; qu'il s'agissait, dans l'espèce, d'une action possessoire, puisque Lautier demandait d'être maintenu et réintégré dans la possession plus qu'annale qu'il disait avoir du fossé mitoyen dont il s'agit, et du libre cours des eaux, dans laquelle il prétendait avoir été troublé par Bayle depuis moins d'un an avant l'action ; que le jugement attaqué a en effet reconnu que Lautier avait la possession du fossé et du libre cours des eaux, et que Bayle l'a troublé dans cette possession, en faisant refluer et séjourner les eaux dans le fossé, au moyen d'une vanne qu'il avait adaptée, depuis moins d'un an, à la martelière par lui construite précédemment sur son fonds; mais qu'il a reconnu en même temps que la martelière n'est pas, par elle-même, un obstacle à l'écoulement des eaux; qu'il suit de là qu'en maintenant Lautier dans sa possession, et en ordonnant la suppression de la vanne, sans ordonner celle de la martelière, le jugement attaqué n'a fait qu'une saine application des principes relatifs à l'action possessoire, etc. »

Il était impossible de ne pas reconnaître, dans cette espèce, l'action anciennement qualifiée dénonciation de nouvel œuvre, puisque les ouvrages dont on se plaignait avaient été faits sur le fonds d'autrui. Cependant, quoique le demandeur n'eût intenté son action qu'après l'achèvement des travaux, la cour de cassation ne l'a pas moins déclaré recevable, par la raison sans réplique que toute action qui a pour effet de faire rétablir la possession en l'état où elle était avant le trouble, est essentiellement possessoire, et que son caractère ne peut être dénaturé par la circonstance que les ouvrages qui constituent le trouble ont été faits et terminés sur le fonds du défendeur avant l'action. Espérons que la jurisprudence restera fixée par cet arrêt.

IV. Une seconde difficulté, qui prend sa source dans la même confusion de principes, s'est élevée relativement au droit qu'a l'individu troublé dans sa jouissance par la construction d'un nouvel œuvre, de demander et de faire prononcer, par le juge, la destruction des ouvrages qui lui nuisent.

Cette difficulté, dit M. le président Henrion de Pansey,

chap. 38, se résout par une observation fort simple. La dénonciation de nouvel œuvre n'a lieu que dans les cas où l'auteur de l'innovation construit sur son propre terrain; par exemple, lorsque, dans un mur de sa maison, il fait ouvrir des jours, etc. C'est alors que le juge du possessoire ne peut qu'ordonner la discontinuation de l'œuvre ou la permettre sous caution, et doit, sur le fond, envoyer au pétitoire.

« Mais il n'en est pas de même, si un particulier commence une bâtisse sur un terrain dont je suis en possession. Cette bâtisse est un véritable trouble. Je le défère au juge de paix par la voie de la complainte possessoire, et le juge prononce comme dans le cas d'une complainte ordinaire.

» La différence entre ces deux espèces de trouble était connue des Romains; ils distinguaient deux sortes de dénonciation: une verbale, l'autre réelle; la réelle, lorsqu'un particulier bâtissait sur le terrain d'un autre : la loi autorisait celui-ci à détruire le bâtiment de vive force; la verbale, lorsque mon voisin faisait sur son propre fonds des innovations qui me nuisaient : c'était là le cas de la véritable dénonciation de nouvel œuvre. »

La même doctrine se trouve dans un arrêt de la cour de cassation, en date du 15 mars 1826.

« Considérant, y est-il dit, qu'il s'agit dans l'espèce d'une dénonciation de nouvel œuvre; qu'en thèse générale, cette action est de nature possessoire, en ce qu'elle tend à faire interdire la continuation de l'ouvrage commencé, et à faire ordonner que les choses demeurent provisoirement *in statu quo ;*

» Mais attendu qu'il ne faut pas la confondre avec les autres actions possessoires, et qu'elle est caractérisée par deux différentes règles qui lui sont propres, déterminées par le droit romain, conservées par l'ancienne jurisprudence française, et conformes à la saine raison et au véritable esprit des lois nouvelles; 1° en ce que l'interdit *de novi Operis nunciatione* ne peut plus être exercé après qu'on a laissé achever le nouvel ouvrage sans s'en plaindre; 2° en ce que, si l'interdit a été exercé avant la fin de l'ouvrage, *son effet se borne à en faire défendre la continuation jusqu'à ce que le juge du pétitoire ait décidé si le propriétaire qui a commencé l'ouvrage sur son propre fonds, a le droit de l'achever, ou s'il doit le détruire*, question qui tient essentiellement à la propriété, et ne peut devenir l'objet d'une complainte;

» Attendu qu'autoriser, dans ce cas, un juge de paix à faire détruire des ouvrages commencés, et à plus forte raison des ouvrages terminés, ce serait l'investir d'une juridiction exorbitante, qui n'est ni dans la lettre ni dans l'esprit des lois nouvelles, etc. »

Comme on l'a vu par l'arrêt du 22 mai 1833, la cour de cassation est revenue de la doctrine que l'interdit en dénonciation de nouvel œuvre, ou plutôt l'action possessoire qui le remplace parmi nous, ne peut plus être exercée après qu'on a laissé achever le nouvel œuvre sans s'en plaindre. Il est facile de démontrer que la seconde règle qui distinguait autrefois la dénonciation de nouvel œuvre des autres actions possessoires, n'a pas plus de fondement que la première.

Tous les jurisconsultes, et M. Henrion de Pansey luimême, reconnaissent que si le trouble dont je me plains était causé par des ouvrages construits sur ma propriété, le juge de paix devrait en ordonner la destruction. Il n'est donc pas vrai de dire, comme porte l'arrêt du 15 mars 1826, qu'autoriser un juge de paix à faire détruire des ouvrages commencés, et à plus forte raison des ouvrages terminés, ce serait l'investir d'une juridiction exorbitante, qui n'est ni dans la lettre ni dans l'esprit des lois nouvelles.

Vainement voudrait-on établir une différence entre les ouvrages faits sur le terrain de l'innovateur, et ceux qu'il aurait construits sur mon propre terrain. L'arrêt du 22 mai 1833 décide avec raison que le caractère de l'action possessoire n'est pas dénaturé par la circonstance que les ouvrages qui constituent le trouble ont été *faits et terminés sur le fonds du défendeur*, avant l'action.

Mais, dit l'arrêt du 15 mars 1826, la question de savoir si le propriétaire qui a commencé l'ouvrage sur son propre fonds, a le droit de l'achever, ou s'il doit le détruire, tient essentiellement à la propriété, et ne peut devenir l'objet d'une complainte.

J'ose croire que c'est une erreur : la question, dans ce cas, n'est pas de savoir qui, de l'innovateur ou de son adversaire, a la propriété des constructions faites par le premier, mais bien si ces constructions nuisent ou non à la possession où le second est, depuis un an, du terrain en souffrance. Si le trouble est reconnu, le juge de paix a incontestablement le droit, il est même de son devoir de le faire cesser; or, comment remplira-t-il ce devoir si on lui refuse la faculté d'ordonner la destruction des ouvrages qui constituent le trouble?

On concevrait très-bien la doctrine de M. le président Henrion de Pansey et de l'arrêt que je viens de combattre, si elle était restreinte au cas où, en me pourvoyant au possessoire contre le nouvel œuvre que mon voisin fait sur son propre terrain, je ne demande au juge de paix qu'un sursis à tout travail ultérieur, jusqu'à ce qu'il ait été statué au pétitoire sur le fond du droit contesté, c'est-à-dire au cas où j'intente un véritable interdit du droit romain. Dans ce cas, en effet, le juge de paix ne peut pas m'accorder plus que je ne lui demande : comme je ne lui demande qu'un sursis, il ne peut ordonner rien de plus.

Mais c'est à tort qu'on veut l'étendre au cas où je demande au juge de paix la destruction de ce qui a été fait par mon voisin sur son propre fonds, c'est-à-dire au cas où j'intente, soit sous le nom de dénonciation de nouvel œuvre, soit sous un autre nom, un véritable interdit *uti possidetis* du droit romain, une véritable action possessoire en maintenue, une véritable complainte du droit français.

Il est sensible, en effet, que la voie de la complainte proprement dite m'est ouverte tout aussi bien contre le nouvel œuvre que mon voisin fait à mon préjudice sur son propre fonds, que contre le nouvel œuvre qu'il se permet de faire sur ma propriété, puisque le droit dont je suis en possession sur mon terrain est *réel*, et que le trouble apporté à l'exercice d'un droit réel donne lieu à la complainte, ni plus ni moins que le trouble apporté à la jouissance de la propriété foncière.

Or, je le répète, comment aurais-je le droit de me pourvoir en complainte proprement dite contre le nouvel œuvre que vous pratiquez sur votre fonds, à mon préjudice, sans avoir en même temps celui de demander la destruction des ouvrages que vous avez commencés? Notre complainte n'est pas autre chose que l'interdit *uti possidetis* des lois romaines, et cet interdit était à la fois *prohibitoire* et *restitutoire*.

Mais, dit-on, la dénonciation de nouvel œuvre n'a lieu que dans le cas où l'auteur de l'innovation construit sur son propre terrain. Il est vrai que les lois romaines l'accordaient aussi au propriétaire du fonds sur lequel bâtissait l'innovateur; mais elle prenait alors le nom de *dénonciation réelle*, et elle ne consistait que dans la destruction que le propriétaire faisait, de son autorité privée, du nouvel œuvre pratiqué à son préjudice. *Il n'y avait de véritable dénonciation de nouvel œuvre que celle qui était exercée verbalement* contre la personne qui, par des constructions faites sur son propre fonds, nuisait aux droits de son voisin.

Or, l'effet de cette action se réduisait toujours, dans le droit romain, à la suspension des travaux commencés et à la défense de les continuer jusqu'à ce qu'il en eût été autrement ordonné au pétitoire. Il en doit être de même dans nos mœurs.

Quand cela serait vrai (et j'ai démontré le contraire dans mes *Questions de Droit*, aux mots *Dénonciat. de nouvel œuv.*, § 1, n°s 2 et 5), quand on serait aussi bien fondé qu'on l'est peu à dire que la véritable action en dénonciation de nouvel œuvre n'appartient, dans le droit romain, qu'à celui au préjudice duquel une innovation était opérée sur le fonds de son voisin, serait-ce une raison pour soutenir qu'aujourd'hui celui au préjudice duquel une innovation est pratiquée sur le fonds de son voisin ne peut conclure qu'à une défense de continuer, et qu'il ne peut pas en demander la destruction ?

Oui, si aujourd'hui l'action possessoire que les lois romaines qualifiaient de *nunciatio novi operis*, était la seule qui fût ouverte contre l'auteur du nouvel œuvre.

Mais comment serait-elle aujourd'hui la seule, tandis qu'elle ne l'était pas dans le droit romain, tandis que, même dans le droit romain, celui à qui appartenait cette action pouvait y substituer celle que les lois romaines appelaient *uti possidetis?* Assurément notre jurisprudence n'est, à cet égard, ni plus formaliste ni plus minutieuse que ne l'était le droit romain. On peut donc aujourd'hui, au lieu de se pourvoir simplement par l'action proprement qualifiée de *dénonciation de nouvel œuvre*, se pourvoir par l'action qui a pris chez nous le nom de complainte ; et puisque la complainte n'est chez nous que ce qu'était chez les Romains l'interdit *uti possidetis*, il est clair que l'on peut chez nous obtenir par la complainte la destruction d'un nouvel œuvre pratiqué par l'innovateur sur son propre terrain, comme chez les Romains on l'aurait obtenue par l'interdit *uti possidetis.*

C'est, du reste, ce qu'ont jugé les quatre arrêts de la cour de cassation, des 13 juin 1814 (1), 13 avril 1819 et 23 août de la même année, dont j'ai rendu compte à l'endroit cité ; c'est ce qu'a décidé formellement encore l'arrêt de 1833, le plus récent qui ait été rendu sur la matière.

V. Après avoir ainsi démontré que la dénonciation de nouvel œuvre se confond aujourd'hui avec les actions possessoires, qu'elle est soumise aux mêmes formes, qu'elle est régie par les mêmes lois, qu'elle entraîne les mêmes résultats, il me reste à examiner deux questions qui peuvent fréquemment se présenter devant la justice de paix.

1°. Y a-t-il lieu à la complainte possessoire lorsque le nouvel œuvre est pratiqué pendant que les parties plaident au pétitoire devant le tribunal civil ?

Ce qui paraît, au premier coup d'œil, devoir faire embrasser la négative, c'est la généralité du principe écrit dans l'art. 25

(1) Il y en a deux qui portent cette date.

du Code de Procédure civile, que le *possessoire* et le *pétitoire ne seront jamais cumulés*. De là, en effet, il semble résulter que l'action possessoire ne peut jamais concourir avec l'action pétitoire, et qu'une fois celle-ci engagée, il ne peut plus y avoir lieu à celle-là.

Mais quel est l'objet de l'art. 25, en établissant ce principe? Nous l'apprenons par les conséquences qu'en tirent les deux articles suivants: *Le demandeur au pétitoire*, porte l'art. 26, *ne sera plus recevable à agir au possessoire. Le défendeur au possessoire*, ajoute l'art. 27, *ne pourra se pourvoir au pétitoire qu'après que l'instance sur la possession aura été terminée.*

Ainsi, lorsque dépouillé par voie de fait de la possession d'un immeuble ou d'un droit réel dont je me crois légitime propriétaire, je me pourvois par revendication, je ne puis plus prendre la voie du possessoire, et il faut que j'attende l'issue de l'action pétitoire dont j'ai saisi le tribunal civil, pour rentrer dans ma possession.

Ainsi, lorsque, dans le même cas, je me pourvois par l'action possessoire, mon adversaire ne peut pas y opposer une action pétitoire; et celle-ci lui est fermée, tant qu'il n'a pas été statué définitivement sur celle-là.

Mais dans ces deux articles, la loi n'a et ne peut avoir en vue que le trouble qui a donné lieu, dans le premier cas, à l'action pétitoire; et, dans le second, à l'action possessoire. Appliquer au trouble qui n'a été apporté par l'une des parties à la possession de l'autre, qu'après que l'action, soit pétitoire, soit possessoire, a été intentée, et pendant le litige, la défense de cumuler les deux actions et d'exercer l'une avant que l'autre soit définitivement jugée, ce serait lui donner un sens aussi absurde qu'inique; ce serait, comme l'observe très-judicieusement M. le président Henrion de Pansey, faire un appel à la violence et à la fraude; ce serait dire aux hommes de mauvaise foi: « Lorsque vous jugerez à propos de vous procurer la jouissance de tel ou tel immeuble, gardez-vous de commencer par vous en mettre en possession; une demande en complainte dirigée contre vous ne vous laisserait pas le temps d'en recueillir les fruits; ne vous emparez de l'immeuble qu'après avoir formé une demande en revendication; et si le propriétaire dépouillé a recours à la complainte possessoire, vous l'écarterez en lui disant que le pétitoire et le possessoire ne peuvent jamais être cumulés; et, tranquille à l'abri de cette règle, vous jouirez jusqu'à ce qu'un jugement ait statué sur votre demande en revendication. »

Et j'ajoute que ce serait également dire au défendeur à l'action pétitoire intentée contre lui à raison des voies de fait par lesquelles il aurait troublé la possession du demandeur : « Maintenant que vous êtes à l'abri de l'action possessoire, commettez tant de nouvelles voies de fait qu'il vous plaira pendant le litige ; l'autorité judiciaire sera impuissante pour les réprimer, avant qu'elle soit assez éclairée sur le fond pour le juger définitivement. »

Il est impossible que telle ait été la pensée du législateur quand il a rédigé les art. 25, 26 et 27 du Code de Procédure civile. Aussi la cour de cassation ne fait-elle aucune difficulté d'admettre à l'action possessoire, et le défendeur à l'action pétitoire, lorsqu'il est, pendant le litige, troublé par le demandeur dans sa possession; et le demandeur par action pétitoire, lorsque, pendant le litige, il survient une nouvelle voie de fait de la part du défendeur.

2°. Mais quel est, dans l'un et l'autre cas, le tribunal qui doit connaître de l'action possessoire?

C'est sans doute le juge de paix, car l'art. 10 du tit. 3 de la loi du 24 août 1790 ne distingue pas entre l'action possessoire intentée pendant le litige sur le pétitoire, et l'action possessoire intentée avant que le pétitoire soit mis en litige. Il est évident, dès lors, que le juge de paix est compétent à l'égard de celle-là, comme il l'est incontestablement à l'égard de celle-ci.

Telle n'est pas cependant l'opinion de M. Henrion de Pansey. Il soutient, chap. 54, que l'action possessoire intentée pendant le litige doit être portée, *non devant le juge de paix, mais devant le tribunal saisi de la contestation sur le fond du droit.*

La cour de cassation a réprouvé cette doctrine par deux arrêts en date du 7 août 1817 et du 28 janvier 1825. Il nous suffira de rapporter ici l'espèce et les motifs du premier.

En 1810, le sieur Demeaux, propriétaire d'un étang auquel arrive, par un canal construit à cet effet, une prise d'eau pratiquée dans la petite rivière de Vigery, fait commencer des réparations à ce canal.

Le sieur Dulac, propriétaire d'un domaine voisin, et prétendant l'être aussi, en cette qualité, de la moitié du canal, fait assigner le sieur Demeaux devant le tribunal de première instance de Montbrison, pour voir dire qu'attendu que la propriété du canal est indivise entre eux, les réparations seront faites par leurs soins et à frais communs.

Le sieur Demeaux répond que le canal lui appartient en totalité, et que, par suite, c'est à lui seul qu'appartient le droit d'en diriger les opérations, comme c'est sur lui seul que doivent en peser les frais.

Le 20 décembre 1810, jugement interlocutoire qui admet le sieur Demeaux à la preuve de sa prétendue possession exclusive du canal, sauf la preuve contraire réservée au sieur Dulac.

Appel de ce jugement à la cour royale de Lyon de la part du sieur Demeaux.

Pendant que la cause s'instruit devant cette cour, le sieur Demeaux fait commencer de nouveaux travaux dans le canal.

Le sieur Dulac fait citer en complainte devant le juge de paix.

Le sieur Demeaux comparaît et soutient, d'abord, que le procès étant en instance sur le pétitoire devant la cour de Lyon, il ne peut plus y avoir lieu à l'action possessoire; ensuite, qu'en tous cas, ce serait à la cour royale de Lyon qu'appartiendrait la connaissance de cette action.

Jugement qui, sans s'arrêter aux exceptions du sieur Demeaux, ordonne qu'il sera procédé à la visite des lieux; et la visite effectuée, jugement définitif qui maintient le sieur Dulac dans sa possession annale de la moitié du canal litigieux, et condamne le sieur Demeaux à la réparation du dommage résultant de ses nouveaux travaux.

Le sieur Demeaux appelle de ce jugement au tribunal civil de Montbrison, et y reproduit les deux exceptions dont il s'est inutilement prévalu en première instance.

Le 22 mars 1816, jugement qui confirme ceux du juge de paix :

« Attendu que, dans la contestation qui s'est élevée entre les parties sur la question de propriété des eaux, il est constant qu'un jugement a été rendu par le tribunal lui-même, lequel astreint le sieur Demeaux à justifier qu'il a un droit exclusif à la jouissance de ces eaux pour l'usage de son étang Savigny; que ce jugement démontre suffisamment qu'à cette époque Dulac avait la possession de la totalité ou d'une partie desdites eaux, autrement cette décision n'aurait pas eu lieu; qu'il ne résulte nullement que Dulac ait perdu ou abandonné cette possession; que les nouvelles œuvres du sieur Demeaux forment à cette possession un trouble dont la répression a dû être demandée au juge de paix, seul compétent pour la connaissance des matières possessoires; que cette demande n'aurait pu être formée régulièrement devant la cour royale, quoique saisie de la connaissance du bien ou mal jugé du jugement rendu sur le fond, soit parce que les matières seulement possessoires ne sont pas dans les attributions des cours royales, soit parce que les parties auraient été privées d'un degré de juridiction. »

Le sieur Demeaux se pourvoit en cassation contre ce jugement, et l'attaque par deux moyens : violation de l'art. 25 du Code de Procédure civile, en ce qu'il a admis une action possessoire intentée pendant le litige sur le pétitoire ; violation des règles de la compétence, en ce qu'il a déclaré le juge de paix compétent pour connaître d'une action qui, si elle avait pu être intentée légalement, n'aurait pu, d'après la doctrine de M. le président Henrion de Pansey, l'être que devant la cour royale.

Mais par arrêt du 7 août 1817, la cour, sous la présidence de M. Henrion de Pansey lui-même, rejeta le pourvoi, « attendu qu'il s'agissait d'une demande en *nouvelle* complainte possessoire, et que la connaissance de cette demande, introduite *postérieurement*, était de la compétence exclusive du juge de paix. »

Merlin, *ancien procureur général à la cour de cassation.*

DENRÉES. Voy. *Comestibles.*

DÉPAISSANCE. Voy. *Pâturage.*

DÉPENS. Voy. *Frais et Dépens.*

DÉPLACEMENT DE BORNES. C'est l'action de déplacer frauduleusement les marques distinctives de la séparation de deux héritages, soit bornes proprement dites, soit pieds-corniers, etc.

Le déplacement et la suppression des bornes sont deux faits à peu près équivalents.

Il en sera traité au mot *Usurpation de possession.* (Voy. *Bornage*, n° 5.)

DÉPORT. C'est l'action du juge qui s'abstient de connaître d'une affaire, soit parce qu'il sait qu'il y a cause de récusation dans sa personne, soit par des raisons de délicatesse. Voy. *Abstention du juge.*

DÉPOSITION. C'est le témoignage que rend, dans une enquête ou dans une information, le témoin appelé à cet effet devant la justice. Voy. *Enquête, Information* et *Témoin.*

DÉPOT. C'est, en général, un acte par lequel on reçoit la chose d'autrui, à la charge de la garder et de la restituer en nature. (*Code civ., art.* 1915.)

I. Il y a deux sortes de dépôt, le dépôt proprement dit et le séquestre. Voy. *Séquestre.*

II. Le dépôt proprement dit est un contrat essentiellement gratuit, qui ne peut avoir pour objet que des choses mobilières. Il n'est parfait que par la tradition réelle ou feinte de la chose déposée. La tradition feinte suffit quand le dépositaire se trouve déjà nanti, à quelque autre titre, de la chose que l'on consent à lui laisser à titre de dépôt. (*Art.* 1917 *et suivants.*)

III. Le dépôt est volontaire ou nécessaire.

Le dépôt volontaire se forme par le consentement réciproque de la personne qui fait le dépôt et de celle qui le reçoit. Il ne peut être régulièrement fait que par le propriétaire de la chose déposée, ou de son consentement exprès ou tacite. (*Art.* 1922.)

IV. Le dépôt volontaire doit être prouvé par écrit, à moins qu'il ne soit d'une valeur qui n'excède pas 150 fr. Dans ce cas, le seul où le juge de paix puisse en connaître, la preuve testimoniale est admissible. (*Arg. de l'art.* 1923.)

V. Le dépôt volontaire ne peut avoir lieu qu'entre personnes capables de contracter. Néanmoins, si une personne capable de contracter accepte le dépôt fait par une personne incapable, elle est tenue de toutes les obligations d'un véritable dépositaire; elle peut être poursuivie par le tuteur ou administrateur de la personne qui a fait le dépôt. (*Art.* 1925.)

VI. Si le dépôt a été fait par une personne capable à une personne qui ne l'est pas, la personne qui a fait le dépôt n'a que l'action en revendication de la chose déposée, tant qu'elle existe dans la main du dépositaire, ou une action en restitution jusqu'à concurrence de ce qui a tourné au profit de ce dernier. (*Art.* 1926.)

VII. Les obligations du dépositaire et du déposant sont énumérées dans les articles 1927 et suivants du Code civil jusqu'à l'art. 1948.

VIII. Le dépôt nécessaire est celui qui a été forcé par quelque accident, tel qu'un incendie, une ruine, un pillage, un naufrage ou autre événement imprévu (*art.* 1949). Voy. *Aubergistes.*

DERNIER RESSORT. Voy. *Compétence* et *Ressort.*

DESCENTE SUR LES LIEUX. On appelle ainsi le transport du juge sur le lieu contentieux, et la visite qu'il en fait pour rendre jugement en connaissance de cause.

Dans le Code de Procédure, l'accès des lieux, de la part d'un juge de paix, prend le nom de *visite des lieux;* à l'égard des tribunaux de première instance, il est désigné sous le nom de *descente sur les lieux.* Voy. *Visite de lieux.*

DÉSISTEMENT. Le désistement est l'acte par lequel on renonce à une procédure commencée (*Berriat Saint-Prix*).

Il est réglé devant les tribunaux ordinaires par les art. 402 et 403 du Code de Procédure civile : ce Code ne s'en occupant pas au livre des justices de paix, c'est dans les règles générales du droit et dans les règles spéciales aux tribunaux de paix qu'il faut puiser les principes sur cette matière.

II. Aucune renonciation ne peut être étendue au-delà de ses termes. Ainsi le désistement d'une procédure ne comprend pas renonciation au fond du droit.

III. Nul ne peut renoncer qu'à ce qui lui appartient; d'où la conséquence que la partie seule ou son mandataire spécial peut donner le désistement. (*Code de Procéd. civ., art.* 402.)

IV. Nul ne peut renoncer à un droit que s'il a capacité pour contracter. Ainsi la femme autorisée à ester en jugement, soit par son mari, soit par justice, a besoin d'une semblable autorisation pour se désister de l'instance. (*Cour de cass.*, 15 *juillet* 1807 *et* 14 *février* 1810.)

V. Un mineur émancipé peut-il se désister d'une instance commencée devant un juge de paix? Nous pensons qu'il faut distinguer. D'abord, si le mineur est commerçant ou artisan, et qu'il s'agisse d'une demande relative à sa profession, comme un paiement de travaux, même d'une instance en contrefaçon de produits brevetés, nous croirions le désistement valable, parce que le mineur émancipé est réputé majeur pour tout ce qui concerne son commerce et son art. (*Code civ., art.* 487.)

Si l'action ne concerne ni son commerce ni son art, mais qu'elle soit relative à ses revenus, et que le désistement ne soit pas de nature à préjudicier au fond du droit, on ne pourrait encore lui en contester la capacité.

Mais si le désistement était de nature à préjudicier au fond du droit, soit que par ses effets la prescription dût se trouver acquise contre le mineur, soit qu'en matière possessoire il entraînât la perte de la possession, le désistement pourrait être frappé de nullité, et le mineur serait restituable. (*Arg. d'un arrêt de cass. du* 4 *mars* 1806.)

VI. Nous pensons aussi que l'opinion professée par M. Carré, dans ses *Questions de Procédure*, que le tuteur ne peut donner de désistement pour son mineur *sans y avoir été spécialement autorisé par un conseil de famille*, est une opinion trop absolue. Le tuteur administre, et toutes les fois que le désistement n'est qu'un acte d'administration, toutes les fois que le tuteur s'est aperçu qu'en administrant il s'est fourvoyé, la loi ne lui impose pas l'obligation de recourir à des formalités longues et dispendieuses, pour sortir de la fausse route où il se serait engagé, sauf à lui à répondre de cet acte d'administration. On ne pourrait guère lui dénier ce droit qu'en matière immobilière, et dans toutes celles où il est obligé, par un texte spécial, de prendre l'avis du conseil de famille pour intenter l'action.

VII. Le désistement d'une instance engagée devant le tribunal de paix doit être signifié par exploit, et *signé* de la partie ou de son fondé de pouvoir spécial. (*Arg. de l'art.* 402 *du Code de Proc.*)

Cependant l'exploit contenant désistement, mais non signé de la partie, ne serait pas sans effet. L'exploit ferait foi jusqu'au désaveu : seulement l'adversaire ne serait pas tenu d'accepter un pareil désistement.

VIII. Le désistement peut être offert à l'audience et accepté. Le juge en donne acte à la partie qui le requiert.

IX. En thèse générale, un désistement non accepté est sans effet. Ainsi je me désiste d'une citation donnée devant un juge de paix que je crois incompétent; l'adversaire a néanmoins le droit de soutenir la compétence et de prétendre que je dois continuer à procéder devant lui.

X. Mais l'acceptation est remplacée, en ce cas, par la décision du tribunal qui juge le désistement valable.

XI. Quand le désistement est donné par exploit, l'autre partie a le droit d'exiger qu'il intervienne jugement pour le constater; car une copie d'exploit peut être égarée et l'original supprimé ou retenu. Le seul moyen d'éviter le jugement serait de le donner par acte notarié dont il resterait minute.

XII. Tant que le désistement n'est pas accepté ou jugé, l'action ne peut être portée devant un autre tribunal; il y a alors *litispendance*.

XIII. Mais si le défendeur cité, après désistement, devant un autre tribunal, procède volontairement et sans exciper de la litispendance, il y a, dans ce cas, acceptation tacite du désistement, et il ne pourra pas, plus tard, exciper du défaut d'acceptation formelle.

XIV. Le désistement d'une instance a deux effets immédiats; c'est, aussitôt qu'il est accepté ou jugé valable, 1° de remettre les choses de part et d'autre au même état qu'elles étaient avant la demande; 2° d'emporter, de la part de la partie qui se sera désistée, soumission de payer les frais.

XV. Les conséquences médiates du désistement sont que la demande dont on s'est désisté ne peut plus être invoquée ni pour interrompre la prescription, ni pour faire courir les intérêts, ni même comme mise en demeure. (*Code civ., art.* 2247.)

XVI. C'est l'acceptation ou le jugement de validité qui seuls donnent sa perfection au désistement. Jusque là aucune des parties n'est liée, et le désistant peut révoquer le désistement qui n'est qu'offert. (*Bordeaux*, 20 *mai* 1831.)

XVII. Le désistement d'une instance laisse au demandeur le droit de recommencer le procès. En effet, comme le demandeur avait l'action avant l'exploit de demande, il la conserve après le désistement, qui remet les choses au même état qu'elles étaient avant la demande; il peut donc la reproduire en justice si elle n'est pas prescrite. (*Paris*, 18 *mars* 1811.)

XVIII. Mais comme il est permis, non-seulement de se désister d'une instance, mais encore de son droit à cette instance, c'est-à-dire d'abandonner l'action elle-même, les termes du désistement doivent être mesurés sur l'étendue de ce qu'on veut abandonner. Il est même prudent de faire réserve de ses droits au fond. Ainsi la déclaration du demandeur qu'il se désiste des *fins* et *conclusions* de sa demande emporte abandon de l'action (*cour de cass.*, 24 *germinal an* 10); ainsi le demandeur qui s'est *désisté de sa demande*, sans aucune réserve, est censé s'être désisté, non-seulement de sa procédure, mais de l'action même (*Paris*, 22 *juillet* 1813).

XIX. Quand le demandeur se *désiste de son action* sans aucune réserve, on sent que le défendeur ne peut refuser d'accepter le désistement. C'est à cette espèce qu'il faut rapporter les arrêts et les opinions des auteurs qui veulent qu'on ne puisse refuser un désistement qui n'est pas conditionnel; mais quand le désistement ne porte que sur l'instance, et doit laisser subsister l'action au fond, le défendeur a le droit, si le juge est compétent, et si le désistement n'est pas donné pour éviter une condamnation sur un vice de forme dont le défendeur excipe, le défendeur, disons-nous, a le droit de requérir que le procès soit jugé; autrement il dépendrait du demandeur d'inquiéter sans cesse son adversaire.

Ce qui a donné lieu à cette fausse interprétation des auteurs, c'est que les arrêts qu'ils invoquent portent sur des *désistements d'appel;* que le désistement d'appel donne force de chose jugée au jugement attaqué, et que l'intimé n'a jamais l'intérêt que nous signalons dans le défendeur de première instance. Le désistement d'appel assure toujours à l'intimé le bénéfice du premier jugement; le simple désistement d'instance, au contraire, laisse au défendeur en première instance la crainte de voir renaître le procès : la position est différente; la solution le doit être aussi.

XX. On peut, dans le cours d'une instance ou d'une procédure, se désister d'un acte nul. Il n'est pas besoin de porter un pareil désistement à l'audience, ni d'attendre l'acceptation de la partie défenderesse. Le désistement une fois signifié, on fait recommencer l'exploit, qui même peut contenir désistement du premier.

COIN-DELISLE, *avocat à la cour royale de Paris.*

DÉSISTEMENT DE PLAINTE. Voy. *Plainte.*

DESTINATION DU PÈRE DE FAMILLE. Tant que deux héritages sont dans la main du même propriétaire, les services que l'un tire de l'autre ne sont point des servitudes; ce n'est que l'exercice du droit de propriété, car *nemini res sua servit jure servitutis.* Mais lorsque les deux héritages viennent à appartenir à différents propriétaires, sans qu'aucune stipulation ait été faite relativement à ces services, ils se changent en servitudes. La loi présume qu'au moment de la séparation des deux héritages, il y a eu convention tacite que les choses resteront dans le même état. C'est *la destination du père de famille,* qui vaut titre (*Code civ., art.* 692) à l'égard des servitudes continues et apparentes (Favard de Langlade, *Répert.*, v° *Servitude,* sect. 3, § IV).

DESTITUTION. Voy. *Conseil de Famille* et *Tuteur.*

DESTRUCTIONS. Voy. *Dégradations.*

DÉTENTION. C'est l'état de celui qui est privé de sa liberté, soit par force, soit par autorité de justice.

I. Il ne faut pas confondre, avec la détention considérée comme peine afflictive, et qui ne peut être prononcée que par les cours criminelles, la détention dont il est parlé dans plusieurs articles de la loi du 28 septembre 1791 sur la police rurale, et dans diverses autres lois. Celle-ci n'est qu'une peine correctionnelle, et son nom propre est emprisonnement. (Merlin, *Questions de Droit,* v° *Faux,* § 13.)

II. *Détention* signifie aussi la possession de celui qui est détenteur d'un héritage.

DEVIN. C'est celui qui fait métier de prédire les choses futures et de découvrir les choses cachées.

I. L'art. 479, n° 7, du Code pénal, prononce une amende de onze à quinze francs inclusivement contre les gens qui font métier de deviner et pronostiquer, ou d'expliquer les songes.

II. L'article suivant permet d'appliquer la peine d'emprisonnement pendant cinq jours au plus, contre les interprètes de songes, et l'art. 481 ajoute : « Seront de plus confisqués les instruments, ustensiles et costumes servant ou destinés à l'exercice du métier de devin, pronostiqueur ou interprète de songes. »

III. M. Carré observe avec raison qu'il n'y aurait lieu à l'application d'aucune peine contre celui qui n'aurait commis que par amusement l'un des faits indiqués dans le n° 7 de l'art. 479. La loi n'attachant, en effet, la condamnation qu'à la circonstance d'avoir *fait métier*, la condamnation ne serait plus légale si cette circonstance n'existait point.

IV. On a remarqué, dans les trois articles cités, une différence de rédaction qui doit amener une différence dans le résultat pénal. La peine d'emprisonnement n'est prononcée par l'art. 480 que contre les interprètes de songes, d'où M. Carnot conclut que les tribunaux ne peuvent appliquer cette peine aux gens qui font seulement métier de deviner et de pronostiquer. « C'est, dit M. Carré, *Droit français*, t. 4, n° 3422, que les articles 479 et 481 établissent trois espèces de contravention qui se confondent, à la vérité, par leur but, qui est de spéculer sur la crédulité, mais qui diffèrent quant à leur objet : 1° celle des individus auxquels on peut attribuer la qualification de *devins;* 2° celle de ceux que l'on peut appeler pronostiqueurs; 3° celle enfin de ceux qui expliquent ou interprètent les songes, expressions qui, dans les trois articles, expriment la même idée.

» Or, la loi nous paraît avoir entendu par *devin*, non pas tout à la fois, comme dans le langage ordinaire, ceux qui font métier de prédire *les choses à venir*, et de découvrir les choses inconnues ou cachées, mais ceux-là seulement qui trompent la crédulité en prétendant qu'ils ont l'art de parvenir à ces découvertes, et en agissant en conséquence.

» Cette limitation, que nous apportons à l'acception ordinaire du mot *devin*, dérive de ce que la loi distingue les devins des pronostiqueurs, qui sont ceux qui font le métier de *conjecturer*, de *prédire* l'avenir. »

DEVIS. C'est un mémoire détaillé d'ouvrages à faire en maçonnerie, menuiserie, etc., et du prix qu'ils doivent coûter.

DIFFAMATION. Il ne faut pas confondre la *diffamation* avec l'*injure*. Aux termes de l'art. 13 de la loi du 17 mai 1819, « toute allégation ou imputation d'un fait qui porte atteinte à l'honneur ou à la considération de la personne ou du corps auquel le fait est imputé, est une diffamation; toute expression outrageante, terme de mépris ou invective, qui ne renferme l'imputation d'aucun fait, est une injure. » Ainsi, pour qu'il y ait diffamation, il faut l'imputation d'un fait positif. C'est ce qu'a décidé la cour de cassation par son arrêt du 11 avril 1822, dans lequel elle a jugé que le reproche fait à un magistrat *de ne pas remplir ses devoirs*, ne contenant l'imputation d'aucun fait précis, ne constituait qu'une simple injure.

II. On voit, par la comparaison de l'article cité avec l'article 367 du Code pénal, que le délit de diffamation a remplacé celui de calomnie dans le langage de la loi.

III. La diffamation publique n'est, dans aucun cas, du ressort des tribunaux de police. Mais par cela seul que l'art. 18 de la loi du 17 mai, combiné avec l'art. 14, ne punit correctionnellement la diffamation qu'autant qu'elle est accompagnée de la publicité dont parle l'art. 1er, il en résulte que lorsque cette circonstance aggravante n'existe pas, elle rentre dans la classe des injures verbales, et n'est plus passible que des peines de simple police. (*Cour de cass.*, 2 *décembre* 1819.)

IV. Mais si le juge de paix est incompétent pour statuer, comme tribunal de répression, sur une diffamation publique, il peut connaître, au civil, de l'action en dommages-intérêts qui en résulte, à quelque valeur qu'elle s'élève, en vertu de l'art. 10, tit. 3, de la loi du 24 août 1790. Cet article, à la vérité, ne parle que des actions pour *injures verbales*, d'où l'on pourrait inférer qu'il a exclu les actions pour diffamation ou calomnie; mais la cour suprême a jugé, le 21 décembre 1813 (voy. *Encyclopédie des Juges de Paix*, t. 1, p. 63), « que la disposition de la loi est générale; qu'elle embrasse toutes les actions pour injures verbales, quelque graves qu'elles soient, et qu'elle ne peut être restreinte aux actions qui, si elles étaient formées par voie de plainte, devraient être portées devant les tribunaux de police. » Il s'agissait, dans l'espèce, d'une action pour calomnie, et le juge de paix avait accordé des dommages considérables. M. Henrion de Pansey professe la même doctrine. « La loi, dit-il, confère aux juges de paix, lorsqu'ils statuent comme juges civils, la répression de toutes les injures, quelle qu'en soit la gravité; mais, lorsqu'il s'agit d'infliger des peines de police, elle dispose avec moins d'abandon. Elle partage ces mêmes injures en trois classes, savoir : les calomnies, les injures graves, les simples injures, et elle ne place que ces dernières dans la compétence des juges de paix. » (Voy. *Injure*.)

DIGUES. La dégradation des digues d'une rivière, causée par des bois ou autres objets déposés dans son lit, de manière à en faire déverser les eaux sur les terres voisines, entre dans la compétence des juges de paix, en vertu de la loi qui leur attribue la connaissance des actions pour dommages faits aux champs, fruits et récoltes. (Carré, *Droit français*, t. 2, nº 1314.)

DILATOIRE. Terme de palais, par lequel on désigne tout ce qui tend à retarder l'instruction ou le jugement d'un procès. (Voy. *Exception.*)

DIMANCHE. Voy. *Fêtes et Dimanches.*

DISPARITION. Voy. *Scellé.*

DISPENSE DE TUTELLE. Voy. *Tuteur.*

DIVAGATION. Voy. *Animaux* et *Fous.*

DOL. On donne ce nom à tout acte de mauvaise foi commis pour nuire à autrui.

I. Le dol peut avoir lieu dans les contrats et dans leur exécution.

II. Dans les contrats, le dol peut être une cause de la nullité de la convention, lorsque les manœuvres pratiquées par l'une des parties sont telles, qu'il est évident que, sans ces manœuvres, l'autre partie n'aurait pas contracté. (*Code civ., article* 1116.)

En effet, il faut, pour demander la nullité de la convention, qu'il soit prouvé que les manœuvres dont on se plaint ont été le motif déterminant du contrat; car le dol n'étant une cause de nullité que parce qu'il vicie le consentement, si le consentement a pu être déterminé par d'autres motifs, la preuve du dol serait superflue.

III. Ainsi, en matière de contrats, on distingue deux espèces de dol : *le dol déterminant*, sans lequel on n'aurait pas contracté; *le dol accidentel*, qui n'aurait produit une erreur que sur des accessoires de la convention, tels que la qualité, le prix, etc.

IV. L'action en nullité d'une convention pour cause de dol principal ou déterminant, doit être très-rare en justice de paix, et c'est avec raison que les lois romaines ne voulaient pas qu'elle fût intentée pour un intérêt trop modique.

Cependant ces principes reçoivent leur application aux *vices redhibitoires.* Il y a *dol* principal ou déterminant, à vendre comme sain un cheval atteint d'un mal qui en empêche entièrement l'usage, et dans ce cas la vente doit être annulée par l'action redhibitoire; il y a *dol accidentel* à le vendre comme bon, en dissimulant des défauts qui en rendent l'usage moins commode, et, dans ce cas, il n'y a pas nullité de la vente, mais action en réduction du prix. (Voy. *Vices redhibitoires.*)

V. Le dol peut avoir lieu non-seulement par des manœuvres adroites, mais par une simple dissimulation d'un fait connu. (*Toullier*, t. 6, n° 88.)

VI. Le dol est une cause de nullité de la convention, mais il ne l'annule pas de plein droit : il faut que cette nullité soit demandée.

VII. Le dol ne se présume pas, il doit être prouvé. (*Code civ., art.* 1116.)

Cette disposition ne veut pas dire qu'il doit toujours résulter d'actes écrits, mais qu'on doit en établir la preuve devant le juge par tous les moyens légaux. Le dol est un fait que l'homme de mauvaise foi a un intérêt à cacher, et dont il ne fournit pas la preuve écrite. Aussi peut-il se prouver par témoins, et même par des présomptions graves, précises et concordantes. (*Code civ., art.* 1353.)

VIII. Il y a *dol* dans l'exécution des conventions, toutes les fois que le débiteur cherche à se soustraire à cette exécution pour nuire à son créancier.

Cette espèce particulière de dol est punie par une appréciation plus sévère des dommages-intérêts du créancier (voy. *Dommages-Intérêts*, § 3, n°s 4 et 9), et quelquefois par la nullité des actes faits au mépris des droits de celui-ci.

Coin-Delisle, *avocat à la cour royale de Paris.*

DOMESTIQUES ET SERVITEURS, GENS DE TRAVAIL ET DE SERVICE, ET OUVRIERS. Nous sommes forcé de réunir tous ces mots, qui ont entre eux des ressemblances et des différences plus ou moins marquées. C'est par le rapprochement des textes, des espèces et des décisions que nous pouvons éviter les redites et l'obscurité.

§ Ier. *Définitions.*

I. Les *domestiques* sont, dans le sens propre et étymologique du mot, les personnes qui demeurent chez le maître, vivent de sa table, et en reçoivent un salaire qu'on appelle *gages*.

II. On compte deux classes de domestiques : ceux dont les fonctions peuvent être honorables, ceux dont les services supposent une dépendance plus absolue. A la première classe appartiennent les *bibliothécaires*, les *précepteurs*, les *secrétaires*, les *intendants*, s'ils sont logés et nourris chez le maître ; dans la seconde, sont compris tous ceux qu'on nomme *valets*, *serviteurs*, *servantes*, et que les lois anciennes désignaient sous la dénomination de *serviteurs-domestiques*. (*Henrion de Pansey.*)

III. Peu importe que, dans l'usage actuel, on dise le *traitement* d'un bibliothécaire, les *appointements* d'un secrétaire ou d'un intendant. L'idée humiliante que nous attachons aux mots *gages* et *domestiques* n'avait pas encore passé dans le langage légal, ni lors de l'ordonnance de 1667, dont le Code de Procédure civile a emprunté quelques dispositions, ni même lors de la loi du 16-24 août 1790, dont nous parlerons dans le troisième paragraphe. On était *domestique* et l'on recevait des *gages*, quelque honorable que fût l'emploi, toutes les fois qu'on faisait partie de la maison, de même qu'on donnait le nom de *gages* au paiement que le roi ordonnait par an aux officiers de sa maison. C'est d'après le langage légal, et non d'après les délicatesses qu'introduit l'usage, qu'il faut interpréter la loi.

IV. Les commis des marchands, les clercs des notaires, avoués, etc., les élèves en pharmacie et autres personnes exerçant chez autrui une profession libérale, doivent-ils aussi être rangés parmi les *domestiques* de la première classe, quand ils sont *nourris* et *logés* chez celui qui les emploie? On peut dire que leurs services sont rendus moins à la personne qu'à son commerce, à sa profession ou à ses fonctions. Néanmoins une étude approfondie du langage employé dans les lois, démontre qu'ils sont compris dans ce mot *domestiques*, que les auteurs anciens appliquent à toutes les personnes qui *vivent à même pot que la partie*. (Pothier, *Procédure civile*, pag. 155, édit. in-12.) Voir aussi, sur cette définition, Ferrière, *Dictionn.*, v° *Domestique;* Denisart, *même mot;* Bornier, *sur l'art.* 14 *du tit.* 22 *de l'ordonnance de* 1667, *et* Rodier, *sur le même article.*)

V. Néanmoins, dans tous les actes de l'homme, soit contrats, soit testaments, nous pensons que le mot *domestiques* ne comprendrait ni les clercs, ni les commis, ni aucune des personnes vivant avec nous dans notre maison, mais aidant le maître dans l'exercice de sa profession, parce que, si l'on doit considérer, pour interpréter la loi, l'influence du langage de l'époque où elle a été rédigée, on doit aussi, pour interpréter les actes privés, tenir compte des modifications que l'usage postérieur a fait subir au langage.

VI. Passons aux domestiques de la seconde classe.

Ils se divisent en deux espèces : ceux qui ne sont attachés qu'à la personne du maître et au ménage, tels que les cuisiniers, valets de chambre et laquais, et ceux qui sont principalement attachés aux travaux de la campagne.

La distance est énorme entre ces deux espèces de domestiques : ceux qui ne sont attachés qu'à la personne ou au ménage, sont les véritables *serviteurs-domestiques* du maître; les autres sont plutôt des ouvriers à l'année, des coopérateurs aux travaux du maître, habitant chez lui pour l'utilité des travaux qui leur sont confiés.

Aussi la jouissance des droits politiques est-elle suspendue dans les premiers, tandis que si les seconds satisfont aux autres conditions, ils peuvent les exercer : « L'exercice des droits de citoyen français est suspendu par l'état de domestique à gages, attaché au service de la personne ou du ménage. » (*Constitution de l'an* 8, *art.* 5.)

VII. Le mot *serviteurs*, dans son acception propre, ne comprend que les gens destinés aux œuvres serviles dans la maison, qu'ils y demeurent ou n'y demeurent pas. Ainsi les femmes que les personnes peu aisées prennent pendant un nombre d'heures déterminé par jour, pour soigner leur ménage, et les valets surnuméraires que les riches emploient momentanément dans leurs fêtes, ne sont pas des *domestiques*, et sont des *serviteurs;* et les gens que nous occupons aux travaux de la campagne et à ceux de notre profession, sans les loger chez nous, ne sont ni *domestiques* ni *serviteurs*, et peuvent, par exemple, être entendus contre nous en témoignage.

VIII. Cependant il y a un cas, *un seul cas*, où la loi a employé le mot *serviteurs* pour désigner en général ceux qui doivent un *service quelconque* au maître de la maison, bien qu'ils n'appartiennent à aucune classe de serviteurs. C'est lorsqu'un exploit est remis au domicile de la partie, à l'un de ses *serviteurs* (*Cod. de Proc.*, *art.* 68). Alors, il suffit d'être employé, à quelque titre que ce soit, par le maître de la maison où se trouve celui à qui l'exploit est remis, et d'y être actuellement employé, pour être compris dans l'étendue du mot *serviteur*, comme les clercs, les commis, les ouvriers, les apprentis, etc. C'est une jurisprudence constante et universelle, fondée sur ce que toute personne employée par nous et chez nous, doit compte au maître de la maison d'un événement aussi important que la remise à son domicile d'une citation en justice; mais il ne faudrait pas l'étendre à d'autres cas.

IX. Par les mots *gens de travail*, on ne doit entendre que les terrassiers, les moissonneurs, les vendangeurs, les faucheurs, et en général *tous les journaliers*, c'est-à-dire ceux dont l'engagement *peut* commencer et finir dans la même journée. (*Henrion de Pansey.*)

X. Il importe de remarquer la justesse d'expression de l'illustre auteur. Il n'a pas dit : ceux dont l'engagement *com-*

mence et *finit*, mais *peut* commencer et finir dans la *même* journée. Ainsi, que le maître convienne qu'il lui sera fait plusieurs journées de suite, qu'il lui sera fait plusieurs journées par semaine pendant une saison; qu'il arrête même ses gens de travail à l'année, ils ne perdent pas pour cela leur qualité de gens de travail.

XI. Il y a trois marques caractéristiques de la classe des gens de travail : la première est celle si bien signalée par M. Henrion de Pansey, de travailler ordinairement à la journée; la seconde, de ne s'occuper que de travaux manuels; la troisième, de s'occuper des travaux de la profession du maître. En un mot, *nos gens de travail* sont les *aides de notre travail.*

Ainsi, tout propriétaire qui fait faire des travaux à ses terres est nécessairement cultivateur, du moins quant à ses domaines et quand il s'occuperait d'une autre profession. Mais un propriétaire qui fait bâtir ne pourra regarder comme ses *gens de travail* les ouvriers qu'il emploiera; ils feront des travaux pour lui, mais ne l'aideront pas dans des travaux de sa profession, tandis que les ouvriers employés par les charpentiers, les maçons, les serruriers, pour faire les travaux ordonnés par le maître, seront *gens de travail* respectivement aux maîtres serruriers, maçons ou charpentiers qui les mettront en œuvre, parce qu'ils les aideront à la journée dans les travaux de leurs professions.

XII. Mais si le maître maçon, le maître charpentier, etc., au lieu de payer leurs ouvriers à la journée, les paient à leurs pièces, *en leur laissant la responsabilité des malfaçons*, les ouvriers à qui leur travail devient ainsi propre, cessent d'être les *gens de travail* de leurs maîtres : il y a plutôt louage *d'industrie* que louage de *services.*

XIII. Le mot *ouvrier* comprend, en général, tous ceux qui exercent sous autrui une profession mécanique ou manuelle.

Par rapport au particulier qui fait travailler, celui qui se charge de son ouvrage, quoique maître dans sa profession, est qualifié *d'ouvrier*. (*Code civil, art.* 1788 *et suivants*, 2271.)

Dans un sens plus restreint, et sous le rapport de certaines obligations de police, on n'entend par *ouvriers* que ceux appartenant aux corps de métiers dans lesquels on les appelle *compagnons* ou *garçons*. (*Arrêté du* 9 *frimaire an* 12.)

Quelquefois le mot ouvriers comprend les *contre-maîtres* et *conducteurs d'ouvrages*; quelquefois, il ne les comprend pas. Le sens du mot se trouve alors déterminé par les circonstances.

Nous avons vu, n° 11, quand les ouvriers peuvent être qualifiés *gens de travail.*

XIV. L'art. 2101 du Code civil parle du salaire des *gens de service.* Cette expression est synonyme du mot *serviteur,* dans son acception la plus restreinte, et ne doit s'entendre que des gens occupés au service de la personne et du ménage, sans comprendre les *ouvriers,* les *commis* de commerce, etc. (*Bourges,* 14 *juillet* 1823; *Paris,* 30 *juillet* 1828; *cassation,* 10 *février* 1829.)

§ II. *Du louage de service des domestiques, gens de travail et ouvriers.*

I. Nous ne pourrions pas, sans sortir de notre sujet, traiter ici du louage d'industrie pour une entreprise déterminée, objet des sect. 2 et 3 du chap. 3 du tit. du *Louage,* au Code civil. Nous invitons nos lecteurs à y recourir. (Voy. *Code civil, art.* 1782 *à* 1799.)

II. On ne peut engager ses services qu'à temps (*Code civil, art.* 1780); un engagement *à vie* serait nul comme contraire aux bonnes mœurs, qui défendent d'aliéner indéfiniment sa liberté.

La nullité d'un pareil engagement peut être demandée par les deux parties (*Paris,* 20 *juin* 1826; *Bordeaux,* 23 *janvier* 1827); et comme d'un contrat illicite il ne peut résulter aucune obligation, celui des conctractants qui se refuse à l'exécuter ne peut être tenu de dommages-intérêts (*même arrêt de Bordeaux*).

III. L'engagement d'un ouvrier ne pourra excéder *un an,* à moins qu'il ne soit contre-maître, conducteur des autres ouvriers, ou qu'il n'ait un *traitement* et des *conditions* stipulées par un *acte exprès.* (*Loi du* 22 *germinal an* 11, *art.* 15.)

IV. Les conventions faites de bonne foi entre les ouvriers et ceux qui les emploient seront exécutées. (*Loi du* 22 *germ., art.* 14.)

Telles sont les conventions relatives à certains outils que fournissent tantôt les maîtres, tantôt les ouvriers; aux heures d'ouverture et de fermeture des ateliers, aux gratifications promises pour les travaux extraordinaires, supplément de journées et travail de nuit, aux amendes imposées dans certaines manufactures pour perte de temps et autres fautes légères, etc.

V. Le maître (d'un domestique ou d'un ouvrier) est cru *sur son affirmation,* pour la quotité de gages, pour le paiement du salaire de l'année échue, et pour les à-comptes donnés pour l'année courante. (*Code civ., art.* 1781.)

VI. L'ouvrier ou le domestique ne peut produire des témoins en présence desquels le maître se serait expliqué sur la qualité ou le paiement soit du salaire, soit des gages. On n'aurait pu admettre la preuve testimoniale sans ouvrir la porte aux fraudes et sans courir le danger que les ouvriers ne se servissent mutuellement de témoins. Il fallait donc déférer le serment au maître ou à l'ouvrier ; or, le maître mérite plus de confiance. (*M. Treilhard*, au conseil d'état.)

VII. Par *à-comptes donnés sur l'année courante*, la loi entend non-seulement les paiements faits sur ce qui est échu, mais même des avances sur les salaires à échoir. Ainsi Pothier ayant engagé la femme Treste dans ses ateliers au salaire de soixante-quinze centimes par jour, et cette femme l'ayant quitté, il réclama devant le tribunal de paix d'Aubusson, les avances qu'il avait faites à son ouvrière. Le juge de paix accueillit cette demande, à la charge par le maître d'affirmer qu'il avait fait ces avances. Le tribunal d'Aubusson, saisi de l'appel, infirma ; mais le 21 mars 1827, le jugement d'appel fut *cassé*, parce qu'en fait Pothier avait affirmé avoir donné à l'ouvrière, lors de son entrée chez lui, cent francs *à compte* et par avance *sur l'année courante*.

VIII. Le louage de services se fait verbalement ou par écrit.

IX. Pour que le louage des domestiques soit parfait, il faut, d'après un usage immémorial, que le domestique ait reçu des *arrhes* du maître. A Paris, et dans beaucoup d'autres villes, la tradition des arrhes ne consomme l'engagement qu'après le laps de vingt-quatre heures ; pendant ce temps, il est libre au domestique de les rendre.

X. Le Code civil, art. 1715, n'abroge l'usage des arrhes qu'en matière de louage de maisons, et non de louage de services. Ainsi on doit suivre encore l'ancienne jurisprudence, qui dispensait le domestique d'entrer chez le maître ou de payer des dommages-intérêts, en affirmant par lui qu'il ne lui avait pas été donné d'arrhes. (*Arrêt du parlement de Paris, du* 13 *sept.* 1728.)

XI. Les ouvriers ne reçoivent pas d'arrhes de leur engagement verbal.

XII. Quand le louage de services se fait verbalement, il se fait ordinairement *à tant* par jour, s'il s'agit d'ouvriers et gens de travail, *à tant* par mois pour les commis de commerce et garçons de boutique, et *à tant* par année quand on loue des domestiques proprement dits.

XIII. En matière de louage d'ouvriers et de domestiques, fait verbalement, les parties ont la liberté *réciproque* de se quitter quand il leur plaît, sans attendre l'expiration de l'année, et le maître, même quand il renvoie le domestique, ne doit les gages que pendant le temps écoulé et non pour toute l'année (Henrion de Pansey, *Compétence*, ch. 30). Son avis est préférable à l'opinion de Pothier(*Louage*, n° 176), qui, en accordant ce droit aux maîtres, le refuse aux domestiques.

XIV. L'usage à Paris, et dans quelques autres villes, est que le domestique soit congédié ou le maître averti huit jours à l'avance.

XV. Si le maître ne veut pas accorder ce délai au domestique qu'il renvoie, il est tenu, outre le paiement comptant de tout ce qu'il lui doit, de lui payer le salaire de ces huit jours et d'y ajouter une somme pour compensation de la nourriture et du logement pendant le même temps.

XVI. Même pour les domestiques de la première classe (*voy.* § 1, n° 2), tout ce que l'équité naturelle exige du maître, c'est qu'en les congédiant, il leur accorde un délai suffisant pour qu'ils ne soient pas pris au dépourvu. Il doit donc les avertir un mois à l'avance, ou, s'il veut les renvoyer immédiatement, ce dont il est toujours maître, leur offrir un dédommagement convenable ou que le juge déterminerait selon les circonstances (*argument d'un arrêt de Metz, du* 21 *avril* 1818, *rendu dans l'espèce d'un commis teneur de livres*).

XVII. Pour les ouvriers à la journée, nous ne connaissons pas de délai d'usage; même dans plusieurs professions, on leur dit simplement, en les payant, qu'il n'y a plus d'ouvrage pour eux. Cependant l'humanité veut que les maîtres qui, voyant l'ouvrage baisser, savent qu'ils renverront bientôt leurs ouvriers, les avertissent de se précautionner, et l'équité commande que l'ouvrier ne mette pas le maître dans l'embarras. C'est au juge à concilier, sur ce point, avec la justice, ce qui est dû à la liberté et aux nécessités du commerce.

XVIII. Quant aux commis de commerce et garçons de boutique, l'usage, en plusieurs lieux, est de leur laisser finir le mois dans lequel on leur donne l'avertissement.

XIX. Pour les gens de travail, ouvriers et domestiques de place, loués pour un travail particulier, comme pour la fenaison, la moisson, une fête, etc., leur engagement, quoique contracté à la journée, dure jusqu'à la fin de l'ouvrage, et ils devraient des dommages-intérêts au maître, s'ils le quittaient auparavant.

XX. Mais les domestiques qui sont attachés à la culture

des terres, à l'exploitation et aux travaux de la campagne, sont censés loués *pour l'année*, du moins selon l'usage général. La nécessité de faire ces travaux dans un temps et dans un ordre déterminés, a fait introduire l'usage d'engager cette sorte de domestiques *pour un temps fixe* (Henrion de Pansey, *loc. cit.*). L'époque de la location de ces domestiques utiles est généralement celle où commencent les baux à ferme, c'est-à-dire la Saint-Martin d'hiver (11 novembre).

XXI. Si le louage de services a été fait *pour un temps déterminé*, soit dans le cas du numéro précédent, soit parce qu'il y aurait convention écrite, le maître et le domestique ou l'ouvrier sont tenus de l'exécuter, à moins de raison ou d'occasion légitime de rompre le contrat. (*Code civ., art.* 1134.)

Si le maître renvoie l'ouvrier ou le domestique avant le temps fixé, sans motifs légitimes, il est tenu de lui payer des dommages-intérêts; ces dommages-intérêts doivent être au moins égaux à son salaire pendant le temps qui resterait à courir, et à la nourriture que le maître devait en outre, s'il s'agit d'un domestique.

Cependant si le domestique avait trouvé une autre condition avant le jugement de l'affaire, ces dommages-intérêts pourraient être modérés. Pothier, n° 173, pense que le juge peut diminuer les dommages-intérêts, même quand le domestique n'est pas encore replacé, en évaluant au plus bas ce que celui-ci *pourra trouver* à gagner pendant le temps qui reste à courir. Cela nous paraît injuste : on ne peut compenser une perte certaine avec un gain éventuel et incertain.

XXII. Si c'est le domestique ou l'ouvrier qui se retire sans cause légitime, il encourra les dommages-intérêts du maître, qui peut les retenir sur la partie des gages qu'il doit pour les services passés (*Pothier*, n° 169). Ces dommages-intérêts se calculeront sur ce qu'il en coûtera de plus au maître pour prendre un autre ouvrier ou domestique, et sur le tort que peut lui avoir causé le départ subit de celui-ci avant qu'il ait pu le remplacer.

XXIII. Les motifs qui peuvent justifier le départ du domestique ou de l'ouvrier sont : 1° le refus que lui fait le maître des choses nécessaires à la vie; 2° les mauvais traitements; 3° l'impossibilité d'exécuter le contrat, indépendante de la volonté de l'ouvrier.

XXIV. Sous le nom de *refus du nécessaire*, nous plaçons le défaut de paiement du salaire aux époques convenues. Si le maître est en demeure, c'est un motif suffisant de résolution avec dommages-intérêts contre lui.

XXV. Par *mauvais traitements*, nous entendons les voies de

fait et les paroles outrageantes, qui, selon leur qualité, peuvent être aussi une cause de résolution.

XXVI. Enfin l'*impossibilité* peut être physique ou morale.

Ainsi une fille domestique que son maître a voulu suborner, est libre de le quitter, nonobstant la durée de l'engagement.

Ainsi, c'est encore une impossibilité morale que d'être appelé par la loi du recrutement, pendant la durée de l'engagement.

Une maladie qui mettrait l'ouvrier dans l'impossibilité de continuer ses travaux serait également un juste motif de résolution.

XXVII. Dans ces deux derniers cas, la résolution dispense le maître de payer le salaire pour le temps pendant lequel il sera privé des services promis; mais nul ne doit alors de dommages-intérêts.

XXVIII. Il faut que la cause d'impossibilité ne provienne pas du fait de l'ouvrier. Ainsi un mariage, un enrôlement volontaire, ne mettraient pas l'ouvrier ou le domestique à l'abri des dommages-intérêts du maître; seulement les circonstances pourraient engager le juge à les modérer. (*Pothier*, n°s 170 et 171.)

XXIX. Les motifs raisonnables du maître pour renvoyer l'ouvrier ou le domestique peuvent être, 1° l'inconduite, 2° l'insubordination, 3° l'impéritie totale; mais il faut que ces causes aient assez de gravité pour mériter l'expulsion, ce qui tombe sous l'appréciation du juge.

XXX. C'est au demandeur (maître, ouvrier ou domestique) à prouver les faits sur lesquels il appuie sa demande en résolution (*Code civ., art.* 1315). Pothier est de cet avis quant au domestique, mais il laisse à la prudence du juge de se déterminer par la déclaration du maître (*Traité du Louage*, n° 175). M. Henrion de Pansey adopte l'avis de Pothier (*chap.* 30). Pour nous, l'art. 1781 paraît avoir assez fait pour le maître; il s'en rapporte à son affirmation sur assez de points importants, sans qu'on accorde encore à sa déclaration intéressée foi en justice, sur les actes des domestiques et ouvriers. Il est donc plus exact de rentrer dans la règle générale, à défaut de règle particulière.

XXXI. Il ne peut pas s'élever beaucoup de difficultés sérieuses sur le temps qu'on doit payer aux ouvriers à la journée qui travaillent pour les artisans et entrepreneurs. On leur paie le temps qu'ils emploient, et s'ils perdent un jour, une demi-journée, un quart de journée, on le déduit de leur salaire; même l'usage à Paris, dans les professions qui tiennent au bâtiment, est de compter la journée de six à six heures, et de diminuer le prix de chaque heure non employée. Ainsi, quand l'hiver vient raccourcir les journées, le salaire diminue; et si, pendant l'été, les ouvriers consentent à travailler plus de douze heures, on leur paie un salaire supplémentaire. Dans d'autres professions, la journée est autrement fixée. C'est l'usage des lieux qui fait la loi.

XXXII. Si une force majeure empêche le maître de tirer parti des gens de travail qu'il a loués, il ne leur doit pas leur salaire. Par exemple, si le propriétaire d'un vignoble a loué des vendangeurs, et que le temps se mette tellement à la pluie qu'il ne soit pas possible de vendanger ce jour-là, le maître ne devra aucun salaire; car il ne doit pas payer un service qu'il n'a ni reçu ni pu recevoir. (*Pothier*, n° 165.)

XXXIII. Si la pluie prend sur le midi, il ne devra que la moitié du salaire. Pothier (n° 167) atteste que l'usage dans l'Orléanais était, en ce cas, de donner à dîner aux vendangeurs et de leur payer la moitié du prix de la journée.

XXXIV. Mais si le maître a pris plus de vendangeurs qu'il ne lui en faut, de sorte que la récolte soit faite plusieurs heures avant la fin de la journée, peut-il faire une diminution sur le prix convenu de la journée? Non, car c'est par le propre fait du maître que ces vendangeurs n'achèvent pas leur journée. (*Pothier*, n° 167.)

XXXV. Si un domestique ou un ouvrier *à l'année* tombe malade, doit-on *déduire* de ses gages une somme *proportionnelle* au temps de sa maladie? Les docteurs disent que *oui;* l'humanité semble dire que *non*.

La question ne peut se présenter que pour une maladie longue; car une légère indisposition ne doit faire obtenir au maître aucune diminution sur les gages qu'il doit pour l'année : c'est un risque prévu lors de la formatien du contrat, et le maître a dû compter sur les événements de ce genre, puisqu'il n'y a presque personne qui n'ait une indisposition de quelques jours dans le cours d'une année. (*Pothier*, n° 168.)

Si la maladie est grave et longue, il faut distinguer si la cause en serait dans le service forcé de l'ouvrier ou du domestique. Quoique les exemples de ce zèle soient rares, il en existe : nous regarderions donc alors le retranchement d'un nombre de jours comme une injustice; et si ce travail forcé avait été imposé par la volonté inique et impérieuse du maître, non-seulement il devrait le paiement du temps de la maladie, mais tous les frais nécessaires au rétablissement, à titre de dommages-intérêts.

Lorsque la cause d'une maladie longue est étrangère au

service du maître, celui-ci peut faire la déduction du temps de la maladie, parce qu'il ne doit pas le prix d'un temps qui ne lui a pas été fourni, et n'est pas tenu d'un cas fortuit sur lequel il ne devait pas compter.

XXXVI. Si, dans ce dernier cas, le maître, sans que son domestique ou son ouvrier l'en ait prié, a fait venir son médecin, a fait soigner chez lui le malade, peut-il, outre la retenue proportionnelle des gages, retenir les frais de maladie ? En thèse générale, nous tenons pour la négative, parce que la bienfaisance du maître ne doit pas être pour le malheureux une occasion de dépenses qu'il aurait évitées en recevant les mêmes soins dans l'hôpital de la ville.

XXXVII. Les gens de travail et les domestiques de place qui se louent pour un travail déterminé d'un ou de plusieurs jours, n'ont point de congé à demander à celui qui les a ainsi employés.

XXXVIII. Il est d'usage que les domestiques à l'année reçoivent un certificat des maîtres qui les congédient. Il y avait même obligation pour les maîtres d'en donner, s'ils étaient satisfaits, et en cas de refus mal fondé, le commissaire du quartier délivrait une attestation favorable : c'est ce qui résultait des réglements de 1567 et 1577, et de l'ordonnance du lieutenant général de police de la ville de Paris du 16 octobre 1720. Cette législation nous paraît abrogée, au moins par la désuétude; de sorte que nous ne connaissons pas, pour les domestiques, de moyens de remplacer les certificats que leur refuseraient leurs maîtres, si ce n'est la bienveillante intervention du juge de paix ou du maire.

XXXIX. A Paris, ces certificats sont remplacés par un bulletin d'inscription délivré au domestique par la préfecture de police, remis aux mains du maître à l'entrée du domestique, renvoyé à la préfecture par le maître à la sortie du domestique (*décret du 3 oct.* 1810). Ces dispositions sont rarement observées.

XL. Quant aux ouvriers (*garçons et compagnons*), c'est sur un livret spécial que se donne, par le maître qu'ils quittent, l'acquit de leur précédent engagement. Comme sur ce point les règles diffèrent de celles tracées pour les domestiques, nous renverrons au mot *Livret*.

XLI. Le louage de service est un contrat personnel qui ne passe pas aux héritiers, et qui finit par la mort du domestique ou de l'ouvrier, comme il finit aussi par la mort du maître, mais d'une manière moins absolue, les héritiers ne devant pas laisser les domestiques dans l'embarras, ni ceux-ci refuser leurs soins avant qu'un parti ait été pris.

Il n'y a point de textes spéciaux au Code civil sur cette question : on peut consulter comme règle générale l'art. 1122, et comme analogies, les art. 1795, 1796, et les art. 2003, 2008 et 2009, au tit. du *Mandat*.

XLII. Les *gens de service* ont un privilége général sur les meubles et sur les immeubles de la personne qu'ils ont servie (*voy.* ci-dessus, § Ier, n° 15), aux termes de l'art. 2101 du Code civil; et les ouvriers n'en ont pas, à moins que ce ne soit quelquefois le privilége des frais faits pour la conservation de la chose (*Cod. civil, art.* 2102, *n°* 3), ou le droit de rétention sur les objets qu'ils ont à façon entre les mains (*même article, n°* 2).

XLIII. L'action des *ouvriers* et *gens de travail*, pour le paiement de leurs journées, fournitures et salaires, se prescrit par six mois (*Cod. civ., art.* 2271), et celle des *domestiques* qui se louent à l'année, pour paiement de leur salaire, se prescrit par un an (*Cod. civ., art.* 2272).

XLIV. Il ne faut pas confondre avec le louage de services, certaines conventions qui s'en rapprochent, mais qui présentent un autre caractère.

Par exemple, à Paris, les entrepreneurs de voitures et cabriolets de place reçoivent de leurs cochers une rétribution fixe par jour, par semaine ou par mois, et tout ce que ceux-ci retirent des particuliers qu'ils transportent leur appartient, sans qu'ils soient tenus d'en faire compte au maître. Les gains et les pertes étant ainsi au profit et risques des cochers, ce n'est pas un louage de leurs services, c'est au contraire, de leur part, le louage d'une chose pour l'exercice de leur industrie ; d'où la conséquence que si le maître des voitures prétend leur avoir fait des avances, il est tenu de prouver le fait, et n'est pas cru sur son serment, l'art. 1781 devenant inapplicable (*Cour de cass.*, 30 *déc.* 1828); que si les cochers doivent des journées arriérées, le juge de paix n'est pas compétent, parce qu'ils ne sont ni domestiques ni gens de travail.

Il en est autrement des cochers et conducteurs des voitures dites *Omnibus*, qui sont payés au mois et qui louent réellement leurs services.

§ III. *Juridiction et compétence.*

I. La loi du 16-24 août 1790, tit. 3, art. 10, porte : « Le juge de paix connaîtra, sans appel, jusqu'à la concurrence de cinquante livres, et à charge d'appel *à quelque valeur* que la demande *puisse monter*........; 5° du *paiement* des *salaires* des gens de *travail*, des gages des *domestiques*, et de *l'exécution* des *engagements respectifs* des maîtres et de leurs *domestiques* ou *gens de travail.* »

Ce seul article donne lieu à une foule de questions épineuses. Quelles personnes sont comprises sous le nom de *gens de travail?* Quelles, sous le nom de *domestiques*? Quels engagements sont appelés ici *engagements respectifs*? Quand le juge de paix est compétent, y a-t-il des *demandes accessoires* de nature à le forcer à se dessaisir? Enfin *quel juge de paix est compétent*, celui du domicile du maître, du domicile du domestique, ou du lieu de travail?

II. Nous avons expliqué, § 1er, *n*os 10 *et suivants*, quelles personnes étaient comprises sous les mots *gens de travail.* Toutes ces personnes, ouvriers *de la campagne*, ouvriers *dans les arts mécaniques*, travaillant habituellement à la journée, sont donc, respectivement au maître qui les emploie immédiatement, et leurs maîtres respectivement à eux, soumis à la juridiction du juge de paix pour l'exécution du louage de leurs services, sauf ce que nous dirons sur la juridiction *subexceptionnelle* des prud'hommes pour les ouvriers dans les professions mécaniques, et de l'autorité administrative en matière de remise de livrets. (Voy. *Prud'hommes* et *Livret.*)

III. Il n'y a pas de doute non plus que les *domestiques* de campagne, et, à la ville, les domestiques proprement dits, attachés au service de la personne et du ménage, ne soient compris dans la signification du mot *domestiques* dans l'article qui nous occupe. (*Voy.* § 1er, *n*os 1, 2, 7 *et* 8.)

IV. Mais les domestiques de la première classe, les intendants, les précepteurs, bibliothécaires ou autres exerçant des fonctions honorables dans la maison où ils sont les commensaux du maître, sont-ils aussi justiciables du juge de paix?

Ce que nous avons dit § 1, n° 3, indique assez que nous tenons l'affirmative pour certaine. M. Henrion de Pansey (*ch.* 30), en disant qu'il faut, pour entendre la loi de 1790, savoir quelles personnes sont désignées sous le nom de domestiques, et en les divisant en deux classes sans en exclure aucune de la juridiction des juges de paix, a implicitement professé la même opinion. M. Carré (*Lois de Compétence*, n° 445) dit en termes formels : « Quelle que soit la différence de la condition et des services de toutes ces personnes, *toutes*, comme *domestiques*, n'en sont pas moins soumises à la juridiction des juges de paix. »

V. Cependant de bons esprits ont embrassé la négative, et cette opinion, appuyée de l'autorité d'un arrêt de la cour royale de Bourges du 30 mai 1829, confirmatif d'un jugement du tribunal civil de Clamecy, qui avait rejeté le déclinatoire proposé par M. le lieutenant-général Alix, sur la demande formée contre lui par M. Quinaut, son secrétaire, en paiement de son traitement. L'importance de cette question nous fait donc un devoir d'analyser les motifs de cet arrêt, et d'en essayer la réfutation.

« D'abord, y est-il dit, le mot *domestique*, comme beaucoup d'autres de la langue, s'est écarté de sa signification étymologique, *d'après les progrès de la civilisation*, et a pris, *dans l'usage actuel*, une signification *plus restreinte.* » C'est ce que nous nous empressons d'accorder; mais il ne s'agit pas de *l'usage actuel : c'est l'usage légal du mot* au moment de la rédaction de la loi qu'il faut apprécier.

La cour de Bourges l'a senti; aussi ajoute-t-elle que « ce mot de domestique ne s'applique qu'aux *serviteurs* à gages, et que c'est aussi la définition qu'en donnent les auteurs mêmes de la loi de 1790, dans la Constitution de 1791... » En effet, l'art. 2 de la 2e section du chap. 1er, tit. 3 de cette Constitution, porte : « Pour être citoyen actif, il faut.... *n'être pas dans un état de domesticité*, c'est-à-dire de *serviteur à gages.* »

Mais, loin de tirer de ces mots la conséquence que les législateurs de 1790 et de 1791 n'entendaient la qualification de *domestique* que dans l'acception la plus restreinte, nous sommes porté à une induction toute contraire; car si le mot de domesticité n'eût pas eu alors une signification ambiguë, à quoi bon cette définition, cette explication, qui borne cet état à celui de *serviteur* à gages? Ne serait-ce pas parce que, dans le langage légal, bien connu des hommes éclairés qui composaient l'assemblée constituante, *domestiques* signifiait ceux *qui in eadem domo commorabantur*, et *serviteurs* ceux qui y servaient, *qui famulabantur* ?

Aussi les rédacteurs des constitutions suivantes ont-ils voulu donner à cette disposition encore plus de clarté, et ont-ils mis, tant dans la Constitution de l'an 3, art. 13, que dans la Constitution de l'an 8, art. 5 : « L'exercice des droits de citoyen est suspendu par l'état de *domestique* à gages, attaché *au service* de la *personne* ou du *ménage,* » et indiqué ainsi clairement qu'on pouvait être *domestique*, qu'on pouvait recevoir des *gages*, et cependant n'être *serviteur* ni de la personne ni de sa maison.

» La loi de 1790, ajoute l'arrêt, s'adressant aux juges de paix, simples citoyens, étrangers le plus souvent aux connaissances du droit, a dû, en leur parlant, employer les mots suivant l'usage commun. » Cette raison paraîtrait la plus forte si la loi sur *l'organisation judiciaire* ne parlait qu'aux seuls juges de paix; mais elle s'adresse à tous les magistrats, à tous les citoyens; elle a bien pu supposer que les juges de paix ne seraient pas jurisconsultes, mais non pas qu'ils ignoreraient que les *domestiques* et les *serviteurs* étaient reprochables dans une enquête, et quelle différence existait entre les uns et les autres.

« La réunion des mots *salaires de gens de travail et gages des domestiques* dans un même contexte, dit-on ensuite, *fixe* clairement le sens que la loi attachait à cette dernière expression, et *ne permet pas* de l'étendre à des aumôniers, à des bibliothécaires, à des secrétaires, à des précepteurs, qui reçoivent des *honoraires*, des *traitements*, et *non des gages ;* qui *rendent* à celui qui les emploie *des services* et *ne sont pas à son service.* » Cette dernière raison ne peut avoir aucune influence, car tous ceux qui professent notre opinion reconnaissent qu'avant comme après la loi de 1790, les *domestiques de la première classe* n'ont *jamais* été considérés comme *serviteurs.*

Quant à la précédente, c'est toujours la même question de mots. Si le mot *domestiques* était encore d'usage pour ces emplois intérieurs plus relevés que les autres, il est aussi certain que le mot *gages* était *alors* le terme générique pour signifier le *traitement annuel*, et que les magistrats eux-mêmes ont reçu des *gages* jusqu'à la mise à exécution de la loi du 24 août 1790.

Enfin, dit encore l'arrêt : « Les rédacteurs de la loi annoncèrent eux-mêmes qu'ils ne voulaient soumettre aux juges de paix que des questions simples et de peu d'importance, telles que les lumières du bon sens et de l'expérience journalière pussent suffire pour les décider. » Mais est-il donc plus difficile de statuer sur ce qu'on appelle aujourd'hui les *appointements* d'un secrétaire, que sur les *gages* d'un serviteur d'une condition plus humble ? Nous ne le pensons pas. Toutes choses sont d'ailleurs égales, et tout homme qui est contraint de louer à l'année les services que peuvent rendre ses talents, a droit, à nos yeux, de jouir du bénéfice d'une loi qui place son juge à côté de lui, abrége la procédure et fait obtenir prompte justice.

VI. Nous avons vu (§ 1, *n*° 4) que les *commis* des marchands, *logés* et *nourris* chez eux, étaient rangés dans les domestiques de la première classe. S'ensuit-il qu'ils soient justiciables des juges de paix et compris dans le sens de la loi de 1790 ?

M. Carré pense qu'*oui*, parce que ces commis sont compris sous le nom de domestiques; M. Vaudoré pense que *non*, parce qu'il ne les comprend pas dans la signification de ce mot.

Pour nous, nous pensons qu'ils ne sont pas justiciables des juges de paix quand la demande excède cent francs, mais pour des motifs bien différents.

En principe, une action ne peut être portée devant un tribunal d'exception que lorsqu'elle lui a été *expressément attribuée* par la loi.

Le tit. 3 de la loi du 24 août 1790 traite des *juges de paix ;* mais le tit. 12 traite des *juges de commerce.*

Jusqu'à ce qu'il eût été fait un réglement ou une loi pour déterminer d'une manière fixe et précise la compétence des juges de commerce, il est évident que la célèbre ordonnance du commerce de 1673 demeurait en vigueur.

Or, le tit. 12 de cette ordonnance traitait de la juridiction des consuls, et portait, art. 5 : « Ils connaîtront aussi des *gages, salaires* et *pensions* des *commissionnaires, facteurs* ou *serviteurs* des marchands, pour le fait du trafic seulement. »

Cet article restait donc en pleine vigueur lors de la promulgation de la loi du 16-24 août 1790, et toutes les affaires commerciales étant hors des attributions des juges de paix, la conséquence inévitable est que les actions relatives *aux salaires et gages des serviteurs des marchands dans leur commerce* n'ont été ni pu être l'objet de la disposition de l'art. 10 du tit. 3.

Le Code de Commerce a depuis remplacé l'ordonnance de 1673, et l'art. 634, n° 1er, dit que les tribunaux de commerce connaîtront des actions contre les *facteurs, commis* des marchands ou leurs *serviteurs* pour le fait seulement du trafic du marchand auquel ils sont attachés.

Il n'y a pas de doute que cet article s'applique aux tiers qui ont à exercer des répétitions contre ces serviteurs commerciaux : tout le monde est d'accord sur ce point.

On pense aussi généralement que l'article ne distinguant pas entre les actions intentées contre ces serviteurs commerciaux par les maîtres ou par les tiers, les marchands doivent porter devant le tribunal de commerce les actions par eux intentées contre leurs commis.

Mais on est en divergence sur le point de savoir si les commis ou autres serviteurs des négociants doivent porter devant les tribunaux de commerce l'action contre leurs maîtres en paiement de leurs gages, salaires ou appointements.

La cour royale de Paris accorde l'action commerciale aux commis (*arrêts des* 29 *novembre* 1825 *et* 24 *août* 1829) ; les autres cours du royaume ont une jurisprudence contraire (*Rouen*, 19 *janvier* 1813 *et* 26 *mai* 1828; *Bordeaux*, 21 *février* 1826; *Nancy*, 9 *juin* 1826; *Aix*, 23 *janvier* 1830; *Montpellier*, 10 *juillet* 1830). Ces cours se fondent sur l'abrogation de l'ordonnance de 1673, et sur ce que, l'art. 634 n'accordant pas de réciprocité, les juges ne peuvent l'accorder dans une matière exceptionnelle. Peut-être lors des arrêts de Paris, y a-t-il eu des circonstances de fait que les arrêtistes n'auront pas recueillies. L'opinion des autres cours nous paraît plus conforme à la loi.

Mais, en l'admettant, s'ensuit-il que les commis peuvent citer leurs maîtres devant le juge de paix quand il leur est dû plus de cent francs de salaires. Non, parce qu'à l'époque de la loi de 1790, le législateur n'a pas eu l'intention d'attribuer ces actions au juge de paix, et qu'en ôtant, par le Code de Commerce, la connaissance de ces actions au juge de commerce, sans les attribuer par une loi nouvelle au juge de paix, autre tribunal d'exception, elles sont naturellement retombées dans la juridiction ordinaire des tribunaux civils.

VII. Ceci paraît contraire à ce que nous avons dit, n° 2 de ce paragraphe, sur la compétence des juges de paix pour les salaires d'ouvriers des artisans et des manufactures, compris sous le nom générique de *gens de travail;* mais ils n'étaient pas renfermés dans la signification des mots *serviteurs des marchands*, dont se sert l'ordonnance de 1673 : c'est ce qui résulte d'une déclaration du 2 octobre 1610, et de la jurisprudence attestée par Jousse. Tous ces ouvriers mercenaires ont donc été compris dans la loi sur les attributions des juges de paix, puisqu'à l'époque de sa publication ils n'étaient pas placés dans les attributions des juges et consuls.

VIII. D'où il suit que, quand un ouvrier est employé pour surveiller les autres, comme chef d'atelier, et à raison de *tant par jour*, il est justiciable du juge de paix, et son action prescriptible par six mois (*cour de cass., 7 janvier* 1824), comme celle de tous les gens de travail, soit des particuliers, soit des marchands. Mais s'il s'agissait d'un *contre-maître* ou d'un *préposé* dans une fabrique pour distribuer les travaux, les examiner, en surveiller l'exécution, ce serait là un véritable *serviteur de marchand* ou de fabricant dans le sens de l'ordonnance, et l'action qu'il intenterait contre le chef de l'établissement pour plus de cent francs, ne pourrait être portée devant le juge de paix.

IX. On appelle *engagements respectifs* tout ce qui est, de part et d'autre, une suite nécessaire du contrat de louage de services, soit pour le taux et le paiement des salaires ou gages, soit pour la durée, la résiliation ou le mode d'exécution du contrat (Carré, *Traité de la Compétence*, n° 445), soit même pour les dommages-intérêts résultant de l'inexécution.

X. Quoique le traité fait entre le maître et l'ouvrier ou domestique pour louage de services, ait été rédigé par écrit, le juge de paix n'en demeure pas moins compétent. C'est à la matière et non à la forme que la juridiction est attribuée. Aussi MM. Biret et Carré décident avec raison que si les maîtres souscrivent des billets ou promesses, et les *causent* pour gages ou salaires, le juge de paix en doit connaître, parce que la forme du titre ne change rien à la nature de la dette.

XI. Un arrêt de la section des requêtes, du 22 frimaire an 9, a décidé que le juge de paix était incompétent pour connaître de l'action d'une domestique contre les héritiers de son maître, en paiement de 2,000 fr. pour vingt années de gages, et en restitution d'un billet, d'une somme d'argent, de papiers de famille et d'effets personnels, qu'elle soutenait lui appartenir, et qui, suivant elle, auraient été mis sous la main des héritiers, au moyen des scellés qu'ils avaient fait apposer et lever en son absence.

Cet arrêt est fondé sur ce que les juges de paix n'ont compétence pour prononcer sur les engagements respectifs des maîtres et domestiques, qu'autant que ce qui est réclamé à titre de semblables engagements, tient nécessairement aux rapports de domesticité.

D'où il suivrait que ce serait par la voie de la revendication civile, qu'un domestique pourrait réclamer ce qu'il a laissé chez son maître, et non par action devant le juge de paix.

Nous croyons que si le tribunal avait rendu un jugement contraire, le pourvoi dirigé par les héritiers aurait été également rejeté; car, c'est par une suite du contrat de louage de services, qu'un serviteur porte chez son maître les effets à son usage personnel, et c'est par une autre suite que le maître les lui laisse emporter à sa sortie.

Il est donc à croire que, dans l'espèce, les héritiers contestaient à la servante *son droit à la propriété* des effets par elle réclamés.

Ainsi, si le maître ne dénie pas le droit du domestique aux effets qu'il réclame, le juge de paix est selon nous compétent pour en ordonner la remise; s'il conteste le droit aux effets, c'est une contestation qui rentre dans les attributions des tribunaux ordinaires.

XII. Si, à une demande en paiement de leurs gages, les domestiques ajoutent un autre chef excédant 100 fr., pour sommes avancées ou prêtées à leurs maîtres, le juge de paix doit-il retenir l'affaire pour la demande en paiement de gages seulement, et renvoyer sur le reste à se pourvoir? Doit-il statuer sur le tout? Doit-il renvoyer sur le tout par-devant qui de droit? M. Carré décide que le juge de paix est tenu de statuer sur les gages et de renvoyer sur le reste.

Nous pensons, au contraire, que ce ne sont pas les divers chefs de demande qui, pris séparément, peuvent faire qu'un juge soit compétent pour l'un et incompétent pour l'autre. Si les deux chefs ne sont pas demandés par deux exploits séparés, l'exploit forme une seule et unique demande, et le juge de paix est compétent pour le tout ou incompétent pour le tout.

C'est ainsi que le jugement du tribunal de Vaucluse, sur lequel est intervenu l'arrêt de rejet du 22 frimaire an 9, que nous venons de citer, avait déclaré le juge de paix incompétent, quoique l'un des chefs de demande, celui en paiement de 2,000 fr. de gages, fût évidemment de la compétence du juge de paix; car, il est de principe que quand une partie de la demande peut être portée devant le juge d'attribution, et l'autre partie devant le juge ordinaire, le juge ordinaire doit connaître du tout.

Il faut donc distinguer : s'il y a des avances par le domestique ou par l'ouvrier, qui soient faites en vertu ou pour l'exécution du louage de services, par une suite ordinaire et forcée de ce contrat, le juge de paix *connaîtra du tout;* si les avances ne sont pas une suite naturelle du contrat de louage de services, et s'élèvent au-dessus de cent francs, le juge de paix *renverra le tout* devant qui de droit. (Voy. *le Juge de Paix*, t. 3, p. 261 et 309.)

XIII. Quel juge de paix est compétent? C'est, en thèse générale, le juge du domicile du défendeur, parce que ces demandes sont ordinairement pures personnelles (*Cod. de Proc., art.* 2, 2e *disposition*); mais il faut excepter le cas où il s'agit d'actions relatives aux ouvriers des manufactures, fabriques, arts et métiers, soumis à prendre un livret, car la loi du 22 germinal an 11 porte, art. 21 : « En quelque lieu que réside l'ouvrier, la juridiction sera déterminée *par le lieu de la situation* des manufactures ou ateliers *dans lesquels l'ouvrier aura pris du travail.* »

(*Voyez* au surplus *Coalition*, *Compétence*, *Enquête*, *Livret*, *Prud'hommes*, *Responsabilité civile*, *Serment*, *Témoins*.)

COIN-DELISLE, *avocat à la cour royale de Paris.*

DOMICILE. Chacun a son domicile, dit la loi romaine, dans le lieu où il a placé ses dieux pénates et le siége de sa fortune; d'où il ne sort point, si rien ne l'appelle ailleurs; d'où, quand il est sorti, il est réputé voyager; où, quand il est rentré, il a cessé de voyager.

Le domicile de tout Français, dit plus laconiquement notre Code (*art.* 102), est au lieu où il a son principal établissement. Il ne s'agit ici que du domicile *civil* : le domicile *politique* n'est point de notre sujet.

I. Il ne faut pas confondre le domicile avec la *résidence*, qui n'est que l'habitation momentanée d'une personne dans un lieu quelconque. On peut avoir plusieurs résidences ; on n'a jamais qu'un domicile réel.

II. Mais il est permis aux parties qui passent un acte, de faire *élection de domicile*, pour l'exécution de leurs conventions, dans un autre lieu que celui du domicile réel. Alors le demandeur a le choix de faire les significations, demandes et poursuites relatives à cet acte, soit au domicile réel, soit au domicile élu (*Code civil, art.* 111). C'est là une espece de prorogation volontaire de juridiction, qui conserve sa force même après la mort des contractants, et qui lie leurs héritiers et ayant-causes.

III. Le premier effet du domicile réel est de déterminer quel est le juge naturel de la personne. Ainsi, en matière purement personnelle ou mobilière, la citation doit être donnée devant le juge de paix du domicile du défendeur ; s'il n'a pas de domicile, devant le juge de sa résidence (*Code de Proc., art.* 2). Voy. *Citation*, § 1, n° 12.

Ainsi, c'est devant le juge de paix du domicile d'une personne que ses parents doivent être assemblés pour lui nommer un tuteur ou un curateur, et dans tous les cas où il est nécessaire de consulter le conseil de famille.

IV. Un autre effet du domicile est de déterminer le lieu de l'ouverture d'une succession (*Code civil, art.* 110). Ce n'est donc point devant le tribunal du lieu où le défunt est mort, mais devant celui du lieu où il avait son domicile, que doivent être portées toutes les demandes relatives, soit au partage de ses biens, soit au paiement de ses dettes, etc.

V. Enfin, le troisième effet du domicile est de déterminer le lieu où l'on doit se marier.

VI. Le domicile réel est de deux espèces : celui d'origine et celui de choix.

VII. C'est la naissance qui donne à l'homme son premier domicile. Les enfants n'ont et ne peuvent avoir, jusqu'à leur émancipation, d'autre domicile que celui de leur père. Lorsque le père est décédé, son dernier domicile continue d'être celui de ses enfants jusqu'à ce qu'ils en aient adopté un autre, s'ils ne sont pas sous la puissance d'un tuteur.

VIII. Mais, après l'émancipation ou la majorité, il est libre à tout Francais de choisir un nouveau domicile. Ce changement de domicile s'opère par le fait d'une habitation réelle dans un autre lieu, joint à l'intention d'y fixer son principal établissement. (*Code civil, art.* 103.)

La preuve de l'intention résulte d'une déclaration expresse, faite tant à la municipalité du lieu que l'on quitte, qu'à celle du lieu où l'on a transféré son domicile. (*Art.* 104.)

A défaut de déclaration expresse, la preuve de l'intention dépend des circonstances. (*Art.* 105.)

IX. La loi présume l'intention de changer de domicile, lorsqu'un citoyen accepte des fonctions conférées à vie (*article* 107); mais il n'en est pas de même lorsque les fonctions sont temporaires : on conserve, dans ce cas, et jusqu'à preuve d'intention contraire, le domicile qu'on avait auparavant.

X. La femme, en se mariant, prend de droit le domicile de son mari. (*Art.* 108.)

XI. Le mineur non émancipé a son domicile chez ses père et mère ou tuteur; le majeur interdit a le sien chez son tuteur. (*Ibid.*)

XII. Les majeurs qui servent ou travaillent habituellement chez autrui, ont le même domicile que la personne qu'ils servent ou chez laquelle ils travaillent, lorsqu'ils demeurent avec elle dans la même maison. (*Art.* 109.)

XIII. Hors les cas que nous venons de signaler, la loi s'en est rapportée, pour l'appréciation des circonstances qui peuvent entraîner le changement de domicile, à la sagacité des juges. Voici cependant quelques-uns des principaux faits qui peuvent servir à déterminer le véritable domicile :

1° Si l'individu réside dans la commune où il est né, car on est présumé retenir son domicile d'origine;

2° S'il exerce ses droits politiques dans le lieu où il a son habitation; car, en séparant le domicile civil du domile politique, on n'entendit pas décider que le domicile politique ne servirait pas à faire reconnaître le domicile civil : il fut, au contraire, observé au conseil-d'état que l'exercice des droits politiques était un des caractères de l'établissement principal (*Locré*, t. 2, p. 228) ;

3° Si l'individu acquitte dans le même lieu ses contributions personnelles.

XIV. Lorsque la maison d'habitation est située sur les limites de deux cantons différents, c'est la principale porte d'entrée qui détermine le lieu du domicile. (D'Argentré, *sur l'art.* 265 *de l'ancienne Coutume de Bretagne;* Duparc-Poullain, *Principes du Droit,* t. 2, p. 202.)

DOMMAGES AUX CHAMPS, FRUITS ET RÉCOLTES. Voy. *Fruits et Récoltes.*

DOMMAGES-INTÉRÊTS. C'est la perte qu'on a causée à quelqu'un et le gain qu'on l'a empêché de faire.

On appelle aussi *dommages-intérêts* le dédommagement qu'on est condamné à payer pour réparer le préjudice causé.

Cette matière est une des plus importantes du droit. En thèse générale, les juges de paix n'en connaissent que jusqu'à 100 fr., comme de toute action purement personnelle et mobilière, à moins que la demande en dommages-intérêts ne soit accessoire à une demande principale pour laquelle la loi leur aurait accordé une juridiction plus étendue, comme en matière possessoire, de brevet d'invention, de contraventions de simple police, etc., auquel cas, l'accessoire suit le sort du principal, et le juge de paix est compétent, quelque élevée que soit la demande en dommages-intérêts.

C'est surtout en matière de dommages-intérêts que les parties ont un intérêt véritable à donner au juge de paix pouvoir de les juger au-dessus des limites de sa compétence. Les voies d'instruction nécessaires pour arriver à leur liquidation sont beaucoup plus coûteuses devant les tribunaux civils que dans les justices de paix. Nous entrerons donc dans quelques détails sur cette matière, et nous diviserons cet article en quatre paragraphes.

1°. Quelles sont les causes des dommages-intérêts?

2°. Quand le créancier est-il en droit de les exiger?

3°. Quelle est leur étendue?

4°. Quelles voies d'instruction doit prendre le juge de paix pour leur évaluation?

Nous ne parlerons pas de la *contrainte par corps*, que le juge de paix peut, en certains cas, prononcer comme sanction de son jugement. On peut voir ce qui en a été dit au mot *Contrainte par corps.*

§ I. *Causes des dommages-intérêts.*

I. Les crimes, délits et contraventions de police qui nuisent aux tiers dans leurs intérêts privés, donnent lieu à des *dommages-intérêts* qui prennent alors le nom de *réparation civile.* Les juges de paix statuent sur les dommages-intérêts résultant des contraventions, en même temps qu'ils prononcent sur la contravention comme juges de police.

II. Quant aux dommages-intérêts résultant de crimes et délits, si la partie lésée ne s'est pas portée partie civile devant le juge de répression, et qu'elle ne réclame pas plus de

100 fr. pour ses dommages-intérêts, le juge de paix est compétent pour en connaître, comme de toute demande purement personnelle et mobilière. (Voy. *Action civile*, sect. 3, n °2.)

III. Les quasi-délits ou fautes involontaires que la loi pénale n'a pas punies, sont encore une cause de dommages-intérêts (*Code civil, art.* 1382 et 1383.) Voy. *Quasi-délit.*

IV. Il en est de même des fautes, des délits et des crimes commis par les personnes dont on doit répondre, et du dommage causé par les choses qui nous appartiennent. (Voy. *Responsabilité civile.*)

V. L'inexécution des conventions ou le retard dans leur exécution est encore une source féconde de demandes en dommages-intérêts : « Le débiteur est condamné, s'il y a lieu, au paiement de dommages-intérêts, soit à raison de *l'inexécution* de l'obligation, soit à raison du *retard* dans l'exécution, toutes les fois qu'il ne justifie pas que l'inexécution provient d'une cause étrangère qui ne peut lui être imputée, encore qu'il n'y ait aucune mauvaise foi de sa part. (*Code civil, article* 1147.)

VI. Les quasi-contrats eux-mêmes peuvent donner lieu aux dommages-intérêts. Par exemple, un homme s'ingère sans mandat dans les affaires d'un autre. Il doit être responsable des fautes qu'il aura commises dans sa gestion.

VII. En résumé, les causes des dommages-intérêts peuvent se réduire à trois : la mauvaise foi, le dol et la faute.

Il y a mauvaise foi quand, sans intention de nuire, on manque à ses engagements pour se procurer un avantage personnel. Ainsi, l'ouvrier qui, arrêté à un prix déterminé, va travailler chez un autre maître pour un salaire plus élevé, commet un acte de mauvaise foi. Il y a dol quand au fait nuisible en lui-même se joint l'intention de nuire ; si, pour nous servir du même exemple, l'ouvrier quitte le maître avec le dessein de faire manquer les travaux. Il y a faute quand le fait ou l'omission dommageable n'a pas eu d'autre cause que l'imprudence, la négligence, l'oubli, l'inattention à ses devoirs.

VIII. Le Code civil n'a pas divisé les fautes, comme l'ancien droit, en fautes *lourdes, légères* et *très-légères.* Cette division des fautes est plus ingénieuse qu'utile dans la pratique. La théorie par laquelle on divisait les fautes en plusieurs classes, sans les déterminer, ne peut que répandre une fausse lueur, et devenir la matière de contestations nombreuses. (Bigot-Préameneu, *Exposé des motifs.*)

Ainsi, il suffit qu'il y ait faute de la part de quelqu'un pour obtenir contre lui la réparation du tort que son fait a causé. (*Code civ., art.* 1382.)

Mais cette règle doit s'entendre sainement, et les magistrats ne doivent pas introduire dans l'application de la loi un stoïcisme qui n'est pas dans son esprit. Il est juste que celui qui a commis une faute supporte une perte plutôt que celui qui ne l'a pas commise; mais il faut examiner soigneusement si la faute est *imputable* au défendeur, et toutes les fois que celui-ci prouve que l'acte qui a causé un préjudice ne lui peut être imputé, soit qu'il provienne d'une cause étrangère, soit que, pour empêcher le dommage, le défendeur ait fait ce qu'on devait raisonnablement attendre de lui, selon son sexe, son âge, ses facultés et les circonstances du fait, l'action en dommages-intérêts doit être rejetée.

La loi elle-même, dans certains cas, indique que la règle de l'art. 1382 n'est pas une règle inflexible. Ainsi, dans l'article 1927 du Code civil, elle exige seulement du dépositaire les mêmes soins qu'il apporte dans la garde des choses qui lui appartiennent; la faute est imputable à celui qui a choisi pour dépositaire un homme connu pour négligent. Ainsi, par l'art. 1992, la responsabilité relative aux fautes doit être appliquée moins rigoureusement au mandataire gratuit qu'au mandataire salarié. Ainsi, quand une affaire a été gérée sans mandat, les circonstances qui ont conduit le gérant à se charger de l'affaire, peuvent autoriser les juges à modérer les dommages-intérêts qui résulteront de ses fautes ou de sa négligence. (*Code civ., art.* 1374.)

IX. La question d'imputabilité des fautes est nécessairement abandonnée à la prudence des magistrats, parce qu'elle dépend de mille circonstances que la loi ne peut prévoir (*Toullier*). Dans aucun cas, « il n'y a lieu à dommages-intérêts lorsque, par suite d'une force majeure ou d'un cas fortuit, le débiteur a été empêché de donner ou de faire ce à quoi il était obligé, ou a fait ce qui lui était interdit » (*Code civ., article* 1148).

X. Mais le dol et la mauvaise foi doivent toujours être réprimés par des dommages-intérêts, dès qu'il est constant qu'ils sont la cause d'un dommage.

§ II. *Quand est-on en droit d'exiger des dommages-intérêts?*

I. En matière criminelle, correctionnelle, et de police, la partie lésée par un fait coupable, a droit aux dommages-intérêts dès l'instant où le tort lui a été causé.

Il en est de même pour les quasi-délits et pour les quasi-contrats.

II. En matière d'obligation, il faut distinguer : si l'obligation consiste *à ne pas faire*, celui qui contrevient doit les dommages-intérêts par le seul fait de la contravention (*Code civ., art.* 1145). Par exemple, l'ouvrier qui, en quittant le fabricant chez lequel il travaillait, s'est obligé à ne pas travailler de l'année chez le fabricant voisin, est tenu des dommages-intérêts dès qu'il viole cette convention.

III. Il en est autrement dans les obligations qui consistent à faire ou à donner quelque chose. En général, les dommages-intérêts ne sont dus que lorsque le débiteur est *en demeure* de remplir son obligation (*Code civ., art.* 1146, 1re partie) ; c'est-à-dire, quand on lui a fait ou signifié une sommation d'exécuter son obligation (*Code civ., art.* 1139), ou tel autre acte équivalent. (Voy. *Demeure.*)

IV. Ce principe que l'interpellation est nécessaire pour mettre en demeure, reçoit quelques exceptions, dictées par l'équité :

1°. Si la convention porte que, sans qu'il soit besoin d'acte, et par la seule échéance du terme, le débiteur sera en demeure (*Code civ., art.* 1139). La réflexion qui a présidé à une telle rédaction prouve l'importance que le créancier et le débiteur ont attachée à l'échéance du terme.

2°. Si une loi formelle dispense le créancier de faire une sommation au débiteur. Ainsi, si l'emprunteur garde la chose qu'on lui a prêtée à usage au-delà du temps convenu, et que la chose périsse chez lui, il est tenu de la perte arrivée, même par cas fortuit (*Code civ., art.* 1881).

3°. Si la chose que le débiteur s'était obligé de donner ou de faire, ne pouvait être donnée ou faite que dans un certain temps qu'il a laissé passer (*Code civ., 2e partie de l'art.* 1146). Par exemple, je charge un huissier de former opposition à un jugement par défaut de la justice de paix, et il laisse écouler les trois jours fixés par l'art. 20 du Code de Procédure ; ou je fais marché avec un maçon pour réparer un mur qu'il a vu et dont il a pu apprécier l'état ; il tarde à remplir son obligation, le mur s'écroule et entraîne la chute d'un bâtiment ; dans chacune de ces espèces, l'huissier est tenu de réparer le dommage qu'entraîne le défaut d'opposition en temps utile ; et le maçon, celui que m'a produit la chute du mur causée par son retard dans les réparations.

La question de savoir si le débiteur était en demeure, parce que la chose ne pouvait être donnée ou faite que dans un temps déterminé qu'il a laissé passer, est plutôt une question de fait que de droit, et la décision en est nécessairement abandonnée à la prudence du magistrat.

V. Dans les cas où la loi exige que le débiteur ait été *mis en demeure* pour donner ouverture à l'action en *dommages-intérêts*, qu'est-ce que la loi entend par acte *equivalent* à sommation ?

Sans doute, une citation en conciliation qui contiendrait sommation de payer, une assignation valable auraient autant de force qu'une sommation, et nous adoptons sans hésiter l'avis de M. *Toullier* sur ce point.

Mais un écrit privé par lequel le débiteur reconnaîtrait que l'interpellation lui a été faite, suffirait-il pour constituer la demeure et donner lieu aux dommages-intérêts? M. *Toullier*, en posant la question, la résout affirmativement; mais il faut entendre sainement cette décision.

Oui, si le débiteur reconnaît pour une interpellation la demande verbale ou écrite que lui aura faite le créancier, s'il déclare qu'à cause de cette demande, il entend qu'on ne lui fasse pas de sommation, et qu'il promette en conséquence de faire ou de donner ce qu'il doit; alors il n'y a pas de doute, et l'on rentre dans la partie de l'art. 1139 qui dispense de sommation, lorsque la convention le porte formellement; la réponse écrite du débiteur est, à la convention primitive qui ne dispensait pas de mise en demeure, une addition qui en dispense à l'avenir.

Mais si le débiteur répond seulement au créancier qu'il a reçu sa demande, qu'il s'occupe d'y satisfaire, ou s'il lui fait toute autre réponse, qui, tout en reconnaissant son droit, ne prouve pas que le débiteur ait attaché à la demande, écrite ou verbale, l'idée de rigueur et de nécessité qu'on attache aux actes judiciaires, une pareille réponse ne nous paraîtrait pas suffisante pour donner ouverture aux dommages-intérêts.

§ III. *Quotité des dommages-intérêts.*

I. Les règles que prescrit le Code civil pour l'appréciation des dommages-intérêts, peuvent être consultées en matière criminelle, correctionnelle et de police, mais seulement comme raison écrite; elles ne lient pas le juge au criminel. En pareille matière, la loi abandonne à la conscience des magistrats le pouvoir d'arbitrer les dommages-intérêts qui peuvent résulter du délit qui leur est dénoncé. (*Cour de cass.*, 19 *mars* 1825.)

II. Il est des matières criminelles dans lesquelles, s'il y a lieu d'adjuger des dommages-intérêts, la loi fixe un *minimum*. (Voy. *l'art.* 202 *du Code forest.*, et les mots *Délits ruraux et Forestiers*, § 4, *n°* 5.)

III. En matière civile, il y a plusieurs distinctions importantes.

La règle générale est que les dommages-intérêts dus au créancier, sont de la perte qu'il a faite et du gain dont il a été privé. (*Code civil, art.* 1149.)

Mais cette règle est susceptible d'exceptions et de modifications.

IV. Lorsque la convention porte que celui qui manquera de l'exécuter, paiera une certaine somme à titre de dommages-intérêts, il ne peut être alloué à l'autre partie une somme plus forte ni moindre (*Code civil, art.* 1152). Les parties, en réglant elles-mêmes leurs dommages-intérêts, ont voulu éviter toutes contestations sur l'évaluation du préjudice qu'occasionerait à l'une d'elles l'inexécution de la part de l'autre.

Mais si partie de la convention avait été exécutée, le juge aurait le droit de n'adjuger qu'une partie des dommages-intérêts stipulés. (*Arg. de l'art.* 1231 *du Code civil.*)

V. Quand la convention n'a pas réglé les dommages-intérêts, et que ce n'est pas par le dol du débiteur que l'obligation n'a pas été exécutée, le débiteur n'est tenu que des dommages-intérêts qui ont été prévus ou *qu'on a pu prévoir* lors du contrat. (*Code civil, art.* 1150.)

Ainsi, on me vend un cheval qu'on doit me livrer à un jour déterminé. Le vendeur, sans dol de sa part, ne peut me le livrer. Il me devra, si les chevaux ont renchéri, la différence entre le prix fixé entre nous et celui auquel je pourrai me procurer un cheval de pareille qualité, parce qu'il a dû s'attendre, lors du contrat, à être forcé d'effectuer sa livraison; mais il ne sera pas tenu de dommages-intérêts pour les affaires que le défaut de cheval m'aura fait manquer, parce qu'il ne pouvait les prévoir lorsqu'il a contracté.

Néanmoins, si, dans le marché, une clause expresse mentionnait le besoin que j'avais du cheval pour ce jour déterminé, et prouvait que le vendeur avait connaissance de la perte que j'éprouverais faute de l'avoir à ma disposition, le vendeur serait passible de ce nouveau dommage, parce qu'il aurait été prévu lors du contrat.

VI. De même, le charpentier qui me vend, pour étayer mon bâtiment qu'il a vu, des étais qui manquent de solidité, est passible, en cas de ruine de mon bâtiment, non-seulement de la perte du prix de ses étais, mais du tort que je souffre dans mon bâtiment, parce qu'il a dû prévoir lors du contrat le préjudice que me causeraient des étais vicieux; tandis que s'ils m'avaient été vendus par un particulier étranger aux bâtiments, les dommages-intérêts se réduiraient à une baisse sur le prix, si les défectuosités de ces bois n'étaient pas connues au moment de la vente. (Pothier, *Traité des Obligations*, nos 162 et 163.)

VII. C'est surtout quand on n'a pas de dol à reprocher au débiteur, que le juge doit réduire et modérer les dommages-intérêts à la somme à laquelle on pouvait raisonnablement penser qu'ils pourraient monter au plus haut à l'époque de l'obligation. (*Ibid.*, n° 164.)

VIII. Si un tonnelier m'a vendu de mauvais tonneaux, il s'est tacitement chargé du risque de la perte du vin; mais si j'ai mis dans ces tonneaux, au lieu du vin de pays à la récolte duquel ce tonnelier me voyait occupé, des vins étrangers ou des liqueurs de prix, les dommages-intérêts se réduiront à la valeur de la perte que j'aurais pu souffrir en vin du pays, ce tonnelier n'ayant pu prévoir que j'y mettrais une liqueur d'un prix si considérable. (*Ibid.*, *n°* 165.)

IX. Mais s'il y a eu dol de la part du débiteur, les dommages-intérêts ne doivent plus être calculés *sur ce qu'on a pu prévoir lors du contrat*, puisque ce serait permettre le dol que de fixer au débiteur le risque moyennant lequel il pourrait le commettre.

Cependant, dans le cas même où l'inexécution de la convention résulte du dol du débiteur, les dommages-intérêts ne doivent comprendre, à l'égard de la perte éprouvée par le créancier et du gain dont il a été privé, que ce qui est une *suite immédiate et directe* de l'inexécution de la convention.

Par exemple, si un marchand m'a vendu une vache infectée d'une maladie contagieuse, et m'a dissimulé ce vice qu'il connaissait, et que mes autres bestiaux aient été atteints de la contagion, il me doit le dédommagement du tort causé à *tous* mes autres bestiaux, quoiqu'il n'en ait pas connu le nombre, car c'est une suite directe et immédiate de son dol. Mais la maladie de mes bœufs m'a empêché de cultiver mes terres; le défaut de culture m'a privé des moyens de payer mes dettes; mes créanciers ont saisi mes biens et les ont vendus à vil prix : voilà des pertes souffertes, non par une suite immédiate et directe du dol, mais par les conséquences du tort qu'il a produit, combinées avec d'autres causes qui y sont étrangères. Cette succession de pertes ne doit donc pas entrer dans l'estimation des dommages-intérêts; c'est mon incurie ou ma négligence qui, se joignant à la perte de mes bœufs, m'a empêché de chercher remède à ma position. Seulement on peut ajouter à l'estimation de la perte de mes bœufs, le gain dont je serais privé si j'étais obligé d'affermer mes terres, au lieu de les faire valoir par moi-même, parce que c'est encore une suite directe du dol dont j'ai été victime. (*Pothier*, n° 167.)

X. Tout ce que nous venons de dire n'est applicable qu'aux obligations de faire ou de ne pas faire, et à celles qui consistent à donner autre chose qu'une somme d'argent. « Dans les obligations qui se bornent au paiement d'une certaine somme, les dommages-intérêts résultant du retard dans l'exécution ne consistent jamais que dans la condamnation aux intérêts fixés par la loi, sauf les règles particulières au commerce et au cautionnement. Ces dommages-intérêts sont dus sans que le créancier soit tenu de justifier d'aucune perte. Ils ne sont dus que du jour de la demande, excepté dans le cas où la loi les fait courir de plein droit » (*Code civ., art.* 1153). Voyez, au surplus, l'article *Intérêts*.

§ 4. *Quelles voies d'instruction doit prendre le juge de paix pour parvenir à l'évaluation des dommages-intérêts ?*

I. La question qui fait l'objet de ce paragraphe est complexe, et dépend des circonstances infinies qui différencient les espèces. Nous n'avons l'intention de rappeler ici que les règles à suivre pour les cas les plus ordinaires.

II. Si, par les circonstances révélées à l'audience, l'étendue des dommages-intérêts est suffisamment certaine aux yeux du juge, son devoir est de décider sur-le-champ; car un jugement définitif est toujours un bien pour les justiciables, et, quand surtout l'intérêt d'un procès est minime, il faut retrancher les voies d'instruction inutiles.

III. Si les dommages-intérêts ne sont pas, quant à présent, justifiés par écrit, il est permis au demandeur d'en établir l'étendue, soit par experts, soit par témoins; quelquefois il sera bon de joindre ces deux modes d'instruction.

IV. On ne saurait trop rappeler aux juges que les experts n'ont pas le pouvoir d'entendre les témoins; que l'art. 42 du Code de Procédure exige que le juge de paix soit présent à la visite que font les experts; que s'il y a lieu à entendre des témoins, rien n'empêche qu'ils ne soient entendus par le juge au moment même de la visite, et que, de ce concours d'examen, de dépositions et de surveillance simultanés du juge et des parties, la vérité ressortira plus exactement que des formes multipliées des expertises et des enquêtes des tribunaux civils.

V. Un juge de paix, en condamnant une partie sur le principal de la contestation, ne doit pas ordonner qu'il sera fait état des dommages-intérêts pour être ensuite procédé à leur liquidation; autrement il connaîtrait de l'exécution de son premier jugement, ce qui n'est pas permis aux juges d'exception. Il doit statuer sur le tout par un seul et même jugement.

Coin-Delisle, *avocat à la cour royale de Paris.*

DONATION. Voy. *Acceptation de donation.*

DOT. Voy. *Conventions matrimoniales.*

DOUANES. Ce sont les lieux où l'on est obligé de porter ou de conduire les marchandises pour acquitter, soit à l'entrée, soit à la sortie, les droits fixés par la loi.

I. Les douanes sont établies pour protéger l'agriculture et l'industrie commerciale; de là, l'existence d'un système restrictif et prohibitif, soit dans les importations des marchandises étrangères, soit dans les exportations de certaines marchandises françaises.

II. L'exécution des lois de douanes est confiée à une administration chargée de la double mission de veiller, par l'intermédiaire de ses préposés, à la police et à la défense des intérêts commerciaux, et de percevoir une portion considérable des revenus de l'état.

III. La contrebande est un vol fait à l'état quant au droit dont elle tend à le priver, et un attentat à la prospérité du commerce en général, puisque l'introduction d'une marchandise étrangère empêche le consommateur d'user d'une marchandise française; elle constitue donc un délit très-grave à raison de son influence sur la prospérité publique.

IV. Les peines qui frappent ce délit sont : 1° la confiscation des marchandises; 2° des amendes; 3° et quelquefois des peines corporelles, comme l'emprisonnement.

V. L'administration des douanes, envisagée comme personne morale, agit dans la répression de la contrebande, tantôt directement, tantôt elle a pour auxiliaire le ministère public.

VI. Les lois de douanes sont essentiellement variables; le développement du commerce, la nécessité de paralyser une industrie rivale ou de développer une industrie naissante, un changement dans les relations diplomatiques, un état de paix ou de guerre, peuvent les modifier ou même les changer. Aussi la législation dans cette matière, si elle conserve des principes fixes, éprouve-t-elle des modifications indispensables et sans cesse renaissantes.

VII. On doit se borner, dans son examen, à rappeler les dispositions fixes et à indiquer les cas susceptibles de changement.

VIII. La législation des douanes se divise naturellement en deux parties distinctes : l'une administrative et attributive, l'autre contentieuse.

IX. Les principes généraux se trouvent dans les lois du 22 août 1791, du 4 germinal an 2, du 14 fructidor an 3, du 9 floréal an 7, du 28 avril 1816, et du 21 avril 1818. Ces lois ont posé le principe des compétences.

Sect. 1re. — § 1. *Du régime administratif et attributif.*

I. L'action de l'administration des douanes s'exerce dans le rayon des frontières de terre et de mer; en mer, dans les deux myriamètres des côtes (*art.* 3 *et* 7 *de la loi du* 4 *germinal an* 2); à terre, il existe une distinction : pendant la nuit, la police s'exerce dans une étendue d'un myriamètre à partir des bords de la mer ou des rives des fleuves vers l'intérieur; pendant le jour, la circulation est libre, à moins que la saisie ne s'opère sur les objets qu'on peut saisir à l'intérieur en vertu du tit. 6 de la loi du 28 avril 1816 (*loi du* 8 *flor. an* 11, *art.* 85; *tit.* 6 *de la loi du* 28 *avril* 1816).

II. Les marchandises et denrées importées en France doivent être conduites directement au premier bureau de la frontière, pour y être déclarées, visitées, et pour y acquitter les droits, ou pour y être expédiées, s'il y a lieu, sans acquit-à-caution; le tout à peine de confiscation et de deux cents francs d'amende.

III. Celles qui auraient dépassé le premier bureau, ou qui, avant d'y avoir été conduites, auraient été introduites dans quelque maison ou auberge, sont soumises à la même peine.

VI. Ceux qui veulent faire sortir de France des marchandises ou denrées, sont tenus, sous les mêmes peines, de les conduire au premier bureau de sortie par la route la plus directe et la plus fréquentée.

V. Les marchandises prohibées à l'entrée ou à la sortie, qui auraient été déclarées sous leur propre dénomination, ne sont pas dans le cas d'être saisies; celles destinées à l'exportation restent en France; mais si elles ont franchi le premier bureau d'entrée ou de sortie sans déclaration, elles encourent la confiscation avec une amende de cinq cents francs. (*Lois des* 22 *août* 1791, *tit.* 11, *art.* 1, 2, 3; *du* 4 *germin. an* 2, *tit.* 3, *art.* 4 *et* 5; *du* 22 *août* 1791, *tit.* 5.)

VI. Le rayon des douanes, quant à ceux qui l'habitent, se trouve nécessairement soumis à un régime exceptionnel. Ainsi, les denrées et marchandises qui passent de l'intérieur dans le rayon des frontières, ou qui sont enlevées dans l'étendue de ce rayon pour y circuler ou pour être transportées dans l'intérieur, sont soumises à la formalité du passavant qui, doit être délivré par le bureau des douanes le plus voisin, et énoncer le lieu du dépôt des marchandises et denrées, celui de leur destination, le jour et l'heure de l'enlèvement, le temps nécessaire pour le transport, et la route à tenir. Nul enlèvement ou transport ne peut être fait de nuit, et si les objets déclarés s'écartent de la route indiquée, ils sont dans le cas d'être confisqués. (*Loi du* 22 *août* 1791, *tit.* 3, *art.* 15 *et* 16*; loi du* 19 *vendém. an* 6.)

VII. Sont exempts de la formalité du passavant, pour la circulation dans le rayon des frontières, les grains et graines, lorsque l'exportation n'en est pas prohibée, les bestiaux, poisson, pain, vin, viande fraîche ou salée, volaille, gibier, fruits, légumes, laitage, beurre, fromage et objets de jardinage, lorsqu'ils ne font pas route vers l'étranger, et dans tous les cas, lorsqu'ils sont transportés aux jours de foire et de marchés dans les villes de la frontière. (*Arrêté du* 19 *vendémiaire an* 6.)

VIII. La première ligne des douanes, du côté de l'étranger, ne peut pas, attendu les besoins du service et les circonstances de localités, se trouver placée sur la limite formant l'extrême frontière entre les deux états.

Il existe par conséquent une étendue de terrain plus ou moins considérable entre le pays étranger et la première ligne des douanes. Ce terrain, situé près de l'extrême, frontière se trouve également soumis à un régime qui lui est purement spécial.

Ainsi, les particuliers dont les habitations sont situées entre l'étranger et les bureaux de douanes, qui veulent faire arriver, soit de l'étendue du territoire soumis à la police des douanes, soit de l'intérieur, des bestiaux, chevaux, mules et mulets, ou autres objets dont la sortie est défendue ou soumise à des droits, ne peuvent obtenir de passavant pour ce transport qu'en produisant un certificat de la municipalité du lieu de la destination, qui constate que ces bestiaux ou marchandises sont pour leur usage et consommation. (*Arrêté du* 25 *messidor an* 6, *art.* 1er.)

IX. Ceux qui veulent faire paître des bestiaux, mules et mulets, chevaux et juments, au-delà des bureaux de douanes placés du côté de l'étranger, sont tenus de prendre dans ces bureaux des acquits-à-caution, portant soumission d'y représenter ces bestiaux au retour du pacage. (*Arrêtés du* 25 *messidor an* 6 *et du* 1er *brumaire an* 7.)

X. Par suite du principe que le rayon des douanes est soumis à un régime spécial, qui a pour objet de prévenir la fraude, tout magasin ou entrepôt de marchandises manufacturées ou dont le droit d'entrée excède vingt-quatre francs par quintal métrique; tout entrepôt de sels, et généralement tout magasin ou entrepôt de marchandises dont la sortie est prohibée ou soumise à des droits, est défendu dans le rayon des frontières de terre, à l'exception des lieux dont la population agglomérée est au moins de deux mille âmes. (*Loi du* 22 *août* 1791, tit. 13, *art.* 37, 38, 39, 40, 41 *; loi du* 1er *vendémiaire an* 4*; régl. du* 11 *juin* 1806 *sur les sels; loi du* 17 *décembre* 1814, *art.* 32.)

XI. Il ne peut être formé, dans la même étendue, à l'exception des villes, aucune nouvelle clouterie, papeterie ou autre grande manufacture, fabrique, sans une autorisation du gouvernement (*mêmes lois*). La même prohibition s'applique aux ateliers de fabrication épars et disséminés le long des frontières (*cour de cass.*, 14 *décembre* 1832).

XII. L'autorisation nécessaire pour établir des manufactures et construire des moulins, soit à vent, soit à eau, ou d'autres usines, dans l'étendue de la ligne des douanes, près la frontière de terre, ne peut être accordée que sur le rapport du préfet et l'avis du directeur des douanes, constatant que la position de ces établissements ne peut favoriser la fraude. (*Loi du* 30 *avril* 1816, *art.* 75.)

XIII. Le déplacement des fabriques et manufactures qui se trouvent dans la ligne des douanes pourra être ordonné lorsqu'elles auront favorisé la contrebande, et que le fait sera constaté par un jugement rendu par les tribunaux compétents. Le délai pour effectuer ce déplacement ne peut être de moins d'un an. (*Loi du* 21 *ventôse an* 11.)

Ce déplacement ne peut être ordonné que par l'autorité administrative, et sauf recours à l'autorité supérieure. (*Argument de la loi du* 30 *avril* 1806, *art.* 76.)

XIV. Les moulins situés à l'extrême frontière peuvent être frappés d'interdiction par mesure administrative, lorsqu'il sera justifié qu'ils servent à la contrebande des grains et farines, et que les faits seront légalement constatés par procès-verbaux de saisie ou autres, dressés par les autorités locales ou par les préposés des douanes.

Dans ce cas, l'arrêt du préfet est susceptible d'être attaqué par la voie du recours au conseil-d'état dans la forme contentieuse, c'est-à-dire par le ministère d'un avocat au conseil-d'état. (*Loi du* 30 *avril* 1806, *art.* 76 et 77.)

XV. L'art. 37 de la loi du 28 avril 1816 délègue au gouvernement le droit de prendre, dans les limites prescrites par les lois du 22 août 1791 et du 19 vendémiaire an 6, les mesures de police nécessaires à la circulation des marchandises et denrées dans le rayon des douanes, et de déterminer le mode d'exécution des articles 91 du titre 13 de la loi du 22 août 1791, 1 et 2 de la loi du 21 ventôse, et 75 de la loi du 30 avril 1806, relatifs à l'établissement des fabriques dans le rayon des frontières.

XVI. Outre la perception des droits d'entrée et de sortie des marchandises à la frontière, et la répression de la contrebande en général, qui forment l'attribution principale de l'administration des douanes, cette dernière également est chargée de la perception des droits de navigation.

Ces droits sont fondés sur la faveur qu'une nation doit nécessairement accorder à sa marine marchande sur la marine étrangère.

L'application de ce principe a été sanctionnée par l'acte de navigation passé en Angleterre en faveur de la marine britannique, sous le protectorat de Cromwell.

La France donna elle-même la contre-épreuve de l'acte de navigation par la loi du 21 septembre 1793; mais elle ne l'a jamais complétement exécutée; la guerre et le blocus maritime l'ont rendue inutile jusqu'en 1814; alors, la mer étant r'ouverte et le commerce affranchi, on ne jugea pas qu'après une si longue interruption la marine marchande du royaume pût suffire à tous les besoins, et l'on admit, par la loi du 17 décembre 1814, les navires étrangers, sauf pour le cabotage et le transport des denrées de nos colonies, à concourir avec les navires français pour l'importation des marchandises, à charge seulement de payer un droit plus élevé.

Ce système de droit différentiel a été complété par la loi du 28 avril 1816, qui n'a point révoqué l'acte de navigation, mais qui en a suspendu l'application.

Ainsi, l'exclusion des étrangers en certains cas seulement, et les surtaxes qui frappent tant sur le corps des navires que sur les marchandises importées par eux, composent tout le système qui résulte de la loi de septembre 1793 et de celles qui ont été rendues depuis 1814. La loi du 27 vendémiaire an 2 règle, d'ailleurs, les moyens de police par lesquels on doit distinguer les bâtiments français des bâtiments étrangers, et fixe les droits que les uns et les autres ont à payer à l'occasion du mouvement qu'ils opèrent.

Les règles relatives à *la condition des navires*, à *la police de la navigation* et *au tarif des droits*, sont confiées, quant à leur exécution, à l'administration des douanes.

XVII. L'action de l'administration des douanes est circonscrite, comme on vient de le voir, dans le rayon des frontières de terre et de mer. Cependant, par exception, son action peut s'étendre en deux cas dans l'intérieur du royaume.

XVIII. Le premier cas se présente depuis la promulgation de la loi du 28 avril 1816. En vertu de cette loi, les cotons filés, les tissus et tricots de coton et de laine, et tous autres tissus de fabrique étrangère prohibés, peuvent être recherchés et saisis dans toute l'étendue du royaume. (*Loi du* 28 *av.* 1816, *tit.* 6, *art.* 59.)

Les préposés peuvent se présenter dans les maisons et endroits indiqués comme recélant des marchandises de la nature de celles qui viennent d'être indiquées, et en effectuer la saisie. Ces visites ne peuvent être faites que pendant le jour et avec l'assistance d'un officier municipal ou d'un commissaire de police. Dans les villes et communes de l'intérieur où il n'existe pas de bureau de douanes, les mêmes visites et recherches sont faites par les juges de paix, maires, officiers municipaux et commissaires de police, qui agissent, dans ce cas, au nom de l'administration des douanes, et dressent les procès-verbaux en son nom.

XIX. Le second cas existe dans les lieux où sont établis les entrepôts à l'intérieur.

La législation sur les entrepôts, dont les principales dispositions se trouvent dans la loi du 8 floréal an 11, combinée avec les dispositions législatives postérieures, ne permettait les entrepôts que dans les villes qui se trouvaient dans le rayon frontière. Il existait cependant quelques exceptions, notamment pour la ville de Rouen et pour celle de Lyon.

La loi du 27 février 1832 a amené de grandes modifications dans les règles prescrites pour les entrepôts. En vertu de cette loi, toutes les villes peuvent réclamer des entrepôts réels de douanes, en se conformant aux obligations qui leur sont imposées par le tit. 2.

XX. L'art. 2 de cette même loi permet aux villes de l'intérieur d'établir des entrepôts qui pourront recevoir toutes les marchandises non prohibées admissibles au transit, qui y seront expédiées, soit des villes d'entrepôt réel où elles auront été débarquées, soit des bureaux frontières ouverts au transit. Dans ce cas, comme on le voit, la douane exerce une action spéciale et exceptionnelle dans l'intérieur.

XXI. Les règles relatives aux entrepôts réels des villes frontières ont reçu également des modifications par la loi du 9 février 1832, qui, en autorisant le transit des marchandises prohibées, a dû, comme conséquence nécessaire, autoriser l'entrepôt de ces mêmes marchandises dans certaines villes frontières.

XXII. La perception des droits sur les sels livrés à la consommation de l'intérieur a été également, comme service additionnel, confiée à l'administration des douanes. La douane, à cet égard, partage son service avec l'administration des contributions indirectes. Les principes de la législation, sur ce point, se trouvent dans la loi du 24 avril 1826, dans les décrets des 11 juin 1806, 25 janvier 1807 et 6 juin même année, et dans la loi du 17 décembre 1814 et autres postérieures.

XXIII. L'exercice de la douane sur les marais salants et les fabriques de sels, et la perception de l'impôt établi sur cet objet, appartiennent exclusivement à l'administration des douanes dans le rayon des frontières de terre et de mer.

XXIV. Les préposés des douanes sont autorisés à se transporter, en tous temps, dans l'enceinte des marais salants, dans les salines et lieux de dépôt, pour y exercer leur surveillance.

Les préposés des contributions indirectes visitent et tiennent en exercice les salines et fabriques de l'intérieur. (*Décret du* 11 *juin* 1806, *art.* 8.)

XXV. La douane, à l'égard de son exercice sur les sels, a quelquefois, et par exception, action dans l'intérieur. Ainsi les villes de Paris, Lyon, Toulouse et Orléans ont des entrepôts réels de sel, dans lesquels la surveillance et la perception des droits sont confiées à l'administration des douanes. (*Décret du* 11 *juin* 1806, *art.* 24, 25 et 26.)

SECT. II. *Du Régime contentieux.*

I. Les infractions aux lois de douanes présentent, comme celles aux lois générales du royaume, les trois espèces de faits indiqués par l'art. 1er du Code pénal, savoir : des *Contraventions*, des *Délits* et des *Crimes*.

II. Avant d'examiner quels sont ceux de ces faits qui tombent dans la juridiction des juges de paix, nous établirons rapidement les principes généraux qui leur sont applicables.

III. Le délit de contrebande est un délit contre les intérêts du commerce, en général, et un détournement des droits dus au trésor. Ce délit prend son existence dans la loi, car c'est la loi qui établit les droits et les prohibitions que la contrebande cherche à frauder; d'où il suit que les amendes prononcées comme répression de la fraude n'ont point, à proprement parler, un caractère pénal; elles sont prononcées comme dommages-intérêts et réparation du tort que la fraude occasione au trésor et au commerce que l'état est chargé de protéger (*arg. de l'art.* 56, *tit.* 5, *de la loi du* 28 *avril* 1816) ; et par une conséquence de ce principe la poursuite de la fraude se fait au nom et à la requête de l'administration des douanes, et s'exerce devant les tribunaux civils, sauf quelques exceptions qui seront signalées (Voy. *Amende*, sect. 2, n° 2).

IV. L'infraction aux lois de douanes se constate par un procès-verbal. C'est du procès-verbal que naît l'action en poursuite.

V. L'action est à la fois personnelle et réelle : *personnelle* contre le prévenu pour la condamnation à l'amende, et *réelle* contre la marchandise, dont la confiscation est toujours prononcée, même en cas de nullité du procès-verbal. (*Art.* 23, *tit.* 10, *de la loi du* 22 *août* 1791 ; *art.* 4 *de la loi du* 15 *août* 1793.)

Quand nous disons que l'action est personnelle, on doit entendre qu'elle est dirigée contre la personne du prévenu ; mais la prononciation de l'amende n'ayant point un caractère pénal, constitue une obligation civile dont les pères deviennent responsables à l'égard des amendes prononcées contre leurs enfants mineurs, et les propriétaires des marchandises, à l'égard de celles prononcées contre leurs facteurs, agents, serviteurs et domestiques. (*Loi du* 6 *août* 1791, *tit.* 13, *art.* 20 ; *cour de cass.*, 30 *mai et* 5 *septembre* 1828.)

VI. Les procès-verbaux sur les contraventions aux lois relatives aux importations, exportations et circulation, peuvent être rédigés par deux préposés de l'administration des douanes, ou même par deux simples citoyens. Lorsqu'ils ont été rédigés régulièrement, ils font foi jusqu'à inscription de faux. (*Loi du* 9 *floréal an* 7, *art.* 1 *et* 11.)

VII. La nullité du procès-verbal entraîne la nullité de la poursuite, et même de la saisie, à moins que la marchandise saisie n'appartienne à la classe de celles qui sont prohibées à l'entrée ; car, dans ce dernier cas, la nullité du procès-verbal n'entraîne que l'extinction de l'action personnelle, et non celle de l'action réelle contre la marchandise, dont la confiscation doit toujours être prononcée. Il n'y a lieu alors ni à l'amende ni à la confiscation des moyens de transport. (*Cour de cass.*, 5 *avril* 1828.)

VIII. Les formalités exigées pour la validité du procès-verbal sont indiquées dans les dix premiers articles de la loi du 9 floréal an 7.

Le procès-verbal doit être rédigé au bureau de douanes, dans lequel les saisissants sont tenus de conduire, au moment de la contravention, les marchandises surprises en fraude, ainsi que les voitures, les chevaux et les bateaux servant aux transports. Ce bureau, autant que les circonstances le permettent, doit être le plus voisin du lieu de l'arrestation. (*Loi du 9 floréal an 7, art.* 2.)

IX. Les rapports doivent énoncer la date et la cause de la saisie, la déclaration qui en aura été faite au prévenu, les noms, qualités et demeure des préposés saisissants, et de celui chargé des poursuites; l'espèce, poids ou nombre des objets saisis; la présence de la partie à leur description, ou la sommation qui lui aura été faite d'y assister; le nom et la qualité du gardien, le lieu de la rédaction du rapport, et l'heure de la clôture. (*Art.* 3.)

Si le motif de la saisie porte sur le faux ou l'altération des expéditions, le rapport doit énoncer le genre de faux, les altérations ou surcharges.

X. Les préposés saisissants, après avoir signé et paraphé les expéditions *ne varietur*, doivent les annexer au rapport, qui contiendra la sommation faite à la partie de les signer, et sa réponse. (*Art.* 4.)

XI. Lorsque la saisie a lieu pour autre cause que pour prohibition de marchandises dont la consommation est défendue, dans ce cas les saisissants doivent offrir main-levée, sous caution solvable, ou en consignant la valeur des bâtiments, bateaux, voitures et équipages saisis. Cette offre, ainsi que la réponse de la partie, doit être mentionnée au procès-verbal. (*Art.* 5.)

XII. Lorsque le prévenu est présent, le rapport doit énoncer qu'il lui en a été donné lecture, qu'il a été interpellé de le signer, et qu'il en a reçu de suite copie, avec citation à comparaître dans les vingt-quatre heures devant le juge de paix de l'arrondissement. (*Art.* 6.)

L'omission de cette citation n'entraînerait pas la nullité du procès-verbal, s'il s'agissait d'un délit de douanes qui fût de la compétence des juges correctionnels. Dans ce cas, s'il s'agit de délit emportant emprisonnement, le procès-verbal doit être remis au procureur du roi, avec déclaration que le prévenu sera cité dans les délais de la loi. (*Arrêt du* 26 *janvier* 1810.)

La loi ayant dit que la citation serait donnée dans les vingt-quatre heures, la citation ne serait pas nulle si elle était donnée à comparaître avant les vingt-quatre heures qui suivent la clôture du procès-verbal. (*Cour de cass.*, 3 *juin* 1806.)

Si le prévenu est absent, une copie du rapport, contenant citation à comparaître dans le même délai, doit être affichée dans le jour à la porte du bureau dans lequel le rapport a été rédigé.

S'il y avait plusieurs prévenus absents à citer, il ne serait pas nécessaire d'afficher à la porte du bureau autant de copies du rapport qu'il y a de prévenus, l'affiche d'une seule copie suffirait pour tous. (*Cour de cass.*, 11 *avril* 1831.)

La loi veut que les rapports, citations et affiches soient faits, lorsqu'il y a lieu, tous les jours indistinctement.

XIII. Lorsque la saisie se fait dans une maison, la description des objets saisis s'y fait aussi, et le rapport y est rédigé sans que les marchandises présumées en fraude en soient déplacées, pourvu toutefois que la partie saisie donne caution solvable pour leur valeur; mais, si la caution n'est pas fournie, ou qu'il s'agisse d'objets prohibés, les marchandises doivent être transportées au plus prochain bureau, comme dans le cas d'une saisie faite au dehors. (*Art.* 7.)

XIV. Si la saisie est faite sur des bâtiments de mer pontés, lorsque le déchargement ne peut s'opérer de suite, les saisissants doivent apposer les scellés sur les ferrements et écoutilles des bâtiments, pour assurer la conservation des objets saisis. Il est dressé des procès-verbaux au fur et à mesure du déchargement, et l'on y fait mention du nombre, des marques et des numéros des ballots, caisses et tonneaux. Mais la description en détail ne doit être faite qu'au bureau dans lequel on transporte les objets saisis; elle a lieu en présence de la partie saisie, ou après que cette partie a été sommée d'y assister, et il lui est donné copie du rapport à chaque vacation. (*Art.* 8.)

Quoique la loi ne fasse mention d'un procès-verbal en plusieurs vacations qu'en parlant d'une saisie faite sur un bâtiment de mer ponté, si, dans une saisie ordinaire, il y avait impossibilité pour les saisissants de pouvoir terminer leur procès-verbal le jour même de la saisie, et que leur procès-verbal fût rédigé en deux contextes, il n'y aurait pas nullité à cet égard, pourvu toutefois qu'entre le premier et le second contexte ils n'eussent diverti à aucun autre acte. (*Cour de cass.*, 7 *mai* 1830 *et* 10 *août* 1833.)

XV. Les procès-verbaux ainsi dressés doivent être enregistrés. Cependant s'il ne se trouve pas de bureau d'enregistrement dans la commune où la marchandise est déposée, ni dans celle où est placé le tribunal qui doit connaître de l'affaire, la loi dispense le rapport de la formalité de l'enregistrement. Il y est suppléé par le visa du juge de paix du lieu, ou, à son défaut, par celui du maire, qui doit être apposé au rapport le jour de la clôture, ou, au plus tard, le lendemain avant midi. (*Art.* 9.)

XVI. Outre la formalité de l'enregistrement ou du visa qui en tient lieu, les rapports doivent être affirmés au moins par deux des saisissants devant le juge de paix du lieu, ou devant l'un de ses suppléants, dans le délai donné pour comparaître, c'est-à-dire dans les vingt-quatre heures, lorsque l'affaire doit être portée devant le juge de paix, et dans les trois jours lorsque les contraventions sont de nature à être poursuivies par voie correctionnelle ou criminelle. L'affirmation doit énoncer qu'il en a été donné lecture aux affirmants. (*Art.* 10, *arrêté du 4e jour complém. an* 11.)

XVII. Les rapports ainsi rédigés et affirmés sont crus jusqu'à inscription de faux, et les tribunaux ne peuvent admettre d'autres nullités contre eux que celles résultant de l'omission des formalités qui viennent d'être énoncées. (*Art.* 10.)

XVIII. La loi du 4 germinal an 2, tit. 6, art. 7, a posé en principe que dans toute action sur une saisie, les preuves de non-contravention sont à la charge du saisi. Ce principe ne peut plus, dans l'état actuel de la législation, recevoir son application que dans le très-petit nombre de cas où les juges peuvent apprécier les circonstances et les faits; car, suivant l'art. 11, tit. 4, de la loi du 9 floréal an 7, les procès-verbaux réguliers font foi devant les tribunaux jusqu'à inscription de faux, et, suivant l'art. 16 de la même loi, il est expressément défendu aux juges d'excuser les contrevenants sur l'intention. Dès lors, du moment qu'un procès-verbal est régulier et que toutes les formalités voulues par la loi ont été observées, le juge doit appliquer la peine aux faits déclarés constants par le procès-verbal, et la partie prévenue ne peut avoir d'autre moyen de défense que de s'inscrire en faux contre le procès-verbal, si elle s'y croit fondée (*voyez, au surplus, le mot* Procès-verbal). Le juge, d'ailleurs, ne peut faire autre chose que d'appliquer la loi; il lui est expressément défendu de faire aucune remise sur les confiscations et amendes; le pouvoir de modérer les peines fixées par la loi n'appartient qu'à l'administration seule, qui a le droit de transiger en tout état de cause avec les prévenus (*même loi de flor. an* 7, *tit.* 4, *art.* 17).

XIX. Par suite du principe que nous avons posé plus haut, que les infractions aux lois de douanes peuvent se diviser en *contraventions*, *délits* et *crimes*, trois juridictions différentes existent pour leur répression. Nous en traiterons séparément.

§ I. *Compétence des tribunaux civils.*

I. Les tribunaux civils compétents pour statuer sur les matières de douanes, sont en première instance les juges de paix, et en appel les tribunaux de première instance. (*Art.* 13 *et* 15, *tit.* 6, *de la loi du 4 germin. an* 2.)

Les juges de paix sont les juges naturels des contraventions, c'est-à-dire des infractions qui n'entraînent pas la peine d'emprisonnement, et qui ne donnent lieu qu'à des condamnations civiles.

L'art. 1er, tit. 11, de la loi du 22 août 1791, qui saisissait directement les tribunaux de district, a été abrogé par cette loi.

II. Les tribunaux de paix qui connaissent en première instance des saisies, jugent également en première instance les contestations concernant le refus de payer les droits, le non-rapport des acquits-à-caution et les autres affaires relatives aux douanes. (*Loi du 14 fructid. an 3, art.* 10.)

III. Les juges de paix du lieu de l'arrondissement ou bureau où l'objet de contrebande aura été déposé, seront seuls compétents pour connaître de ces contraventions. (*Loi du 17 décembre* 1814, *art.* 16; *loi du 27 mars* 1817, *art.* 14.)

Les marchandises saisies devant toujours être déposées dans le bureau le plus voisin, à moins d'empêchement, le dépôt qui en est fait dans un autre bureau sans motifs valables, ne donne pas juridiction au juge de paix dans le ressort duquel il est placé; ce serait distraire les citoyens de leur juge naturel. (*Cour de cass.*, 3 *déc.* 1817.)

IV. Les juges de paix sont compétents pour statuer sur les importations frauduleuses tentées, dans les ports de commerce, par des navires dont le manifeste a été fourni selon la loi, ainsi que sur la fraude découverte par suite des visites de douanes. (*Loi du* 21 *avril* 1818, *art.* 35.)

V. Suivant l'art. 36 de cette loi, les maîtres ou capitaines des bâtiments de mer au-dessous du tonnage (*cent tonneaux*) déterminé par les lois des 28 avril 1816 et 27 mars 1817, qui aborderaient, hors le cas de relâche forcée, avec des marchandises désignées par l'art. 22 de la loi du 28 avril 1816, même dans les ports ouverts à leur importation, encourront une amende de cinq cents francs, pour sûreté de laquelle les navires et marchandises pourront être retenus. Cette peine sera prononcée par le juge de paix.

VI. Les juges de paix sont également compétents pour statuer sur les saisies faites dans les bureaux, soit des côtes, *soit des frontières*, par suite de déclarations, lesdites saisies n'entraînant que les condamnations établies par les lois des 22 août 1791 et 4 germin. an 2. (*Loi du* 23 *mars* 1817, *art.* 15; *cour de cass.*, 3 *janv.* 1829.)

Par ce mot *frontière*, la loi a entendu parler des frontières de terre comme de celles de mer. (*Même arrêt.*)

En résumé, la compétence des juges de paix s'étend à tous

les cas qui ne donnent lieu qu'à des condamnations civiles; ainsi, ils connaissent :

1° De toutes les saisies qui n'entraînent pas l'arrestation des prévenus;

2° Des affaires relatives aux oppositions mises à l'exercice des fonctions des préposés, avec ou sans injures, mais quand elles ne sont point accompagnées de voies de fait. (*Loi du* 22 *août* 1791, *tit.* 13, *art.* 14; *loi du* 4 *germin. an* 2, *tit.* 4, *art.* 2.)

3° Des contraventions à l'acte de navigation, aux lois sur le cabotage, le transit, les entrepôts, les réexportations, les primes, les perceptions, etc.;

4° Des actions exercées par l'administration pour garantie des droits après la faillite des redevables.

VII. Ils connaissent encore des contraventions aux lois sur les sels et de tous les réglements relatifs à la perception de la taxe sur cette denrée, toutes les fois que les contrevenants ne sont point en récidive ni au nombre de trois et plus. (*Loi du* 17 *déc.* 1814, *art.* 29, 30 *et* 31.)

VIII. Les juges de paix sont compétents pour viser et rendre exécutoires les contraintes décernées dans les cas où ce mode de procéder est autorisé par la loi. (*Loi du* 22 *août* 1790. *tit.* 13, *art.* 32, *modifiée par l'art.* 10 *de celle du* 14 *fruct. an* 3.)

§ II. *Du mode de procéder devant les tribunaux civils.*

I. Le mode de procéder devant la justice de paix est extrêmement sommaire.

Suivant l'usage, le receveur de la douane se présente à l'heure indiquée par la citation donnée dans le procès-verbal, devant le juge de paix qui, sur le vu du procès-verbal, et après avoir entendu le prévenu, prononce sa sentence.

II. La citation, donnée dans le procès-verbal même, est à comparaître dans les vingt-quatre heures et non après les vingt-quatre heures (*loi du* 9 *floréal an* 7, *tit.* 4, *art.* 6); du moins elle peut être donnée à comparaître avant l'expiration des vingt-quatre heures. (*Cour de cass.*, 3 *juin* 1806.)

III. Si le prévenu est présent, la remise de la copie du procès-verbal vaut citation. S'il est absent, quel que soit son domicile, la copie du procès-verbal est alors affichée à la porte du bureau du receveur dépositaire des marchandises, et cette affiche équivaut à citation.

Quel que soit le nombre des prévenus absents, la citation est valable par l'affiche d'une seule copie du procès-verbal. (*Cour de cass.*, 11 *avril* 1831.)

IV. Le juge de paix est tenu de prononcer sa sentence à l'audience indiquée pour la comparution, ou au plus tard dans le délai de trois jours, si les circonstances de la saisie nécessitent un délai. (*Loi du 9 floréal an 7, tit. 4, art. 13.*)

V. Dans le cas où le juge de paix prononcerait son jugement hors du délai qui vient d'être indiqué, le jugement serait nul; mais l'administration des douanes pourrait donner une nouvelle citation, tant que son action ne serait pas éteinte. (*Cour de cass.*, 5 *mars* 1812.)

VI. Si, au jour indiqué, la partie ne comparaît pas, le jugement sera prononcé par défaut. (*Cod. de Procéd., art.* 19.)

VII. La partie condamnée par défaut peut former opposition dans les trois jours de la signification du jugement. (*Même Code, art.* 20.)

VIII. L'acte d'opposition, qui doit être fait par l'huissier du juge de paix, ou autre qu'il aura commis, contiendra sommairement les moyens de la partie opposante, et assignation devant le même tribunal dans les vingt-quatre heures, c'est-à-dire dans le même délai que celui prescrit par la citation. (*Ibid.*)

IX. Le jugement qui intervient sur cette assignation ne peut plus être attaqué que par la voie de l'appel.

X. La signification du jugement obtenu par l'administration de la douane doit être faite à la partie, à son domicile, si elle en a un réel ou élu dans la commune du bureau où l'objet saisi a été déposé; si elle n'en a pas, la signification est faite au domicile du maire de cette commune. (*Loi du 14 fructidor an 3, art.* 11.)

XI. Le délai pour interjeter appel d'un jugement du tribunal de paix, est de huit jours. Après ce délai, l'appel n'est plus recevable. Ce délai court pour les jugements contradictoires, à partir du jour de leur signification, et pour les jugements par défaut, à partir du jour où l'opposition n'est plus recevable. (*Loi du 14 fructidor an 3, art.* 6; *Code de Procéd., art.* 443.)

XII. L'acte d'appel doit être signifié à personne ou domicile, et contenir assignation à comparaître devant le tribunal civil dans le ressort duquel se trouve le tribunal de paix qui a rendu le jugement dont est appel. (*Loi du 14 fructidor an 3, art.* 6.)

XIII. Si l'appel est signifié à l'administration, il doit l'être en la personne et au domicile du receveur poursuivant; s'il est signifié par l'administration, il l'est au domicile de l'intimé, s'il en a un réel ou élu dans le lieu de l'établissement du bureau ; sinon, au domicile du maire de la commune d'où dépend ce même bureau. (*Même loi, art.* 11.)

XIV. L'assignation doit être donnée à trois jours. Ce délai est augmenté d'un jour par chaque myriamètre de distance de la commune où est établi le tribunal de paix à celle où siége le tribunal civil. (*Même loi, même art.; loi du* 9 *floréal an* 7, *tit.* 4, *art.* 14.)

XV. L'instruction des affaires de douanes en première instance et en appel se fait sur simples mémoires, et sans frais de justice à répéter de part ni d'autre. (*Loi du* 4 *germinal an* 2, *tit.* 6, *art.* 17.)

Mais si, devant un tribunal de première instance qui, en matière de douanes, est tribunal d'appel, et si, en général, dans quelques cas exceptionnels, en matière civile, l'administration veut se présenter devant les tribunaux et cours par le ministère d'un de ses agents pour y plaider, et ne se borne pas à se défendre par mémoire, dans ce cas elle doit se servir du ministère d'un avoué, pour la représenter et signer ses conclusions. (*Cour de cass.*, 10 *décembre* 1821.)

XVI. Le tribunal civil, saisi de l'appel d'un jugement du tribunal de paix, est tenu de prononcer son jugement dans la huitaine. (*Loi du* 14 *fructidor an* 3, *art.* 6.)

Si le jugement est rendu par défaut, il peut être attaqué par la voie de l'opposition. (*Cod. de Procéd.*, *art.* 155 *et suivants.*)

Si le jugement est contradictoire ou réputé tel, par suite du débouté de l'opposition ou de l'expiration des délais de l'opposition, il peut être attaqué par la voie de cassation. (Voy. *Cassation.*)

XVII. A la différence des parties, l'administration des douanes peut faire faire, par le ministère de ses préposés, tous exploits et autres actes de justice qui sont ordinairement du ministère des huissiers. Elle peut toutefois se servir de tel huissier que bon lui semblera, notamment pour les ventes d'objets saisis, confisqués ou abandonnés. (*Loi du* 22 *août* 1791, *tit.* 13, *art.* 18.)

XVIII. L'inscription de faux en matière de douane a des règles spéciales.

XIX. Celui qui veut s'inscrire en faux contre un rapport, est tenu, à peine de déchéance, d'en faire la déclaration au plus tard à l'audience indiquée par la sommation de comparaître devant le tribunal qui doit connaître de la contravention. (*Loi du* 9 *floréal an* 7, *tit.* 4, *art.* 12.)

XX. La déclaration d'inscription de faux doit être écrite et faite par l'inscrivant, ou par un fondé de pouvoir spécial, passé devant notaire ; elle est reçue et signée par le juge et le greffier. (*Loi du 9 floréal an 7, tit. 6, art. 12.*)

XXI. Dans les trois jours qui suivent sa déclaration de faux, le déclarant doit faire au greffe du tribunal le dépôt des moyens de faux et des noms et qualités des témoins qu'il veut faire entendre, le tout à peine de déchéance de l'inscription de faux. (*Ibid.*)

XXII. Si l'inscription de faux n'a pas été faite dans le délai et suivant les formes ci-dessus indiqués, il est, sans y avoir aucun égard, passé outre à l'instruction et au jugement de l'affaire. (*Arrêté du 4e jour complémentaire an 11, art. 10.*)

XXIII. L'inscription de faux, d'ailleurs régulièrement faite, n'est admissible qu'autant que les moyens de faux étant prouvés, détruiraient l'existence de l'infraction constatée au préjudice de l'inscrivant. (*Même arrêté, art. 9.*)

XXIV. Le tribunal saisi de la contestation doit d'abord juger si les moyens de faux sont pertinents et admissibles; dans le cas de la négative, il passe outre au jugement sur le fond. (*Cour de cass., 28 février 1805.*)

XXV. Dans le cas contraire, il déclare qu'il est sursis au jugement jusqu'à ce qu'il ait été statué sur l'inscription de faux par le tribunal compétent. Il faut remarquer qu'il s'agit d'une instance civile, et qu'à moins que les préposés rédacteurs du procès-verbal ne soient morts, l'inscription de faux devient principale et appartient à la justice criminelle.

XXVI. Toutefois le juge peut provisoirement autoriser la vente des marchandises sujettes à dépérissement, et des chevaux ou autres bêtes de somme ayant servi au transport des marchandises. (*Arrêté du 4e jour complémentaire an 11, art. 9.*)

XXVII. Les jugements en matière de douanes sont exécutoires par corps, tant contre les principaux obligés que contre les cautions. (*Loi du 22 août 1791, tit. 12, art. 6; avis du conseil d'état, du 25 août 1804.*)

§ III. *De la compétence des tribunaux correctionnels et criminels.*

I. Les tribunaux correctionnels sont compétents pour connaître des infractions aux lois de douanes, dans tous les cas où la peine entraîne l'emprisonnement.

Leur compétence à cet égard est fixée par l'art. 41 de la loi du 28 avril 1816, par les art. 42, 43, 44 de la même loi, et par les art. 34 et 37 de la loi du 21 avril 1818, relatifs aux délits de contrebande sur les frontières de terre et de mer.

II. Les règles relatives à la procédure devant les tribunaux de police correctionnelle sont à peu près les mêmes que celles du Code d'Instruction criminelle.

III. Les cours d'assises sont seules compétentes à statuer, suivant les règles ordinaires, sur les crimes en matière de douanes qui sont de nature à emporter peine afflictive ou infamante, tels que la prévarication des préposés, la rebellion de la part des fraudeurs, la contrebande avec attroupement et port d'armes, les faux commis par les contrebandiers pour assurer le succès de leurs opérations frauduleuses (*art.* 55 *et* 56 *de la loi du* 28 *avril* 1816; *loi du* 21 *avril* 1818). Plusieurs de ces crimes étaient de la compétence des cours prévôtales; mais la suppression de ces tribunaux d'exception les a rendus à la juridiction ordinaire.

IV. La connaissance des délits en matière de sels appartient à la juridiction correctionnelle, lorsque la fraude est commise par une réunion de trois individus et plus, ou lorsque le prévenu, quoique seul, est en état de récidive. (*Loi du* 17 *novembre* 1814, *art.* 30 *et* 31.)

V. La même compétence existe également en faveur de ces tribunaux, à l'égard des infractions au tit. 6 de la loi du 28 avril 1816, art. 59 et suiv., qui ordonne la recherche et la saisie dans toute l'étendue du royaume, des cotons filés, tissus et tricots de coton et de laine, et tous autres tissus de fabrique étrangère prohibés.

VI. La poursuite de ces infractions appartient d'abord aux préposés des douanes dans l'étendue du rayon. Ils peuvent se transporter, pour faire les recherches nécessaires, dans le domicile des citoyens, en étant accompagnés d'un officier municipal ou d'un commissaire de police. (*Loi du* 28 *avril* 1816, *tit.* 6, *art.* 60.)

VII. Le procès-verbal rédigé, autant que possible, au domicile de la partie, devra faire mention, 1° de la désignation des marchandises par poids, nombre et nature des pièces, ou par mètres, s'il ne s'agit que de coupons; 2° du prélèvement d'échantillons sur chaque pièce ou coupon; 3° de la mise sous enveloppe desdits échantillons. Cette enveloppe sera revêtue du cachet de l'officier public, de celui des saisissants, et de celui de la partie, à moins qu'elle ne s'y refuse, ce dont le procès-verbal fera également mention. Les mêmes cachets doivent être apposés en marge du rapport. Les marchandises, ensuite emballées et scellées, sont transportées au plus prochain bureau, autant que les circonstances le permettent, et le paquet contenant les échantillons est transmis immédiatement au directeur de l'administration des douanes. (*Art.* 60.)

VIII. Les mêmes obligations et les mêmes formes de procéder sont imposées, dans les villes et endroits de l'intérieur où il n'y a point de bureau de douanes, aux juges de paix, maires, officiers municipaux et commissaires de police. (*Art.* 62.)

Les marchandises saisies, dans ce cas, les échantillons et le procès-verbal doivent être adressés au chef-lieu de l'arrondissement, à la personne du sous-préfet. — Nous n'avons pas à nous occuper des suites de la saisie, puisqu'elles demeurent étrangères aux magistrats pour lesquels nous écrivons.

Godard de Saponay, *avocat aux conseils du roi et à la cour de cassation.*

DRAPEAU. Voy. *Autorité municipale*, sect. 2, § 4, n° 5.

DROIT. Le droit, que les jurisconsultes romains ont défini l'art de ce qui est juste et bon, *ars æqui et boni*, est la collection des règles ou préceptes d'après lesquels l'homme doit diriger sa conduite. Ces règles ou préceptes sont ce que l'on appelle des lois. (Voy. *Loi.*)

I. On donne également le nom de *droit* à une faculté accordée par la loi, de faire, de ne pas faire, ou d'exiger quelque chose. Le droit, en ce sens, peut s'exercer à l'amiable, ou par des moyens coërcitifs.

Les moyens amiables sont l'*essai de conciliation*, la *transaction* et *l'arbitrage*.

Les moyens coërcitifs sont les *actions judiciaires*, la *voie de fait sans violence*, et, dans des cas extrêmes, la *violence* pour la *légitime défense* de soi-même ou d'autrui.

DROITS-RÉUNIS. Voy. *Boissons.*

FIN DU TOME SECOND.

TABLE DES MATIÈRES

CONTENUES DANS LE SECOND VOLUME

DE L'ENCYCLOPÉDIE DES JUGES DE PAIX.

D.

FIN DE LA TABLE DU DEUXIÈME VOLUME.

ERRATA.

Page 168, avant-dernière ligne.—A la charge de *soigner* les biens : lisez *d'administrer*.

Page 170, n° XVI. — Faire valoir des dispenses *par* le mandat : lisez *pour*.

Page 177, 7e ligne. — Peser *sur lui* : lisez *sur le premier tuteur*.

Page 180, n° VII. — Les frères *consanguins* : lisez *germains*.

Page 184, n° II. — Le juge de paix pourrait relever de la condamnation : lisez *relever l'absent*.

Page 185, n° IV. — Les jugements rendus sur délibération : lisez sur *les* délibérations.

Page 186, n° VIII. — Même en appeler : lisez *même pour* en appeler.

Imprimé en France
FROC031312220120
23240FR00012B/176/P

9 782329 35794